(Im)posturas

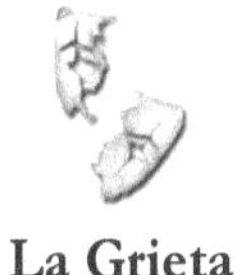

La Grieta

Gazir Sued

(Im)posturas

Antología de escritos periodísticos,
ensayos investigativos, arte y fotografía documental
(2003-2015)

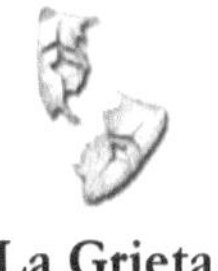

La Grieta

Segunda edición 2016

La Grieta
Calle Lirio #495 Mansiones de Río Piedras
San Juan, Puerto Rico - 00926
Tel. 787-226-0212

Correo electrónico: gazirsued@yahoo.com
gazirsued@gmail.com
http://www.facebook.com/gazir

ISBN 978-0-9763039-8-5

Nota editorial

La primera edición de *(Im)posturas,* publicada en diciembre de 2013, se limitó a quinientos ejemplares y ya para mayo de 2014 se habían agotado. En esta nueva edición se añaden los escritos publicados posteriormente, varios ensayos investigativos y ponencias realizadas hasta finales de 2015. Además, integra nuevas fotografías, algunas tomadas de proyectos cinematográficos y teatrales ya realizados, de cortometrajes y documentales inconclusos e inéditos, así como varios auto-retratos.

Índice

Prólogo

2003

2004

2005

2006

2007

2008

2009

2010

2011

2012

2013

2014

2015

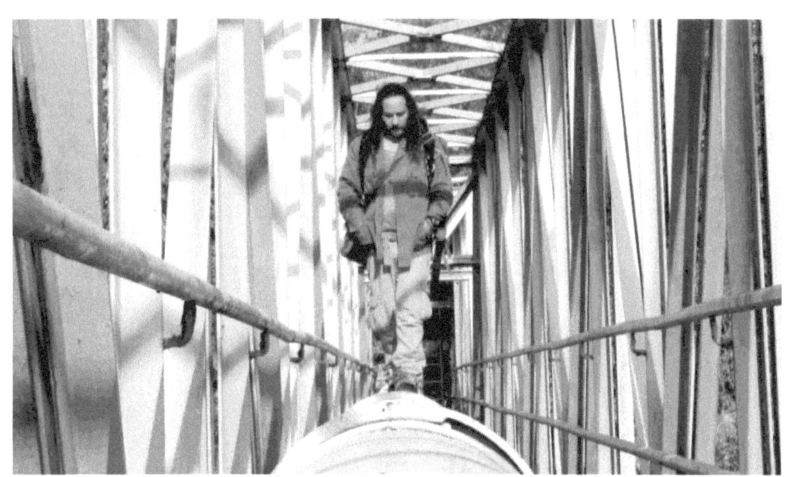

Prólogo

"Yo he preferido hablar de cosas imposibles,
porque de lo posible se sabe demasiado..."
Silvio Rodríguez

La obra "periodística" compilada bajo el título *(Im)posturas* constituye un acercamiento inquisitivo y crítico sobre una diversidad temática de interés social y de pertinencia política que no desmerece con el paso del tiempo. La mayor parte de los temas tratados durante un periodo de diez años (2003-2013) preservan su vigencia actual por varias razones: ya porque remiten a problemáticas -reales o imaginarias- que todavía no se han resuelto; o a condiciones que, si bien afectan dimensiones sensitivas de la vida social, singular y colectiva, no suelen ser consideradas con debida seriedad y constancia en los medios (in)formativos, o siquiera pensadas como objeto de interés o de preocupación social.

Entre la diversidad de publicaciones se tratan temas puntuales sobre cuestiones legales y jurídicas (criminales, judiciales y penales); filosóficas, teóricas y científicas; culturales; morales y religiosas; históricas, éticas y políticas.

En esta antología de escritos periodísticos/investigativos y fotografías se condensan críticas radicales al imaginario social reinante; a sus fuerzas ideológicas y a los modos de vida y prácticas en que se materializan, muchas veces en detrimento de los derechos humanos y de las libertades civiles que debieran caracterizar a *nuestra* sociedad, y que, por el contario, constituyen parte sustancial de lo peor de la misma. Pese a sus contradicciones e imposturas, quisiera creer que todavía aspira a ser más democrática y justa. Esa es la razón de fondo que anima cada uno de los artículos, ensayos investigativos y trabajos fotográficos publicados.

Algunas de estas publicaciones fueron censuradas y proscritas en una prestigiosa institución universitaria, de la que por el momento me reservo el nombre. Muy posiblemente por causa de otras he sido discriminado, marginado y forzado a subsistir bajo condiciones económicas precarias y desempleado durante los últimos tres años. Asimismo, me he visto expuesto a tergiversaciones maliciosas, comentarios infamantes e insultos anónimos en las redes. Pero, al mismo tiempo, muchos de estos escritos han sido compartidos a nivel local e internacional, discutidos con seriedad por muchas personas, e incluso integrados como recursos académicos en algunas universidades y premiados varios años por el Instituto de Literatura Puertorriqueña. Mientras algunos se obstinan en suprimirlos, otros aprecian sus aportes y despuntan su potencia revolucionaria y esperanzadora.

Quiero aclarar que nunca he recibido remuneración económica por estos trabajos, y que durante diez años he colaborado por iniciativa propia con los medios (in)formativos que me han publicado, sin mayor expectativa que poder seguir haciéndolo. La incertidumbre al respecto tampoco ha variado con el paso de los años.

He recopilado y editado esta antología, además de por su pertinencia actual, por su valor documental, sociológico e histórico. Algunos escritos quizás se conservan impresos en las reservas de periódicos en alguna biblioteca, quizás no. Otros han sido publicados en diversos medios (in)formativos o revistas digitales. Algunos todavía pueden leerse en línea, otros han desaparecido con el portal o simplemente sus administradores han decidido borrarlos.

La esperanza que anima de fondo este trabajo es que, indistintamente de su temáticas particulares, sirva de algún modo como instrumento de cambio y justicia social. Al menos, que incite a dudar y a repensar esas prácticas, entendidos y creencias que nos han inculcado desde la infancia y que nos empujan a resignarnos y a conformarnos con la realidad actual.

A tales fines, a la postura crítica de muchos de los escritos le acompañan propuestas concretas sobre proyectos de reformas institucionales, derogación de leyes y enmiendas constitucionales. Pero las propuestas más difíciles de concertar son las que tienen sus impedimentos arraigados en tradiciones *culturales* anacrónicas y en las mentalidades que las celan irreflexivamente y conservan obstinadamente. Por ello, quizás el elemento integrador de esta antología sea su carácter pedagógico. Y es que gran parte de las cosas que nos afectan tienen que ver con los modos como las concebimos. A veces la raíz del problema está en que no hacemos las preguntas correctas, o insistimos en pretender resolverlos con base en entendidos obsoletos, e incluso irracionales. A veces, pues, la naturaleza del problema está en nuestros propios valores y creencias, y no fuera de ellos. En este sentido, al pensamiento crítico, análisis y propuestas editadas en este trabajo le antecede y acompaña, en todo momento, una racionalidad pedagógica reflexiva y una ética libertaria.

Si algún lector o lectora se persuade con alguna idea contenida en esta antología, que para bien sea. Sepa, todavía nos queda pendiente seguir reinventando lo posible y un poquito más...

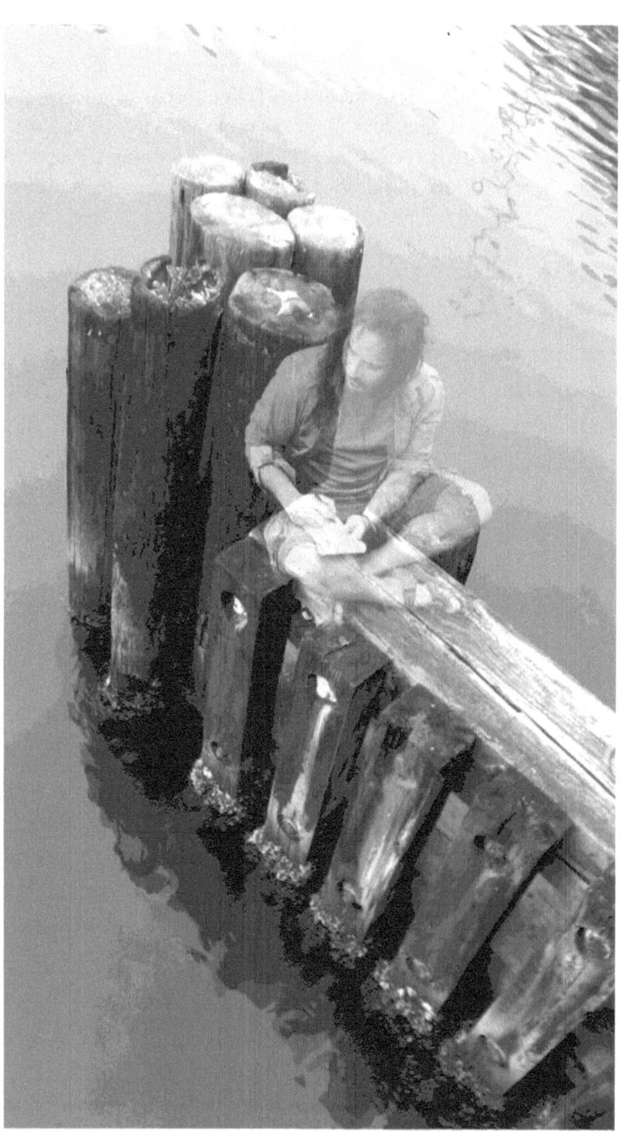

(Im)posturas y aporías del periodismo puertorriqueño[1]

"No hay personas ni sociedades libres sin libertad de expresión y de prensa.
El ejercicio de ésta no es una concesión de las autoridades;
es un derecho inalienable del pueblo."
Declaración de Chapultepec

"Todo individuo tiene derecho a la libertad de opinión y de expresión;
este derecho incluye el no ser molestado a causa de sus opiniones,
el de investigar y recibir informaciones y opiniones, y el de difundirlas,
sin limitación de fronteras, por cualquier medio de expresión."
Declaración Universal de Derechos Humanos (Art. 19)

Las libertades de prensa, expresión e información están protegidas entre las principales cláusulas del derecho constitucional en las sociedades democráticas. Sin embargo, la realidad dista radicalmente de sus preceptos y aspiraciones. Aunque se representan formalmente como derechos políticos de la persona jurídica (ciudadano), e incluso se enuncian entre los principios fundamentales e inalienables de los derechos humanos, el acceso a la información está fuertemente controlado y restringido para el común de la ciudadanía, tanto en la dimensión de lo público como en el ámbito de lo privado. Las libertades para indagar sobre asuntos sensibles a la vida personal o al interés social, e investigar sobre temas concernientes a la voluntad de saber y al derecho de cada cual a informarse, están, si no prohibidas con fuerza de ley, sujetas a condiciones que hacen virtualmente imposible ejercerlas efectivamente y obtener la información deseada.

Aunque cada persona singular (sujeto de derecho) está facultada constitucionalmente a procurar para sí la información que estime pertinente a sus propios intereses, la legislación estatal regente la ha despojado arbitrariamente de sus derechos. De una parte, el Estado se reserva para sí la potestad de ejercer control absoluto sobre la información relativa a sus ramificaciones guberna-

[1] **"(Im)posturas y aporías del periodismo puertorriqueño"**; sometido a Revista *80 grados*, en diciembre de 2013. Publicado en dos partes: " (Parte I); Revista *80 grados*, viernes, 14 de febrero de 2014 - (Parte II); Revista *80 grados*, viernes, 14 de marzo de 2014 (http://www.80grados.net)

mentales, agencias e instituciones públicas. Las corporaciones privadas, por su parte, son fortalezas impenetrables e inmunes a las consideraciones éticas y libertades políticas relativas a los derechos civiles a saber, investigar y obtener información sin trabas arbitrarias e injustificables.

A la privación sistemática de estas libertades constitucionales le sigue el acaparamiento del poder de prensa por el capital privado. El ejercicio de la libertad para obtener información de fuentes primarias está reservado como privilegio exclusivo al gremio del periodismo "profesional", autorizado legal-mente por el Estado para ejercer sus funciones y contratado al servicio de alguna empresa privada e inscrita para tales fines. Los principales medios de "información" son corporaciones privadas y, aunque amparadas en los mismos preceptos constitucionales, administran sus dominios en función de sus propios intereses, aún cuando se representen a sí mismos como servidores del "interés social" y celadores de los derechos civiles.

En el contexto puertorriqueño, la libertad de prensa e información no existe de manera absoluta, a pesar de las garantías constitucionales. Está monopolizada por un puñado de corporaciones privadas y sujetas a sus racionalidades gerenciales, intereses económicos-comerciales, ambiciones políticas e inclinaciones ideológicas. Esta es la realidad, aunque entre sus prácticas *informativas* también suelen ejercer un inmenso poder fiscalizador que beneficia, directa o indirectamente, a la ciudadanía en general. Esta es la impresión generalizada entre su clientela, confiada y habituada a conformarse con la información divulgada; sin cultivar mayores exigencias ni expectativas.

Al parecer, las corporaciones privadas que acaparan la información periodística satisfacen las demandas de sus consumidores. Sus negocios se mantienen a flote, no sólo porque la gente compra lo que le venden, sino porque, al hacerlo, legitiman su existencia, sus dominios y sus términos. Así, la conformidad generalizada le sirve a la industria del periodismo como garante ideológico y, a la vez, como estabilizador político y sostén económico.

En la actualidad, se presume la existencia de un consentimiento tácito por parte de la ciudadanía al dominio corporativo privado sobre la libertad de prensa e información, Quizás, porque se confía ciegamente en que -al margen de sus intereses lucrativos-

ejerce su poder en defensa del interés "público" y del bienestar general; ya contra los excesos del Estado de Ley o contra las insensibilidades y abusos del capitalismo; porque denuncia los actos criminales, corrupciones y fraudes de funcionarios de gobierno, empresarios privados o sujetos particulares; condena la inmunidad y exige justicia retributiva para las víctimas; porque se solidariza con las iniciativas de autogestión comunitaria y las gestiones asistenciales a los empobrecidos y marginados; o porque favorece el respeto de los derechos civiles formales, a la vez que propicia una cultura consumerista, entretiene y favorece a los segmentos más privilegiados de la sociedad. De este modo, a pesar de que la industria periodística privada controla selectivamente la información de "interés social" y regula los contenidos de lo que divulga y circula masivamente, constituye un pilar fundamental en las sociedades *democráticas* y goza de una suerte de autoridad relativamente infalible.

Pero, más allá de su gestión *informativa* y *fiscalizadora*, la industria periodística ejerce una poderosa influencia ideológica que orienta la atención del ciudadano dentro de su propia lógica gerencial. Es decir, no se limita a enunciar el material informativo (a indicar qué, quién, cómo, dónde, cuándo y por qué) sino que, al hacerlo, reproduce las condiciones ideológicas que posibilitan su preservación, sostenimiento y perpetuidad corporativa. Sus dominios constituyen parte integral del imaginario social dominante y ejercen una poderosa influencia en la vida política, económica y social isleña. Asimismo, sus lineamientos editoriales suponen representar los valores culturales de la sociedad puertorriqueña, a la vez que los interpretan y modulan a imagen de su particular visión de mundo.

No obstante las condiciones históricas y psico-sociales que lo han posibilitado, la ciudadanía nunca ha delegado el poder de control sobre la información a la maquinaria reguladora y censora del aparato estatal, ni ha cedido sus derechos a investigar e informarse a los medios corporativos privados. Este arreglo ha sido impuesto históricamente sobre toda la población isleña, sin consulta previa ni pacto alguno de consentimiento firmado. Desde la perspectiva de los derechos civiles y humanos, puede alegarse sin remiendos que las libertades de prensa e información son de carácter ficcional en nuestra sociedad. A pesar de las virtudes propias del periodismo ("profesional" e "independiente") en Puerto Rico, las restricciones legales de acceso a la información y, a la vez, la concentración del poder investigativo e informativo en unas cuantas corporaciones privadas, constituyen una afrenta a los derechos civiles y un fraude a los principios de las libertades democráticas.

Es responsabilidad ética y política del ciudadano *informarse* por todos los medios que pueda disponer, y advertir las limitaciones propias de los medios *informativos* existentes, tanto de los oficiales como de los marginales; descifrar las estratagemas de sus propagandas corporativas y aguzar el intelecto para discernir sobre la veracidad e (im)parcialidad de sus divulgaciones, así como para captar sus omisiones...

De la "realidad objetiva", la "verdad de los hechos" y la función (in)formativa

La diversidad de medios *informativos* en competencia (conservadores o liberales, de izquierda o de derecha) matizan el contenido de la información divulgada desde la perspectiva de sus respectivas gerencias, y es preciso advertirlo en todo momento. Invariablemente, todos se atribuyen *informar* "la verdad de los hechos" y (re)presentar la "realidad de objetiva", en función de los intereses del Pueblo. Pero al margen de sus estrategias retóricas y su imagen publicitaria, en la prensa insular se plasma con nitidez el carácter ilusorio de la *verdad absoluta* o de la *realidad objetiva* como unidades íntegras de sentido y reducibles al orden de la representación mediática.

No es difícil rastrear en los medios informativos rasgos estructurales que le son comunes, a pesar de las variantes ideológicas de sus gerencias. De cierto modo, puede hablarse de una prensa puertorriqueña, pero no reducirla al orden idealizado de sus respectivas propagandas corporativas. Desde una perspectiva sociológica, es preciso advertir que el periodismo insular está inmerso en un océano de contradicciones ideológicas y de ambivalencias morales, así como de equívocos históricos e incoherencias teóricas, generalizables a la dimensión socio-cultural puertorriqueña en conjunto.

No obstante, esta realidad no enuncia un contrasentido irresoluble. El carácter paradójico de la información divulgada por la industria periodística le es constitutivo de manera generalizada. De hecho, conforma una parte sustancial del discurso informativo en sus diversas modalidades mercantiles (noticias, anuncios, artículos de opinión, comentarios, reportajes y editoriales). En este sentido, algo de la *realidad* escapa de los controles impuestos a la información, y trasciende las ansias empresariales de contenerla de manera objetivada y definitiva en el marco de sus divulgaciones. La industria periodística, lo ignore o lo advierta, opera sus negocios como si satisficiera una demanda general de coherencia informativa y sentido unívoco, aún cuando la realidad se lo imposibilita.

Pero la información periodística es un producto mercadeable como cualquier otro, y el negocio consiste en venderlo. A tales fines, la gerencia corporativa encarga selectivamente el objeto de la cobertura periodística y dispone calculadamente los términos de sus contenidos. La redacción impresa le da forma precisa al material recopilado por el periodista; moldea y ajusta la información al orden de sus criterios y le inscribe la perspectiva deseada. La verdad prometida es fabricada; la realidad objetiva, confeccionada...

La finalidad de los medios *informativos* no se limita exclusivamente a *informar* masivamente. Le apareja una función social *formativa.* Informar es formar, "educar". La industria periodística opera como bastión de *educación* popular y, en cierta medida, como refuerzo de las instituciones educativas del Estado (públicas y privadas). Los periódicos y las revistas periodísticas inciden en los modos como se percibe el orden de lo político, lo socio-cultural y lo económico, y ejercen un poder influyente en la construcción de la opinión pública, *informándola* y *educándola* al mismo tiempo. En este sentido, el ejercicio del poder (in)formativo de la Prensa no es imparcial. Se proyecta hacia determinados fines, y orienta sus contenidos en el marco de sus valores morales, sus creencias, intereses e ideales. Algunos medios lo aceptan de manera explícita y otros evaden hacerlo, pero todos lo manifiestan de manera tácita en el contenido de sus publicaciones (editoriales, reportajes, columnas o artículos, etc.).

El objetivo *pedagógico* implícito entre las funciones periodísticas juega un papel determinante en las sociedades democráticas. De una parte, aparenta dejar en manos de los lectores la libertad de analizar por cuenta propia la información divulgada. De otra, menos perceptible al común de la gente, procura encuadrar a su clientela dentro los cercos ideológicos delineados. De este modo, a veces con calculada sutileza y a veces sin reparo alguno, el poder (in)formativo se convierte en autoridad doctrinaria y la información divulgada en mecanismo de encuadramiento ideológico.

La exaltación de los rasgos distintivos que nos *igualan* como pueblo no ha perdido su atractivo publicitario en el gran mercado de la información periodística. Sin embargo, en la actual condición de época, el atractivo de mayor efectividad publicitaria está centrado en lo que nos *diferencia*. Las mismas lógicas de la competencia en los mercados comerciales parecen aplicar al comercio de la información periodística, de modo similar a como habitúan hacerlo los estrategas ideológicos del poder de Estado. Todos dicen existir en función de las demandas del pueblo, la ciudadanía, la clientela. Todos invocan su nombre para justificar sus dominios, aún a sabiendas de que se trata en realidad de una ficción idealizada e ilusoria. Sin embargo, así como el orden de las leyes estatales, la información periodística proyecta creencias compartidas o compartimentadas; ideales e ilusiones deseables e indeseables; temores fundamentados o irracionales; prejuicios confundidos con valores morales; ignorancias tenidas por conocimientos, y mentiras creídas como verdades.

Los contenidos periodísticos, invariablemente, develan la condición inaprehensible del reino de lo real, y construyen un mundo de representaciones simbólicas que lo suplantan y que, a la vez, propulsa infinidad de realidades, muchas veces incongruentes y conflictivas entre sí. La diversidad de interpretaciones de la miríada de lectores de una misma noticia lo evidencia. Al decir de una derrota le sigue su revés; a una injusticia, su justificación. Así, cualquier "verdad" enunciada en la prensa está sujeta de inmediato a los matices subjetivos de su clientela, que la enjuician, la analizan y la confrontan; la creen o la desmienten.

La práctica tradicional del periodismo puertorriqueño cultiva la impresión de que contiene la realidad objetiva y la verdad de los hechos. Alega que posee un método infalible para hacerlo, y no vacila a la hora de publicitarlo. Las corporaciones que acaparan la industria periodística no dejan de sacarle partido a esta creencia, generalizada entre su clientela y que, por su parte, se presume que demanda que así sea. La "profesionalización" del periodismo insular opera como condición matriz de esta creencia, compartida entre la gerencia corporativa y el gremio de periodistas "profesionales", pero menos por su relación con la realidad objetiva o la verdad absoluta que por su valor como atractivo publicitario y garante legitimador de sus negocios…

Límites de la prensa tradicional / periodismo "profesional"

> "Absolute truth is a very rare and dangerous commodity in the context of professional journalism"
> *H. S. Thompson* (1973)

Las prácticas narrativas del periodismo "profesional" puertorriqueño están sujetas a férreas regulaciones editoriales y condiciones contractuales que, por lo general, imposibilitan integrar análisis rigurosos y críticos sobre las temáticas abordadas y publicadas. El gremio de periodistas "profesionales" está inmerso entre las lógicas gerenciales de la empresa para la que trabajan y su poder de censura ideológica, aunque se represente a sí mismo como celador de la *verdad* y garante de la "realidad objetiva". La libertad de prensa no existe de manera absoluta en nuestra sociedad, y la clase periodística labora como intermediaria entre la verdad y lo que les es permitido contar de ella.

De una parte, el periodista "profesional" se ve constreñido a satisfacer los requerimientos comerciales de la empresa para la que trabaja y, simultáneamente, a acoplar su cobertura a las presumidas demandas de *objetividad* de su clientela. Es decir, que su tarea se reduce al encargo de "informar" *neutralmente* sobre los asuntos asignados, aun al precio de invisibilizar, ignorar o distorsionar partes sustanciales de la realidad.

El saldo de la información publicada en los medios tiene el efecto ilusorio de hacer creer que representa la verdad absoluta de los hechos, y que la profesionalidad se manifiesta exclusivamente en el decir de las cosas "tal cual son". Pero la mirada irremediablemente selectiva -tanto de la autoridad que asigna el objeto de la cobertura como la del enfoque particular del "informante"- socava esta ilusión mítica. De la misma forma, las omisiones calculadas, la superficialidad de la cobertura y la trivialización de sus contenidos, develan el carácter ilusorio e ilusionista de las presunciones *profesionales* de objetividad e imparcialidad política.

Esta creencia pertenece, más bien, a la imagen publicitaria de los medios informativos; responde al cálculo gerencial de sus propietarios y a la influencia de los beneficiarios de sus ficciones ideológicas y regulaciones normativas. El periodista "profesional", en estos términos, es un funcionario corporativo al servicio del empleador; y su relativa *libertad* discrecional en el ejercicio de sus funciones en propiedad (investigativas e informativas) está restringida de antemano por la autoridad patronal. Esta relación de poder jerárquico está estructurada en idénticos términos para la prensa liberal o conservadora, de izquierda o de derecha.

La autoridad patronal o la gerencia editorial velan por garantizar las condiciones que sostienen a flote su negocio y en competencia en el gran mercado de la información, cualquiera que sea su contenido. Sin embargo, el poder regulador y sus funciones censoras (ya en lo que ponen énfasis, ya en lo que excluyen; a lo que dan voz o a lo que silencian) operan dentro de un campo de dinámicas políticas sumamente complejas y es preciso advertirlo.

La situación laboral del periodista "profesional" (investigador e informante) no se trata de una simple relación de subordinación contractual o vasallaje a la voluntad patronal. De una parte, el patrono/editor alega que obedece a la demanda comercial (real o imaginaria), y que para satisfacerla debe fijar estrictos controles y regulaciones que garanticen la *calidad* del producto a mercadear. Como medida preventiva, precisa sojuzgar la libertad intelectual de sus empleados y refrenar sus especulaciones subjetivas, cargas morales o intereses personales que pudieran viciar el abordaje de la noticia o tergiversar arbitrariamente la información. En este sentido, la finalidad de las prácticas de control informativo aparentan ser de naturaleza pragmática o administrativa, no política. Sin embargo, la efectividad del control sobre la información a divulgar está condicionada por la efectividad de los mecanismos de control operados sobre el informante. La "calidad" del producto, desde la perspectiva gerencial, está sujeta al nivel de acondicionamiento psicológico del periodista, a su disposición anímica a ceñirse a los requerimientos pactados y a demostrar lealtad incondicional a la política patronal.

Desde esta óptica, el censor oficial no interesa menoscabar la "libertad" de prensa sino garantizar la *calidad* de la información, el *profesionalismo* del informante y, sobre todo, proteger la imagen de la empresa. A tales efectos, restringe las libertades intelectuales del ejercicio periodístico con el fin de minimizar las inclinaciones personales del periodista; posibles calumnias o difamaciones, favoritismos políticos, económicos o religiosos u otras perspectivas prejuiciadas, que pudieran minar la credibilidad de la empresa o encarar cuantiosas demandas legales. Al periodista "profesional", pues, le está prohibido formalmente tomar partido, opinar o ejercer análisis crítico sobre el asunto asignado. Debe limitarse a reportar el hecho e informar sobre el acontecimiento de manera *imparcial* (objetiva y neutra); o al menos aparentar hacerlo...

De otra parte, el periodista en nómina -aunque haya quien se lamente- suele percibirse a sí mismo en los términos prescritos por el patrono y considera como "profesional" encuadrarse en el orden de sus requerimientos formales. La función del periodista "profesional" queda reducida a la de mensajero de noticias asignadas o informante. El grueso de las coberturas mediáticas se limitan a eso, y se considera que el periodista "profesional" es el que no guarda reparos al respecto ni ostenta mayores pretensiones de hacer más de lo que le es requerido y permitido hacer.

Sea por conveniencia laboral o comodidad personal, por *formación* académica, programación ideológica o convicción, el periodismo "profesional" en Puerto Rico opera habitualmente sin mayores recelos intelectuales o aspiraciones de trascender en el análisis de la inmediatez asignada. La información publicada en los medios *informativos* suele ser insuficiente e insustancial, superficial y trivializadora. Pero, más allá de las restricciones impuestas por la gerencia editorial, la pereza intelectual, la ingenuidad política, la ignorancia histórica y la mediocridad teórica del periodista agravan el estado de situación del periodismo "profesional" en la Isla.

Estas condiciones convergen simultáneamente con las limitaciones a las libertades intelectuales, las presiones de tiempo para el cierre de la edición y las restricciones editoriales al espacio de redacción, ajustado y apretujado entre la publicidad comercial, que ocupa el grueso del contenido impreso en los periódicos isleños. Pero la gravedad de esta realidad, acentuada por consideraciones ecológicas, es un mal menor dentro del contexto de las implicaciones políticas y psicosociales del periodismos "profesional" en Puerto Rico. Del análisis sobre el contenido de las publicaciones en los medios informativos (impresos y digitales) pueden inferirse, por ejemplo, las carencias intelectuales del periodista promedio. En principio, debiera asumir la responsabilidad de informarse previamente sobre la temática a cubrir, pero no lo hace. La redacción final de la cobertura publicada informa, entre líneas, la incompetencia del informante.

Esta realidad se materializa en la omisión de información sensible, que si se hace con premeditación constituye una modalidad de encubrimiento; de falseamiento de la realidad; un engaño; una impostura. Esta práctica es perceptible en las coberturas saturadas de repeticiones insustanciales, de citas sacadas de contexto o en la exaltación de trivialidades. Paralelo a las exigencias de estilo de la redacción, a la brevedad del espacio previsto y la prisa por someter el encargo a tiempo para la imprenta, la desidia intelectual del periodista desvirtúa la calidad de la información en múltiples dimensiones. La insuficiencia de lo "informado" no siempre se debe a la escases de datos, a la ambivalencia o parquedad de las fuentes, sino a la carencia de interés del informante. El periodista "profesional" no sólo renuncia a la libertad de ejercer un análisis crítico y reflexivo sobre el objeto de su encargo. Abdica, a la vez, de la responsabilidad de investigarlo a profundidad, y se conforma con cumplir lo mínimo requerido por la empresa para la que trabaja. Esta denuncia puede corroborarse a diario, tanto en los reportajes más extensos como en las columnas habituales.

El periodista *informante* (reportero, investigador o redactor) se conforma con citar *textualmente* fuentes de "autoridad" sin constatar siquiera la veracidad de sus discursos. Pero el espacio designado para contener "la verdad de los hechos" no se limita a las repeticiones acríticas e irreflexivas. También suele inflarse con tácticas retóricas como la dramatización de nimiedades o exageraciones alarmistas. Trátese de *autoridades* corporativas o institucionales, científicas o religiosas, privadas o gubernamentales, el contenido impreso y en circulación constituye así una modalidad de la propaganda; el periódico sirve de plataforma publicitaria a sus intereses y el periodista se convierte en su vocero.

Esta práctica no es casual u ocasional. Se ejerce rutinariamente y sin reservas. Lo vemos reiteradamente en la reproducción de discursos oficiales o comunicados de prensa, parafraseados a veces por el informante, como si se tratase de una síntesis analítica o conclusión propia. Así sucede, por ejemplo, con la repetición de datos estadísticos y la "interpretación" oficial de "especialistas", "profesionales" o demás fuentes "fidedignas" o autoridades de "entero crédito". Lo mismo con relación a agencias de gobierno o empresas privadas, así como a favorecidos singulares por la desidia o comodidad del periodista.

La impresión dominante en los medios (in)formativos es que existe una demanda generalizada de brevedad, "claridad" y concisión que debe ser satisfecha, aún al coste de la calidad de la información divulgada. La premisa que la sostiene es que el público lector, es decir, la clientela, no tiene tiempo que perder y prefiere invertirlo en *informarse* en términos generales antes que en profundizar sobre las ramificaciones o complejidades de los asuntos cubiertos. La ilusión que se estimula, es que en el breve espacio designado a contener la información se dice *todo* lo "relevante" que hay que decir sobre el tema. Entre líneas se confiesa que la cultura de consumo de información en la Isla es, en esencia, poco exigente, conformista y mediocre, y si no sufre de déficit de atención, carece de preparación o disciplina intelectual para entender temas más abarcadores o complejos.

Pero el periodista "profesional" tampoco puede darse el lujo de "perder tiempo" indagando más allá de la asignación inmediata. La competencia entre las empresas *informativas* por *decirlo primero* abona a la mediocridad de la cobertura, y las presiones para entregar con "urgencia" el encargo a imprenta imposibilitan guardar mayores expectativas. La lógica de fondo es puramente comercial y no tiene otra razón de ser. La prensa escrita no puede competir con las cadenas radiales, televisivas o los portales digitales, que por su naturaleza pueden transmitir directamente desde el lugar de los *hechos* e incluso cubrir simultáneamente el devenir de los acontecimientos. La mayor parte de la información circulada en los periódicos impresos ya ha sido cubierta y divulgada previamente en otros medios de exposición masiva. Sin embargo, a pesar de su relativo retardo, circulan como si se tratase de una primicia exclusiva, y sus contenidos (in)formativos suelen ser idénticos a los publicados en radio, televisión y otras redes de (in)formación-comunicación social.

Salvo por la particularidad de los reportajes *especiales* asignados, la cobertura diaria en los medios impresos suele ser reciclada y repetitiva; y no abunda ni profundiza sobre la información ya divulgada masivamente. A lo sumo, intercala "testimonios" de relativos o comentarios acotados de algún "especialista" en la materia, pero sin cautela sobre los méritos o credenciales de la fuente, ni prueba de la veracidad de lo *atestiguado*. Lo mismo sucede cuando se integran citas de posiciones disidentes o comentarios de opinión tomados al azar y sin consideraciones ulteriores. Por lo general, el saldo de esta práctica periodística desmerece la calidad de la cobertura a cambio de producir la impresión de que se ha auscultado el parecer o el sentir del pueblo, o que el informante se ha informado debidamente *consultando* "especialistas" o autoridades pertinentes.

La mayor parte de la cobertura noticiosa diaria en los principales medios (in)formativos del País se limita a reproducir los "comunicados de prensa" enviados a los rotativos por agencias gubernamentales o empresas privadas. El informante copia al pie de la letra la información provista y, si acaso, retoca su redacción y moldea el estilo para mercadearlo. De este modo, se toma la libertad de poner énfasis en lo que interesa explotar comercialmente de la información, dramatiza su retórica o saca de proporción determinados aspectos de la noticia. El estilo y montaje sensacionalista destacan en esta práctica periodística. Virtualmente, cualquier acontecimiento puede ser convertido en objeto de escándalo público, y sus figuras protagónicas condenadas, humilladas y difamadas o bien entronadas artificialmente sólo para vender la noticia. La imparcialidad es una virtud de la que no puede jactarse el periodismo comercial.

A esto se suma la dependencia insular en información extraída de medios extranjeros para informar sobre temáticas internacionales. La prensa isleña recicla selectivamente la información publicada en otros medios, pero carece de recursos para corroborar sus contenidos y deposita su confianza en el prestigio de la fuente citada o su matriz corporativa. Los criterios de selectividad, sin embargo, no se dan en un vacío. Por lo general, los textos reimpresos coinciden o nutren los lineamientos editoriales de la empresa que los divulga. La parcialidad en este contexto puede inquirirse comparando la cobertura local, -que repite textualmente la información seleccionada- con las coberturas internacionales, muchas veces contradictorias entre sí, ya porque consideran otras perspectivas o porque integran detalles relevantes pero ignorados por la cobertura enlatada.

Periodismo in(ter)dependiente

El *periodismo* "independiente" goza de la libertad intelectual vedada al periodismo "profesional"; está exento de rendir cuentas al patrono y de las presiones laborales de la empresa. Aunque los contenidos deben ajustarse dentro de ciertos parámetros éticos, similares en principio a los exigidos al periodismo "profesional", el periodista *independiente* decide por sí mismo la temática a tratar y la elabora sin mayores restricciones editoriales. No obstante, además de las restricciones *legales* a la libertad investigativa (búsqueda y acceso a la información), la publicación de artículos "independientes" está sujeta a criterios gerenciales de otro orden, desde la disponibilidad de espacio a la pertinencia estimada por la autoridad editorial.

La libertad del periodista independiente es relativa en este sentido. No es un empleado de la empresa sino un *colaborador* marginal. Puede someter a consideración editorial sus contribuciones y expresarse sin contenciones formales, pero siempre está sujeto al poder discrecional del administrador de las prioridades empresariales. Si bien la política gerencial de los principales medios informativos estimula la "participación ciudadana" y acomoda entre sus páginas una diversidad de voces y perspectivas, también se reserva para sí el poder de selectividad y de censura previa. Los criterios varían de acuerdo a sus administra-dores particulares, y si bien algunos ciudadanos gozan del "privilegio" de ser publicados, otros son ignorados sistemáticamente.

De modo similar al periodismo "profesional", el periodismo "independiente" -a pesar de su relativo carácter marginal- incide sobre la vida social, cultural y política puertorriqueña. Las empresas periodísticas que enarbolan los principios democráticos no sólo publican artículos coincidentes ideológicamente sino incluso los que contradicen radicalmente posiciones oficiales de la empresa. Algunos autores profundizan sobre temas trivializados por la prensa "profesional" o suben a la escena mediática asuntos invisibilizados por la misma; cuestionan los enfoques de las noticias oficiales, ponen en entredicho la credibilidad de sus fuentes, e incluso la veracidad global de la información divulgada.

La diversidad de puntos de vista publicados en un mismo medio informativo, en ocasiones antagónicos e irreconciliables, no sólo mina las presunciones de objetividad sino que, además, pone de manifiesto el carácter ficcional de sus promesas y supuestos. No obstante, esta modalidad de periodismo *in(ter)dependiente* no supera por su propia naturaleza las insuficiencias intelectuales del periodismo "profesional". Las columnas publicadas también están cargadas de prejuicios subjetivos, contradicciones políticas, ambivalencias morales, inconsistencias teóricas, errores históricos, imprecisiones y falsedades.

Las libertades intelectuales *reconocidas* al periodista in(ter)dependiente no implican que automáticamente les acompaña un compromiso ético superior, ni que a su escritura le anteceden rigores investigativos y analíticos. Los espacios reservados a sus expresiones singulares no pasan por los filtros editoriales, y el autor es el responsable exclusivo de lo que escribe. Las dimensiones éticas de su escritura están sujetas a las riendas de su propia conciencia, y sus contenidos sujetos a ser juzgados por sus lectores.

Las repercusiones psico-sociales del periodismo in(ter)dependiente se asemejan a las del periodismo "profesional", y ambos registros tienen a la vez pertinencia coyuntural y valor documental, sociológico e histórico. El periodismo "profesional" interroga un objeto de encargo que le es exterior al ámbito de su profesión, mientras que el periodista *independiente*, si bien depende en gran parte de la información "oficial" divulgada, también interroga al periodismo "profesional", su realidad objetivada, su verdad filtrada. En ocasiones la reitera y legitima, la refuerza y la complementa; en otras, la contradice y la desmiente. Asimismo, pone en cuestionamiento cualquier otra modalidad (in)formativa, incluyendo la producción independiente.

No existe una fórmula absoluta o mecánica que privilegie una perspectiva sobre otra. A veces, el periodismo independiente supera la calidad de la información "oficial", a veces no. En ocasiones se limita a expresar una opinión sin elementos de juicio crítico o conocimientos suficientes, y la escritura marginal no trasciende el desahogo personal o la quimera; la convicción ideológica, la propaganda política o la creencia religiosa. En este contexto, el entramado de ficciones narrativas que constituyen los diarios (impresos y digitales) del País, no representan la realidad objetiva sino que la caricaturizan a imagen y semejanza de particulares convicciones y puntos de vista

Queda en manos del lector la *libertad* de *interpretar* la información suministrada, servirse de ella o descartarla. En el contexto actual de las sociedades democráticas, es a esta modalidad de la *libertad* que se reduce el derecho ciudadano a la Prensa. Las redes de comunicación digital (internet), integradas a las plataformas periodísticas tradicionales o autónomas, proveen espacios para publicar las expresiones o reacciones ciudadanas sobre los contenidos divulgados. Salvo escasas excepciones, los comentarios se limitan a opiniones subjetivas sobre la información publicada, y no trascienden el simple desahogo del ciudadano particular. La posibilidad de servir de base a discusiones serias se opaca por la naturaleza desregulada de estos espacios, que si bien se justifican como reivindicación del derecho de expresión, también se saturan de expresiones impertinentes o carentes de valor fuera del sujeto que se *expresa*.

El ejercicio de la *libertad* de expresión desregulada en el contexto de los medios (in)formativos es efecto marginal de la relativa y apocada *democratización* de los mismos. La mayor parte de los *comentaristas* no se atienen a las regulaciones éticas del periodismo, y habitúan enmascarar su identidad personal con seudónimos. Esta práctica suele degenerar en ataques personales, acosos, insultos, amenazas o mofas contra el periodista. Desde la óptica de la función *pedagógica* del periodismo, puede admitirse que el espacio de expresión provisto por sus medios se desvirtúa tanto por los excesos irrespetuosos de la oposición como por las adulaciones fanáticas al trabajo divulgado. No obstante, constituyen parte integral del universo mediático en tiempos (pos)modernos, e inciden de manera indeterminada sobre los créditos y méritos de la información circulada. Desde la perspectiva comercial de la industria periodística, las *expresiones* difamatorias constituyen un mal menor dentro del derecho a la libertad de expresión, y un precio razonable para retener y atraer clientela...

Condición paradójica del periodismo actual

El ejercicio del derecho constitucional a la libertad de prensa está condicionado por fuerzas contendientes para conservar sus dominios y a la vez por las que luchan para reformarlos y abrir espacios alternativos al interior del sistema empresarial que lo acapara. En este contexto, pueden rastrearse ciertas modulaciones gerenciales cónsonas con las tímidas demandas democratizantes de la época. Las grandes empresas que acaparan los medios de (in)formación masiva aún ejercen control absoluto sobre los contenidos publicados, pero ya no son como eran antes. Aunque todavía conservan su poderío regulador y ejercen una mediación determinante sobre el material circulado, las gerencias editoriales han relajado en alguna medida sus habituadas rigideces ideológicas, abriendo espacios a prácticas *periodísticas* -si no menos conservadoras- más flexibles y variadas. Las lógicas de la competencia en el gran mercado de la información periodística condicionan aún el grueso de sus consideraciones y contenidos, pero también los fuerza a procurar ciertas aperturas ideológicas e integrar entre sus recursos periodísticos posiciones divergentes, incluso antagónicas e irreconciliables con las posturas predominantes entre las élites corporativas (dueños, administradores, directivos e inversionistas).

Sería una ingenuidad creer que la práctica del periodismo en Puerto Rico es cualitativamente diferente a la de cualquier otra sociedad capitalista, y que las tendencias *democratizantes* socavan la gula lucrativa de los propietarios privados o contraría de algún modo los intereses de sus inversionistas comerciales. Pero no se trata de *acusarlos* en el plano personal, sino de mirar sus dominios con suspicacia y no alivianar la cautela crítica. A fin de cuentas, se trata de poderosos e influyentes empresarios privados, y las modulaciones gerenciales tienen la finalidad de conservar a flote sus negocios y acrecentar sus ganancias. La apertura ideológica y la política de inclusión de periodistas "independientes" se tratan de fenómenos propios del capitalismo posmoderno, donde las "diferencias", en todas sus dimensiones, son consideradas mercancías de consumo comercial.

Divergencias políticas, divagaciones intelectuales, contiendas ideológicas, posturas antagónicas, trivialidades y sensacionalismos, contenidos serios y pertinentes, oportunismos y charlatanerías, integran el mercado global de la información, y constituyen parte sustancial del derecho de prensa e información en las sociedades *democráticas*. Las lógicas de la competencia comercial lo posibilitan invariablemente.

Nuevas voces suben a la escena mediática en representación de sectores marginales y causas usualmente invisibilizadas en los principales medios (in)formativos. Opiniones, comentarios, quejas y propuestas, denuncias y demandas, tienen un lugar reservado en la industria periodística (pos)moderna. No obstante, la aparente apertura *democrática* contrasta con las limitaciones propias de las empresas periodísticas y sus criterios de selectividad. Por su naturaleza, siguen siendo medios de difícil acceso a los sectores de escasa solvencia económica o recursos insuficientes como mecanismos de presión y concienciación de segmentos sociales particulares, a veces ignorados sistemáticamente.

Sin embargo, podría especularse que algunos empresarios de gran influencia han tomado conciencia de su inmenso poderío y de la potencia social, política y moralmente transformadora de los medios de (in)formación/comunicación de los que son dueños o poseen influencia sustancial sobre su administración política. Aunque retienen su autoridad y la ejercen de manera privilegiada y dogmática, ya no procuran fabricar y uniformar la opinión pública a su favor y para exclusiva conveniencia personal o corporativa. Quizás han reconocido el incalculable valor social de la confrontación de ideas, la significancia de abrir espacios que inviten a la duda razonable, a la reflexión y al debate serio, informado y comprometido socialmente; que es más importante provocar que cada lector piense por sí mismo y se le provea de instrumentos para hacerlo, a pesar de sus riesgos y sin miedo a las consecuencias; que se le inculquen hábitos intelectuales más exigentes en lugar de guiarlos paternalmente, encuadrarlos ideológicamente y condicionarlos psicológicamente al conformismo y la resignación.

Esta es la condición *paradójica* que atraviesa a la industria del periodismo en tiempos (pos)modernos. Es en este contexto que se posibilitan prácticas periodísticas *alternativas* que coexisten con las prácticas tradicionales e incluso se diluyen en un mismo medio (in)formativo. Esta realidad caracteriza una porción significativa de la industria de periódicos y revistas impresas, agencias radiales y televisivas, como en las modalidades interdependientes o autónomas en la redes digitales. Sin embargo, no abarca todo el espectro mediático en la Isla, aunque sí a sus principales exponentes. Todavía pueden rastrearse modos de periodismo de panfleto, periodismo autómata, periodismo publicitario, periodismo sensacionalista y periodismo fanático, que circulan incluso gratuitamente.

La prensa no es un cuerpo uniforme ni su clientela constituye una unidad homogénea. Quizás, la única característica generalizable es que, independientemente de la diversidad de sus contenidos, todos coinciden bajo el signo de consumidores. La clientela de la industria periodística es plural y no puede describirse mediante categorías totalizadoras y mucho menos pretender comprender sus preferencias y divergencias intelectuales mediante esquemas analíticos obsoletos. Aunque la estructura (in)formativa tradicional suele operar en base a patrones mecánicos y a reproducir estereotipos culturales, tanto en lo que respecta a los objetos enunciados como a la racionalidad comercial que los engloba, el público lector no tiene cabida en ninguna categoría uniformadora y no puede saberse a ciencia cierta qué constituye el "interés social". Ante esta disyuntiva, la industria periodística se toma la *libertad* de significarlo a conveniencia o simplemente inventarlo.

A pesar de que invariablemente los medios (in)formativos operan dentro de la estructura jerárquica tradicional y la información divulgada sigue sujeta al encargo y filtración de las autoridades editoriales, predomina en la escena periodística isleña un estilo de gerencia mediática más inclusiva y, de hecho, más tolerante. Al menos en lo que respecta a las modalidades del periodismo in(ter)dependiente, integrado en el cuerpo de la Prensa tradicional y de circulación nacional, como en algunos medios alternativos-independientes en los portales digitales de la Red.

La diversificación de las coberturas en los principales medios (in)formativos, la integración de perspectivas chocantes entre sí en un mismo medio, y la emergencia de múltiples medios independientes, abonan a desmembrar las pretensiones de acaparar la "realidad objetiva" o de contener la "verdad de los hechos". Al margen de las restricciones legales al acceso a la información y de la cooptación del derecho de prensa por el capital privado o grupos de intereses determinados, la realidad actual es que el ciudadano no está privado de información sino saturado de informaciones. El problema de fondo del periodismo no es la ausencia de información sino sus excesos. Virtualmente, cualquier cosa puede caber en el signo de "información", y ningún medio, por más poderoso que sea, puede abarcarlo "todo". Dentro del universo infinito de informaciones, ¿cuáles son objeto de interés periodístico? ¿En base a qué criterios se seleccionan? ¿Por qué se dice lo que se dice, y se calla lo que se calla? ¿Quién decide? ¿Para qué?

Creer que el contenido en los periódicos y revistas (in)formativas es el efecto de la demanda de sus lectores/clientes/consumidores es una farsa publicitaria de la empresa periodística. La industria periodística construye el objeto de la demanda a la vez que impulsa y orienta el deseo de consumo de su clientela. No es difícil descifrar la fórmula: a nadie se le consulta previamente sobre lo que quiere comprar en el mercado. El comerciante vende el producto fabricado y el cliente, gústele o no, decide si comprarlo. El consumidor tiene "derecho a decidir" qué hacer con lo que se le ofrece, no sobre lo ofrecido...

Periodismo *alternativo* / ética (in)formativa

Toda escritura *periodística* es siempre un medio de involucrarse en asuntos concernientes a la vida social, de posicionarse intelectualmente y de asumir postura política en torno a éstos. El periodismo *neutral* o imparcial no existe fuera de la imaginación del autor o de la ingenuidad de sus lectores. La postura del escritor está implícita en su obra, sea por encargo selectivo o por iniciativa propia. El periodista se posiciona con relación a su objeto temático, le da forma determinada, lo significa de manera particular, lo enjuicia políticamente, lo juzga moralmente, le asigna valores y orienta sus sentidos. Toda práctica periodística constituye un acto político, consciente o por efecto rutinario de la mecánica editorial.

La neutralidad política y la objetividad intelectual en los medios (in)formativos constituyen dos mitos ideológicos que deben confrontarse radicalmente, ya porque distorsionan la realidad o porque encubren parte esencial de esta. La imagen publicitaria de los medios que presumen contener "la verdad de los hechos", de plasmar desinteresadamente y de representar imparcialmente la "realidad objetiva", es un fraude ideológico, un engaño calculado y con fines determinados; una impostura.

Es preciso advertir que las noticias, editoriales, artículos o reportajes investigativos, a veces están arraigados en información falsa, falseada u obsoleta. Aunque remitan al "hecho en sí", reciclan prejuicios culturales, repiten anacronismos históricos o se sustentan en teorías desprestigiadas, paradigmas científicos falsos o en otros discursos de autoridad de dudoso crédito o desacreditada.

La labor periodística independiente no sólo se dificulta por las restricciones legales al derecho de investigación e información, y por el acaparamiento del derecho de prensa por empresas privadas. El gremio de periodistas "profesionales" suele participar en el ejercicio de estos impedimentos, y no reconoce la legitimidad de la práctica periodística *independiente* si el ciudadano no posee carnet de identidad para inmiscuirse en sus dominios.

Además, la industria periodística reinante está imposibilitada estructuralmente para absorber la inmensidad de aportaciones ciudadanas al quehacer (in)formativo en la Isla. No todos tienen cabida dentro de sus organizaciones empresariales, y quizás sería absurdo pretender que así fuera, sin rayar en un populismo ingenuo y disparatado. Lo cierto es que la labor periodística *independiente* la ejercen élites intelectuales, al margen de los principios ideológicos o intereses de clase que cada cual crea representar. Dentro de esta madeja de condiciones, quizás importe menos quién escribe, sino qué escribe y para qué.

El ciudadano desposeído del derecho de prensa y de la libertad de investigar e informarse sin limitaciones artificiales, no es víctima pasiva de una gran conspiración, concertada entre las gerencias corporativas y los gremios del periodismo "profesional" para desinformar a la ciudadanía sobre sus derechos a informarse, investigar e (in)formar. El inmenso poder des(in)formativo que ejercen opera de maneras menos perceptibles y no responde a un centro de mando único o a una estrategia íntegra de manipulación psicológica o subyugación ideológica. La centralización del poder de la prensa tiene su historia y corre paralela a la desposesión del derecho de la ciudadanía a ejercerlo libremente. Esta aseveración es un tabú en las culturas *democráticas* modernas, y nadie parece interesarse en cuestionarlo. El silencio generalizado sigue siendo la condición matriz de esta realidad. Hay quienes la justifican en base a la creencia de que existe un *consentimiento* popular que avala el *status quo*, se conforma y se resigna a aceptarlo como legítimo e inmutable. Otros, a la vez, creen que la formación del periodista "profesional" lo inviste de un poder perceptual superior y que su compromiso con la verdad es insobornable. Esta imagen idealizada del periodista es base de su autoridad moral y legitimidad política para representar el "interés social" y, a la vez, pretexto para desposeer al ciudadano no-periodista de sus libertades y derechos a procurarse por sí mismo la información que interese.

Un profundo sentido de responsabilidad ética y compromiso político con la justicia social y los derechos humanos debe animar cualquier empresa periodística. El periodismo *alternativo*, marginal o inserto en los principales medios de (in)formación/comunicación en la Isla debe apuntar esfuerzos a socavar las mentalidades dominantes y el habituado rigor de sus imposturas, mitos, ignorancias, prejuicios y supersticiones, que tanto entorpecen las posibilidades de construir una sociedad más justa y afín a un ideario democrático radical y de principios progresistas.

La honestidad intelectual es la condición irreducible para tales fines. Por esta razón, el contenido crítico de algunos escritos resulta hiriente a la sensibilidad de algunos lectores, no sólo a los que se sienten ofendidos por su naturaleza inquisitiva sino, sobre todo, a quienes ven amenazados sus sitiales privilegiados, su racionalidad legitimadora y, en fin, las condiciones de su poderío y autoridad.

En Puerto Rico, la práctica de la honestidad intelectual conlleva numerosos riesgos, tanto en el plano personal, profesional como laboral del periodista. Advertidos los riesgos, el periodismo *alternativo* debe sustraerse de (in)formar con base en la ilusión mítica de objetividad e imparcialidad. Debe posicionarse ante su objeto temático e (in)formar de manera crítica y consciente de sus implicaciones. Pese a los riesgos inminentes, el estilo de la crítica debe ser mordaz e irreverente; y su contenido, a la vez, bien informado y sensible, pertinente y esperanzador. La escritura divulgada debe pensarse como instrumento de cambio social y contribuir a transformar radicalmente los modos como habituamos posicionarnos, aproximarnos o distanciarnos, de las cosas de este mundo; incitar al lector a dudar y a pensar por sí mismo, y en la medida de las posibilidades, persuadirlo a favor de una rebeldía intelectual ante la credulidad, el conformismo y la resignación…

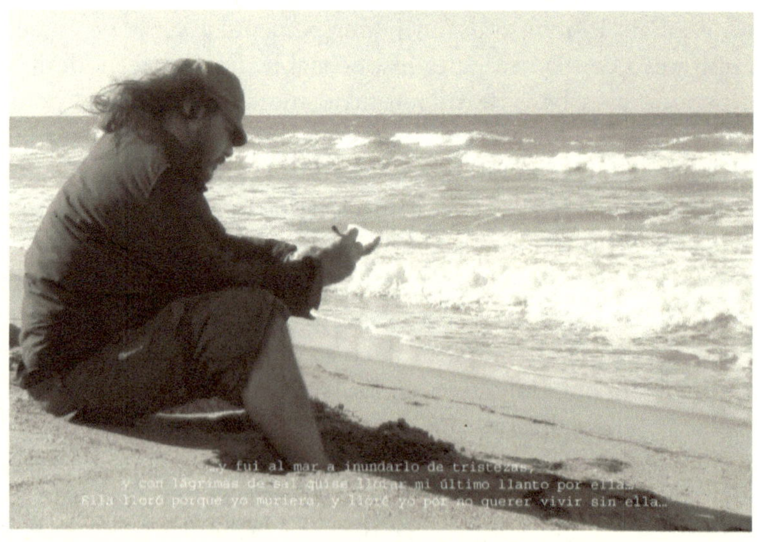

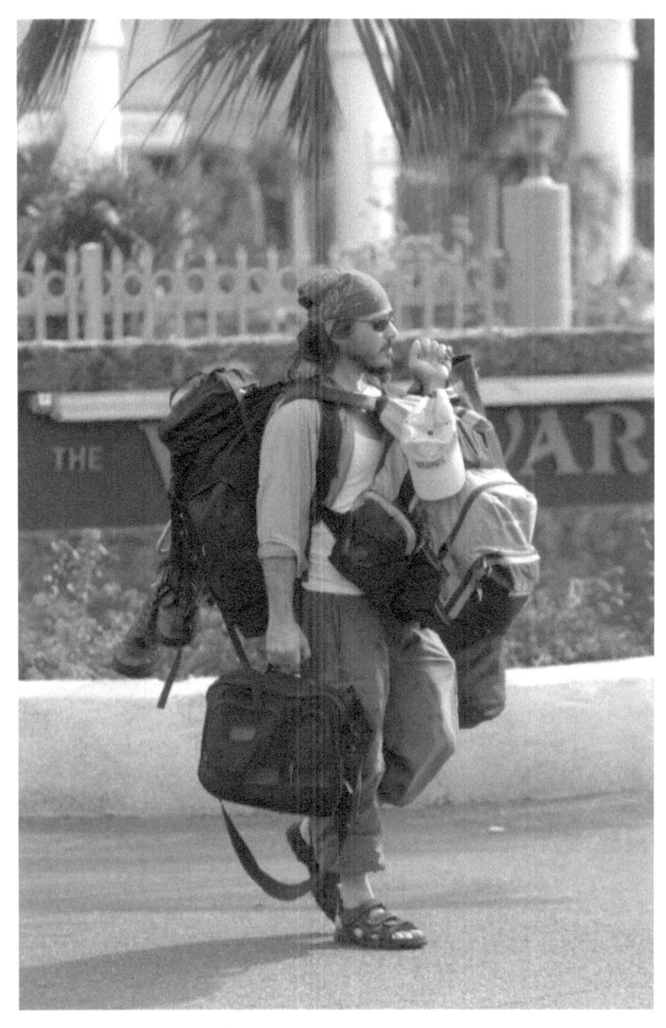

2003

La alternativa despenalizadora:
-una reivindicación democrática-[2]

Se avecinan tiempos de contiendas electorales y los partidos políticos ya han sacado algunas de sus cartas más vistas a jugar. El tema de la criminalidad en Puerto Rico sigue siendo un As imaginario de cada uno de los contendientes. Estas pasadas semanas los medios del país cubrieron las primeras jugadas de cada partido. Los más retrógrados ya han expresado sus inclinaciones a favor de la militarización de la mano dura y, por lo demás, se han limitado a repetir los mismos prejuicios sobre los que se han sostenido los programas de gobierno durante las últimas décadas. Los menos conservadores se han limitado a traer una crítica sutil o demasiado tímida para la que amerita la terrible naturaleza del problema de las drogas en Puerto Rico, que es, en primer lugar, el problema de la prohibición legal. Ni una sola promesa es nueva como tampoco son nuevos los reproches retóricos entre adversarios, pero a la larga el encadenamiento de sus efectos concretos seguirá siendo insufrible para todos. Creo que coincidiríamos en que el tema de las drogas ilegales es un tema que debe ser tratado de otro modo, diferente a como lo tratan los sectores más conservadores y dominantes en los gobiernos locales e internacionales. Incluso de manera radicalmente diferente a como lo entienda la mayor parte de nuestro pueblo, que en su momento rendirá un cheque en blanco a sus preferencias partidistas y convertirá en "democráticas" sus habituales políticas, aunque éstas no sean, de hecho, más que secuelas de las mismas prácticas de sus habituales violencias y crueldades. He escrito, aprovechando mis insomnios, dos breves artículos que intereso poner a correr suerte en el espacio del debate público, con ánimo de aportar a lo que considero, más que un debate urgente en estos tiempos, una postura impostergable a la que ir dando forma política concreta: la despenalización de las drogas ilegales...

La política de mano dura ha fracasado, y deja por saldo más problemas de los que resuelve. Esto es un hecho que vale tanto para Puerto Rico como para el resto de las naciones del mundo que han suscrito las torpes políticas de la represión para lidiar con las

---

2 **"La alternativa despenalizadora: una reivindicación democrática"**, *Claridad*, 2 al 8 de octubre de 2003.

mil realidades sociales que se desenvuelven bajo el signo espectral de la criminalidad. Trataré un ejemplo: La desarticulación de los puntos de drogas por los operativos policiales tiene tanta efectividad como la que tiene para quien quiere acabar con las molestias de las hormigas patear sus hormigueros. "Desarticular" no puede ser interpretado ilusamente como "acabar con", sino todo lo contrario. Ahora, en lugar de poder identificar unos focos precisos donde se condensaba en mercados locales, puntos en comunidades, el mercado callejero de las drogas se riega por todos los recovecos de la ciudad y se desparrama inconteniblemente en todas las zonas impenetrables por la moralidad caduca de esta vieja Razón de Estado. Ahora se multiplican las ventas e incluso mejoran sus servicios a la clientela, que a pesar de la "inteligencia" de los gobiernos no ha mermado ni un ápice desde que éstos tuvieron la extraña idea de prohibirlas. Así como las hormigas pateadas de sus hormigueros, éstas personas desplazadas de sus espacios siguen extendiéndose por debajo de la tierra, pero también en la superficie cotidiana de la vida social. Se equivocan los gobiernos si creen que con ponerles encima periódicos empapados de promesas electorales van a debilitar sus movimientos, su naturaleza, que es idéntica a la de cualquier otro mercado en ánimo de lucro: continúa practicando sus habituales modos de sobrevivencia, perfeccionando sus artimañas y adecuándose a las condiciones de sus existencias.

Es de conocimiento popular que cuando a un niño se le prohíbe comer dulces, muy posiblemente irá a comerlos a la casa de su vecino, y que los padres nunca lo sabrán, o simplemente creerán que está entretenido en videojuegos y que sólo toma leche para merendar. Pero también es ya psicología de supermercado el hecho contradictorio que puede tener una prohibición rotunda, por más razonables que pudieran ser sus fundamentos. Muy posiblemente la gente aprenda de muy joven antes a mentir a sus padres que a internalizar las razones de sus negaciones, y eso es para todos sabido, y si no, un secreto a vivas voces. El consumo de drogas ilegales es parte de la cultura global, y como cualquiera de sus mercados, tiene garantizado sus usuarios por suertes que ningún Estado puede controlar en definitiva. Pertenece al registro de las prácticas culturales milenarias y los hechos de sus prohibiciones no han tenido nunca por efecto ni siquiera mantenerlo a raya. Mil palabras pueden jurar todo lo contrario, pero su efecto invisibilizador lo será sólo en apariencia. Pues se trata de una verdad que se vive a diario en la transparencia de las propias estadísticas policiales, que cuando dicen todo lo que han "desarticulado", dicen entre sus líneas y de inmediato todo cuanto les es imposible contener entre sus "duras manos". No se trata de asumir una postura derrotista ante el fenómeno de las drogas, sino de asumirlo en toda su complejidad, como una realidad social que trasciende las maneras como los gobiernos acostumbran a dar cuenta de ello. La guerra contra las drogas es una guerra librada contra un fantasma cultural, y su cuerpo no se materializa sólo en los puntos desmantelados, ni en los arrestos y confiscaciones; ni siquiera en los que más sufren los embates de la dependencia. Todo un modo de entender el mundo se concentra ahí, en las razones paternales sin mayores funda-mentos que "buenas intenciones sociales" o "responsabilidad pública", pero que tienen por efecto incrementar terriblemente los males que pretenden combatir. Las redadas, los arrestos, las intimidaciones, los espectáculos militares, nada de ello ha tenido por saldo disminuir el mundo de las drogas ilegales. Enriquecer a los más poderosos y desentendidos, contribuir a las condiciones para la articulación de redes de violencias desmedidas, corrupciones, chantajes, entre tantos males, es lo que ha dejado a su paso la política de mano dura. Sólo los programas de educación, diseñados sensiblemente para estimular otras alternativas, podrían tener un efecto disuasivo efectivo. Pero nunca las medidas represivas, que sólo engendran mayores violencias y crueldades...

Ya es tiempo de hablar de la historia de la prohibición en Puerto Rico, de reflexionar sobre ella y de pasarnos la cuenta, como pueblo, por todos los muertos que han quedado en sus caminos. Es la ilegalidad de las drogas la mayor responsable de las violencias y crímenes que el Estado registra en sus memorias. Hoy, y ya desde hace demasiado tiempo, se repite la historia sangrienta en que se prohibía el consumo y la distribución del alcohol. Y no fue una derrota moral admitirle derecho de ciudadanía en la legalidad, sino, si acaso, una gran victoria moral, pues la ley, esta vez, puso en manos de la ciudadanía la responsabilidad de decidir por cuenta propia sobre ese detalle en sus vidas. ¿Por qué no seguir siendo consistente con esta medida? ¿Por qué no tratar de convencer con razones sensibles en lugar de pretender vencer con razones de fuerza? Y en todo caso, ¿por qué no despenalizar las drogas hoy ilegales, todas, y concentrar esfuerzos, si acaso, en hacer de la vida diaria un tiempo de mejor condición para vivirla?

Es un error garrafal insistir en meter bajo la etiqueta "criminalidad" todos los problemas que pretende representar. No se pueden acallar los gritos de angustia de tanta gente con meras promesas de campaña electoral. Pues no hay promesa de mano dura que no lleve la certeza de que su dureza traerá consigo más muertes que las que promete evitar. Más poco probable es que se pueda apelar al entendimiento de un niño con amenazas y castigos que con buenas razones, caricias y ternuras. Así sucede con las cuestiones de las drogas. Y no se trata de tratar como a un niño a un ciudadano adulto, sino de recordar permanentemente que son siempre seres humanos, muchas veces vecinos, conocidos, familiares o amigos, y no habría por qué permitir rebajarlos a la etiqueta de "enemigos de la sociedad". Es una ética de convivencia social lo que está puesto en juego cuando el Estado renuncia a las razones sensibles y pone en su lugar amenazas y puniciones.

Nunca deja de ser un chantaje moral la razón que lleva a sus espaldas la amenaza de un castigo. Asimismo, cuando la Ley trata de convencer de los favores que representa y los privilegios que tiene a su cuido, pero recuerda que de no ser obedecida retendrá para sí la libertad de un ciudadano, no deja de ser nunca, además de un chantaje moral, un hostigamiento psicológico. Cuando se obedece por temor a una represalia no se es libre, y un derecho democrático de primer orden es el de pensar por sí mismo. Pensar, no sobre las consecuencias legales de usar o no usar alguna droga, sino sobre los efectos que éstas tienen sobre el propio cuerpo, sobre su persona y sus semejantes. Promover una ética de la responsabilidad social en lugar de aterrorizar con viejos prejuicios es a lo que deberían apuntar esfuerzos los programas de cualquier gobierno. Y una ética semejante no puede estar basada sino en el reconocimiento del derecho de una persona a decidir sobre su propio cuerpo, ya para bien o ya para mal. Las consideraciones morales y religiosas sobre este tema no tienen por qué congeniar con las lógicas represivas del aparato estatal. A todas cuentas, ¿en qué se diferenciaría una moral o una religión de un despotismo si la base de sus planteamientos fuera siempre una amenaza de castigo? Si el miedo al castigo de la Ley es la razón primera para abstenerse del consumo de drogas, ¡qué frágil debe ser la voluntad de los abstemios! Y si la fuerza de la voluntad en nuestra sociedad es principalmente el miedo al castigo, ¿cuán democrática es en realidad esta sociedad? Si favorecemos sin reservas ni condiciones las promesas de aumento desmedido en las fuerzas policiales y la inversión multimillonaria en sofisticar sus equipos punitivos -tal y como lo hacen ahora los principales partidos políticos- ¿qué estamos favoreciendo realmente? Sin duda, la violencia como la justa medida para resolver cuestiones que, en esencia, poco o nada se resolverán de esta manera. La política de mano dura ha fracasado, y corresponde a los aspirantes a ocupar cargos de gobierno admitirlo y actuar de otro modo. La propuesta despenalizadora es la alternativa más cónsona con un proyecto radicalmente democrático, pues la base esencial de su fundamento reside en el reconocimiento del derecho de cada cual sobre su propio cuerpo, sobre las ilusiones de su propia mismidad, su conciencia y su sentido moral de responsabilidad para consigo mismo y para su comunidad. En el lenguaje jurídico del derecho constitucional, el principio de que la dignidad del ser humano es inviolable. La negación al ejercicio pleno de este derecho es una afrenta a la dignidad y a sus correlativos principios de libertad individual. Urge un proyecto de Ley que erradique la prohibición de las drogas ilegales basado en estos principios de derecho democrático. Urge activar un discurso desmitificador y uno simultáneo que se oriente en los principios de la educación y no en la represión. Y no se trata de dar voz a los prejuicios culturales, que a la larga pueden ser mayoría numérica pero que en esencia se traducen en las mismas injusticias, crueldades y demás violencias que pretenden combatir. La base inmediata es el reconocimiento de un fracaso de la política de mano dura, de una derrota en la guerra contra el crimen, porque era una guerra imaginaria aunque con efectos devastadores muy reales; inventada por las mentalidades punitivas de los gobiernos y de los privilegiados por los favores de sus prohibiciones...

Que los gobiernos traten al pueblo como si se tratara de un niño pequeño es una práctica que debe avergonzarnos antes que dar motivo a enaltecer. De todos modos, me inclino a pensar que cuando un gobierno dice que castiga porque ama a su pueblo, tal y como un padre castiga porque ama a su hijo, es un modo muy sutil de decir otra cosa: que somos niños porque creen que somos idiotas. Pero a la vez, no me atrevería a negar que quizás se trate de un amor genuino de los gobernantes para con quienes creen sus súbditos, para con nosotros todos, la ciudadanía. Creo prudente recordar que también hay amores que de tanto amar matan...

Después de Vieques, ¿qué?

¡Ni una vida más para la guerra en Irak![3]

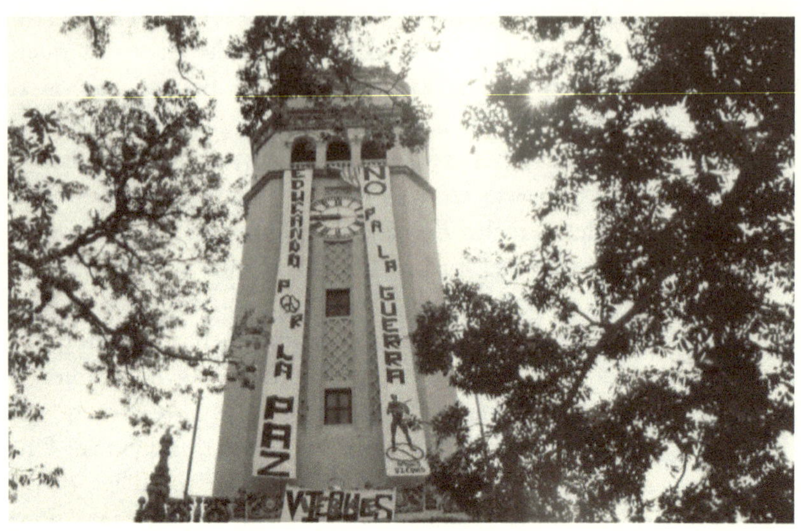

...la experiencia colectiva, política y cultural, de la lucha "nacional" por la desmilitarización de la Isla Nena no se limita a una reserva exclusiva para la memoria local, pues simbólicamente tiene –o podría tener- una trascendencia significativa a escala global. Habría que pensar la salida de la marina de guerra como una gran victoria moral y política contra la ideología militarista que la soportó durante tanto tiempo, entre tantas mentiras y a pesar de tantas dolencias, crueldades y sufrimientos, y que hoy, con los mismos cantos de sirena, arrastra a tantos a la guerra en Irak. "Pensar globalmente, actuar localmente", es esta una consigna que no debe nunca distanciarse de la pregunta clave que titula este breve escrito: Después de Vieques, ¿qué? Entre las posibles respuestas inmediatas está el fortalecimiento de la crítica radical al discurso legitimador del poderío militar en su conjunto, a sus más diversas ramificaciones por todo el espectro de lo social, desde sus habituales burdas justificaciones a sus más refinadas retóricas de justicia, libertad y seguridad. Se trata, pues, de subir a la escena de lo político el

---

[3] **"Después de Vieques ¿qué?: ¡Ni una vida más para la guerra en Irak!"**; *Claridad*, 18 al 24 de diciembre de 2003.

derecho de insumisión de los soldados mismos, como derecho a negarse a participar de una guerra-invasión injusta y cruel; reforzarlos con todos esos espíritus combativos del discurso de la paz, esos que encontraron en las retóricas militaristas las claves sobre las que se hacen día a día los destinos más terribles de toda guerra, de cualquier guerra, en cualquier parte del mundo...

Es una extraña manía la de *nuestros* "representantes" de gobierno imitar por imitar como malos cirqueros los mismos actos del siempre todavía, y repetir entre ellos las tonterías del mismo terrible y aburrido libreto: el escrito para promoción exclusiva del gran espectáculo de la violencia imperial norteamericana. Ya no es ni siquiera motivo de una vergüenza insoportable (porque quizá exageraría demasiado la seriedad que merecen sus actuaciones). Resulta risible escuchar o leer a los políticos actuales, aspirantes a cargos de gobierno o gobernantes, corear desentonadamente sus voces bélicas, y no poder dejar de imaginarlos al silbido del tío Sam como leales perros domesticados, salivando y moviendo el rabo por galletitas que aparentan huesos, o en fin, por sólo huesos. Me pregunto, para quien tanto se lía por temor a perder sus prometidos favores, ¿por qué no participar de ese otro pedacito de la cultura norteamericana que, como en todas partes del mundo, repudia la guerra y se activa contra ella y contra todo cuanto a ella conduzca? Pero la respuesta a esta pregunta, para no caer en una tremenda ingenuidad política, supondría, de hecho, que en realidad a los gobiernos coloniales les interesa practicar el gobierno de manera alternativa. Realidad ésta que pertenece al registro de las fantasías más genuinas de la mayor parte del pueblo elector. Incluso si sucediera que el Estado de Ley de Puerto Rico fuera incorporado plenamente a los Estados Unidos, ¿por qué no actuarlo de otra manera? En todo caso, sólo si así fuera tendría algún sentido participar de lleno en sus guerras, que sólo entonces, jurídicamente, serían "nuestras guerras". Pero no lo son, y no tendrían nunca por qué serlo. Tal sucede, por ejemplo, con la inconstitucionalidad de la pena de muerte, que se sostiene sobre la base de los mismos principios políticos (trans)nacionales sobre los que podría sostenerse la negativa a participar en una guerra: el derecho a la vida, el respeto a la dignidad de los seres humanos... de TODOS los seres humanos...

Y si queremos seguir siendo "buenos amigos", ¿por qué renunciar a eso que nos diferencia y, sobre todo, a eso que tal vez nos hace un poquito mejores? Si resulta que a nuestro *big brother* le excita abusar de otros, ¿por qué no condicionarle *nuestra* amistad, si es acaso que *nosotros* no queremos ser igualmente abusadores? Y si se equivoca, ¿cuán buenos amigos somos si no le advertimos de sus errores...?

De otra parte, no se trata de justificar las razones por las que nuestras juventudes se enlistan en el ejército, como si lo hicieran por el sólo hecho de estar necesitadas económicamente, o manipuladas ideológicamente, y enseguida reprocharlo. Hay soldados puertorriqueños, y no porque se piensen a sí mismos como estadounidenses. Y es que la identidad nacional (pos)colonial se ha construido finamente con las piezas claves del militarismo, que no conoce fronteras nacionales aunque su materialidad no puede pensarse a sí misma fuera de ellas, pues es una creencia global de la que todos los estados de Ley participan de lleno e inculcan, dentro y fuera de los contextos de guerra, como elevado valor democrático y como deber ciudadano irrenunciable. ¡Ni una vida más para la guerra!, debería ser un estribillo publicitario de las campañas políticas de *nuestros* gobiernos. Y no se trata de resolver ante las molestosas incertidumbres de todo tema complejo tomar partido por el menos malo, pues las crueles injusticias del antiguo régimen iraquí no pueden taparse con más sangre y balas, y harto sabido es que tras la invasión militar es esta la suerte más evidente que promete el porvenir...

La experiencia de Vieques puede, sin duda, ayudar a fortalecer una sensibilidad por la vida humana que sólo puede traducirse en hechos concretos mediante acciones contundentes contra la guerra y, sobre todo, contra la ideología militarista sobre la que se sostiene gran parte de lo peor en nuestros (pos)modernos estados de Ley. De lo contrario, triste seguirá siendo cada breve instante en que algún soldado boricua, en alguna calurosa y oscura noche de Irak, mientras se da cuenta que no es en realidad distinta su luna de la luna nuestra, quede ensordecido repentinamente por el estruendoso y mortal golpe de un mortero, y en la misma fugacidad de ese instante se pregunte: ¿qué carajo yo hago aquí?; y enseguida ya no viva más para dar cuenta de ello...

Y saber tan triste o más que ya, en su lugar, pondrá orgulloso nuestro gobierno una tumba más y una, o quizá, dos banderas...

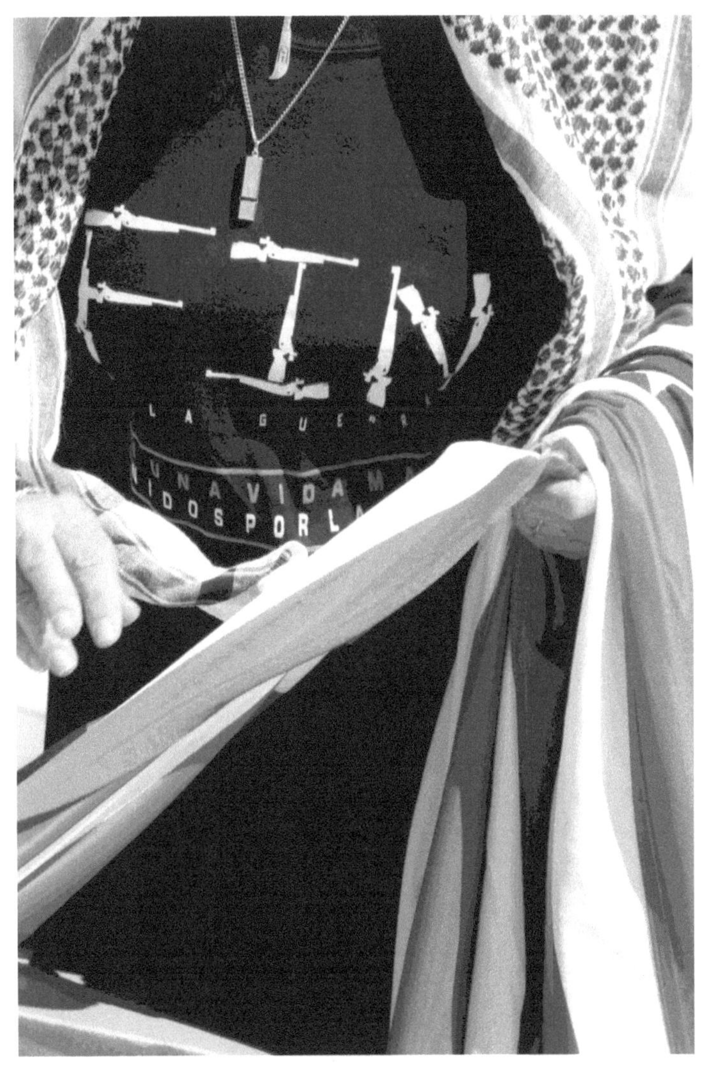

2004

De la guerra del "mundo civilizado" y el terrorismo[4]

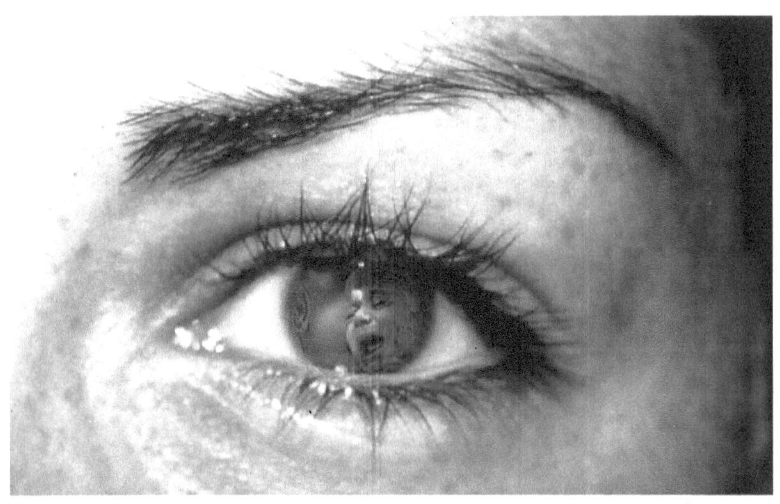

...quienes nos opusimos a la guerra en Irak y repudiamos la consecuente invasión militar lo hicimos, no por suerte de algún ingenuo pacifismo, sino por el hecho rotundo de saber con entera certeza que los males que se combaten mediante sus recursos engendrarían infinidad de otros males, de los que el terrorismo es, sin duda, de sus más dramáticas y previsibles expresiones. Tema éste que trataré de inmediato, teniendo como referente puntual la experiencia desde el aquí y el ahora que me ha tocado vivir en el Madrid dolido por el cruel embate del terrorismo, secuela ésta, no obstante, de una misma Gran Guerra que trasciende las representaciones inmediatistas escenificadas en los medios de comunicación y los habituales discursos oficiales de los gobiernos implicados. En qué términos nos planteamos el problema es de vital importancia para las posibilidades reales de resolverlo. Por eso, las palabras que usamos para describir tal o cual situación requieren extrema cautela, pues a veces los modos como planteamos los problemas suelen tener por efecto agravarlos y hasta incluso convertir el problema esencial en una condición irresoluble,

---

[4] **"De la guerra del 'mundo civilizado' y el terrorismo"**; *Indymedia*, marzo, 2004 (http://www.indymediapr.org); *Bandera Roja* (http://www.bandera.org)

precisamente porque el acto mismo de nombrarlo equívocamente es la primera condición para su reproducción incesante.

Tomaré de ejemplo emblemático las palabras recientes de Bush, que no deberían pasar inadvertidas ante los ojos más atentos de estos tiempos, pues son signos claves de la actual condición de época. A propósito del nefasto 11 de septiembre en Nueva York y teniendo como telón de fondo el terrible 11 de marzo en Madrid, el emperador imperial sentencia: "El mundo civilizado está en guerra". En su voz y letra habla, sin duda alguna, la voz emblemática de la racionalidad imperial de Occidente, que ha declarado desde siempre la guerra a las barbaries de la incivilidad, hoy representadas como unidad política bajo el confuso signo ideológico del "terrorismo". Signo que tiene una materialidad fija en la representación uniformadora y reduccionista que el "mundo civilizado" hace del "mundo por civilizar", en estos tiempos y por demasiado tiempo encarnado en buena parte por el espectral "mundo árabe". Y no se trata de que existe un discurso de Occidente que puede oponerse así, sin reservas, como una gran unidad de sentido a otro u otros mundos –culturas, sociedades-diferentes, pues Occidente es también una Gran Unidad imaginaria, y su sentido como referente está, no en la unidad de la que presume ser su representación, sino en los efectos políticos que pone en juego la activación de éste signo político. Dicho de otro modo, no existe en realidad un *Mundo Civilizado* que oponer ante la *barbarie* de otros mundos. Existen, sin embargo, fuerzas reales y poderosas (económicas, políticas, militares y correlativos prejuicios culturales) que presumen de ello para justificar la añeja manía colonizadora de los imperios, pero más allá de estas retóricas grandilocuentes está la vida del común de todas las gentes, y la vida, simple y llanamente, es lo que es puesto en peligro por estos exagerados modos de decir el mundo, de imaginarlo encaminado todo hacia un mismo fin, de creer verdadero un mundo civilizado que no es sino invención mezquina de algunos interesados y bien acomodados entre sus creencias; en fin, de querer hacer del mundo un mismo mundo a imagen y semejanza del mundo idealizado por las minorías privilegiadas que habitan en él y que hacen de las miserias de las mayorías condición de sus privilegios y garante de sus dominios...

Cierto es que la crítica más común no se reduce a la puesta en escena de un islamismo opuesto al cristianismo, sino que se hace sobre las modalidades religiosas del fundamentalismo armado, que como toda religión con fuerza suficiente para imponerse por la fuerza, arremete contra los principios medulares de los regímenes democráticos modernos. Terrible mal éste, similar quizá a los nacionalismos más recalcitrantes de otras regiones de nuestro mundo, pero sin duda no menos terrible que las religiones seculares modernas, mal llamadas políticas de gobierno de los "estados de derecho" y consagradas en la cruel ilusión política de la voluntad democrática de los pueblos. ¡No! los males que se combaten mediante el recurso de la guerra, reales por demás para quienes los sienten y los padecen, no se resuelven con la mano dura de la Gran Represión, que es la Guerra y la Invasión. Tomaré un ejemplo de uso común para justificar las bondades de la guerra y la necesidad de *civilizar* la cultura árabe: En *nuestro* mundo "civilizado" las mujeres no son forzadas a llevar velo, es verdad, mas no por ello las violencias por cuestiones de género son menos violentas. El problema es más complejo y el reconocimiento de esta complejidad es quizá el primer paso firme a los intentos por resolverlo, que por lo que aquí compete, ningún régimen de gobierno puede resolver desde "arriba", por decreto legal y mediante la fuerza bruta...

Aunque los reportajes a diario "evidencian" que no se han producido transformaciones cualitativas en la vida cotidiana de gran parte de la gente, muchos piensan y sostienen que hay que darle tiempo al tiempo, porque el pueblo iraquí no está capacitado para tomar las riendas de su destino político y dejarlos a merced de sus ilusiones de soberanía podría convertir las tierras de Alá en "tierra de nadie", región paradisíaca para terroristas y demás sediciosos incivilizados... Lo curioso es que, en esencia, no son tan distintos los argumentos que hoy se esgrimen para justificar la permanencia militar en Irak de los que Estados Unidos utilizó para justificar la invasión militar del Puerto Rico inmaduro e incivilizado, si no bárbaro, dejado por el entonces decadente imperio español hace más de cien años. Demasiado inmaduro el pueblo iraquí para tomar las riendas de su destino político, lamenta el invasor con tono paternal, pero no por poseer una razón superior sino por poseer una razón armada de fuerza superior para imponerse: es esta la cruda realidad que subyace toda retórica de guerra, toda racionalidad de Ley imperial...

Hay quienes todavía se resignan a *reconocer* que ciertas violencias de guerra son males necesarios para evitar otros males, quizá peores. Así, bien intencionados pero cargados a la vez de terribles y cómplices ingenuidades, creen que la solución al actual conflicto bélico es que la ONU tome las riendas del destino político inmediato en Irak. La España de Zapatero, una vez destronado Aznar, amenaza con cumplir sus promesas de gobierno, retirando a los soldados destacados en Irak. ¡Pero cuidado! Pienso preciso guardar distancia cautelosa sobre las promesas del nuevo gobierno, pues sospecho que muy posiblemente ésta postura se traduzca en facilitar el control imperial de Occidente sobre el pueblo invadido, pues condiciona la retirada de las tropas si la ONU sustituye el mando, como administrador legítimo de la invasión. Suerte ésta que le resulta muy conveniente al plan estratégico de Estados Unidos, que sin duda mantendrá su posición privilegiada en la toma de decisiones, tras la fachada de un nuevo cuerpo internacional, mas no por ello menos imperialista... Pero eso ya lo veremos... Pienso que la guerra no tuvo justificación alguna y que la actual presencia militar de cualquier país o alianza internacional sigue siendo injustificable, claro, siempre y cuando pensemos que en realidad Bush no tiene razón y que no existe algo así como un mundo civilizado en guerra... y otro en estado de salvajismo al que domesticar...

El simulacro de Gobierno de Puerto Rico, como la España imaginada de Aznar y su Partido Popular, se hizo eco del llamamiento belicista del gobierno norteamericano: derrotar la amenaza del terrorismo. Puerto Rico –vergonzosa y ridículamente- ha movilizado más militares que la mayor parte de los estados de la nación norteamericana e incluso cuenta con un contingente mayor que la mayor parte de los países aliados. La connotación de subordinado colonial es evidente, por lo que no me detendré a dar cuenta de ello. La gobernadora Calderón y sus voceros oficiales insisten en que se trata de un acto de responsabilidad patriótica y los lamentos gestos genuinos de solidaridad. No dudo que en realidad se sientan dolidos profundamente por las muertes ocasionadas por los atentados terroristas. Lo que resulta extraño o paradójico, desde un punto de vista ético o moral, es que pongan la complicidad política como un valor más elevado aún que la vida misma. ¿Quién puede en entera honestidad no reconocer que la solidaridad armada de bombas y metrallas no es solidaridad, sino un eufemismo de la misma agresión militar, un acto de violencia, una crueldad...? Si Nueva York nos dolió, si Madrid nos duele, ¿por qué no nos duele con el mismo dolor Irak? Si las heridas de "nuestros" soldados se sienten como heridas del pueblo entero, ¿por qué al parecer no duele tanto la herida sangrante y mortal que encarna el estado de guerra para las gentes que habitan un país entero?

Los embates del antiguo régimen dictatorial fueron contenidos por el terrible golpe de un despotismo imperial, y las miserias de la pobreza que arropaban irremediablemente a gran parte del pueblo iraquí fueron consoladas con balas y a los destinos conjurados de la desolación le siguieron estelas de sangre... Sólo imaginemos que eso mismo que sentimos en lo más profundo de nuestras almas cuando muere un ser querido lo siente cualquiera en cualquier parte del mundo, y que los errores de una guerra son siempre horrores irremediables, mortalmente irremediables. Recordemos que recientemente en Puerto Rico fue por un error en una práctica militar la gota que colmo la copa de la tolerancia, que tras la muerte del soldado David Sanes se movilizó masiva y decididamente una parte sustancial de nuestro pueblo para exigir la salida de la Marina de Guerra, hasta que la hicimos desistir de sus terquedades coloniales y al fin abandonó la isla de Vieques. Me pregunto, si el reino imperial de la civilización, representado en el poderío militar norteamericano, hubiese reaccionado a nuestros reclamos con la violencia más bruta de su fuerza armada, ¿cuál hubiera sido la respuesta popular más civilizada? Pero no desviaré la atención, pues sólo podría especular al respecto. Lo cierto es que, para el tema que ocupa este escrito, habría quizá que hacer un ejercicio intelectual: invertir los papeles, mirar con la mirada iracunda del otro también dolido, golpeado y vuelto a golpear. No mirar con la mirada presuntuosa y arrogante del poderoso, del grande, sino con la mirada más frágil y quizá más ingenua de todas, la más pertinente en este gran escenario del terror, que es la que mira la vida desde la vida misma, por ella y para ella sobre todo y nada más... Si el valor de la vida es un signo del espíritu democrático, y la guerra se hace para elevar su valor, "se mata para vivir, se muere por la vida", entonces, ¿cómo juzgar a quienes matan por las mismas razones o por sentimientos análogos a los asesinos del otro bando? Extraña paradoja ésta sobre la que se sostiene y mueve la imaginería democrática moderna, cuyo valor para la vida se eleva y desciende a la vez desde su poder para arrebatarla...

Cuando dos fusiles se enfrentan en un campo de batalla cada cual presume de tener razón, y de hacer lo justo. Pero, ¿qué pasa cuando el campo de batalla no lo determina el estado invasor? ¿Qué pasa cuando el campo de batalla se desterritorializa, trasciende las fronteras nacionales, se hace mundo? La Razón imperial llama a los combatientes terroristas, y no sin razón, pues el terror es clave esencial en toda lucha armada, sobre todo cuando se hace en condiciones desiguales y desventajadas. Lo cierto es que un soldado no es menos terrorista, y la diferencia entre el error y la intencionalidad poco importa cuando se lleva entre las manos un cuerpo hermano herido, o entre varios amigos cargan las partes desgarradas y rotas de un ser querido. ¡Eso es la Guerra, y no hay por qué resignarse a vivir en ella!

El Occidente Imperial se equivoca cuando cree combatir el Mal, no sabe que combate algo mucho más peligroso y poderoso aún: el Bien Supremo, Trascendental. A este lado del mundo le llaman Justicia, Libertad, Democracia, y en los otros mundos, los mundos de la barbarie, le llaman Dios. En un contexto de Guerra, siempre Santa para ambos bandos, la Venganza y la Justicia se hacen una en un mismo acto. El Odio se hace Amor y el Amor, ya desconsolado y también armado, precisamente por amar hace de la Muerte la Razón de la Vida. La rabia viva ante la impotencia por la muerte prometida, la ira conjugada con el amor fraternal, la rabia encarnada en el amor paternal... Sólo imaginemos la indignación convertida en la más amarga rabia y la rabia más dolida también compartida y bien armada... y creída guiada de la mano de Dios. Todo esto acontece por la insensible razón de la guerra, y los terrorismos no son sino ramificaciones de una misma razón, la provocada por el "mundo civilizado en guerra"...

Moraleja: La pregunta de si otro mundo es posible sigue siendo urgente, pero no para dar respuesta definitiva en la que el mundo al fin se englobe en otra terrible ficción imperial, sino, quizá y de inmediato, para imaginar la posibilidad de habitar la existencia de alguna otra manera... pero en lo que van y vienen las mejores ocurrencias, ¿por qué no desistir de las crueldades y violencias civilizadas, democráticas y modernas, que llamamos guerras...?

El problema de lo criminal: más allá de las drogas[5]

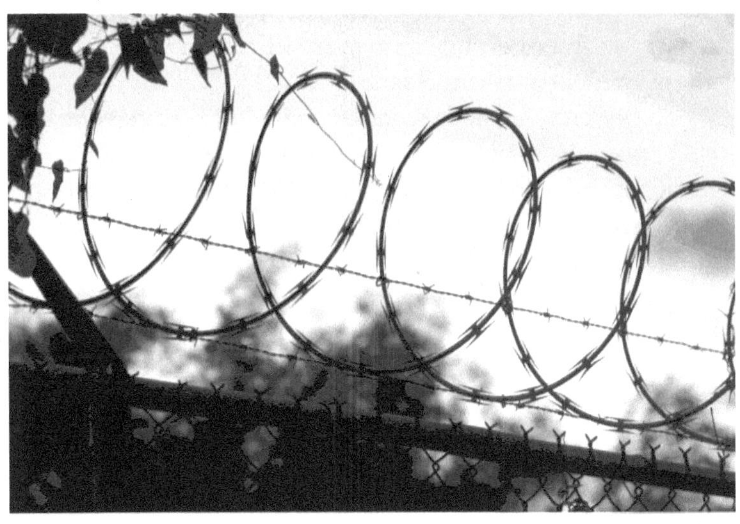

...sería más que una ingenuidad política una torpeza creer que la política pública-criminal del actual partido de gobierno ha dado un vuelco radical hacia la Mano Dura, que en la recta final ha cedido a los chantajes del partido adversario o que, en fin, ha incurrido en una práctica *nueva* al dar rienda suelta a la Guardia Nacional para "combatir la criminalidad". ¡No! Que nadie se confunda: la Mano Dura ha sido desde siempre la misma política pública de todos los gobiernos en los estados de Ley, equívocamente llamados de Derecho. Aunque la misma varíe entre mil retóricas y demagogias, en esencia, se trata de una misma política que tiene el principio de la represión como matriz de todas sus actuaciones, y la prohibición de las drogas sigue siendo la excusa por excelencia de sus más violentas intervenciones. Puerto Rico, enmarañado bajo el poderío imperial del siempre todavía, atestigua a diario el mismo secreto harto sabido y vociferado por todos: que las intolerancias y prejuicios de sus gobiernos se convierten día a día en infinidad de crueldades; que la fuerza bruta que las materializa

[5] **"El problema de lo criminal: más allá de las drogas"**; *Indymedia*, julio de 2004 (http://www.indymediapr.org); *Claridad*; del 5-11 de agosto de 2004.

sigue dejando el mismo saldo mortal en ascendencia incontenible; que la política punitiva, vengativa y penal se traduce inevitablemente en los lenguajes del desprecio a la libertad y dignidad de cada existencia singular; que el Derecho se confunde entre los cuentos más risibles de la voluntad inmisericorde de la Ley, y que la palabra democracia se trueca en un signo más del cinismo de sus repetidas violencias y redundantes crueldades...

La escena mediática de las pasadas semanas ha estado saturada por un sinfín de reacciones sobre el tema de la criminalidad, creando la ilusión general de que ha acontecido un aumento vertiginoso en la misma. Recitando los mismos libretos del pánico, el Estado (el gobierno que lo administra y las figuras politiqueras que hablan en *su* nombre) ha respondido con los trillados coros del terror, manipulando con sus cantares hipnóticos los más genuinos miedos de las gentes. Bajo sus presumidos cuidos paternales, el gobierno administra con virtual genialidad el miedo al espectro criminal, convirtiéndolo en fundamento de legitimidad de sus habituales brutalidades y demás intervenciones políticas, judiciales y penales, carcelarias, policiales y militares.

En este gran escenario, lúgubre y triste pero paradójicamente celebrado y colorido, considero de gran pertinencia atraer la atención sobre determinadas posturas que aparecen como alternativas radicales ante el grave problema social que representan las violencias callejeras relacionadas al fenómeno de la prohibición legal de ciertas drogas. La premisa matriz de la que parto es que la prohibición misma es la clave de gran parte de las violencias mortales que tanto aquejan y que, consecuentemente, la política y práctica represiva del Estado, de cero tolerancia hacia ciertas drogas y de mano dura a los ciudadanos que hacen usos de ellas, es responsable en buena medida de las violencias y muertes que promete combatir, prevenir y erradicar, castigar y vengar... y no el imaginario fantasma de la criminalidad, que ha sido, es y seguirá siendo un pretexto imperecedero para justificarse a sí mismo: el Estado de Ley, como garante legítimo del control de la población y del monopolio exclusivo de la violencia...

Pero la Mano Dura no se limita a la política actual de los gobiernos. Algunos sectores que la critican participan, tal vez sin saberlo, de la misma lógica interior que la domina. Tal sucede, por ejemplo, con quienes aparecen en escena reivindicando la medicación de las drogas como alternativa radical para lidiar con el fenómeno de la criminalidad. Sin ánimo de menospreciar las buenas intenciones de quienes creen que la medicación de las drogas prohibidas es una solución al problema de las violencias callejeras enraizadas en el complejo del tráfico ilegal de las mismas, subiré a escena algunas advertencias.

Creo que el principio de la educación es medular para resolver alguna medida de este gran problema. Pero no basta recitar repetidas veces el mismo estribillo, porque la educación también puede estar cargada de los mismos prejuicios y los educadores pueden convertirse en eso mismo que critican. El discurso que aboga por la medicación debe circunscribirse exclusivamente al ámbito de la salud de quienes se sienten afectados por el consumo de las drogas y quieren curarse. Sólo la persona usuaria debe considerarse así misma como enferma y si acaso procurar para sí y sólo para sí la cura. Etiquetar a cualquier usuario de drogas como adicto y en el acto señalarlo como "enfermo mental" es una generalización que sólo tiene valor desde un punto de vista político de gobierno: la voluntad de control y dominación sobre las poblaciones en general, es decir, del poderío estatal sobre la vida privada de la gente que lo habita y constituye...

Asimismo, hablar del "problema de las drogas" como un problema de salud mental es jugar el mismo juego de palabras características de la Mano Dura, no ya desde el lenguaje jurídico-policial sino desde la retórica médica, también policial. Ciertamente un problema radical estriba en el lenguaje que pretende representar las alternativas, pero la solución no reside exclusivamente en un mero juego de palabras. Existe una diferencia radical entre el uso y el abuso de las drogas, entre el usuario y el adicto. Análogamente, las personas que consumen alcohol no son por ello alcohólicas, ni mucho menos enfermos mentales. Cierto es que alguna vez hubo un tiempo en que el consumo del alcohol estuvo prohibido por la Ley, y la prohibición señalaba a los usuarios como criminales. El saldo de violencias que ensangrentaron la época es un hecho histórico conocido por todos. La legalización fue la respuesta estatal más acertada y conveniente para la convivencia social. Hoy los usuarios de alcohol no son, por el sólo hecho de consumirlo, producirlo o distribuirlo, ni criminales ni enfermos mentales, sino ciudadanos respetables o, cuando poco, gentes normales. Si el alcohol es una droga, tan benigna para algunos como peligrosa para los mismos en distintas condiciones, ¿por qué no habría de reconocer la misma suerte para otras drogas, hoy ilegales? Es decir, ¿por qué no despenalizar sus usos, que sería, de hecho, tratar a los usuarios como personas de derecho, como ciudadanos tan respetables como podría serlo cualquier abstemio...?

Quizá a la larga el tratamiento médico de usuarios de drogas será alguna vez tan normal como lo es hoy el tratamiento criminal de los mismos. Lo más triste es que detrás de las genuinas compasiones humanistas de quienes hoy abogan por ello, con la mejor de las intenciones, es que en lugar de cárceles habrá manicomios, y los usuarios ya no serán tildados con el sello de criminales sino con la etiqueta de locos. En la práctica reinará el imperio del siempre todavía, el del prejuicio y la crueldad carcelaria de la Mano Dura, ya no solo vestida de azul y togada sino, además, luciendo batas blancas.

A la larga, sin embargo, la legalización de las drogas será una realidad concreta. En determinado momento durante el curso de las historias sociales dejará de mirarse como una derrota el reconocimiento del derecho de las personas a disponer de sus propios cuerpos. Esta realidad no tendrá por efecto el ascenso del consumo de drogas, como mal auguran algunos. En todo caso, si el Estado procurase alguna vez una política educativa honesta y bien informada sobre los efectos de las drogas, el resultado será positivo para el bienestar social, pues muy posiblemente quienes hagan uso de ellas lo hagan mejor informados, y tengan bajo sus dominios la posibilidad de hacer uso de las drogas de manera responsable, asumiendo sus riesgos y consecuencias conscientemente o, al menos, filtrando los habituales tapujos embrutecedores del discurso prohibicionista. Pero todavía no deja de ser una gran hipocresía el refinado hostigamiento moral que presupone el discurso de la medicalización, incluyendo, por supuesto, la retórica manoseada de la rehabilitación. Sabiduría milenaria es que de buenas intenciones está lleno el camino al infierno. Y no deja de ser un mismo infierno al que conducen las bondades de las voces disidentes que favorecen la medicación como alternativa a la fuerza bruta de la Mano Dura. Mano que no ha dejado de ser la misma que acaricia con palabras lindas a los maltratados por su insensible dureza. La rehabilitación, si no es voluntaria, es y seguirá siendo un castigo impuesto por la misma racionalidad prohibicionista y penal que hoy impera, eco de la voluntad vengativa que rige el derecho a castigar en todo Estado de Ley.

Otro punto que quiero traer a colación no es la crítica a la ecuación clasista que asocia la pobreza con la criminalidad, tan usual y aún de moda entre las gentes de buena fe, bien educados y profesionales. La prohibición es un negocio lucrativo para los más adinerados, es verdad, pero también es un modo del Estado bregar con la imposibilidad de absorber a toda la población bajo un registro universal de Ley. Tema éste que amerita mayor atención y que ya he tratado en otra parte. El problema de la criminalidad, en fin, no es la pobreza, pues se basta ella misma para ser su propio problema. A todas cuentas, si lo criminal es lo ilegal, y lo ilegal lo define el Estado, si la pobreza para sí misma es una dolencia y la criminalidad para ella y desde sí una anestesia, ¿por qué el Estado no erradica las condiciones de la pobreza, que *es* la raíz del problema? Pero la realidad es que tampoco una cosa tiene que ver con la otra. El uso de drogas es una práctica cultural milenaria, hecho histórico éste que obliga a asumirla desde una perspectiva más amplia, comprensiva y tolerante. La realidad es que ni la gente va a dejar de usar drogas, ni quienes las usan lo hacen sólo porque tengan problemas, ni mucho menos, por lo general, son problemas para nadie... Punto y aparte aparecen en escena los problemas relacionados a las adicciones. Éstas, sin embargo, son sólo partes de una problemática mucho más compleja, que envuelve el conjunto de las condiciones de vida a las que cada sujeto singular está forzado a vivir o sobrevivir. Meter la situación problemática en un condensado paquete retórico, bajo la etiqueta de criminalidad, es un acto demagógico que tiene por efecto reproducir las condiciones que imposibilitan tratar a los adictos a favor de ellos mismos como personas dignas, como ciudadanos en derecho. Me parece que, a todas cuentas, evitar malos ratos innecesarios a los usuarios es un beneficio singular que redundaría en el bienestar colectivo...

Pero, imaginemos que mañana deja de ser ilegal el uso de las drogas. ¿Dejarán de ser pobres los pobres? No. ¿Acaso tendrán hogar los deambulantes? ¿Las prostitutas de la calle ya no tendrán razones por las que ofrecer en alquiler sus cuerpos? ¿Disminuirán las violencias domésticas? ¿Cesarán al fin los maltratos a menores? ¿La salud dejará de ser un lujo para las mayorías y la educación ya no será un privilegio de pocos? Claro que no.

Con la legalización seguramente disminuirán las violencias mortales que acontecen por el hecho de la prohibición, pero las crueldades y miserias a las que está destinada la vida de tanta gente no dejarán de serlo hasta que no procuremos transformar radicalmente las condiciones materiales y existenciales de la vida social en general. Condiciones éstas que tienen entre sus efectos determinadas modalidades de la violencia y que hoy se invisibilizan por el discurso y las prácticas de la prohibición imperial del Estado de Ley. Las propuestas medicalizadoras, en los términos en que son esgrimidas al día de hoy, siguen siendo extensiones de la Mano Dura. Sólo la despenalización absoluta es la alternativa democrática más cónsona con el espíritu del Derecho, que es (o debería ser), sobre todo, el poder de potestad que posee cada persona singular sobre su propia vida. Entonces, y sólo entonces, tendría su justo valor integrar la medicación como alternativa para quienes deseen hacer uso de ella...

Puerto Rico sería modelo para el resto del mundo, pero no como paraíso del consumidor (que ya lo es dentro de la legalidad o entre ilegalismos), sino del respeto a la dignidad del ser humano. Respeto a la dignidad que es sólo palabrería si no se materializa en el respeto al derecho de cada persona a disponer de la propiedad que le es quizá su única pertenencia segura: su propia persona...

En síntesis: las políticas públicas actuales de cero tolerancia a las drogas arrastran reminiscencias de un terrible pasado histórico que se repite incesantemente en el devenir. La ideología prohibicionista reinante y la correlativa fuerza bruta de la represión estatal imposibilitan asumir la complejidad de problemas que tienen entre sus efectos el de la adicción para los adictos, las guerras entre narcotraficantes y los azares mortales de las balas perdidas y, sobre todo, la Gran Guerra del Estado contra su más temible enemigo interior: el fantasma criminal, inventado por su propia imaginación, por sus prejuicios y miedos, por su voluntad de control y dominación... y por los favorecidos de las prohibiciones...

La despenalización es la única alternativa que responde a un proyecto político radicalmente democrático, que va más allá de las drogas y los restregados cuentos-somníferos del temible espectro criminal. Lo demás, toda vez que no fortalezca una práctica social emancipadora, seguirá siendo tapujos embrutecedores de un mismo movimiento: el de la prohibición y el castigo, el de la venganza judicial y el chantaje moral, el del hostigamiento psicológico y la represión, el de la violencia estatal y la crueldad de la cultura dominante que lo anima y lo soporta, lo preserva y perpetúa; en fin, el de la Mano Dura.

Bitácora del M.A.R
(por la integración ecológica y solidaria del Caribe)[6]

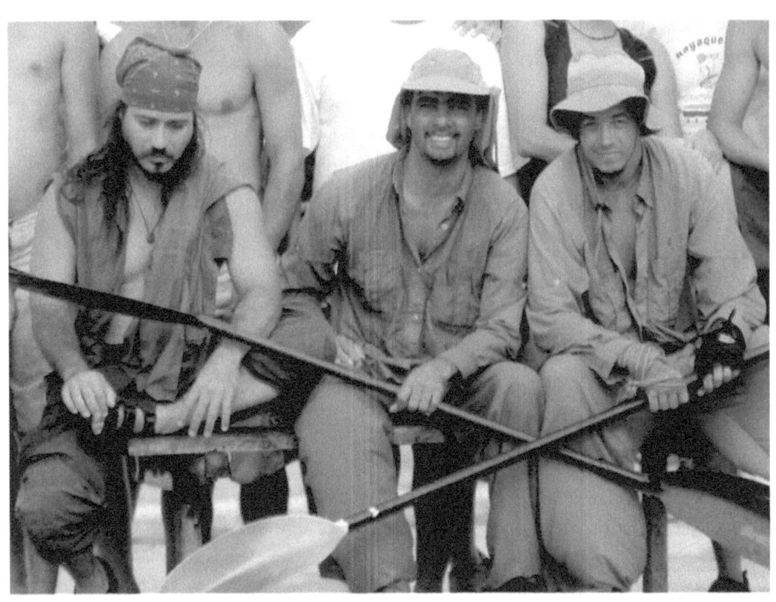

...era ya muy tarde entrada la noche del tercer día de agosto, demasiado tarde tal vez para recuperar energías para el próximo día. Humberto y Nacho jugaban ajedrez, una partida tras otra, como distraídos de la espesa bruma de cansancios y desencantos que todos nos reservábamos en silencio, o quizá todo lo contrario, envueltos entre las fichas de un juego que les ocupaba el insomnio impertinente del que a nadie nunca se le escuchó mencionar. Tito saldría solo en la madrugada del cuatro y al atardecer ya debía estar de regreso. Lo de la tormenta eran solo rumores que no impedirían cumplir lo prometido. Nacho, con todo el espíritu incondicional y dispuesto tendría que resignarse al cantazo de una realidad indiferente y desentendida: no podría acompañarlo...

Ese día, el tercer día de la jornada y el primero de la travesía en kayak por las islas vírgenes, fuimos abandonados por el capitán Francis Cruz en la isla de Tórtola. Justo antes de partir a Anegada,

---

6 **"Bitácora del M.A.R: por la integración ecológica y solidaria del Caribe"** *Claridad*, del 2 al 8 de septiembre de 2004.

desde donde habíamos programado la ruta, decidió regresarse a Puerto Rico y sin mediar razón alguna se hizo a la mar. Con él se fueron dos kayaks, parte del equipo y de las provisiones, y la lancha que serviría de trasporte y escolta durante la jornada. Varados e ilegales en la isla británica de Tórtola decidimos hacer de tripas corazón y continuar lo programado. A pesar de los pesares y por lo que pudiera valer mantuvimos el ánimo bien despierto y la voluntad tercamente decidida a continuar. Tras varias horas de malos ratos con las autoridades del gobierno isleño logramos un permiso de estadía hasta el día siguiente... Antes del amanecer Tito estaba ya en la playa, Humberto y Carlos con cámaras en mano tampoco podrían dar rienda suelta a la frustración de no poder acompañarlo hasta la isla de Virgen Gorda, donde decidiría si continuar o no hasta Anegada y retornar el mismo día... en la noche con la luna ya de retirada, sin comunicación, sin compañía y con el rumor de una posible tormenta en camino...

Nos despedimos y entre abrazos de solidaridad e incertidumbre nos movimos a procurar lo imprescindible para continuar. Temprano en la tarde el cielo oscureció de repente y mientras gestionábamos algún kayak prestado por amigos recién conocidos para nuestras suertes, fuertes vientos y lluvia cruzaron cargados de arena la isla... La tormenta no era ya rumor y Tito la enfrentaría solo, incomunicado y de improvisto. Su vida estaba en juego por el vil abandono de una persona singular que, aunque desde que la conocimos guardamos sospechas sobre su compromiso, jamás hubiésemos imaginado que fuera capaz de lo que hizo...

Tito llegó como previsto. Celebramos su hazaña y esa misma noche, agotados cada uno a su manera, apostamos por lo porvenir. Tarde en la noche, otra vez, Humberto y Nacho siguieron sus partidas de ajedrez; Carlos revisaba y preparaba su equipo fílmico; y Tito, entre su habitual ánimo inquebrantable y el insomnio compartido por todos, trataba de conciliar el sueño con un crucigrama estrujado y humedecido de algún periódico viejo…

En la madrugada, Tito y Nacho salieron a la isla de Jost Van Dyke, desde donde seguirían a St. John. El kayak de Nacho estaba en pésimas condiciones, se hizo aguas y apenas pudo llegar al primer punto de la ruta. Un norteamericano, residente en la isla de St. John, de apellido Singer, se enteró por internet de nuestra situación y se las arreglo para contactarme. Antes de que Tito y

Nacho llegaran ya teníamos a nuestra disposición y sin reserva otros dos kayaks. Poco antes de caer la noche, los tres partimos en kayak hacia St. Thomas. La noche se fusionó con el mar y sus vaivenes arrítmicos se hicieron mareos, y las horas empezaron a hacerse cada vez más pesadas desde los párpados al estómago. La terca osadía de retar suertes tras suertes me arrastró hasta alguna playa en St. Thomas, pero alejada del destino previsto…. Tito y Nacho siguieron, y las peligrosas oscuridades del Mar Caribe encendieron las mechas de angustia entre amigos y familiares: paso la hora acordada y no llegaban... Cerca de la media noche, al fin, la tan esperada llamada...

La madrugada siguiente, por el bravío tramo de St. Thomas a Culebra, en ayuno involuntario pero con la misma bravura del mar, Nacho y Tito siguieron. La cobertura de la prensa había sido ínfima y los intentos por comunicarnos a penas llegaban a tiempo a los medios de comunicación. Dos amigos más aparecieron con una pequeña lancha que sirvió de escolta y la tragedia que asechaba entre las espigas del candente sol se tuvo que aguantar. La buena ventura, sin embargo, me hizo pensar una tristeza que opacó la fugaz alegría: que la hermosura de las tenebrosas y mortales profundidades del Mar Caribe no se coronó con dos cuerpos más, como lo hace con tantos y tantos hermanos dominicanos que engalanan con sus muertes las estelas de la miseria que los hace buscar mejores suertes y lanzarse en peores condiciones al mismo mar...

Esa noche dormimos en el muelle municipal de Culebra. Al día siguiente se sumaron varios compañeros hasta Vieques, donde pernoctamos en el campamento Luisa Guadalupe, al pie de la antigua verja militar. El domingo regresamos a la isla Grande, a Naguabo, donde nos recibieron amigos y familiares.

La memoria de esta odisea quedará escrita en algún rincón de alguna página de algún periódico y quizá en el frágil recuerdo de algún comentario radial. Quisimos llevar un mensaje de unidad caribeña por el medio ambiente y dedicamos los esfuerzos a los prisioneros de conciencia puertorriqueños, encarcelados aún por casos relacionados con la lucha por sacar la marina de guerra de Vieques. A ellos, nuestro más ardiente reconocimiento.

La jornada fue pretenciosa, ilusa e ingenua, pensarán algunos. Tal vez. Pero fue un tiempo de intentos y, contra viento y marea, lo hicimos valer…

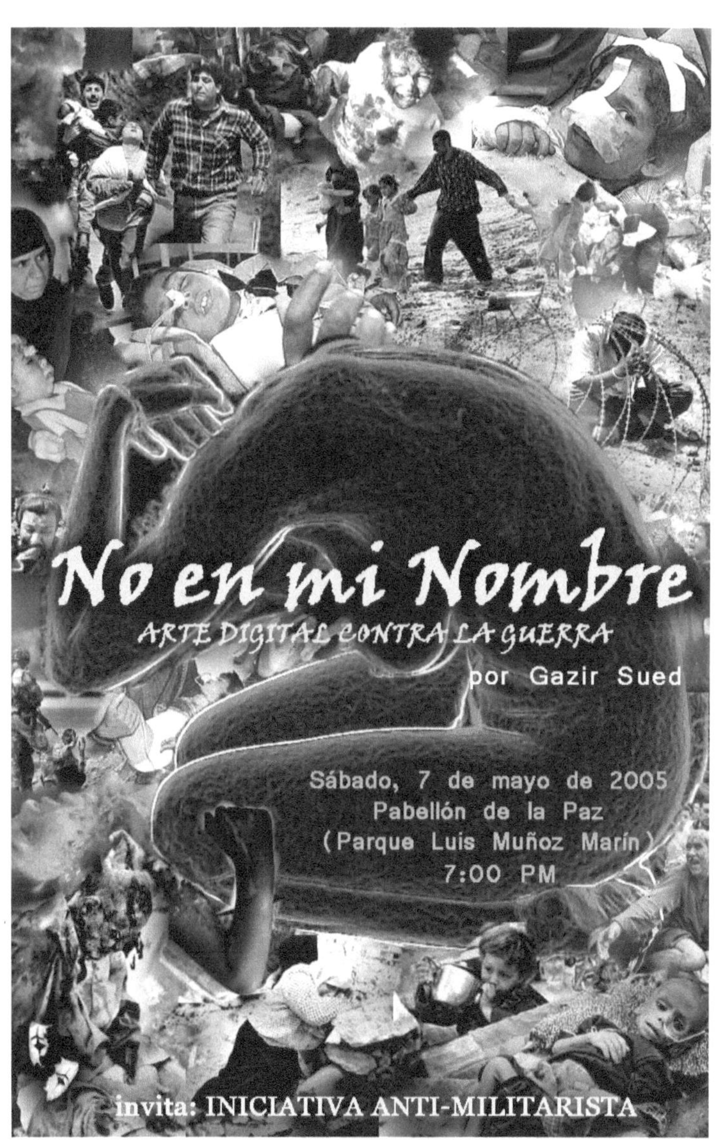
No en mi Nombre
ARTE DIGITAL CONTRA LA GUERRA
por Gazir Sued
Sábado, 7 de mayo de 2005
Pabellón de la Paz
(Parque Luis Muñoz Marín)
7:00 PM
invita: INICIATIVA ANTI-MILITARISTA

2005

Bieké, ¿pa' su gente?
Algunas perspectivas para animar el porvenir[7]

...muy posiblemente este escrito será un relato más de entre los tantos y tantos que se pierden al paso del tiempo, pero, por lo que pueda valer, espero que al menos sirva para reanimar un poquito el espíritu de los decaídos y, sobre todo, para recordar que las historias que serán contadas alguna vez serán las que estemos dispuestos a hacer valer con nuestros actos o, por el contrario, las que nunca serán de valor alguno porque no supimos, no quisimos o no nos atrevimos convertir en hechos concretos...

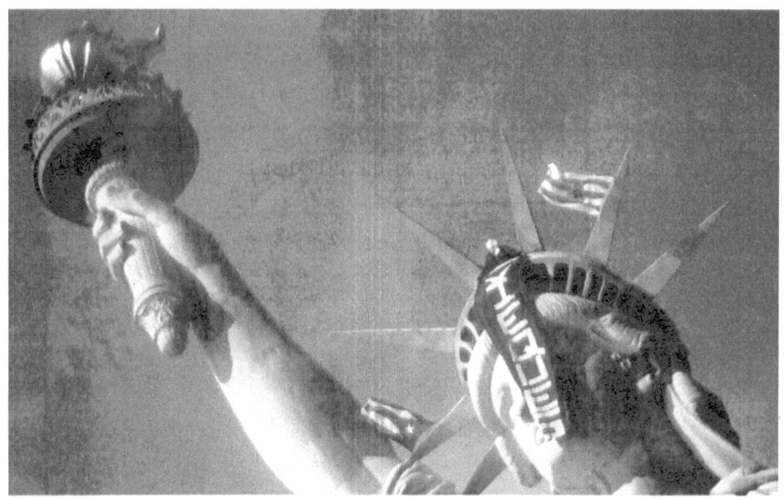

...los fuertes vientos nos hicieron inaccesible la entrada por mar y la suerte, imprevisible como las solidaridades en estos tiempos pero rendida ante nuestras terquedades, nos sonrió y a empujones nos acompañó a cabalgar la espinosa jornada. Siete horas galopamos por rutas laberínticas, en ocasiones haciéndonos camino a machete entre la maleza espinosa, hasta llegar a nuestro destino. La luna, cómplice de tantas aventuras, desertó esa noche como poco antes algunos amigos. La noche fue fría, muy fría, es

[7] **"Bieké ¿pa' su gente?: perspectivas para animar el porvenir"**; *Claridad*, del 20 al 26 de enero de 2005.

verdad, pero la ventolera despejó el cielo de nubes para cubrirnos con un inmenso manto de estrellas que parecían lucirse empecinadas en animar nuestro desafío; y las que se daban a la fuga coquetearon con nuestros anhelos hasta adormecernos junto a nuestros cuerpos hincados, algo estropeados y dolidos. Los detalles y demás tropiezos y trajines me los reservaré para la memoria que hoy no interesa hacer de sus lágrimas o alegrías letra escrita...

El sol se dio todo su puesto antes de salir, pero el amanecer devolvió el mar y la tierra tragada por la oscura noche y trajo consigo la Isla que, aunque maltratada y también dolida, nos acurrucaba sonriente con sus caricias como antes hiciera con sus espinas. Izamos la bandera de Vieques y nuestra presencia se hizo resistencia y la osadía un guiño en complicidad por el porvenir... convertimos la vieja estructura militar en símbolo de una lucha aún inconclusa, de una resistencia viva aún entre las sombras que guardan de los castigos del sol la amargura de saberse embriagada por una verdad a medias, o traicionada por una mentira que demasiados beben con el mismo placer que beben una cerveza bien fría en un candente y sofocante día... No, no es por capricho ni por rabieta que la lucha continúa. Nos sobran las razones y con ellas las pasiones, las situadas bajo el semblante de la conciencia...

Harto sabido es que la retirada de la Marina de Guerra Norteamericana de Vieques dejó por saldo una victoria a medias y quizá, peor aún, detrás de los festejos, una inmensa estela de incertidumbre, confusión y frustración. Diría, sin reserva por el atrevimiento, que celebrar esta victoria popular a medias está cargada irremediablemente de ingenuidades políticas y tiene un efecto devastador para el particular porvenir de la Isla Nena. El virtual abandono de los prisioneros de conciencia arrestados después del primero de Mayo, por parte de muchos que celebraron la salida de la Marina de Guerra, fue un primer signo de mal augurio. Hoy se materializa ampliamente en el desentendimiento de amplios sectores, de entre los que destaco a quienes se han adormecido con los mismos cantares de las sirenas que creyeron acallar en su momento. Hay quienes se han acomodado en una ilusión peligrosa, y por pecar de ingenuidad política se convierten irremediablemente en cómplices de una farsa colonial idéntica a todas las farsas coloniales que han adormecido a tantos en nuestro pueblo. La agencia federal *Fish and Wild Life Services* (FWS) representa una afrenta a la dignidad del pueblo puertorriqueño que se desvivió por liberar la Isla Nena de sus abusivos captores.

Legalmente, por Ley imperial, si el gobierno norteamericano estimase necesaria la utilización de las tierras viequenses para prácticas militares lo harían tal y como hicieron hace más de sesenta años atrás: reocuparían las zonas que hoy hemos rescatado de sus garras destructoras y, sin otra justificación que su derecho como propietarios en ley, arrasarían con ellas nuevamente. Ceder las tierras sin reservas al "cuido" de una agencia federal sigue siendo una victoria a medias para el pueblo puertorriqueño, y como tal, demasiado cercana a una derrota avisada que a una victoria real y plena. Pero lo más triste de este cuadro es que el argumento que justifica su jurisdicción viene precisamente de sectores boricuas eñangotaos, que piensan que los puertorriqueños no tienen la capacidad ni de preservar adecuadamente esas tierras ni de procurarse su administración pensadamente. La mentalidad del colonizado se hace evidente cada vez que nos subestimamos como pueblo y cedemos al extranjero la responsabilidad de velar por nuestros propios intereses como pueblo. Hoy se pone de manifiesto nuevamente la herencia del colonialismo en estos trillados argumentos de miedo, fundado en prejuicios y, lamentablemente sobre todo, en intereses egoístas ajenos al espíritu que sostuvo y movió la lucha por la desmilitarización de la Isla Nena...

Es un secreto a voces que las playas prohibidas son visitadas a diario por embarcaciones de ricos, y que la hermosura paradisíaca de las zonas rescatadas queda reservada como privilegio de propietarios de costosos yates. Y no se trata de imponer una restricción prohibitiva a todos sino todo lo contrario, de hacer accesible las playas y terrenos para el disfrute pleno de quien quiera disfrutarlos y gozar la inmensidad de sus cielos abarrotados de las estrellas que las ciudades iluminadas nos han robado, de la naturaleza rehaciéndose de entre los aviones en ruinas y tanques de guerra deshechos, y de las mariposas que adornan las chatarras y demás porquerías abandonadas en el antiguo cementerio militar. ¿Por qué prohibir arbitrariamente la permanencia a unas horas, como si la nocturnidad fuese más peligrosa que los días, o la gente menos que poca cosa, que es lo que implica entre líneas la prohibición? ¿Por qué tratar como delincuentes a quienes quieran contemplar las espectaculares caídas de todos los soles que colorean los atardeceres y las lunas que engalanan las noches y no cesan sus desafíos a las almas más vivas de poetas y cantores...? ¡No! Bieké es y será de quienes hemos luchado por ella, para todos y en todo momento. Es responsabilidad de los puertorriqueños reclamarla como derecho, y en el devenir de estos tiempos exigir la devolución y limpieza sin admitir demoras ni excusas. ¡Quienes rompieron y ensuciaron este pedazo de esta tierra nuestra, que lo reparen y limpien ahora!

La tarea que resta aún es quizá más difícil que sacar a la Marina de Guerra, pues el enemigo se invisibiliza, y a muchos distraídos confunde con sus malabarismos retóricos y a otros tantos entretiene disfrazado de buenas intenciones. La tarea que resta es principalmente la de educar, que es arraigar profundamente en el sentimiento popular los principios que guiaron esta lucha, todavía inconclusa. Las tierras que todavía son objeto de nuestras exigencias no pueden ser entregadas al garete a quienes sólo tienen intereses mezquinos, y no les preocupa explotarlas sin medida. Conservar, preservar, desarrollar inteligentemente, es decir, utilizar sensiblemente, ecológicamente, son las claves de esta educación que se hace urgente en estos días. Reconocernos en estas tierras, identificarnos con ellas, asumir la responsabilidad sobre ellas, es el objeto central de esta tarea educativa. No deben ser entregadas a inversionistas inescrupulosos ni privilegiar el capital extranjero sobre las necesidades reales del pueblo, ni tampoco ceder a los caprichos egoístas de buscones y vela güira puertorriqueños. La Bieké liberada y por liberar no debe pensarse nunca ni mía ni tuya sino de todos, para todos. Con los viequenses comprometidos, pues, nuestro abrazo solidario e incondicional...

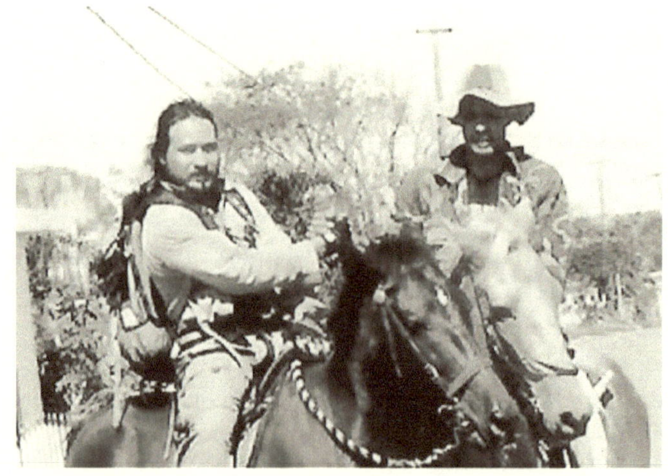

¡Huelga! ¿De quién? ¡Huelga! ¿Para qué?[8]
(algunas reflexiones solidarias)

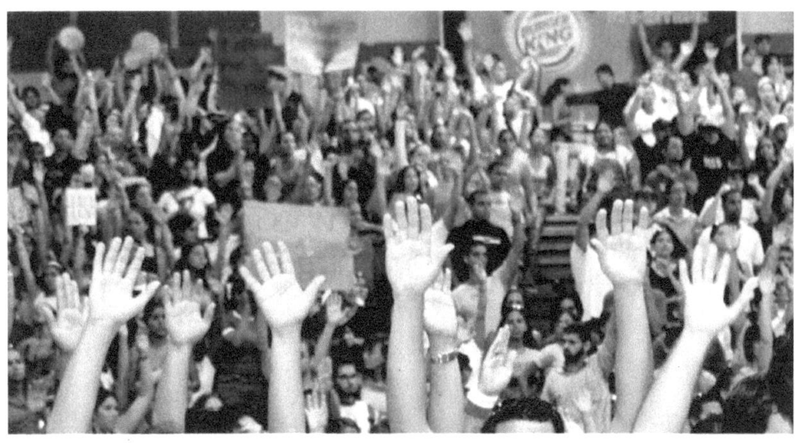

...algún día de mañana, lamentable día sería, pudiera acontecer una Asamblea en la que mayoría de los presentes decidiese poner fin a la Huelga, sin antes haber cumplido sus objetivos. De acaecer esta posibilidad, ¿acaso sería "democrática" la decisión? Sí, al menos superficialmente lo sería. Sin embargo, no sería justa. La "mayoría" se haría eco de una injusticia, legitimada por virtud de la fuerza numérica; y la "minoría" sería aplastada por su indolente formalidad mecánica. Pero, ¿acaso habría que rendir esfuerzos y resignarse ante el despotismo *democrático*, es decir, ante la fuerza que mide y reduce el valor de las luchas y los principios a la cantidad de gente que levanta sus brazos? ¡No! La lucha que hoy libran los estudiantes más conscientes, siempre históricas minorías, no es una lucha nueva y la huelga, que es la modalidad actual de sus resistencias, no es sino resonancia de un mismo mal que arrastra todas las historias universitarias; un mal petrificado en la Ley, que autoriza a un cuerpo ajeno y extraño a los intereses universitarios a que rija arbitrariamente los destinos de las Universidad del Estado.

No es el presidente Antonio García Padilla ni los jerarcas subordinados los responsables de la supuesta crisis fiscal de la

---

[8] **"¡Huelga! ¿De quién?, ¡Huelga! ¿Para qué?"**, *Indymedia*, 24 de abril de 2005 (http://pr.indymedia.org)

Universidad. Una imponente ideología política los trasciende y los hace fichas maleables del Sistema que los emplea; piezas útiles pero desechables de su inmensa maquinaria burocrática. Esta ideología moldea la Universidad de manera clasista y elitista; la organiza para responder a las demandas del mercado y sus competencias a nivel local e internacional; la amolda -en fin- a las lógicas y obsesiones lucrativas/consumeristas de la globalización en clave capitalista. A tales efectos (re)significa el valor de la Educación y (re)configura la responsabilidad política y el objetivo social de la Universidad del Estado.

El destino de la Universidad sigue estando condicionado por quienes toman partido y posiciones sobre lo que debe *ser* la Universidad y quiénes definen lo universitario. Mi postura como profesor está de parte del estudiantado que valoriza la Universidad por lo que promete para el bienestar de todos y no para el privilegio exclusivo de unos pocos...

Pudiera suceder que el movimiento estudiantil en huelga lograse detener el alza en los costos de matrícula. Pero, de imponerse su voluntad, ¿qué cambiaría? Al finalizar la huelga, gánese o se pierda, las cosas en la UPR seguirían siendo como hasta ahora han sido. Herederos de mil derrotas y frustraciones, el movimiento estudiantil pecaría de ingenuidad política si se limita a reaccionar ante un alza que, aunque arbitraria e injustificada, es efecto de un problema mucho más complejo. El relativo silencio y marcado distanciamiento y desentendimiento de la mayor parte de los profesores abona a invisibilizar el carácter histórico de la actual situación de la Universidad. La imagen proyectada en los medios informativos del país aísla el problema de su contexto político y crea la ilusión de que la causa de la huelga es exclusivamente de orden económico.

La huelga en la Universidad del Estado no es el mero efecto de un problema económico y exclusivo de los estudiantes. Es efecto de un problema político que concierne a la comunidad universitaria y a la sociedad puertorriqueña en conjunto: a qué poder compete la toma de decisiones sobre la Universidad; quién decide qué y para qué. Es decir, a la falta de Autonomía Universitaria. El cuerpo rector de más alta jerarquía en la Universidad (la Junta de Síndicos) no es un cuerpo universitario ni responde a intereses universitarios, y poco se logrará si al fin se resolviera eliminar una de sus numerosas certificaciones (en este caso, la que ordena aumento en costos de matrícula). La mera existencia de este organismo político pone en entredicho el principio de Autonomía Universitaria, que el propio gobernador Acevedo Vila prometió respetar, a propósito del contexto huelgario.

Es la Junta de Síndicos lo que debería convertirse en blanco de ataque y no solo una de sus torpes determinaciones. La eliminación de este cuerpo rector y con él parte de la inmensa maquinaria burocrática que tanto le cuesta a la Universidad, (incluyendo la presidencia), sería un buen horizonte a seguir en la histórica, ardua e inconclusa tarea por la democratización de la Universidad de Puerto Rico.

Agravante singular que enfrentaría la comunidad universitaria al tratar este problema político (el de la toma legítima de decisiones), es su paradójico carácter legal. Si bien está en todas las de la Ley imponer un alza en los costos de matrícula, cualquier racionalidad *universitaria* debe advertir que no por ser legal es legítima, justa o necesaria. Habría que reanimar el fantasma de la Reforma Universitaria y orientar una parte de la lucha hacia la transformación sustancial de la Ley que rige a la UPR. Y aunque lo mejor de la vida universitaria jamás podrá ser reducido al estrecho margen de la Ley que la regula, es un paso imperativo para impedir que en su nombre se sigan cometiendo abusos, como el aumento en los costos de matrícula.

Los términos conceptuales que representan los procesos de lucha son de singular valor para viabilizar su eficacia y efectividad. Qué es la Universidad y qué lo Universitario no pueden ser definidos por trincos reglamentos o sacado de párrafos en el estreñido lenguaje de la Ley. La vida universitaria no se reduce a estudiar o enseñar. Incluso lo más rico y significativo de la vida universitaria es la experiencia de vivirla plenamente, en su complejidad y con sus incontables vaivenes y zarandeos; sus tiempos de indecisiones y sus tropiezos; sus angustias, esperanzas, frustraciones y alegrías... Asimismo, la Educación es un proceso que NO se puede reglamentar de manera estática, fija, determinante y definitivamente. Es parte integral de la vida social de quienes la viven, y no se limita a la experiencia en los salones de clases.

En un contexto global donde las fuerzas políticas y económicas tienden a convertir la Educación en un producto de consumo en el mercado, la experiencia de vida universitaria debe ser protegida como Derecho Democrático y no como privilegio. La

Universidad de Puerto Rico debe ser más inclusiva y accesible, y no excluyente e injustamente discriminante, como es de hecho.

La insuficiencia de recursos educativos y de ofrecimientos académicos es un problema de mala administración y no el efecto por exceso de estudiantes. La UPR tiene la capacidad estructural de triplicar el número de estudiantes admitidos y el Estado tiene la potencialidad de sufragar los costos. Ni es por falta de dinero ni porque haya demasiados estudiantes que la UPR atraviesa una supuesta "crisis económica". El problema central es la falta generalizada de voluntad política para *reformar* radicalmente la Universidad del Estado, tanto en el ámbito de la Ley como en la dimensión de lo cotidiano…

Con relación al alegado problema económico: exijamos que se cobre un arbitrio más elevado a las corporaciones privadas. Una partida ínfima de las ganancias de Casinos y Hoteles, de juegos de azar y tragamonedas, por ejemplo, que el Gobierno cobre y ponga a disposición de la UPR, bastaría para, cuando poco, no volver a considerar el aumento en matriculas como una "necesidad real"...

Aumentar costos de matrícula no resuelve el problema de fondo. Primeramente, porque gran parte de los estudiantes son dependientes de familiares que llevan la carga de mantenerlos mientras aumentan dramáticamente los costos de vida y no la solvencia económica de éstos. Además, los costos de matrícula lo pagan los trabajadores que, paradójicamente, también pagan contribuciones al Estado para *asegurar* la educación de sus hijos...

Quien diga que las becas dan para sufragar la vida universitaria no sólo sabe muy poco de la vida universitaria sino que, posiblemente, o goza de privilegios económicos o lleva una vida de miseria existencial y aburrimiento. Vivimos en una sociedad consumerista, donde incluso el acceso al goce de la producción cultural se encarece a diario. Agrava el hecho de que las juventudes son presionadas psicológicamente o seducidas para amoldarse a una sociedad que sobrevalora las apariencias y mercadea sin consideraciones *sus* ilusiones identitarias bajo el signo de la moda y la publicidad comercial. La ideología dominante rinde la Universidad ante esta realidad. Así, el Sistema desvincula la identidad universitaria del compromiso político con la vida social fuera de la dimensión consumerista y los requerimientos puntuales de su proyecto de sociedad capitalista. La apatía y desinterés generalizado sobre cuestiones políticas son efectos evidentes. Sus manifestaciones más comunes las vemos en los salones de clase, así como en la exigua participación en el actual proceso huelgario.

El Sistema funciona efectivamente y ha convertido en virtud generacional el desdén y el desentendimiento de las causas justas. Por eso la significación de la democracia no debe reducirse mecánicamente a la cuestión numérica, pues, en sí mismas, las mayorías no representan ni lo más justo ni lo más necesario, sino sólo la impresión del deseo mayoritario...

Al principio político del Derecho a la Educación Superior le apareja el requerimiento de hacerla accesible sin trabas arbitrarias y discriminatorias. Pero las condiciones de acceso a la Universidad del Estado se constriñen de manera calculada, con sesgos elitistas y valores de clase privilegiada. La calidad de la enseñanza, el prestigio de la Institución y el valor de la Academia no son términos y fines contrarios a una política de expansión, inclusión y apertura social, como quieren hacer parecer sus administradores y algunos profesores -activistas políticos reaccionarios e instigadores, agentes provocadores de violencias innecesarias-. Tal es el caso del profesor Juan Dushesne Winter, que estigmatiza como "turbas" a los estudiantes en huelga, cree que el problema fiscal de la UPR se resuelve aumentando los costos de matrícula y minimizando las posibilidades de acceso al sistema universitario.

La Universidad no es un Negocio y no debemos permitir que la degraden bajo esta noción. Los estudiantes no son meros consumidores de *saberes*, ni la clientela privilegiada de sus favores. La Educación tiene su precio en el mercado, pero su valor es inestimable en el lenguaje del Dinero. Tiene elevadísimos costos reales, pero éstos pueden sufragarse con una administración que responda a intereses sociales y no a las lógicas de la competencia en los circuitos del capital. Sin embargo, sistemáticamente se adoctrinan a los estudiantes "selectos" a canalizar sus expectativas profesionales con miras de lucro y comodidad personal, al margen de sus deberes y responsabilidades sociales. La creciente desvalorización y desprecio de las luchas por la defensa de la Educación Pública es uno de sus efectos más evidentes...

La UPR es la Universidad del Estado, y tiene una función social que cumplir y es encargo político inalienable del Estado procurar sufragar sus costes. La Ley que rige la Universidad, aunque posibilita favorecer los intereses de los más privilegiados, sigue siendo un espacio de lucha en el que se pueden instaurar cambios estructurales y sensibles en su administración general y sus fines concretos.

La Educación Pública no puede dejar de ser compromiso del Estado, un fundamento de su legitimidad social y una razón política de su existencia. Sus contenidos pedagógicos, sin embargo, nunca dejarán de ser objeto de inagotables pugnas y enfrentamientos. Esta es condición de la compleja naturaleza política/social de las universidades en las sociedades que valoran los derechos democráticos...

Si convenimos que ha sido un logro histórico para "la humanidad", alcanzado a través de incontables luchas, que la Universidad se haya reestructurado y abierto espacios que antes estaban reservados para hijos de familias pudientes o apadrinados por intereses influyentes, sería propio tildar como un acto retrógrado cualquier iniciativa que postule cambios que la devuelvan a su estadio primitivo (clasista, elitista y discriminatorio). Y esta *lectura* -más política que "histórica"- no quiere decir que el contenido de lo que se enseña en la Universidad favorezca o beneficie directamente a la mayor parte de la humanidad o siquiera a la sociedad que la sustenta. Además, graduados de universidades suelen ser los máximos responsables de las peores cosas que acontecen en la sociedad. El contenido de lo que se enseña, la función social a la que apunta esfuerzos la educación, el modelo de ser humano que (re)produce, todo ello y más, mucho más, debería ser objeto de reflexión, crítica y discusión universitaria permanentemente.

Pero predominan quienes asumen la "carrera" universitaria como competencia en la que su único fin es llegar a la "meta". La metáfora de la "carrera" universitaria poco anima a la solidaridad y sí a la prisa egoísta de la gente "normalizada". La recompensa prometida se revela una gran farsa, y muchos graduados terminan sumándose a las filas del desempleo, buscándoselas para sobrevivir en el mercado de la economía "informal" o subsistiendo en condiciones de precariedad y dependencia...

No debe aislarse el problema de la Universidad del contexto político-económico-psico/social más amplio y complejo. Los costos de vida se hacen cada vez más elevados y los salarios promedio apenas dan abasto; los servicios esenciales se encarecen; el acceso a la educación universitaria se hace cada vez más difícil y las oportunidades de empleo decrecen progresivamente. Sólo un desentendido o un hipócrita creería que la juventud sólo interesa gastar en lujos y comodidades, que sus necesidades son meras resultas de invenciones publicitarias y sus deseos efectos de su condición adolescente. Algo de ello es cierto, pero es el precio político de un sistema que estimula los valores de la razón del capital y del mercado por encima de otros valores sociales...

La política de No Confrontación debe prevalecer, y quien promulgue lo contrario promueve la violencia bruta para resolver conflictos, y eso lo convierte en buscabulla y picapleitos. Si lo hace un profesor, sepa que es un acto de irresponsabilidad y no una mera expresión de opinión personal. Es un (im)postura política que tiene implicaciones y consecuencias dramáticas.

Los profesores que hoy se limitan a exigir que se les permita la entrada a la Universidad, en menoscabo de las razones de la Huelga, son insensibles ante la realidad social que la enmarca. Desacreditar su legitimidad pone en entredicho la seriedad de sus posturas. Tildar de "turbas" a los estudiantes que en Asamblea decidieron implementar este mecanismo de presión deja mucho que desear de estos profesores "universitarios". Insistir que la Universidad es sólo para dictar cátedra es una visión muy estrecha de lo que es la vida, experiencia y práctica social universitaria. Universitarios son, sobre todas las cosas, quienes, además de enseñar o estudiar, tienen la sensibilidad moral, la capacidad y el valor de tomar posturas firmes ante las injusticias de sus tiempos...

Estudiantes, profesores o cualquiera que favorezca el alza están mal informado o poco les importa sus implicaciones. Son adversarios políticos y, de no convencerlos, hay que vencerlos. Por eso las huelgas son procesos que requieren voluntad, determinación y perseverancia. Son, como todo juego de poder, un juego de resistencia. En lo que no debe convertirse la Huelga es en un fin en sí mismo. La Huelga debe ser táctica de lucha dentro de un juego estratégico más amplio. Si deja de ser efectiva como mecanismo de presión, debe ser repensado·su valor de uso. El fin de la Huelga, de acontecer sin lograr sus objetivos, puede ser una movida táctica para continuar la lucha por otros medios o el saldo de una derrota definitiva...

¿Qué hacer? Asumir como desafío de época la posibilidad de democratizar la Universidad: reconocer que el problema no es la Huelga y que la Huelga es apenas efecto superficial de un problema político más amplio, que afecta a todos los universitarios y que no sólo remite al aspecto económico de los estudiantes o al temido retraso de los cursos académicos si se prolonga. ¿Qué hacer? Juntar fuerzas. El estado de situación actual no es cualitativamente diferente a contextos huelgarios del pasado. La falta de Autonomía sigue siendo legal, pero ilegítima e injusta.

Limitarse a pedir la derogación de la certificación que impone el aumento dejará un saldo poco significativo para el porvenir. La crisis fiscal de la Universidad es un tapujo retórico de toda una política de Gobierno que favorece la progresiva privatización de la Universidad y, correlativamente, la reorientación clasista, elitista y discriminatoria de sus funciones sociales y principios políticos. No es por falta de diálogo. No es por falta de razones. No es por falta de presupuesto. No es por falta de información. La estructura de gobierno que rige la Universidad responde a un orden históricamente conformado en función de un modelo de sociedad que sobre-valora la competencia individualista en detrimento de la solidaridad y en menoscabo de la responsabilidad con la justicia social.

¿Quién decide? ¿A nombre de quién? ¿A favor de quiénes? ¿A pesar de quién? ¿Para qué? La huelga contra el alza podría convertirse en preámbulo de una Lucha Universitaria, en pie forzado para reanimar el moribundo espectro de la Reforma Universitaria, por la democratización de la Universidad y la radicalización del principio de Autonomía. Sobran las razones de peso para integrar las desparramadas fuerzas progresistas bajo el signo de "comunidad universitaria" y procurar una vez más lo que nunca ha dejado de faltar: una Universidad democratizada y autónoma, comprometida con los principios políticos de la justicia social. El principio democrático por excelencia: la Educación es un Derecho y no un privilegio. Universidad de Todos, para Todos, con o a pesar de las mayorías...

...y quizá la Huelga no resuelva radicalmente los males que enfrenta, y tal vez ni siquiera aporte gran cosa a la posibilidad de alguna vez hacerlo por siempre y en definitiva. Pero es un grito de protesta más que un lamento. Es una voz de alerta; una fuerza política transformadora en potencia. A quienes tienen el *valor* de actuarla -como profesor- mis respetos solidarios y, por lo que pueda valer, mi mano amiga...

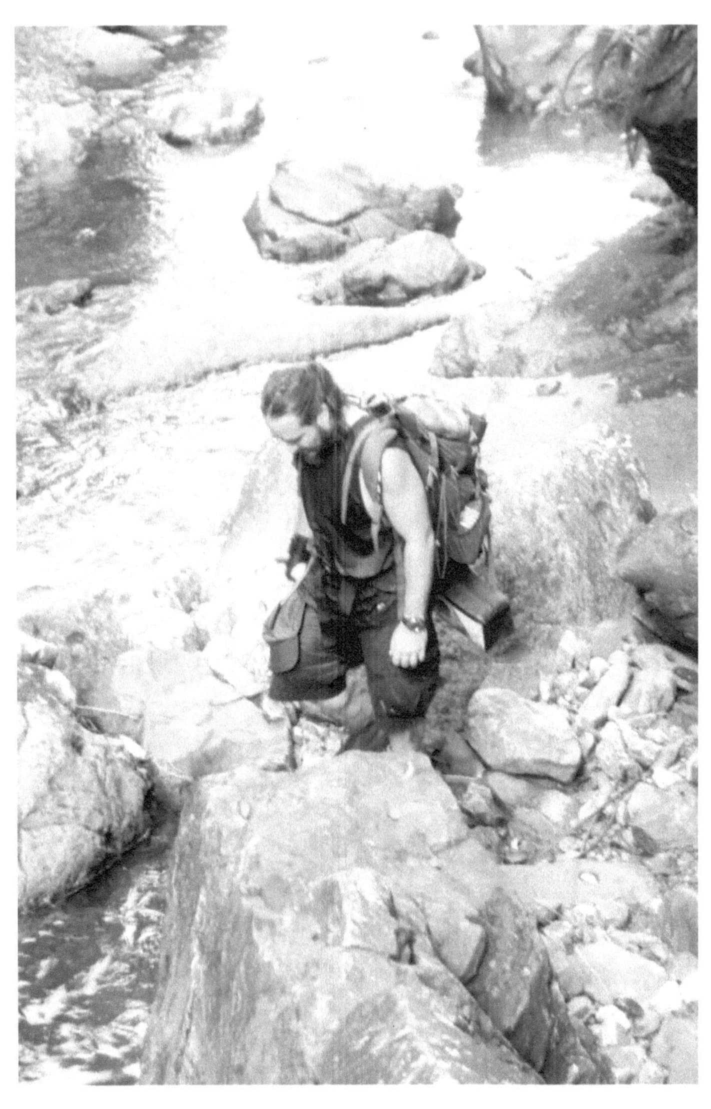

2006

Teatro, Retórica y Violencia[9]

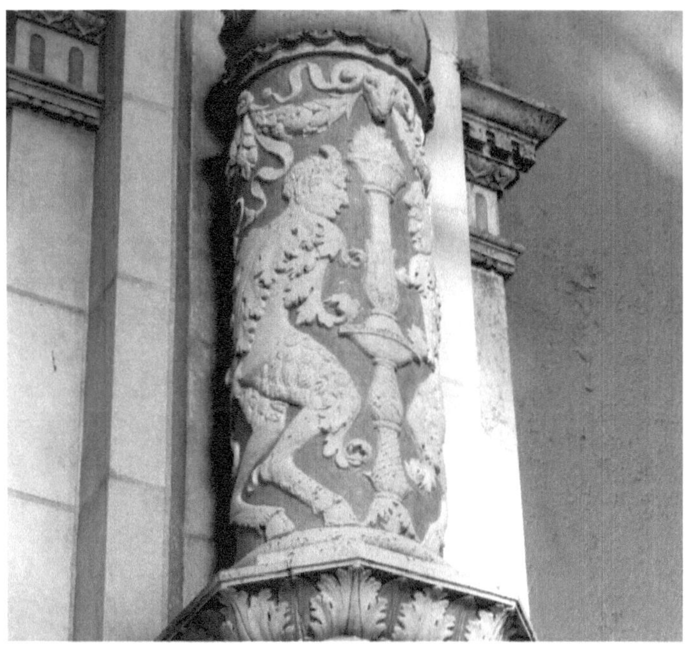

Posiblemente los medios de comunicación e información son los más efectivos dispositivos culturales de construcción de opinión pública, de realidades, pero también, lamentablemente, de manipulación ideológica y estigmatización política. Quienes tienen acceso privilegiado a ellos deben, o deberían, reconocer en sus palabras toda esa inmensa fuerza creadora de realidades, y asumir sensiblemente la responsabilidad social de sus usos. El lenguaje histérico, estigmatizante y saturado de insultos que ha prevalecido en estos medios durante esta pasada semana, a propósito del tema del Teatro de la Universidad, debe ser objeto de reflexión urgente para los universitarios, pues no auguran más que violencias. Tal es el ejemplo de los escritos del afamado humorista, para quien las juventudes socialistas universitarias no son más que turbas fascistas. El grueso de las publicaciones mediáticas favorecen, repiten y reproducen este estilo, antagónico con el principio de

[9]**"Teatro, retórica y violencia"**, *El Nuevo Día,* miércoles, 27 de sept. de 2006.

reflexividad y pensamiento crítico que debiera prevalecer entre los estilos universitarios.

La gran ironía es que la fuerza de la razón quiera ser sustituida por la razón de la fuerza, y que en lugar de contener empujones, literal-mente, se rompan cabezas. Es el saldo de una pobre imaginación creativa, que nada aporta a resolver el conflicto. Los universitarios no debemos sacar de su justa perspectiva y proporción lo acontecido aquella noche. Ignorarlo es hacerse cómplice de violencias represivas que, por ignorancia o mezquindad política, habrán de ocupar su lugar.

Lamento que quienes gozan de acceso privilegiado a los rotativos de mayor difusión en el país escriban para ocultar y tergiversar la compleja realidad en la que se enmaraña lo acontecido. Sus retóricas sólo auguran violencia. Las palabras estigmatizantes, demonizadoras, atemorizantes y los insultos sólo pueden traducirse en leña para el fuego inquisitorial. En la Universidad repican hoy las campanas de la intolerancia y se avivan las llamas de la hoguera de quienes gustan jugar a ser inquisidores, a jueces de la moral civil y a policías de la cultura, cuyos temores son el efecto psicológico de sus propias imaginaciones inquisitoriales, moralistas y policiales, y que poco o nada tiene que ver con la maldad demoníaca atribuida a las brujas socialistas...

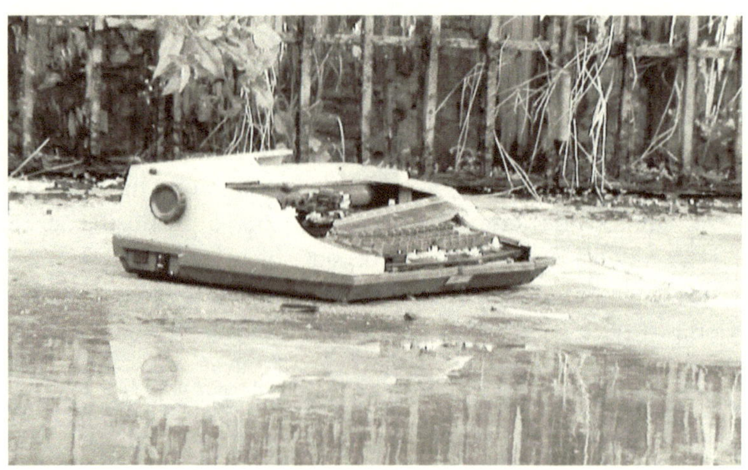

Del derecho a castigar y a matar[10]

Las prácticas sociales y culturales de la crueldad siguen siendo signos distintivos de estos tiempos (pos)modernos, y a la vez condición de posibilidad de los modos de control y de dominación característicos del Estado de Ley. Iniciado el siglo XXI todavía siguen compartiéndose entre profesiones de sobreestimado prestigio y singular valía social...El derecho a castigar: una práctica de la crueldad institucionalizada, una violencia legalizada. Así, la pena de muerte sigue siendo saldo puntual de una racionalidad milenaria, de culturas históricamente constituidas sobre el ejercicio del poder de castigar, hoy "humanizado", *civilizado*, pero castigo al fin. Comprendámoslo: la pena de muerte (como el encierro carcelario y demás formas de tortura y tormento civilizado y civilizador), no es más que su consecuencia lógica, secuelas de la retrógrada idea del castigo y de la venganza...

Hoy atestiguamos la terca persistencia histórica de ésta terrible y cruel práctica penal. ¿Qué pasiones tenidas por razonamientos siguen legitimándola como Derecho y alternativa de la Ley? ¿Qué creencias tenidas por saberes convierten esta pena en bien deseable para la sociedad? Toda una suerte de goce sádico entraña el poder de castigar, el poder de dañar y doler, incluyendo el poder de encerrar y matar con frialdad, calculadamente y sin remordimiento. Goce de crueldad que ya no es dote exclusivo de la locura criminal o de la maldad de unos cuantos perturbados y violentos; de una mentalidad perversa, retorcida desde el nacimiento, o de una voluntad demoníaca y envilecida por desentendimiento de *la sociedad*, sus injusticias y la cruda y también cruel realidad. Legisladores, fiscales y jueces, profesionales de la conducta humana, políticos, educadores y religiosos, participan y comulgan en ella. En *nuestro* Estado de Derecho, Constitucional y Democrático, de la crueldad del poder de castigar se obtiene buen sueldo, satisfacción profesional y hasta placer personal –si no por ejercerlo como Dios manda, al menos sin reserva de legitimidad moral, porque se hace a nombre del Bienestar Social, de la Seguridad Nacional, de la Justicia y del Pueblo- y en fin, en todas las de la Ley...

---

[10] **"Del derecho a castigar y a matar"**; *El Nuevo Día*, jueves, el 26 de oct. de 2006.

Río Piedras: Noviembre gris...[11]

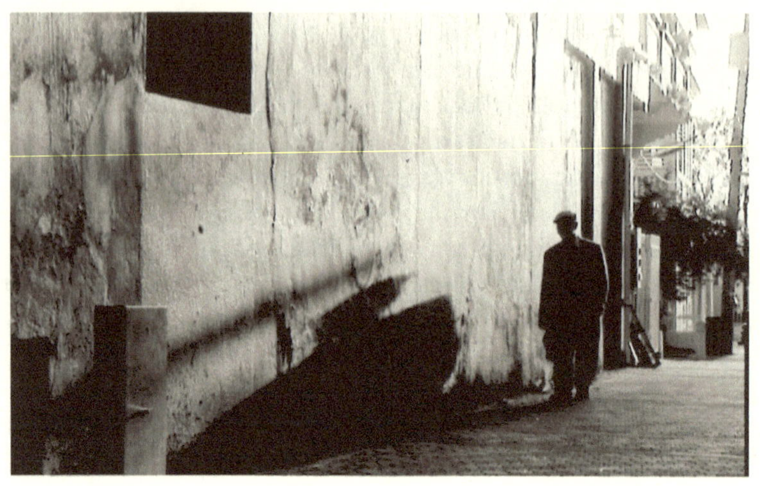

...la mañana del veintiuno de noviembre del noventa y seis, de ese fatídico día, se parecía a cualquier otra mañana de cualquier día en esa tan frecuentada y concurrida calle arterial del casco de Río Piedras. No hacía mucho tiempo que los comerciantes locales, como habituaban hacerlo, se disponían a abrir las puertas de sus negocios, abarrotados de ansiosos clientes que esperaban afuera en las aceras para abastecerse de sus artículos en oferta, aunque por lo general se tratase de cosas que realmente no necesitaban y que, quizá, apenas querían. Esto en un lado de la estrecha calle de Diego, porque al otro, la entrada principal de la antigua Plaza del Mercado atestiguaba, como cualquier otro día, la lealtad y devoción de sus promiscuos feligreses, revueltos en ese gran hormiguero comercial urbano, tan vulgar y corriente como el sudor y las pestes perfumadas de la muchedumbre transeúnte de cada mañana, atosigada de vitrinas con un inmenso surtido de falsificaciones en baratillo; de remedios espirituales; de frutas, verduras y cadáveres frescos del país, y otras tantas cosas. Un poco más adelante, después del colegio para niñas y el contiguo almacén de telas y

[11] **"Río Piedras: Noviembre gris..."** Artículo en conmemoración del décimo aniversario de la explosión en Río Piedras, para el boletín del Centro de Acción Urbana, Comunitaria y Empresarial (CAUCE) de Río Piedras; Domingo, 21 de octubre de 2006.

bisuterías, está la entrada al Paseo de Diego, esa pasarela popular de modas a bajo precio; de estudiantes en ruta a la escuela o conspirando mejores ideas desviadas de ella; ancianos descansando lo que les resta de vida y, alguno que otro, piropeando a alguna chica de pasada, pintoreteada y metida a duras penas en su traje de especial, quizá de camino a pie a trabajar, como tantos otros. Aunque todas las tardes el municipio recoge la basura, cada mañana la basura vuelve a reaparecer en esa calle de encantamientos fáciles, de imitaciones asequibles y joyería en baratija. Los deambulantes también se baten en la misma orgía matinal, aunque no miran las vitrinas y sí a la gente que las mira...

Yo enseñaba en una escuelita superior a la vuelta de la esquina, y pasaba, me sumaba y me confundía entre esas escenas todos los días. Para entonces, era maestro de historia, y también de física e inglés... Esa mañana, como cualquier otra y como tanta gente, desentendido y casualmente ajorado para llegar a tiempo al trabajo, pasé por ahí. Esa mañana llegué un poco tarde. Repentinamente, justo en el instante en que daba los buenos días y sin tiempo para disculpar mi demora -todavía con mi mochila encima- el salón retumbó en armonía con el ruido estridente de una explosión brutal. El ritual de la mañana quedó interrumpido casi instintivamente. Tras un brevísimo silencio y espasmo en las miradas, salimos a asomarnos de inmediato, con el mismo ímpetu del que hablan cuando advierten de la curiosidad que mató al gato. Extrañados y quizá algo asustados por la incertidumbre y la inquietante gritería en la distancia, vimos una inmensa nube de humo y de polvo de la altura de los edificios, moviéndose hacia el Paseo de Diego. De ella, gente corría despavorida; horrorizada; ensangrentada...

Salí de la escuela y, sin pensarlo dos veces, a paso acelerado saqué la cámara que siempre guardaba en mi mochila. Enseguida sentí que un estudiante se me adelantaba. Me miró y lo noté pálido. Con voz fuerte pero entrecortada en la garganta, gritó: ¡Mi abuela! ¡No está mi abuela! Ella tenía un carrito de *hot dogs* en la esquina de la calle, justo donde ambas calles se intersecan. Y era verdad. El carrito estaba allí, pero ella no. A su lado le seguían algunos amigos solidarios y curiosos. Corrimos todos al revés de la gente... Apenas llegamos a donde se concentraban los escombros y la polvareda todavía no sabíamos qué había pasado. El edificio que antes era una tienda de zapatos había explotado. Todo estaba nublado; carros volcados; postes tumbados; cristales rotos; ...un extraño olor a polvo y a gas y a algo más; a humo... a piel quemada. Entre los escombros, personas rotas y quejidos; mujeres y hombres agonizando; sollozando... ensangrentados; cuerpos calcinados; cadáveres...

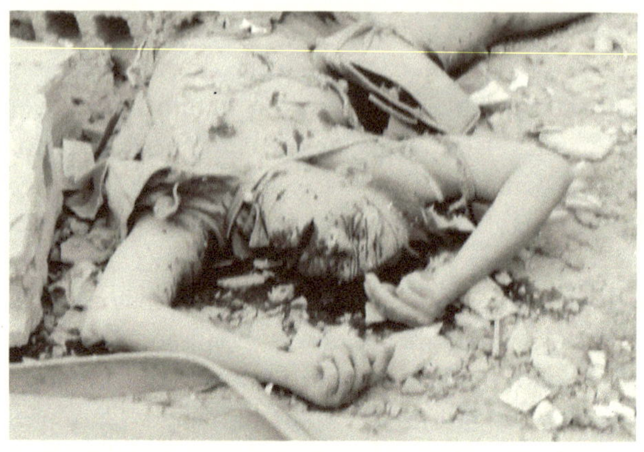

El resto de esta historia está escrita sin palabras, en mis fotografías. Las guardé por diez años del dominio público y de los medios que pudieran confundir el derecho de información con la explotación mediática de las tragedias humanas. No quise cederlas a quienes entonces creyeron poder ponerle un precio sin considerar el dolor y el sufrimiento de la gente implicada, no por los muertos o moribundos, sino por la que quedó viva y arrastrando sobre sí la angustiosa carga de esa pesadilla, de esa realidad. Mis fotografías las cedí a víctimas y familiares en el pleito de clase contra la filial de la Enron Corporation, la San Juan Gas. No pregunté más, ni pedí nada a cambio...

Hoy, a diez años de aquel noviembre gris, creo oportuno y pertinente compartir estas fotografías con el pueblo de Río Piedras. Reconozcamos que ese oscuro y triste día es parte de la experiencia histórica de todos y debe recordarse reflexivamente. Cada cual que vivió de cerca la tragedia tiene su historia que contar, y a su manera. Lo cierto es que no debemos olvidar que a la estela de lágrimas le suceden las historias heroicas de algunos que, aún entre confusiones y temores, anónimamente dieron sus manos valientes y prestaron sus atenciones solidarias. Por ellos -y a pesar de las penas y pesares de aquél terrible día- algo de lo mejor de Río Piedras se asomó entre aquellas ruinas...

Estigma, Educación y Sexualidad[12]

Los estigmas religiosos siguen siendo soportes integrales del Estado de Ley, insignias de sus históricas intolerancias institucionalizadas, compartidas y resguardadas culturalmente. Aunque jurídica, legal y constitucionalmente existe separación entre Iglesia y Estado, el poder estigmatizador de la Iglesia sigue ejerciéndose con fuerza sobredeterminante en enclaves neurálgicos para la vida social, incidiendo embrutecedoramente sobre renglones como la educación, la sexualidad y la moral social. En un artículo reciente, un sacerdote católico arremetió contra el Departamento de Educación demonizando sus intensiones de ampliar y profundizar las temáticas relacionadas a la sexualidad humana. Para él, desmitificar los tabúes sexuales resulta una "profanación de la conciencia", y el sistema de Educación miente cuando reivindica la masturbación como una práctica placentera y natural cuando, por el contrario –sentencia el líder religioso- es algo malo, ilegítimo e inmoral. Asimismo, "perder" la virginidad debe ser juzgado como "la bomba más destructora de la dignidad de las niñas, adolescentes y jóvenes, y de la misma sociedad". Posteriormente condena la alternativa del aborto como un crimen, aseverando que si Dios no hubiera intervenido la niña o la mujer no estaría embarazada. Y concluye: "Ir contra la razón es ir contra Dios."

Racionalidades oscurantistas como éstas siguen ejerciendo una influencia política significativa sobre las instituciones de educación, inculcando valores estigmatizantes sobre todo cuanto la Iglesia considera pecaminoso, ilegítimo e inmoral. Las consecuencias perjudiciales siguen causando estragos, aún sabiendo que absolver las faltas espirituales con rezos y arrepentimientos no resuelve problemas reales en la vida social de los estudiantes, como los relacionados a embarazos imprevistos y no deseados; enfermedades que pudieran transmitirse, más por desconocimiento que por compartir placeres con sus cuerpos; y los efectos de una educación moral de intolerancia contra determinados estilos de vida y preferencias sexuales estigmatizadas por la Iglesia.

Nada de mayor inutilidad social que las intolerancias supersticiosas y embrutecedoras, que tienen a mal que las

---

12 **"Estigma, educación y sexualidad"**, *El Nuevo Día,* miércoles, 15 de noviembre de 2006.

juventudes adquieran el derecho al control racional e informado sobre sus propios cuerpos. El bloqueo a una educación bien informada sobre la sexualidad humana es un exceso abusivo del poder de la Iglesia, consentido políticamente por el Estado y resguardado legalmente como derecho en Ley. Constituye una afrenta a los valores democráticos que rigen en principio al Estado de Derecho, y aún así prevalece, disfrazado como conciencia moral de todo el pueblo...

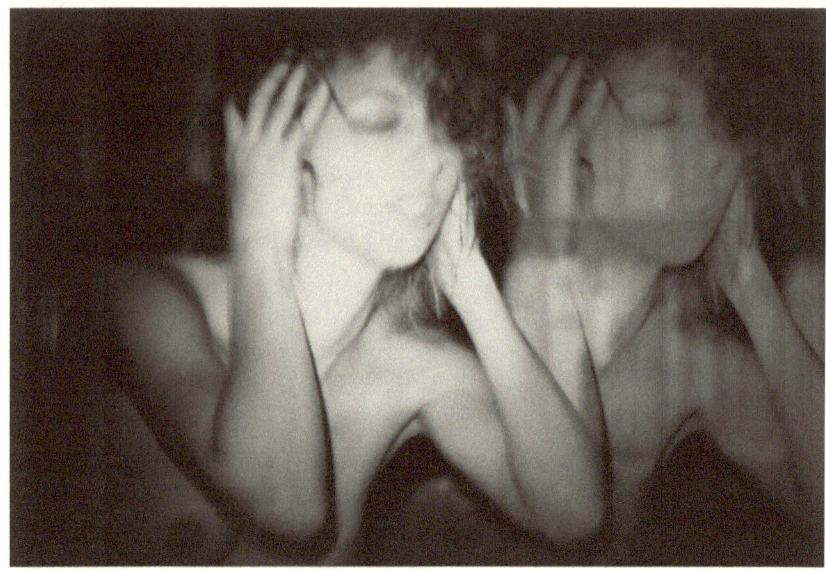

Terrorismo estético[13]

El poder político se ha obstinado en apropiarse de la potencial belleza de la ciudad de San Juan y en su empeño las ha secuestrado, a la ciudad y su belleza en potencia. El azul de inodoro es el color semblante de ese gran sabotaje estético. La ciudad se ha convertido en una gran cartelera política y los espacios públicos, los puentes y sus paredes, en tablones reservados con exclusividad para su propia expresión. Para justificarse, la alta oficialidad de gobierno en la ciudad ha declarado la guerra a las expresiones estigmatizadas como vandalismo o artes ilegales. Irónicamente, la guerra declarada ha convertido a la ciudad en un inmenso graffiti azul y gris, monótono y sin otro mensaje que el de su propia arrogancia y pretensión política; sin contenido alguno de utilidad o valor civil; sin consciencia de sus implicaciones.La estética de la ciudad no es un problema trivial, ni se reduce a una mera cuestión de gustos. Hubo ocasión en que dominaba el color verde de hospital psiquiátrico o celda de institución carcelaria. Alguien influyente creyó que ese color afectaría la psicología de la ciudad, provocando un cierto efecto tranquilizante a propósito de tantas violencias. Se equivocó, como se equivoca quien crea que el azul de ahora tendrá a su favor un efecto subliminal en la conciencia de los electores. A lo sumo la ciudadanía se acostumbrará una vez más a otra versión de la fealdad, esta vez, otra vez, por mezquinos caprichos politiqueros.

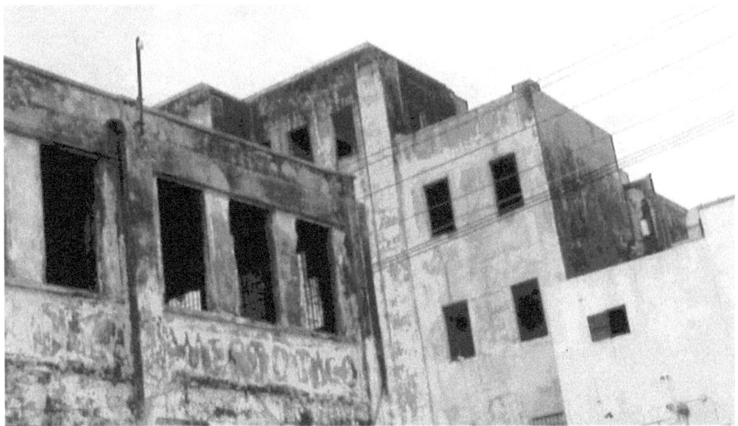

[13] **"Terrorismo estético",** *El Nuevo Día*, lunes, 11 de diciembre de 2006.

Un buen político debe pensar la estética de la ciudad como la imaginaría un artista: sensible y creativamente. Por ello el poder de decidir sobre lo bello en la ciudad no debe recaer en manos de burócratas insensibles ni de especuladores politiqueros. Habría que procurarse colores que integren armoniosamente las incongruencias de una gran ciudad que es a la vez infinidad de matices de belleza y de fealdad. No olvidemos que una parte de las históricas pugnas por el control político de lo estético ha sido la de la ocultación de las zonas marginadas de la belleza oficial y privilegiada, las empobrecidas; a los desplazados, a los excluidos. Para los gobernantes la estética de la ciudad sigue siendo como una hermosa alfombra que la adorna en la superficie, y les permite esconder bajo ella el sucio de las vergüenzas que se niegan a mirar…

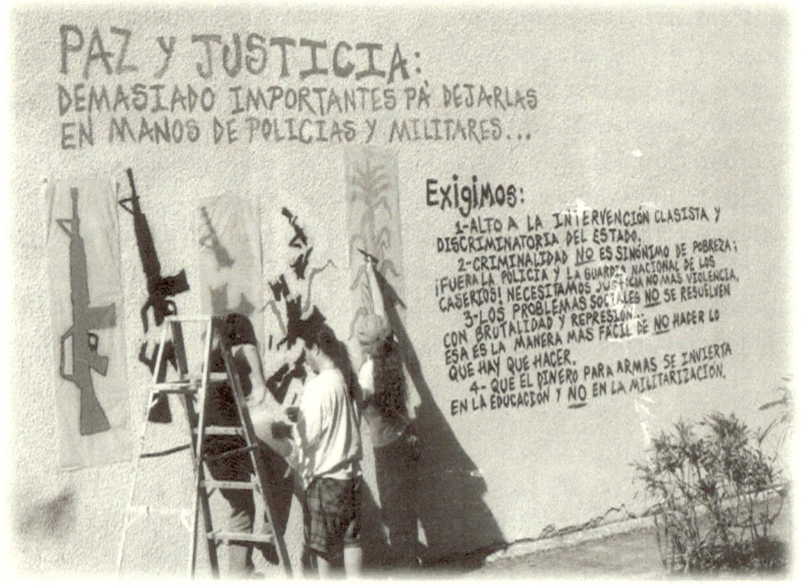

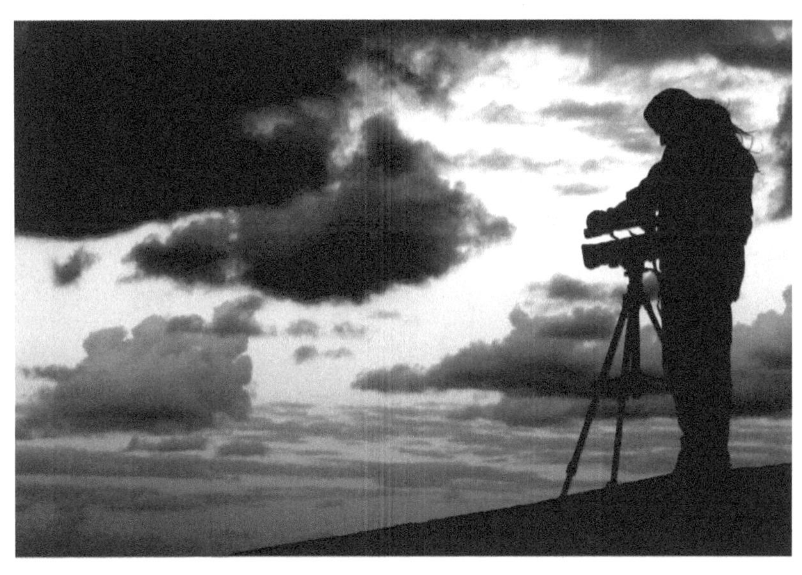

2007

Crimen, prohibición y castigo[14]

El problema de las drogas ilegales es, en esencia, la ilegalidad. Como en los sangrientos tiempos de la prohibición del alcohol a principios del siglo XX, el siglo XXI sigue repitiendo los mismos errores, traducidos en horrores; propios de los lenguajes de la guerra y las prácticas represivas en las que se materializan. La prohibición es eje matriz de infinidad de violencias criminales, de entre las que las matanzas entre jóvenes apenas son expresiones puntuales. Secuela del drama mortal de la política prohibicionista y la mano dura que la posibilita, es la amenaza de violación a los derechos civiles y humanos, desde la progresiva desvalorización de la autonomía individual, que es la clave de la dignidad propia de cada ser humano, hasta el encierro carcelario, que es la manifestación más nítida de la sádica crueldad humana, institucionalizada en el Estado de Ley. La ignorancia es la clave que posibilita su reproducción incesante. Las violencias criminales -valga reiterarlo- no son causas sino efectos de la prohibición y de la criminalización. Nada se resolverá por medios tradicionales, como la interceptación telefónica, la vigilancia selectiva y clasista en los residenciales, la activación de la Guardia Nacional o la inversión millonaria en tecnologías para la fuerza policial. Es un discurso del terror lo que hace racional estos llamamientos. Es la manipulación del miedo de la gente lo que lo fundamenta. Sólo en mentes ignorantes, en voluntades represivas o en quienes se lucran de ello, cabe el refuerzo de la prohibición y la mano dura como alternativa.

Cómo se narran las historias que integran la guerra a las drogas; cómo se representan lo criminal y la violencia en los lenguajes dominantes y marginales, desde las instancias de gobierno hasta los quehaceres intelectuales, desde los dogmas de la intolerancia religiosa hasta los saberes populares, o sus correlatos, los prejuicios culturales, es de singular importancia para comprender el fenómeno de lo criminal y sus secuelas de violencia.

La representación oficial de la guerra a las drogas invisibiliza las complejas relaciones humanas que se desenvuelven en torno a ella y consecuentemente oculta, impide e imposibilita que las problemáticas implicadas en ella sean asumidas con la seriedad y el tacto, la profundidad y la sensibilidad con que urgen ser tratadas...

---

[14] **"Crimen, prohibición y castigo"**, *El Nuevo Día*, viernes, 26 de enero de 2007.

Intolerancia religiosa y derecho[15]

La Iglesia es una institución autoritaria y anti-democrática y, como los ejércitos, se caracteriza por su inutilidad social. Reproduce valores amenazantes al presente cotidiano y al porvenir de las frágiles relaciones ciudadanas. La estrecha separación entre Iglesia y Estado se revela cosmética y superficial, hipócrita. Anhela ese perverso poder que la modernidad le arrebató a medias: el de juzgar, perseguir y condenar las vidas de este mundo. Ha inventado un Dios a imagen de sus deseos y en su nombre arremete contra quienes no comulgan con sus fantasías celestiales, infernales y divinas. En su nombre invade la vida privada y el derecho a la intimidad, para meterse en camas ajenas y dictar pautas severas al sexo y la sexualidad, la convivencia y al amor.

Con ego hinchado y sin temor a reventar, la alta jerarquía de la Iglesia Católica y las sectas protestantes se arrogan la representación de Dios sobre la vida humana. Los feligreses siguen al pastor porque piensan como rebaño, no por la fuerza de sus razones ni por la justeza de sus aseveraciones. La teocracia cristiana es oscurantista, y el Dios al que invoca es reflejo de sus ignorancias, prejuicios e intolerancias. La Iglesia embrutece y miente. No educa para una vida social sensible ante las diferencias, sino que chantajea moralmente, hostiga psicológica-mente a quien piensa diferente. No educa, sino que inculca supersticiones que desembocan en actitudes y prácticas de violencia discriminatoria, en desprecio a esa parte de la humanidad que no goza de buena reputación entre sus hábitos y credulidades.

Reconocer el derecho a la opción de amar al prójimo de maneras distintas a las auspiciadas formalmente por la cristiandad no hiere la fibra moral de nuestro pueblo. Desde una perspectiva ética y democrática del derecho, una mayoría religiosa que exprese convicciones discriminatorias y excluyentes debe interpretarse como una farsa moral, mal creída voluntad divina. Como antes la esclavitud y la subordinación de las mujeres, el discrimen racial y étnico, el genocidio indígena y la quema de brujas, de herejes y libre pensadores…

Una religión que se vuelque contra los derechos democráticos y se revuelque contra la dignidad humana debe

[15] **"Intolerancia religiosa y derecho"**, *El Nuevo Día*, sábado, 24 de feb. de 2007.

erradicarse. Y una Iglesia que lo promueva, reconocida su inutilidad social, declararse estorbo público.

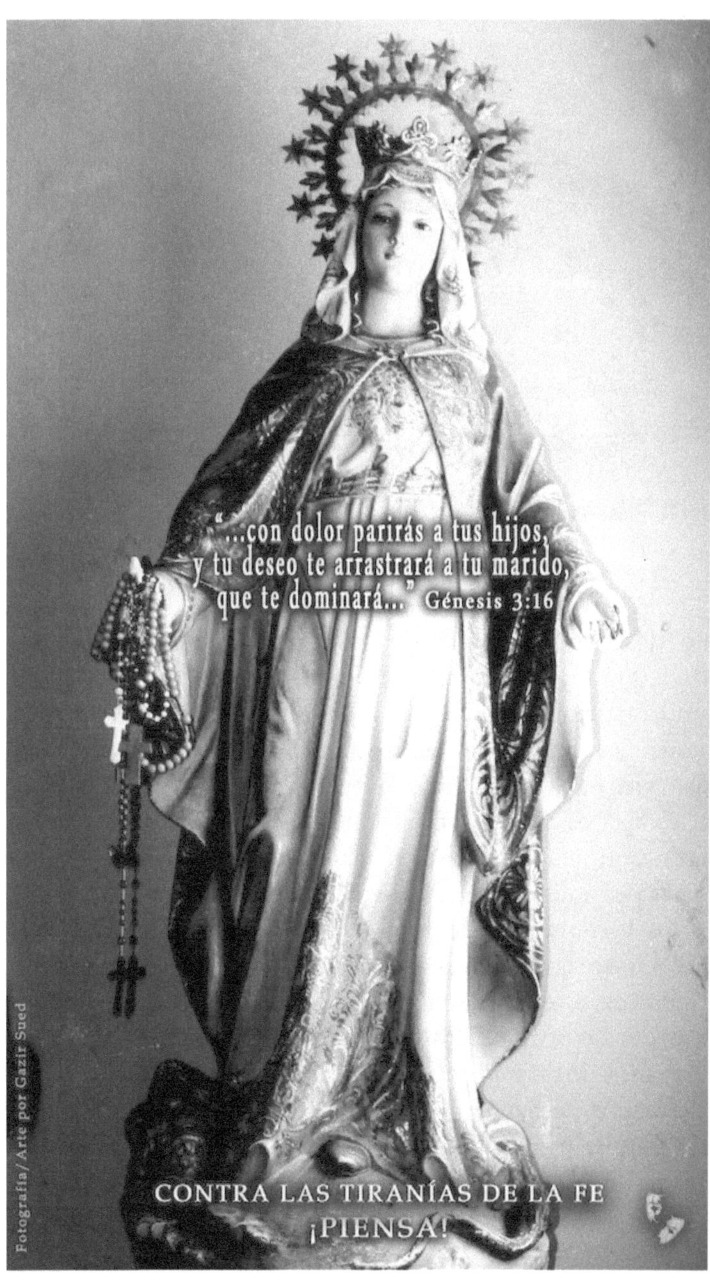

Carraízo: metáfora del porvenir[16]

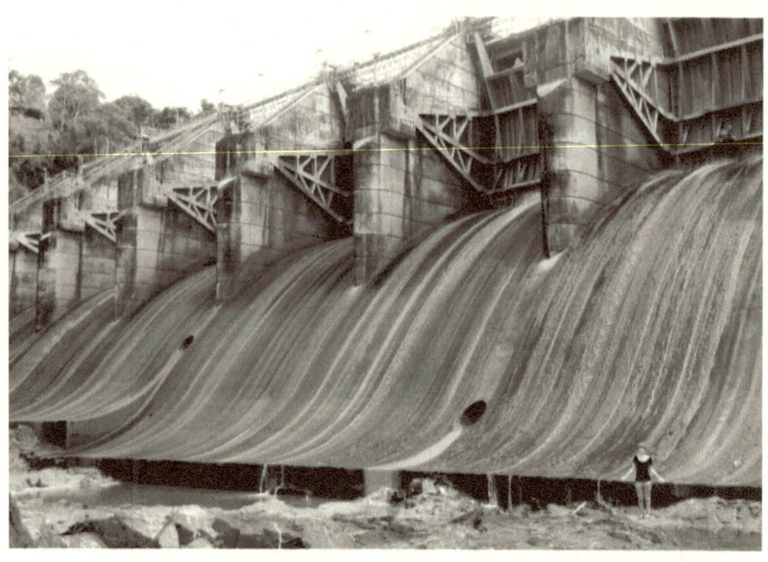

Al otro lado de la represa de Carraízo, detrás del inmenso manto de jacintos que ahoga sus aguas en reserva; en el cauce donde la grandeza del río Grande de Loíza se achica y se rinde y reclama atenciones privilegiadas la milenaria roca volcánica que serpentea su ruta hasta el mar; allí, pescadores inescrupulosos asedian viciosa y cruelmente la vida silvestre que habita el lugar... Una estela de peces moribundos y muertos, banquete de podredumbre para las moscas, alfombra de pestilencia sus labores. De cada pez que pescan decenas les resultan inútiles. En lugar de liberarlos los arrancan de sus redes, tirándolos sobre las ardientes piedras mientras sus acompañantes se divierten pisándolos, pateándolos... Pregunté sus razones y con razones me contestaron: estos peces no son de aquí, no me sirven para nada. Pensé en los dominicanos maltratados en Puerto Rico; pensé en los haitianos discriminados en Santo Domingo; pensé en los puertorriqueños... y sentí lástima por tantos y tantos maltratados y discriminados por las mismas razones... pero más vergüenza sentí -como un verso de Julia- por saberme hermanado de maltratantes y discriminadores...

---

16 **"Carraízo: metáfora del porvenir"**, *El Nuevo Día*, miércoles, 21 de marzo de 2007.

Un paso del patriotismo al terrorismo nacionalista; un paso más a la arrogancia antropocéntrica; de la xenofobia al trato cruel e insensible a otros animales, porque no son de aquí, porque no nos sirven de nada. Lamentamos que Hawái repudie y desprecie nuestro coquí. Pobrecito ese animalito que tanto queremos, símbolo patrio en peligro de extinción. ¡Hipócritas! Al oeste de nuestra Isla, agricultores ensimismados por la inmediatez que les abacora, sin otra ocurrencia suplican al Estado que intervenga, no con razones superiores, sino con la superioridad de su fuerza: ¡A los monos, plaga extranjera, dañina e inútil, persíganlos, entrámpenlos; captúrenlos; mátenlos! Extraña civilización la nuestra, que desarrolla genialmente la técnica y la ciencia, pero no supera la primitiva manía de matar lo que no comprende o no puede controlar y dominar a sus anchas.

Así hicieron con las Iguanas, paradójicamente milenarias pobladoras de estas tierras. El gobierno destruye manglares para que ricos disfruten hoteles, en lugar de protegerlos como ecosistemas vitales, administrarlos sensiblemente y procurar un desarrollo económico ecológicamente inteligente. Decía Gandhi, la grandeza de una nación y su progreso moral pueden ser juzgados por el modo en el que se trata a sus animales. Será…

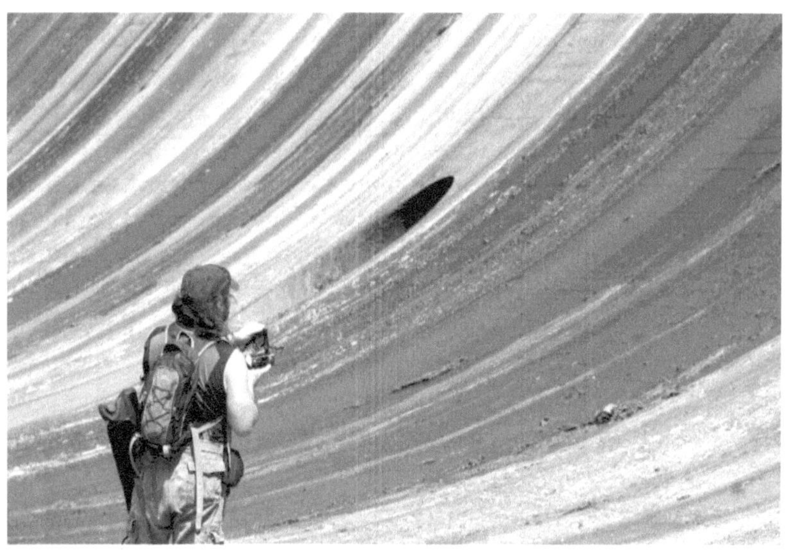

Contra la tiranía de la fe[17]

A principios de la década de los 70, el jurista Jaime B. Fuster, en un texto publicado por la Comisión de Derechos Civiles de Puerto Rico, sostenía que el Estado de Derecho debe proteger la libertad de la diversidad en el sentir, pensar y actuar, pues sojuzgar para la uniformidad del pensamiento y de la acción es tiranía. En el actual Estado de Ley, por el contrario, prevalecen mentalidades antagónicas con el principio político/constitucional invocado por el jurista: la inviolabilidad de la dignidad humana. Dignidad que, lamentablemente, un amplio sector social vinculado al cristianismo institucionalizado no interesa reconocer y respetar.

La encuesta (sondeo) de *El Nuevo Día* sobre el Código Civil, irrespectivamente de las manipulaciones interpretativas, absurdas generalizaciones y demás exageraciones a las que se presta, abona a la evidencia. La experiencia histórica del colonialismo español, en clave católica, sigue fuertemente arraigada en las mentalidades de los puertorriqueños. La invasión militar norteamericana, por su parte, reforzó el poder ideológico del cristianismo trayendo consigo las sectas protestantes y concediéndoles derecho de ciudadanía bajo su protectorado. La encuesta citada, si acaso, viene a revelar un secreto a voces: que la mayoría de los puertorriqueños son, para bien o mal, cristianos. Ahí el principal problema…

La interpretación ortodoxa de la Biblia sigue siendo fundamento de posturas políticas intransigentes y discriminatorias, violatorias de la dignidad humana. Y es que la Biblia no es un texto democrático y nunca ha guardado esa pretensión mundana. Anhela y promueve relaciones sociales esencialmente autoritarias, vengativas y crueles, y aspira a un régimen totalitario; a un orden tiránico; al del Estado-Iglesia y su Ley.

Ante el poder despótico de una mayoría religiosa y su cultura intolerante habría que oponerle una fuerza superior que lo trascienda, una dictadura de la razón sensible y reflexiva, tal vez; una razón defensora de la libertad de la diversidad en el sentir, pensar y actuar, y no una fe tiránica, subyugante y uniformadora, como insiste la teocracia cristiana…

[17] **"Contra la tiranía de la fe"**, *El Nuevo Día*, viernes, 4 de mayo de 2007.

De la pena de castración y el discurso *psicológico* en la Universidad[18]

Quisiera abordar este tema, el de la castración química, (de apariencia absurda e irrisoria) no como objeto de burla sino, además, como objeto de reflexión crítica. Si bien seguramente como propuesta legislativa morirá muy pronto y en su lugar de origen, en el contexto universitario y ciudadano puede servirnos de pretexto para pensar qué hace posible que aparezcan propuestas de ley similares, enfocadas, más que en la prevención de la violencia criminal, en la venganza judicial; en multiplicar castigos y acrecentar la crueldad de las penas, en fin, en exaltar como valor social de primer orden la violencia represiva y punitiva del Estado.

Sabemos que la propuesta legislativa del representante Rivera Guerra enmendaría el Código Penal para integrar como pena especial la castración química de los sujetos tipificados bajo el registro de "ofensores sexuales". Por los medios de prensa sabemos que esta pena se daría sin miramiento alguno, a partir dc la primera condena y sin dejar discreción judicial; "sin contemplaciones" para con el agresor sexual –según su proponente-. Las implicaciones políticas y éticas de toda ley penal que resulte tanto o más cruel y violenta que el acto criminal que enfrenta son múltiples y deberían ser pensadas con debida seriedad y profundamente.

Sabemos, por ejemplo, que gran parte del derecho penal en el Estado de Ley tiene como condición fundamental la manipulación del miedo de la gente, el uso político de las inseguridades psicológicas de la ciudadanía. Quiero traer la atención sobre esta dimensión del poder penal que hace posible que se consideren medidas legislativas cuyo fundamento racional es, irónicamente, la histeria y el terror, el pánico al fantasma criminal en lugar de la razón sensible y bien informada.

Aunque parezca contradictorio, el legislador Rivera Guerra dice que la idea de la castración química surge de profesores y estudiantes del área de psicología (Recinto de San Germán, de la Universidad Interamericana.) No debe extrañarnos. Sabemos que existe una modalidad de la psicología institucionalizada, quizá

[18] **"De la pena de castración y el discurso *psicológico* en la Universidad"** (inédito). Enviado a varios medios el 5 de mayo de 2007.

todavía dominante en el mundo académico, que es heredera de las mentalidades más represivas de los estados modernos y de los prejuicios culturales que los sostienen. Sabemos que a partir de esta psicología se refuerzan ideológicamente las brutalidades características del poder penal. Lamentablemente, este supuesto saber psicológico –ahora con matices biologicistas- todavía sirve de referencia -e incluso hasta de evidencia- a las demás disciplinas de las ciencias sociales cada vez que abordan el tema de lo criminal. Realidad ésta que tiene por efecto un discurso anti-intelectual, dominante en la academia, basado en la repetición acrítica e irreflexiva de la racionalidad penal en las claves habituales del poder punitivo del Estado: represivo y carcelario; vengativo; brutalmente violento y cruel…

La psicología de la que habla el legislador Rivera Guerra es más bien una retórica en clave psicológica, que aparece siempre para reforzar la razón penal, vengativa, punitiva y carcelaria, del Estado de Ley. Esta retórica psicológica tiene su historia política: pasó de ser una filosofía moral a una ciencia indicativa, ambas como refuerzo ideológico de la práctica penal en particular y del derecho interventor del Estado de Ley en general. Como el discurso judicial, esta psicología señala, enjuicia y acusa al sujeto intervenido por la ley, centrando la atención en el sujeto, ahora convertido en objeto de su intervención disciplinaria y vengativa, punitiva –todo bajo el gran eufemismo de la rehabilitación-.

Esa es la misma retórica "psicológica" que satura el discurso criminológico dominante y aboga por la eliminación de derechos civiles y de libertades individuales; que justifica la ampliación de la vigilancia y de los aparatos de intervención policial sobre la ciudadanía; es la misma *psicología* que defiende la política prohibicionista sin menoscabo por violar derechos de intimidad y la privacidad de las personas; es la misma psicología que, desde la Universidad a la práctica privada, aboga por penas cada vez más severas y crueles... Es la misma psicología que, antes de reconocer sus limitaciones e imposibilidades teóricas y prácticas para lidiar efectivamente con el fenómeno de lo criminal, incluye entre su repertorio de alternativas la castración, química o quirúrgica, así como la condena a la pena de muerte…

Pelea de gallos y ética cultural[19]

Poco importa si las peleas de gallos producen estimables ingresos económicos para el país, o si sólo benefician a sus dueños y apostadores con suerte. Las peleas de gallos nada tienen de valor cultural, ni son motivo nacional del que debamos enorgullecernos como pueblo y procurar preservar y defender ante la afrenta federal, que amenaza erradicarlas. Pienso, por el contrario, que algo de hostilidad debe cultivarse ante esta práctica de la crueldad humana, de ese egoísmo primitivo de gozar el poder de causarle dolor y dañar a otro animal; de jugar a torturar y disfrutar hacerlo y, para justificarlo y evitar reproches morales y remordimientos, llamarle cultura. Razones y justificaciones sobran, si consideramos antes el sufrimiento de estas criaturas, puestas a pelear por capricho y egoísmo antropocéntrico, en ocasiones con saldo mortal.

Insignes pensadores de todos los tiempos lo advierten: quien es cruel con los animales no puede ser un buen ser humano. Reconocerlo sería un avance entre las luchas por hacer de éste un mundo mejor, donde sus culturas ya no enaltezcan la imaginación deficiente y poco creativa de quienes no pueden disfrutar sus propias vidas sin lastimar otras. Quizá algo de la humanidad queda estancado cada vez que se vanagloria del estúpido poder de lastimar por placer, de jugar a doler y a matar. O tal vez, con cada acto –promovido o tolerado- de crueldad, retrocede en su evolución social, a un punto en el que la semejanza con el reino animal se hace, evidentemente, una cuestión de grado, no de esencia. ¡No! Cuando el goce de la crueldad se convierte en motor de sus actos y razones, el ser humano asciende a un nivel superior dentro de su propia escala de valores culturales, que no se mide por su proximidad o distanciamiento de su natural bestialidad o animalidad, sino por los efectos de su muy humana ilusión de grandeza y superioridad, los de su monstruosidad.

Pero la evolución social y cultural no es natural sino política. Podemos construirla como horizonte de nuestras acciones, alternativamente, desde una ética ecológicamente sensible. Así, pensarnos guardas responsables del planeta y darnos a la tarea de tratar a todas las especies con amabilidad, con amor, compasión y respeto.

---

[19] **"Pelea de gallos y ética cultural"**, *El Nuevo Día*, lunes, 21 de mayo de 2007.

La Prohibición: problema del siglo XXI[20]

La prohibición (bajo la modalidad retórica de la guerra *contra* las drogas) es la clave de gran parte de las violencias que tanto aquejan a la ciudadanía, y la política bélica y represiva que la refuerza, de cero tolerancia y de mano dura (o castigo seguro) a los ciudadanos que las producen, comercian o hacen usos de ellas, es responsable en buena medida de las corrupciones y muertes, enfermedades, miserias y demás violencias que el Estado de Ley –ingenua y demagógicamente- promete combatir, prevenir y erradicar, castigar y vengar.

La representación oficial de la guerra a las drogas trivializa e invisibiliza las complejas relaciones humanas que se desenvuelven en torno a ella y, consecuentemente, oculta, entorpece e imposibilita que las problemáticas implicadas sean asumidas con la seriedad y el tacto, la profundidad y sensibilidad con que urgen ser tratadas.

La particularidad de la gran empresa comercial del narcotráfico es que, aunque estructuralmente su ordenamiento organizativo, su administración general y sus fines particulares corresponden en idénticos términos a cualquier otra empresa comercial en el mundo del mercado moderno, ésta se organiza, opera y funciona al margen de las regulaciones formales de la Ley. Ésta es precisamente la condición más favorable para el gran negocio del narcotráfico y el fin lucrativo que lo anima: la ilegalidad.

Cada vez más sectores de las poblaciones del mundo encausan sus vidas entre los circuitos del narcotráfico, ya para resolver necesidades vitales y de subsistencia que de otro modo no podrían resolver, o ya para satisfacer otro orden de necesidades, no menos reales y poderosas, como las creadas por y para la sociedad consumerista, clave ésta de la economía de mercado global dominante. Para esta parte de la ciudadanía (individuos, grupos o familias) muy posiblemente no existen alternativas económicas que puedan competir con las ofrecidas por el narcotráfico, y esto es un hecho que el Estado de Ley capitalista, por su naturaleza y estructura, no sólo no puede superar, sino que tampoco interesa hacerlo…

---

[20] **"Prohibición, problema del siglo"**, *El Nuevo Día*, miércoles, 20 de junio de 2007.

Falsedad en la razón penal[21]

Es de todos sabido que al terror al espectro criminal le es correlato directo el acrecentamiento del reclamo público de mayor seguridad, aunque sea al precio de limitar y reducir cada vez más los espacios de libertad ciudadana y de derechos individuales. Indisolublemente ligada a esta relación, toda una poderosa economía en ascenso se desvive para responder las demandas de seguridad. De la inseguridad ciudadana -cultivada con esmero por el Estado de Ley prohibicionista- derivan cuantiosas ganancias las empresas que, de algún modo, sirven a las necesidades sociales de seguridad y, a la vez, se lucran de los miedos e inseguridades de la gente. Las mentalidades punitivas y carcelarias se nutren de todo ello.

No es de extrañar que dominen la escena mediática las reacciones histéricas ante modalidades de la violencia criminal que resultan intolerables a las sensibilidades ciudadanas. De ahí que, con una muy precisa dosis de manipulación, algunos políticos –quizá por ignorancia y hasta de buena fe- promuevan un sentido de la justicia vengativo y cruel, tanto o más violento que los mismos crímenes ante los que reaccionan y ofrecen alternativas. Pero el saldo social de la violencia de la Ley es, cuando más, un efecto narcótico: distorsiona la realidad y crea una suerte de ilusión de seguridad y justicia, pero no resuelve el problema criminal. Tal sucede, por ejemplo, con la pena de muerte como con la propuesta de castración química por delitos sexuales.

Multiplicar y hacer más severas las penas y más crueles los castigos ni evita ni aminora el acto criminal, y mucho menos *rehabilita*. La historia del derecho penal y la criminología crítica lo evidencian. La psicología social y la sociología lo confirman. Al parecer, muy poco saben de todo ello los legisladores, jueces y demás políticos que repiten sobre infinitas repeticiones los mismos errores, sin otro fundamento que la razón punitiva, represiva, vengativa y carcelaria. A no ser, claro, que sí sepan. Entonces, cuando por solución a las violencias criminales ofrecen encierros y castigos, en fin, mano dura, ¡mienten!...

[21] **"Falsedad en la razón penal"**, *El Nuevo Día*, jueves, 5 de julio de 2007.

De la violencia legítima[22]

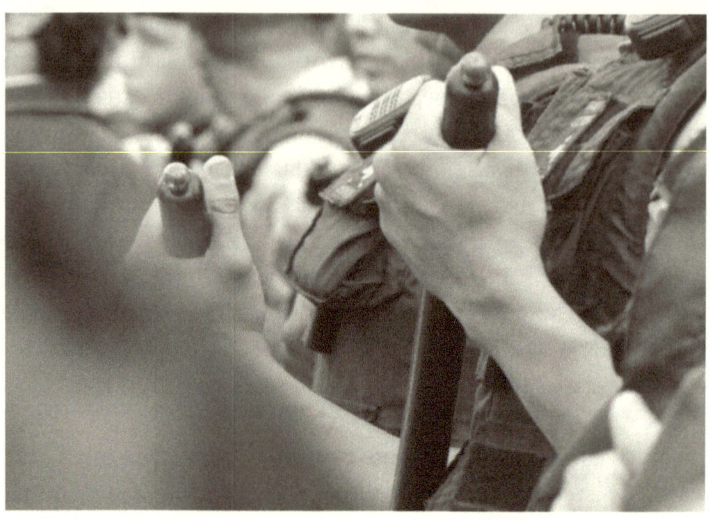

En nuestras sociedades democráticas existen modalidades de la violencia que son tenidas a bien, creídas justas y valoradas como necesarias para garantizar la ley y el orden, en fin, la convivencia social. Esto, al extremo de que no debe extrañar a nadie que un rasgo distintivo de nuestra cultura moderna sea una gran paradoja: el Estado se levanta a nombre del Pueblo para enfrentar, contrarrestar y erradicar la violencia, pero sabe que sin violencia ni Estado, ni Pueblo ni Ley pueden existir. Consciente de la aparente contradicción el Estado/Pueblo reclama para sí el monopolio exclusivo de esa modalidad de la violencia que, por emplazamiento moral y refuerzo de ley constitucional, apellida legítima. Buena parte del poder de esta violencia la institucionaliza, la regula, ordena y administra en el cuerpo de la Policía. Los excedentes en el uso de la fuerza bruta, las atrocidades en el ejercicio de la represión y, en fin, los consecuentes abusos y saldos mortales que hoy, como ayer, no cesan de llamarnos la atención, pertenecen a la naturaleza propia de ese cuerpo institucional, asentado en la violencia.

La retórica de esta modalidad de la violencia institucional es cínica e impúdica por demás. Cuando un oficial de la ley dice

---

[22] **"De la violencia legítima"**, *El Nuevo Día*, martes, 21 de agosto de 2007.

justificar el uso del retén para "someter a la obediencia", en realidad no hace otra cosa que agredir brutalmente a un ciudadano, y con ello cualquier sentido de la dignidad y del derecho humano. Tal sucede cuando amenaza a punta de revolver: "!Detente o disparo!" La traducción literal al lenguaje de la realidad que atestiguamos es ésta: "¡Detente o te mato!".

Nuestra civilizada sociedad democrática, humanista y cristiana, cree en el derecho de romper cabezas a macanasos y en el derecho a matar en su nombre. Arma a una parte de sus ciudadanos, a los menos privilegiados de entre ellos, y los entrena para agredir a otros en su nombre, en el de su ley y orden, que al parecer valen más que la vida humana. Pero los excesos más dramáticos de la violencia no están en la psicología individual del policía, en su perversidad innata o en su locura de ocasión. Las raíces de estas violencias mortales están en las estructuras institucionales que las sostienen y las mueven, y más profundamente en los valores culturales que las engendran tan celosamente.

Ya lo advertía nuestro poeta Nemesio Canales: "Decididamente es increíble que en el seno de una sociedad civilizada y cristiana se tolere que haya representantes de la autoridad que lleven, como emblema de su misión oficial un grosero garrote pendiente de un cordón. La verdad es que una sociedad así solo merece que le abran la cabeza a garrotazo limpio...".

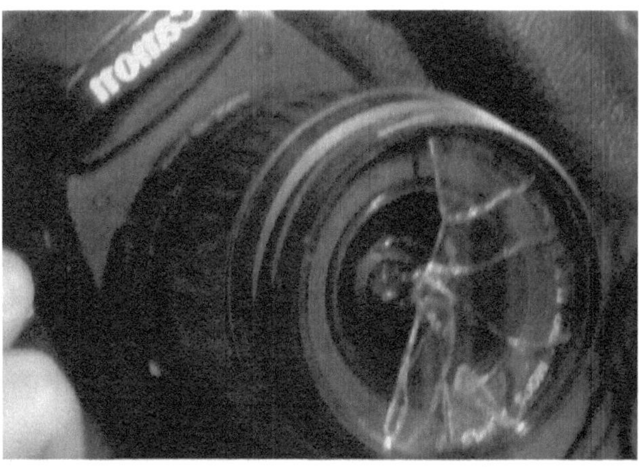

Protesta, vigilancia y derecho[23]

En la tarde del miércoles, miembros de la Comisión de Derechos Humanos del Colegio de Abogados nos reunimos con el Superintendente de la Policía, Pedro Toledo, para informar que participaríamos en calidad de "observadores" en la actividad de protesta convocada por la Alianza contra la Convención de la Guardia Nacional. Repensando este encuentro, que en apariencia constituye un mero formalismo diplomático, me resulta preocupante un detalle que pasamos inadvertidamente. Hago la salvedad de que se trató de una cuestión puramente formal pues, al menos en principio, el ejercicio del derecho a la libertad de expresión no tiene por qué negociarse con los cuerpos represivos del Estado. De lo contrario, ¿en qué consistiría el concepto de libertad?

En esa reunión, Toledo confirmó que no puede darse el lujo de presentar una imagen negativa de la Policía, en este contexto en el que se ha desacreditado la fuerza policial por excesos de violencia, abusos y muertes, y en el que el Centro de Convenciones de Puerto Rico se muestra al mundo industrial, comercial/ turístico como alternativa de primera. Aseguró que a tales fines ha procurado identificar y *sacar* de sus filas a los policías con historiales de violencia y problemas de salud mental, al menos a los que van a estar activados allí. Pero aseguró también que tendrá efectivos policiales con cámaras de video, para asegurar que la fuerza policial se comporte debidamente y, consecuentemente, para *identificar* entre los protestantes posibles agentes disociadores, provocadores, incitadores de violencia, etc.

Ya la policía no se infiltra a escondidas para carpetear. Ahora, casi con *nuestro* consentimiento y silencio, filmarán a activistas como cualquier turista filma sus entretenimientos. Ante la crisis de credibilidad y legitimidad, antecedidos por excedentes de brutalidad, optimizan su arsenal represivo con tecnologías de vigilancia electrónica. A nombre de la seguridad, violarán derechos democráticos.

Esta modalidad de la represión policial opera psicológicamente como disuasivo e inhibidor de libertades civiles elementales.

---

[23] **"Protesta, vigilancia y derecho"** (inédito). Enviado a varios medios el 23 de agosto de 2007.

Pero es una realidad que debemos reconocer, advertir, denunciar y enfrentar. Para los días por venir y ante la mirada acosadora del poder represor de *nuestro* estado policial, seamos todos "observadores" de las fuerzas democráticas, de las libertades civiles, de los derechos humanos...

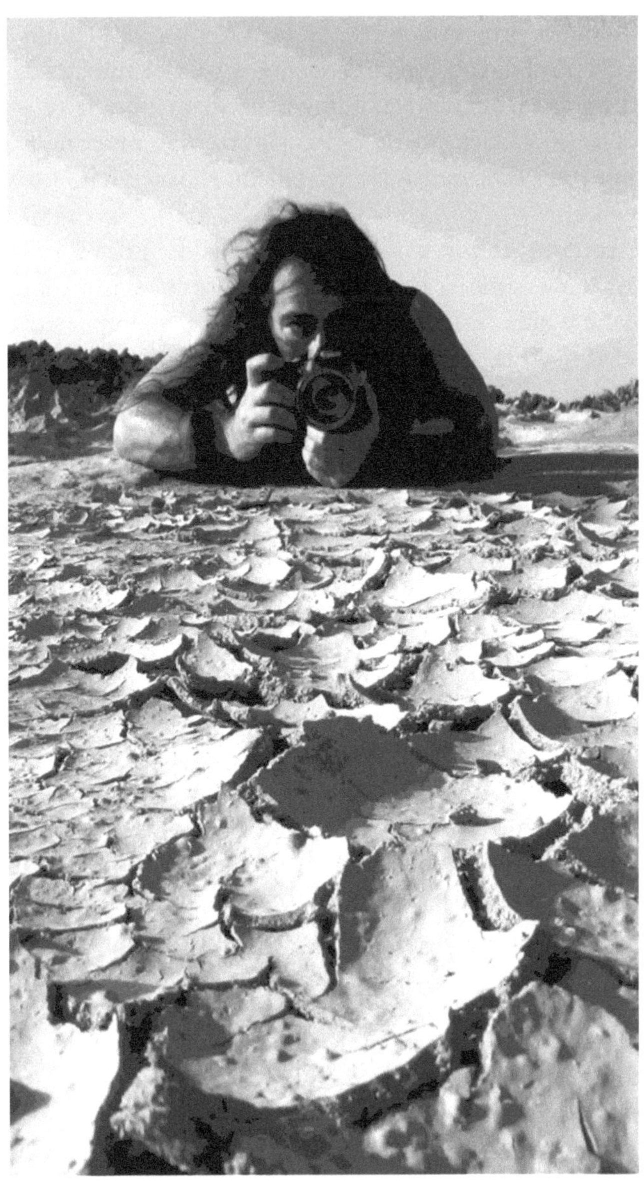

4 días, 6 horas[24]

Imaginemos una jornada de trabajo de seis horas, cuatro días a la semana, con igual salario al de la jornada laboral actual (de ocho horas y cinco días) y, por supuesto, sujeto al aumento de salario mínimo programado. Para pensar esta idea como realidad deseable y posibilidad real, habría que mirar el trabajo desde una perspectiva ética alternativa, reinventar el tiempo libre y valorar como derecho el tiempo de ocio. Habría que invertir la fórmula dominante por esta consigna: ¡trabajemos para vivir, no vivamos para trabajar!

Anterior al revés ideológico inducido por el cristianismo protestante (clave de la ética capitalista/productivista moderna), el trabajo era tenido esencialmente como castigo impuesto sobre la humanidad por la ira de Dios. Según la mitología cristiana, al principio Dios condenó a Adán por pecador, y con él a todos, o casi todos, los mortales de la tierra. La condena: el trabajo. Hoy toda ideología patronal lo reivindica como dignificante y la poca imaginación de la clase trabajadora sumisamente lo consiente. La defensa romántica e irreflexiva de la actual jornada de trabajo como derecho constitucional inmutable abona a las deficiencias imaginativas de ambas partes. No por bien intencionada deja de ser incorrecta la aseveración del Secretario del Trabajo, Román Velasco, que lee –según citado por el Nuevo Día-: "la jornada actual hace verdaderamente un balance en la vida de los trabajadores, su trabajo, la educación, la recreación y la familia." Lo cierto es que muy probablemente la mayoría de las personas que gozan del relativo privilegio de un trabajo legal asalariado y a tiempo completo no se sientan particularmente identificadas con estas expresiones. Menos aún la porción del sector laboral que está desempleada, en un sistema que (por su propia estructura de producción) no les puede resolver.

El desarrollo de las tecnologías electrónicas posibilita mayor flexibilidad en la administración del tiempo y la organización del trabajo, redundando idealmente en mayor rendimiento del personal, eficiencia y efectividad en la productividad. Pero el ocio sigue siendo un calificativo despectivo dentro del lenguaje productivista.

---

[24] **"Cuatro días, seis horas"**, *El Nuevo Día*, viernes, 7 de septiembre de 2007.

El tiempo libre, lo que apenas sobra. Además, si fuéramos un poquito más honestos con nosotros mismos, admitiríamos que gran parte del tiempo durante la arbitraria jornada de ocho horas es tiempo perdido, improductivo, fatigante, aburrido, inútil…

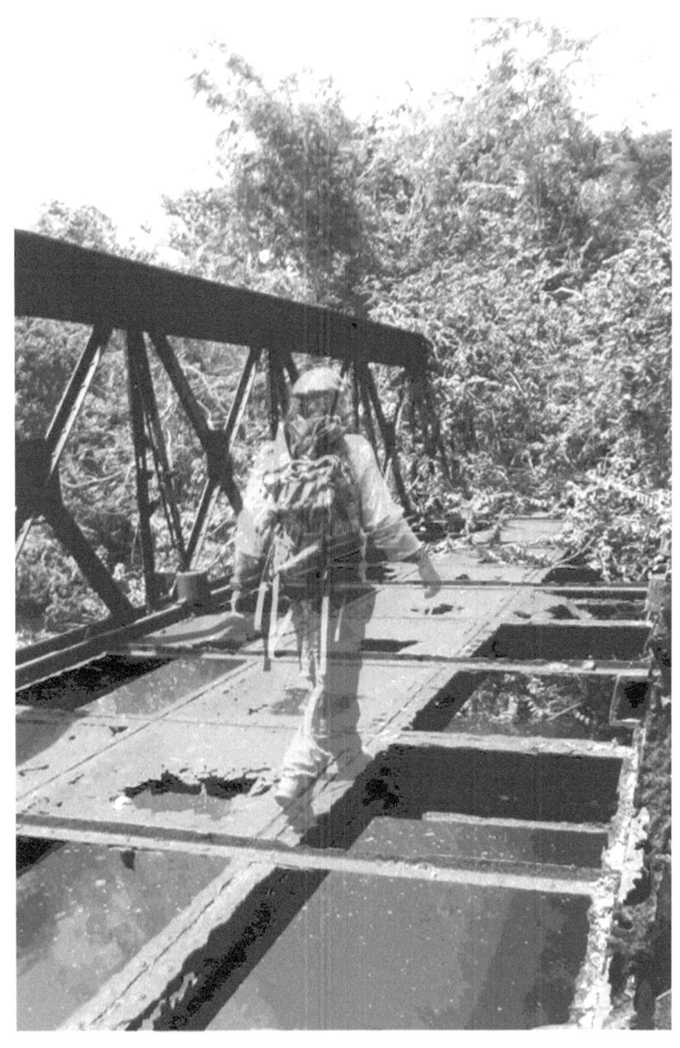

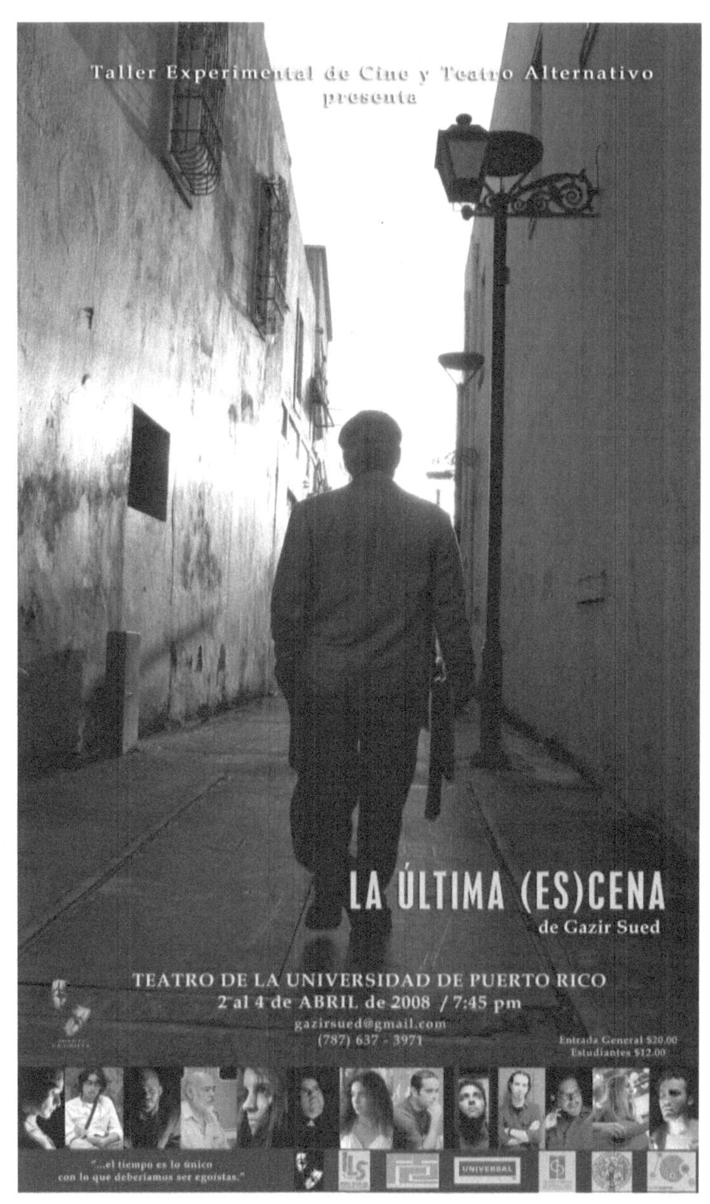
Taller Experimental de Cine y Teatro Alternativo
presenta
LA ÚLTIMA (ES)CENA
de Gazir Sued
TEATRO DE LA UNIVERSIDAD DE PUERTO RICO
2 al 4 de ABRIL de 2008 / 7:45 pm
gazirsued@gmail.com
(787) 637 - 3971
Entrada General $20.00
Estudiantes $12.00
"...el tiempo es lo único
con lo que deberíamos ser egoístas."
UNIVERSAL

2008

Terrorismo ideológico[25]

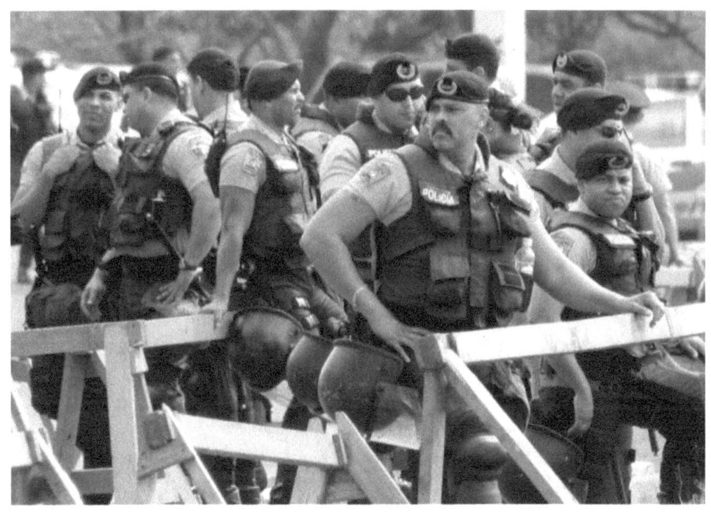

La pugna sobre Paseo Caribe alcanza dimensiones políticas que no deben pasar inadvertidas, si acaso de esta experiencia histórica queremos aprender alguna lección que redunde en beneficio de nuestro pueblo, a pesar de gran parte del mismo. La clásica metáfora de la filosofía política moderna, la del juego de ajedrez, no parece adecuada para comprender, sin superficialismos, la complejidad del estado de situación actual. Sin embargo, para efectos analíticos no podemos prescindir de ella y patear el tablero de juego, pues hay figuras protagónicas en esta contienda que se imaginan a sí mismas como estrategas de un juego de guerra, y como tal actúan. La violencia, pues, es administrada con prudencia y cautela. Condición vital ésta, la economía política de la violencia, para la consecución de la victoria final, o al menos de la derrota del adversario. Pero primero, las partes en juego deben identificar al adversario y, de no serle posible, inventarlo.

Toda lucha política es eminentemente ideológica, aunque no por ello menos real y violenta. Las retóricas del miedo le son constitutivas, aquí como recurso por excelencia de la violencia relativa a los juegos de guerra, bajo una modalidad del terrorismo, el terrorismo ideológico. Evidentes son los efectos, por ejemplo, a un

[25] **"Terrorismo ideológico"**, *El Nuevo Día*, martes, 8 de enero de 2008.

lado del tablero: los obreros han sido utilizados como peones, fichas movidas para defender al Rey. Rey que no es Madero, sino lo que Madero representa: los intereses mezquinos del Capital; el desarrollo insensible ecológicamente; el fraude y la corrupción y los correlativos ilegalismos consentidos por los gobiernos. Caricaturescamente ha sido así. La costosísima campaña publicitaria, apuntada a la manipulación mediática de la opinión pública, no sólo ha trocado a los trabajadores de Paseo Caribe en virtuales mercenarios del gran propietario rico, sino en cómplices de sus desconsiderados intereses lucrativos. Las fuerzas aliadas del Rey comparten las retóricas del pánico. El Rey tiene un ejército a sueldo, el de sus peones; los que se indignan con Tito Kayak por la misma razón que creen con fe ciega a sus patronos: sin saber por qué; participan de un simulacro de protesta, en defensa de una causa ficticia, de una invención retórica, de una mentira; un falso problema. No lo olviden, cuando el Rey no los necesite, los desechará...

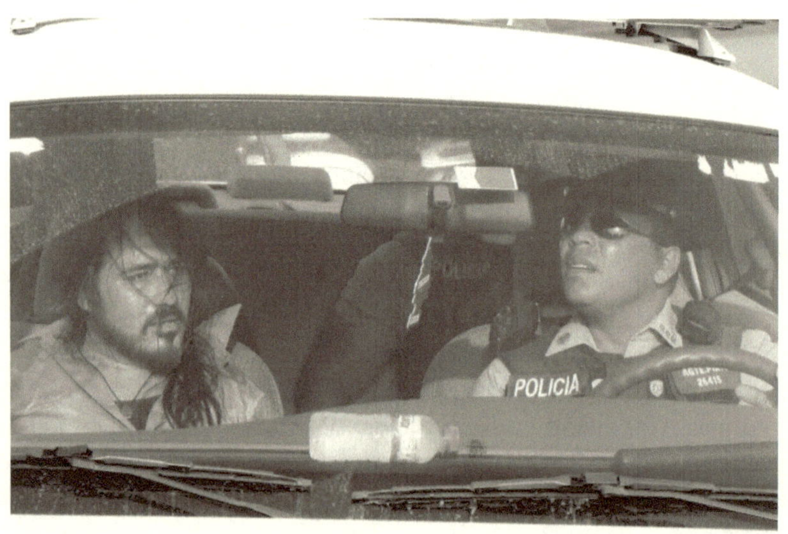

Del principio político al Derecho[26]

La historia de las prácticas judiciales en general, y del derecho estatal a castigar en particular, está saturada de terribles excesos, crueldades y abusos por parte del poder que en ley las ejerce y administra. Esta realidad sigue siendo característica de nuestro sistema penal. De ahí la pertinencia perenne de la defensa de los derechos democráticos reconocidos en nuestra constitución y la importancia impostergable de la educación y sensibilización popular al respecto.

Las regulaciones al ejercicio del poderío estatal de intervenir y juzgar, así como las restricciones a su voluntad de castigar, son esenciales para la posibilidad de una convivencia social democrática. De ahí que el reconocimiento y la promesa de respeto a la singularidad existencial de cada ciudadano siga siendo el fundamento de legitimidad moral de la autoridad estatal en conjunto, acorde a los principios democráticos del derecho. Lo contrario pertenece a otros registros ideológicos propios de un gobierno despótico, de un estado autoritario o de una dictadura de la ley. Así, por ejemplo, toda legislación que atente contra el frágil derecho ciudadano al goce de su individualidad, que viole su intimidad o quebrante la privacidad de su vida singular o compartida, podría interpretarse como una práctica violatoria y degenerativa de los principios políticos del derecho democrático. Desde una perspectiva ética, pues, se trataría de injusticias convertidas en ley. Desde esta perspectiva, el derecho a la fianza, amenazado nuevamente, más que un derecho político elevado a rango constitucional, debe pensarse como un valor cultural democrático que debemos atesorar celosamente. No se trata de una trivial limitación al poder discrecional del juez, al ejercicio de su arbitrariedad en ley, pues sabido es que también se presta para practicar excesos a la medida de sus caprichos o prejuicios, de sus posturas o complicidades políticas, o bien de su particular sentido de la justicia. No obstante, representa un principio razonable y sensato ante la realidad estructural de un sistema que por su naturaleza represiva y punitiva debe estar siempre puesto bajo sospecha y cuestionamiento crítico, por cualquier ciudadano y en todos los tiempos…

---

[26] **"Del principio político al Derecho"**, *El Nuevo Día*, viernes, 16 de mayo de 2008.

Prensa, estigma y muerte[27]

La estigmatización es una modalidad de la violencia, que degrada a las personas sobre las que se impone y degenera brutalmente las posibilidades culturales de convivencia democrática. Estigmatizar es una práctica social de intolerancia y discrimen de la que la prensa, en lamentables ocasiones y a veces sin conciencia de ello, toma parte activa o en complicidad, contribuyendo así al menosprecio de ciertas vidas humanas, al desprecio de modos de ser diferentes entre la ciudadanía.

Tal es el caso de la figura estigmatizada del usuario de drogas ilegalizadas. Aunque desmitificada por la literatura más progresista en cuestiones de derechos humanos así como por fuentes científicas de primer orden, todavía se representa mediáticamente como icono ejemplar de la maldad criminal, del pecado, la enfermedad y la locura. El fallecido periodista Ismael Fernández escribió (octubre, 2006), sobre la muerte de dos jóvenes en un trágico accidente de tránsito, "...guiaban a 80 millas, aparentemente endrogadas. En los restos del vehículo dice la policía que encontró no menos de cinco bolsitas de marihuana. Ambas murieron en el acto. Con todo lo doloroso que pueda ser, la muerte de ambas es bien merecida. Castigo merecido y que la pasen bien en el purgatorio antes de llegar al destino final." Las jóvenes fueron degradadas a un rango de humanidad inferior por virtud del poder estigmatizador, que redujo sin reservas el tiempo de sus existencias al instante de la tragedia. El periodista juzga y acusa, ya no para castigar sus faltas sino para culparlas de sus muertes.

Esta semana, debajo del encabezado que anunciaba la muerte de William Milián, se leía: "Al hombre, conocido por reclamar la custodia de sus hijos desde la cima de grúas, se le halló marihuana en los bolsillos." Lo preciso del hecho acontecido se confunde con la razón insensible y vulgar del chisme popular o del reproche moral. ¿Qué lugar dentro de la verdad enunciada ocupa la insinuación viciosa y frívola del prejuicio insensible de la ley? Acaso el del goce sádico y cruel, el del poder de juzgar, aunque entre líneas insinuadas; exculpar al accidente y acusar al muerto de su propia muerte...

---

[27] **"Prensa, estigma y muerte"**, *El Nuevo Día*, lunes, 26 de mayo de 2008.

Despenalización y Derecho[28]

Hace cuatro años publiqué un libro, *El espectro criminal*, en el que pretendía, entre sus temas, contribuir a los esfuerzos intelectuales a escala global por desmitificar el fenómeno histórico, político y social de la guerra a las drogas, desmentir los fundamentos de la prohibición y favorecer la despenalización de sus usos y usuarios como paso para democratizar la sociedad y el Estado de Derecho. Las conclusiones siguen siendo las mismas…

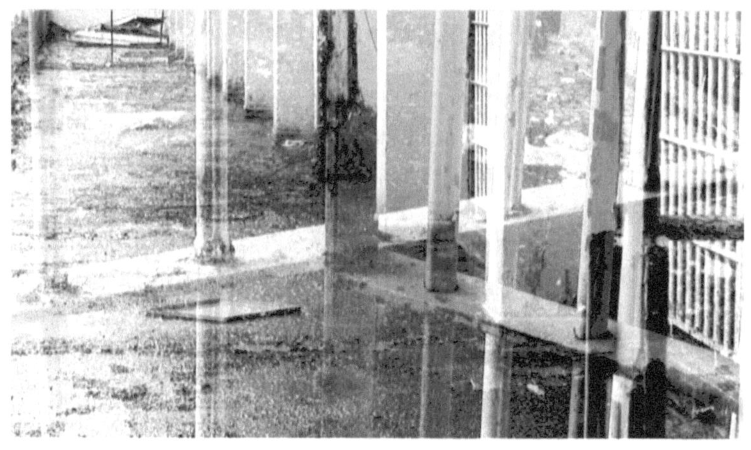

La escalada delictiva aparece vinculada más a la prohibición legal de ciertas drogas que a las drogas mismas, es decir, que es la ilegalidad la matriz de la mayor parte de los crímenes y violencias que acontecen en torno al mundo de las drogas. La propaganda prohibicionista es engañosa, si no por malicia por ingenuidad. Malicia, en el sentido de que se ha evidenciado que la prohibición ha convertido al narcotráfico en un negocio lucrativo sin par, clave de corrupciones en niveles sensibles de la vida social y de los gobiernos que la administran; pretexto para la ampliación desmedida del aparato represivo del Estado y justificación de prácticas intervencionistas cada vez más invasivas de la vida privada y de la intimidad, entre otros impactos negativos. Ingenua, porque

[28] **"Despenalización y Derecho"**, *El Nuevo Día*, miércoles, 2 de julio de 2008.

la legislación prohibicionista aparenta desconocer los principios básicos de la psicología humana e ignora tanto la naturaleza histórica como las raíces culturales del consumo de drogas. Este desconocimiento es el fundamento de la criminalización de los usuarios y consecuentemente del discrimen y la marginación de las personas adictas.

El uso de drogas es una cuestión de complejas raíces históricas, de oscuras y en buena medida ininteligibles prácticas culturales; confusas motivaciones anímicas las tornan para muchos en paliativos legítimos para enfrentar la cruda realidad de la vida; en recurso de refuerzo para andareguear entre los laberintos del placer, de los que no existe regla moral universal que los haga de una vez y en definitiva de un único modo y válido para todos, de ser; sus usos pertenecen a la más genuina necesidad de buscar aquí y allá satisfacer algo de sí consigo mismo, aunque en ocasiones las rutas encaminadas puedan ser tan torpes y dolientes como las mismas procuradas por las prohibiciones. Pero sobre todo, el uso de drogas no se trata de un problema psicológico de la persona –aunque algo de ello pudiera atravesarla- (ni mucho menos de la sociedad, de la decadencia de valores o de la perturbada moralidad general) sino de un derecho de ella misma sobre su propio cuerpo.

La prohibición carece de fundamento científico, psicológico y sociológico; desde la perspectiva del Derecho adolece de razón moral; es ilegítimo desde una perspectiva jurídica radicalmente democrática; sus usos pertenecen al derecho político de las personas y no al de la potestad del Estado sobre las mismas. La conclusión más sensata quizá la apalabra Fernando Savater: "las drogas han acompañado a los hombres desde la antigüedad más remota y es absurdo pensar que van a desaparecer en el momento histórico en el que es más fácil producirlas: precisamente lo que hay que hacer es acostumbrarse a convivir con ellas, sin traumas, sin prohibiciones puritanas, sin tentaciones diabólicas y con información responsable."

Resistencia a la despenalización[29]

Podría pensarse que la influencia intimidatoria que ejerce la política prohibicionista del gobierno norteamericano sobre Puerto Rico nubla el entendimiento de la clase política local; que la terquedad con la que se aferran a la ideología represiva sobre la cuestión de las drogas es, por la naturaleza del poder colonial, evidencia del efecto colonizador en las mentalidades colonizadas. Pero la realidad es mucho más compleja que esto.

El espíritu prohibicionista ya es un rasgo de la identidad cultural puertorriqueña, de la que el apoyo general a las políticas represivas "contra las drogas" es sólo una de sus modalidades más dramáticas. Este agravante ideológico opera en menoscabo de las alternativas despenalizadoras, quizá por el fuerte arraigo en la conciencia moral de la mayor parte de la gente, cargada de los tabúes, estigmas y prejuicios más rígidos del discurso prohibicionista. La timidez con la que algunos políticos de profesión han abordado el tema no se debe tanto a la complejidad que supondría considerar seriamente las alternativas despenalizadoras, sino a la sospecha de que "el pueblo que representan" pudiera resentirse. Temen, con razón, dar la impresión de que con medidas que suavicen las violencias represivas (a favor del tratamiento médico de adictos, por ejemplo) pudiera interpretarse que el gobierno está cediendo terreno al poder del narcotráfico ilegal, que el crimen organizado está manipulándolo, que el gobierno ha bajado la guardia y que ha "enganchado los guantes" ante una lucha que prometía ganar a toda costa y que tanto ha costado al pueblo…

Aunque indudablemente existe una tendencia en aumento de simpatizantes, las alternativas despenalizadoras apenas suben a la escena mediática como opiniones fugaces, artículos esporádicos o reacciones coyunturales. En Puerto Rico siguen ocupando la centralidad de la atención las medidas represivas habituales y los principales partidos políticos se limitan a seguir la lógica del mercado publicitario en las claves de la "guerra a las drogas": la brutalidad vende; el miedo convoca; la represión sigue gozando de prestigio: las propuestas de mantener firme la mano dura y sus intolerancias siguen traduciéndose en votos…

---

[29] **"Resistencia a la despenalización",** *El Nuevo Día*, sábado, 19 de julio de 2008.

Educación y Derecho[30]

Quizás, al paso del tiempo y si para entonces aún sobra algo de buen humor que lo permita, al fin se reconozca como una gran ironía que la ciudadanía de principios del siglo XXI todavía presumía celosamente de vivir en un Estado Democrático de Derecho del que a duras penas tenía ideas vagas y escasos conocimientos; en el que algunas minorías privilegiadas se repartían el conocimiento del Derecho y, para bien y mal, de tal suerte que se lucraban del desconocimiento de las tan creídas como ignorantes mayorías.

El carácter paródico, cínico y burlesco de la cultura política dominante en nuestro país es uno de sus efectos más evidentes. El contenido demagógico de los discursos de la clase gobernante y de los aspirantes a serlo es tanto más efectivo cuanto menos educación en Derecho tiene el pueblo que escucha y que, a falta de educación seria y comprometida, prefiere creer por fe antes que abrirse a la duda razonable, crítica y reflexiva. La manipulación ideológica, la polarización hostil, el fanatismo político y, por ende, las trabas anímicas -individuales y colectivas- a las posibilidades de diálogo y consenso democrático, son consecuencias con raíces profundas en la ignorancia del Derecho; de los principios políticos y éticos que lo constituyen.

Pienso que no sería mala idea integrar formalmente en el currículo académico de las escuelas superiores, quizá como tópico en el curso de Historia, el estudio de la Carta de Derechos de nuestra Constitución. Pero no un estudio superficial y vago, en que el estudiantado se memorizaría lo que interesase el maestro, sino que discutiría reflexivamente sus ideas políticas y conceptos éticos, su pertinencia histórica; su valor social para estos tiempos. Al fin y al cabo, valdría preguntarse, ¿cómo serían, pensarían y actuarían las generaciones futuras si desde temprana edad, como parte de su formación intelectual y ciudadana, se les abriera el espacio para hablar, por lo menos hablar, de la dignidad humana?

---

30 **"Educación y Derecho"**, *El Nuevo Día*, lunes, 18 de agosto de 2008.

Adicto: criminal y enfermo[31]

El adicto es un enfermo, no un criminal –advierte el Gobierno-. La firma de Orden Ejecutiva impone una Política Pública: el trato de la adicción como problema de Salud Pública. Confiando en la buena fe, podría tenerse la impresión de que se trata de una suerte de evolución humanista, un paso del desprecio característico de la mano dura a la compasión prometida del enfoque salubrista. Pero las apariencias engañan y, en demasiadas ocasiones, tras buenas intenciones se materializa la trinca moral social dominante, y el estreñimiento espiritual propio del prohibicionismo, laico o de fundamentación religiosa, se convierte en Ley.

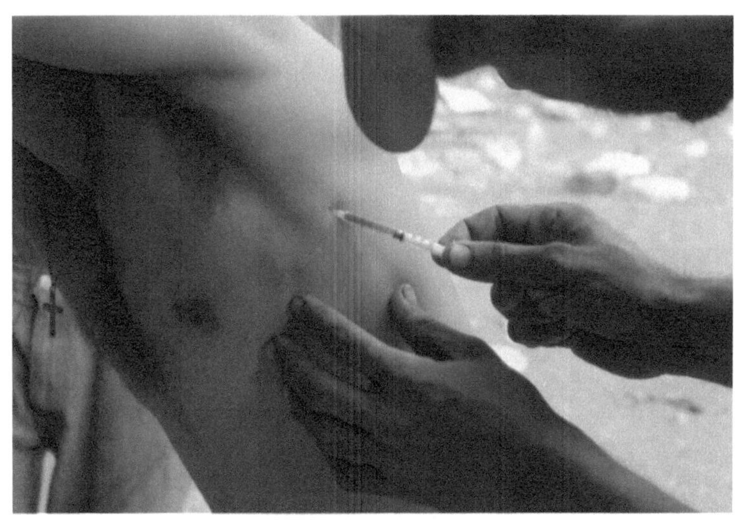

¿En qué consiste realmente el problema del adicto a drogas que debiera ser tratado como objeto de intervención del Estado? ¿Acaso no es suyo y sólo suyo el problema de la adicción? ¡No! –exclama el Estado- ¡No! –asiste el médico- ¡No! –corean "profesionales de la conducta humana", policías del alma.- Pero, ¿por qué? Porque lo dicta la Ley. Sabido es que políticos y legisladores prohibicionistas erraron al criminalizar a usuarios de

[31] **"Adicto: enfermo y criminal"**, *El Nuevo Día*, jueves, 21 de agosto de 2008.

ciertas drogas, pero sobre errores similares se sostiene la imposición al tratamiento involuntario y la conversión política de usuarios en enfermos. Cualquier persona estigmatizada como drogadicta es desposeída radicalmente de su derecho a decidir sobre sí misma, de su libertad sobre su propio cuerpo y su salud. Poco importa que exista una *dependencia* real que le impida *controlar* su conducta, pues el sólo hecho de usarla –por ser ilegal- será tratado por la Ley y sus hibridaciones coercitivas como un acto de ilegalidad, como un crimen y enseguida como enfermedad.

La drogadicción, antes de ser considerada como problema de Salud Pública debe reconocerse, si acaso, como problema de la persona y sólo ella debe tener la potestad de someterse a tratamiento. El Estado debe procurar ayuda a quien la pida, y su intervención debe inscribirse dentro de una política educativa informada científicamente y objetiva. Recuérdese, la mayoría de los usuarios de drogas no son "drogadictos", las utilizan para infinidad de propósitos personales, sobre los cuales no habría por qué acreditar al poder de Estado para impedirlo.

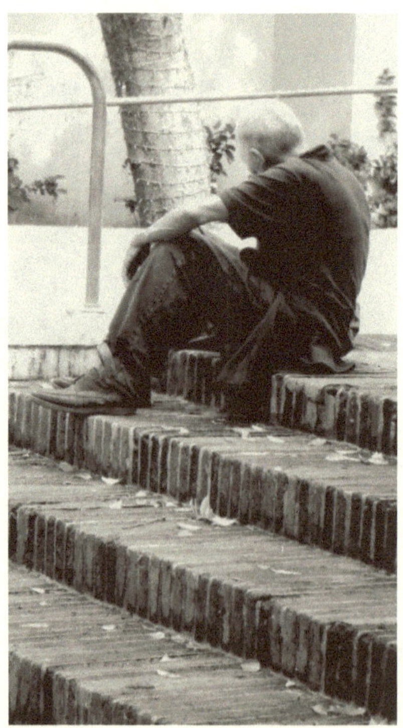

Sexo, Moral y Censura[32]

La campaña de abstinencia es un eufemismo de la represión sexual imperante en nuestra cultura, que todavía no supera la herencia oscurantista del cristianismo colonial y sus hibridaciones modernas. La separación de Iglesia y Estado, protegida constitucionalmente, todavía se materializa en contradictorias políticas públicas, legislaciones y prohibiciones. La millonaria campaña de "orientación" sobre abstinencia sexual del Departamento de Salud (DS) lo evidencia. Sin fundamento fiable que lo sustente, el DS sostiene que la abstinencia no solo es la única estrategia eficaz para evitar la propagación de enfermedades de transmisión sexual y embarazos no deseados, sino la única alternativa legítima moralmente. Las connotaciones religiosas se revelan cuando este programa promovido por el Estado requiere que se enseñe a los jóvenes que la actividad sexual fuera del matrimonio puede causar enfermedades físicas y trastornos psicológicos.

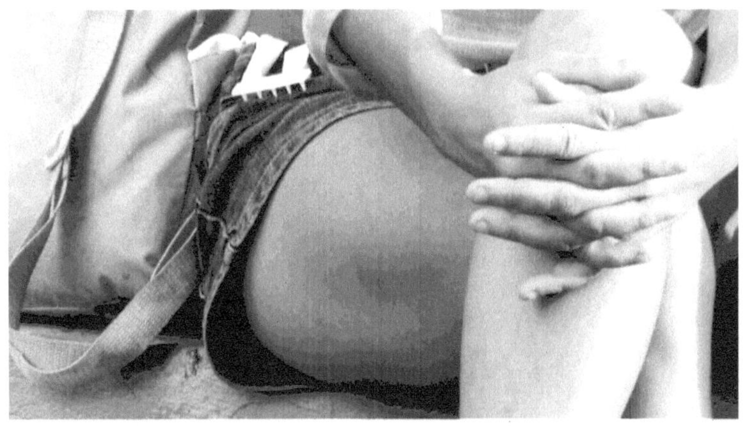

Financiado en parte por fondos federales, profesionales de la salud se convierten en mercenarios de la ignorancia y consecuente intolerancia religiosa, y el conocimiento científico es sustituido por su habitual desprecio a la experiencia sexual fuera del encargo

[32] **"Sexo, moral y censura"**, *El Nuevo Día*, martes, 9 de septiembre de 2008.

reproductivo. Esta moral religiosa se convierte en oscurantismo institucional, al extremo en que las escuelas de medicina que se lucran de los fondos para esta campaña, desautorizan a sus estudiantes universitarios, médicos en formación, a salir fuera del discurso de la abstinencia, prohibiéndoles hablar siquiera de métodos anticonceptivos alternativos, como el condón o la píldora y censurando temas como el derecho al aborto.

En lugar de promover una sexualidad responsable e informada entre jóvenes en edades experimentales por naturaleza, el Departamento de Salud recurre al terrorismo retórico, vinculando la depresión y las tendencias suicidas con el sexo fuera del matrimonio. Fuera del matrimonio la seducción y el coqueteo son tratados como perversiones morales, el goce compartido de los cuerpos como amenaza de riesgo mortal y el placer procurado del sexo en potencial enfermedad mental. Para la Iglesia, el sexo fuera del matrimonio es pecado. Para el Estado, una suerte de inmoralidad trocada en problema de salud pública y locura.

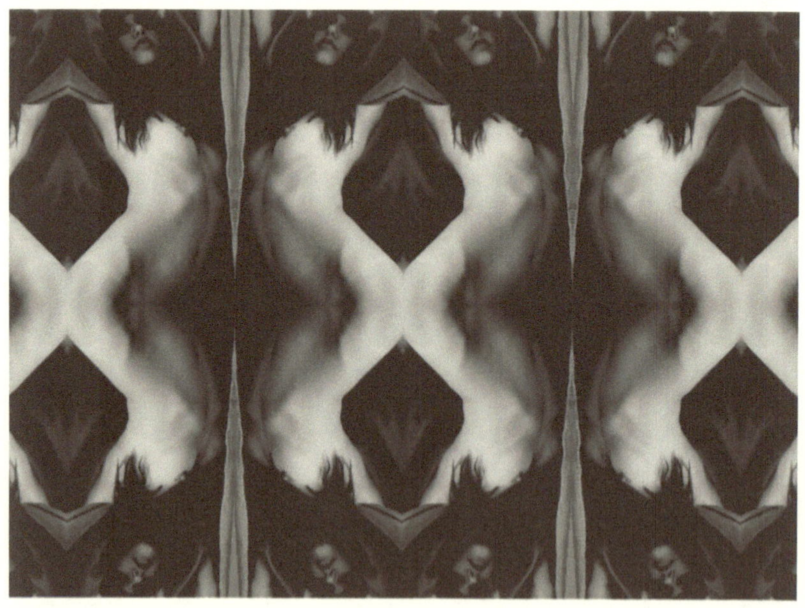

Abstención electoral[33]

La abstención electoral no debe confundirse con una renuncia al derecho democrático al voto ni como inhibición de la voluntad política del ciudadano; no se degradan las libertades constitucionales ni la sociedad degenera en caos. La propaganda en estas claves es expresión de un Estado atemorizado por perder una parte de sus fundamentos tradicionales de legitimidad, los mitos que sostienen su relativa estabilidad política y las creencias que posibilitan la ilusión de gobernabilidad efectiva, aunque en apariencia se crea lo contrario.

La campaña electoral del Estado y los partidos, abiertamente o entre líneas, menosprecia los modos alternos de organización ciudadana. Los partidos políticos se representan como la única expresión legítima de la voluntad popular, como si afuera de sus dominios no existieran la vida política y los derechos democráticos; como si las exigencias reivindicativas ciudadanas al margen de los partidos careciesen de valor y legitimidad propia o fueran de grado inferior. Lo cierto es que a través del voto no se expresa la voluntad del pueblo sino un simulacro de la misma, una ilusión que la sustituye. Votar no se traduce en ser escuchado ni asegura ser tenido en cuenta seriamente. Los privilegios de las minorías gobernantes se perpetúan sobre la ingenuidad de las mayorías, que creen que pueden ser genuinamente representadas. En el reino del siempre todavía, gane quien gane, ¡todos perdemos!

Unos reclaman representar la voluntad de Dios, otros la de su sustituto moderno, el Pueblo. Lo político se convierte en una modalidad de la religión: la fe sustituye a la razón, la militancia se hace fanatismo y los programas de partido se convierten en dogmas; la disidencia política en pecadora y la diferencia ideológica en herejía.

En nuestro escenario de época, la abstención electoral debe interpretarse como acto de avanzada emancipadora, toda vez que se asiente sobre el examen crítico de las falacias que sostienen la democracia representativa partidocrática. La abstención deviene en una negativa a la complicidad con la corrupción ideológica institucionalizada; en acto de conciencia política democratizante.

---

33 **"Abstinencia electoral"**, *El Nuevo Día*, jueves, 24 de septiembre de 2008.

Mujer, Religión y Violencia[34]

El castigo legal al sujeto acusado de violencia doméstica es ineficaz y quizá, a la larga, hasta inútil. Ni el reproche moral de la Ley, ni la pena de cárcel, ni la amenaza que le precede constituyen disuasivos efectivos para prevenir o evitar éste grave problema social. Y es que las causas de la violencia contra la mujer son tanto más complejas cuanto más profundamente enraizadas en la psiquis singular del victimario, pero también en la de la víctima. El encierro carcelario se presta más para encubrir la complejidad del problema y desviar la atención hacia el sujeto penado por ley, como si la responsabilidad recayera exclusivamente en su persona, ahora acusada de criminal, diagnosticada como enferma mental o juzgada como perversa, inmoral o pecadora.

Para la víctima, si sobrevive la violencia física, le resta soportar la violencia psicológica, que no termina con el encierro del agresor sino que continúa marcando la vida de la mujer con esa experiencia traumática y sus correlativas manifestaciones anímicas, en ocasiones mucho más difíciles de superar que la misma violencia física. Sin embargo, la ley apenas le ofrece un remedio inmediato: la pena del agresor le procura a la víctima un sentimiento de desahogo, una suerte de consuelo; la ocasión para una venganza civilizada, creída una justicia realizada...

Es preciso rastrear con atención las causas psicológicas originarias de la violencia contra la mujer, si acaso compartimos la determinación ética y la voluntad política para erradicar este problema social. Para tales efectos, debe advertirse que la Religión juega una parte significativa en la reproducción cultural de las condiciones psicológicas que degeneran en esta modalidad de la violencia. Citaré algunos ejemplos que lo evidencien. En *Génesis* 3:16, el Dios imaginario del cristianismo maldice a la mujer y la condena a someterse al hombre: "Con dolor parirás a tus hijos y tu deseo te arrastrará a tu marido, que te dominará." En *Efesios* 5:22, "Las mujeres, sean sumisas a su marido como si fuese el Señor; porque el marido es cabeza de la mujer..." En *Deuteronomio* 22: 20-21, "...si la acusación es verdadera y no se han encontrado en la joven las pruebas de la virginidad, hagan salir a la joven fuera de la

[34] **"Mujer, religión y violencia"**, *El Nuevo Día*, miércoles, 5 de noviembre de 2008.

casa de su padre y sea lapidada por toda la ciudad hasta que muera…" Asimismo, el *Corán* comparte la barbarie misógina del cristianismo: "Los hombres están por encima de las mujeres, porque Dios ha favorecido a unos respecto de otros (…) A aquellas de quienes temáis la desobediencia, confinadlas en sus habitaciones, golpeadlas." (4: 34) Amén.

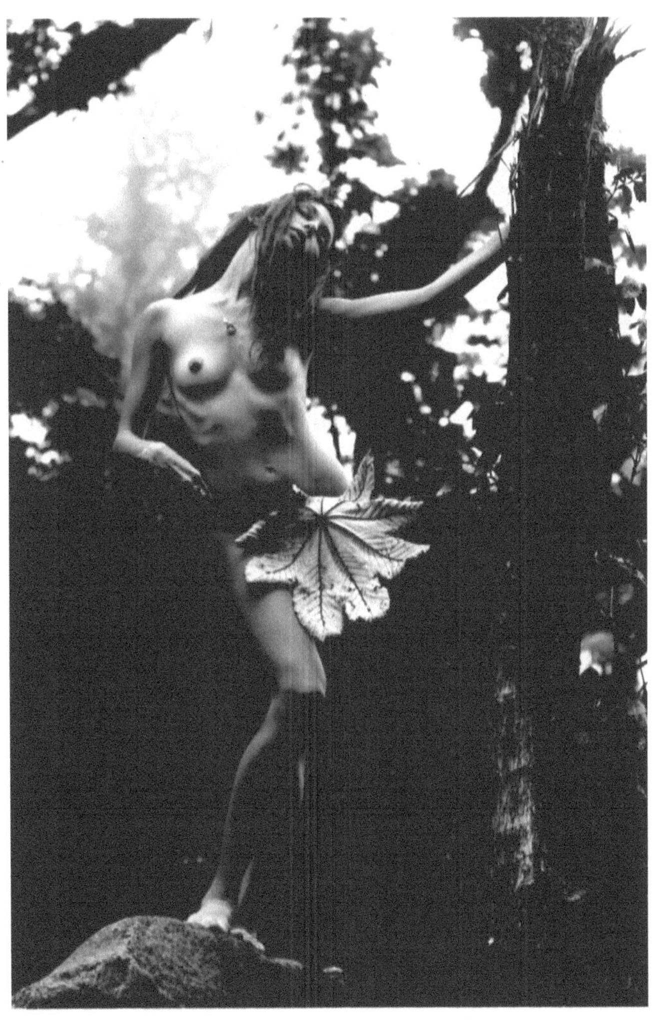

Derecho a defensa propia[35]

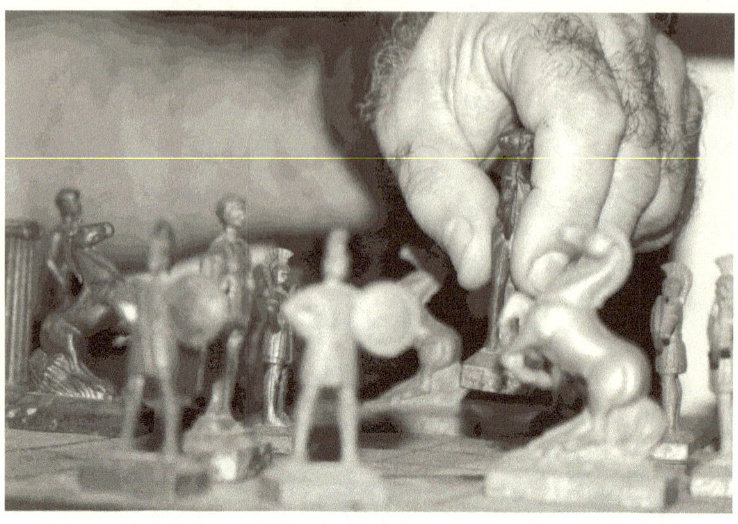

Motivo de burla suele resultarle el principio filosófico de la autodefensa al sistema judicial y penal moderno. Sin embargo, la opción de representarse a sí mismo ante un tribunal es un derecho político que cualquier ciudadano debe reconocer, celar y considerar con seriedad según estime conveniente y prudente. El recurso del abogado es un derecho de igual peso, pero tiene su pertinencia más por el dominio de los procesos formales del ritual judicial, sus mecanismos internos y lenguajes técnicos, que por el conocimiento profundo del Derecho o de algún sentido trascendental de la Justicia.

Aunque jueces, fiscales y abogados comparten una complicidad prejuiciada de oposición y rechazo al ejercicio de este derecho, lo cierto es que nadie tiene por qué sentirse obligado a ceder ante sus presiones psicológicas. El sistema judicial intimida al ciudadano y lo enajena de la realidad de lo judicial y sus procesos, como si lo que acontece como trámite de justicia o de simple gestión legal, civil o penal, se tratara de un gran misterio reservado a la sabiduría de unos pocos expertos en las artes y retóricas de la Ley. Subestiman la capacidad intelectual del ciudadano y crean en él una

[35] **"Derecho a defensa propia"**, *El Nuevo Día,* jueves, 20 de noviembre de 2008.

dependencia anímica de fundamentos místicos y de motivaciones de dudoso valor social.

Sin ánimo de herir la sensibilidad de estos profesionales de la Ley, advirtiendo salvedades excepcionales y favoreciendo el principio del derecho a la autodefensa, debe reconocerse que existe una diferencia abismal entre lo que aparentan hacer y lo que realmente hacen. En una sociedad donde la calidad de la representación legal depende del dinero, de la procedencia de clase de las partes o de los padrinajes o complicidades políticas, ¿por qué el ciudadano habría de abandonar su suerte a la ejecutoria de la abogacía?

Si a una persona la atacan en la calle, es muy natural que se defienda físicamente ante la agresión. Ninguna racionalidad sensata cuestionaría este derecho. ¿Acaso el escenario judicial y penal del Estado es, para todos y en todo momento, menos hostil, agresivo y violento que la calle misma? La defensa intelectual sustituye a la física, pero sigue siendo en esencia una defensa de sí contra un atacante. En fin, ¿por qué habría de obligarse a alguien a ser representado por un abogado, cuando este alguien tiene más confianza en sí mismo? Además, si la parte no tiene nada que esconder, quién mejor que sí misma para representar la verdad sin reservas ni tapujos, es decir, con honestidad. Es ésta una condición para la posibilidad de justicia, a veces irrepresentable por intermediarios y, aunque arriesgadísima, se trata de una suerte que ninguna suma de dinero puede comprar…

Profesores desechables[36]

En el mundo hecho mercado, la Universidad del Estado pasa a ser administrada como si fuera un negocio privado, y la educación superior pública, en principio y práctica, deja de pensarse como derecho social consagrado para imaginarse privilegio de algunos cuantos escogidos. Desde esta mezquina óptica empresarial el estudiantado es valorado como clientela, y el saber, si acaso, preciado como objeto de consumo. Cada vez menos profesores son empleados permanentemente y, de entre los pocos contratados éstos lo son a medias, a tarea parcial a pesar de su disposición explícita, preparación y experiencia para ocupar plazas a tiempo completo. Estos profesores sin plaza son tratados como fichas desechables en el tablero del juego empresarial, ciudadanos de segunda o tercera categoría en sus dominios institucionales.

Según una circular de la Asociación Puertorriqueña de Profesores Universitarios (APPU), 32% de la fuerza laboral docente (uno de cada tres profesores) en la Universidad de Puerto Rico, cae bajo esta realidad. En el recinto de Río Piedras, por ejemplo, 37% de los profesores no tienen plaza. Los profesores sin plaza que trabajan a tarea parcial cobran 70% menos por la misma tarea, situando los salarios bajo los índices de pobreza establecidos por el Negociado del Censo de los Estados Unidos.

La fragilidad e incertidumbre laboral tienen efectos dramáticos. La mordaza psicológica para denunciar estas críticas condiciones es apenas un ejemplo. El menosprecio por la labor investigativa de estos profesores, así como el bloqueo institucional al desarrollo efectivo de su trabajo intelectual, son consecuencias de esta política administrativa. Ni igual paga por igual trabajo, ni respeto a la libertad de cátedra, ni aportación patronal al Plan Médico, ni beneficios marginales, entre otras negaciones, son signos del desprecio institucional por estos profesores tenidos por desechables.

El adjetivo calificativo *desechable* resulta más preciso para comprender el eufemismo institucional del profesor sin plaza, o contratado a tarea parcial. Desechable es significante del menosprecio institucional. Para la Universidad, administrada bajo el

[36] **"Profesores desechables"**, *El Nuevo Día*, viernes, 5 de diciembre de 2008.

modelo de empresa en clave neoliberal, hasta ahora, poco importa la deplorable condición de estos profesores, siempre candidatos al exilio (in)voluntario.

Desechables, pues, nosotros, profesores marginados, discriminados y maltratados, contratados a medias y muy a pesar nuestro; siempre en riesgo de desempleo, habitando existencialmente la injusticia, la incertidumbre laboral y la pobreza… ¿Hasta cuándo?

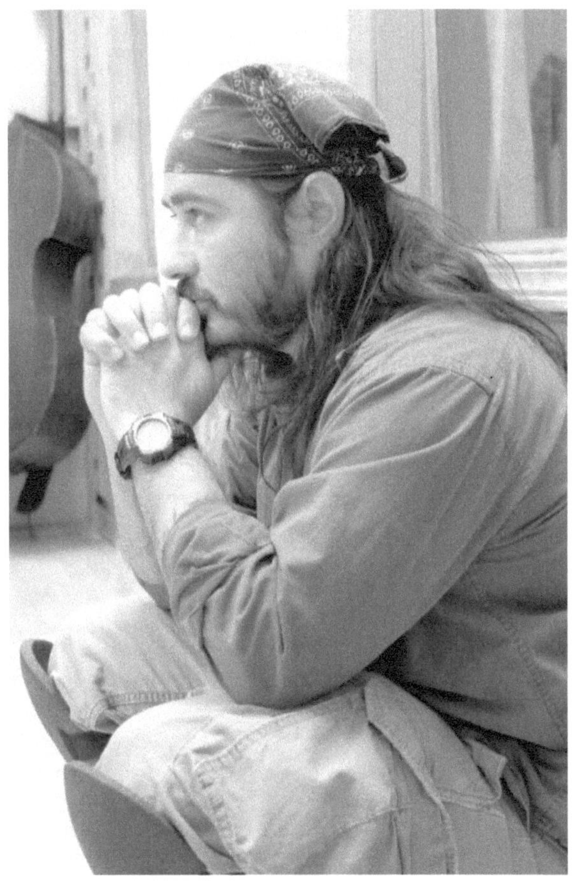

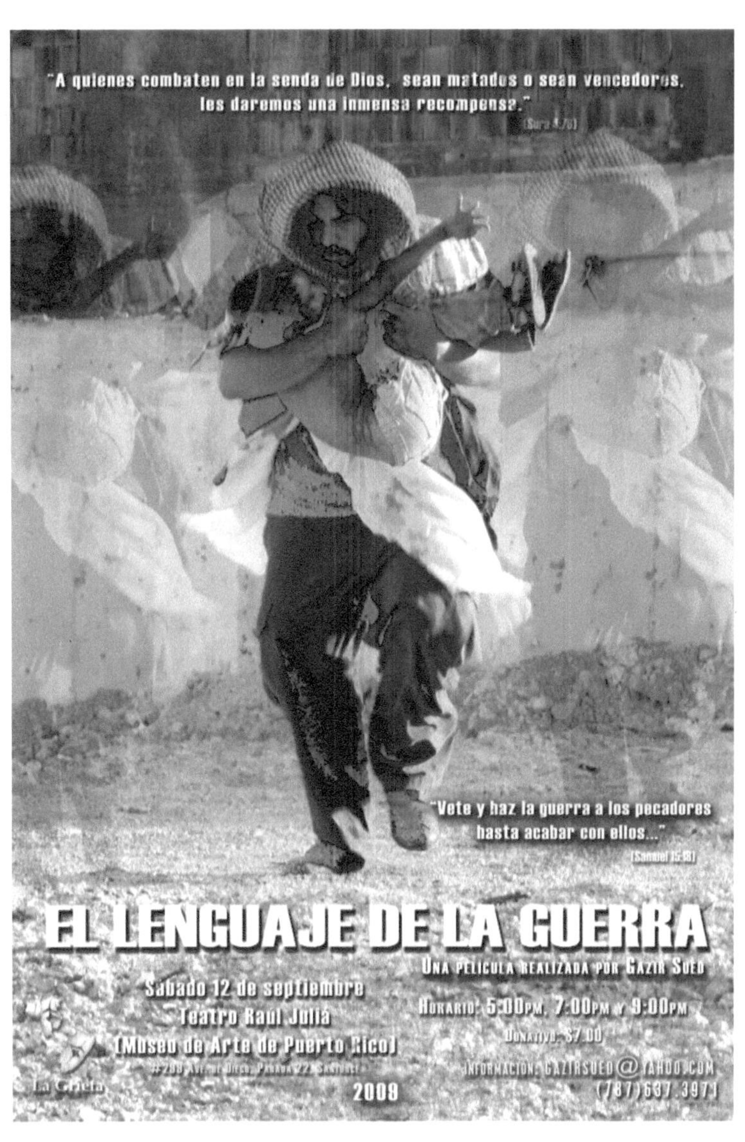
"A quienes combaten en la senda de Dios, sean matados o sean vencedores, les daremos una inmensa recompensa."
"Vete y haz la guerra a los pecadores hasta acabar con ellos..."
EL LENGUAJE DE LA GUERRA
Una película realizada por Gazir Sued
Sabado 12 de septiembre
Teatro Raul Julia
(Museo de Arte de Puerto Rico)
Horario: 5:00pm, 7:00pm y 9:00pm
Donativo: $7.00
Información: gazirsued@yahoo.com
(787)637.3971
2009

2009

Una (des)ilusión llamada Obama[1]

Convencer a un niño de la inexistencia de fantasmas, del monstruo del closet, de Santa Claus o de los Reyes Magos, no es tarea difícil, pues por experiencia él mismo se da cuenta de ello. No sin antes enfrentar el desencantamiento de saber que lo que creía real era una ilusión. Los seres imaginarios de la infancia, aliados en sus aventuras, consoladores en sus tropiezos y cómplices de sus travesuras, que tanto deberían enriquecer su imaginación, resultaron ser mentiras. Reconocerlo y reconciliarse con esta realidad es imprescindible para el desarrollo psico-social "saludable" del niño en tránsito hacia la adultez.

Los residuos de estas ficciones culturales que no se han superado a temprana edad se integran a la psiquis adulta, y la disposición anímica a la credulidad pasa a formar parte de la vida social, de su orden y funcionamiento. En ocasiones se llama locura, en otras, Religión. De la fusión entre ambos registros nace una parte de lo que constituye el imaginario político.

La puesta en escena de la figura de Barack Obama como matriz de las ilusiones de un mundo mejor, guarda cierta similitud con los modos como los infantes fantasean. Un sentimiento de seguridad les consuela en el acto de creer que lo creído es real, aunque no lo sea. Así, la mayoría de la sociedad adulta aprende a procurarse imaginariamente satisfacción para sus deseos. Y así inventan el poderío de Dios, y así dotes y virtudes del político redentor.

Esta fuerza imaginaria, potenciada por el poder de "hacer creer" de las maquinarias de propaganda ideológica del Estado, con cierta dosis de desconocimiento histórico y de ingenuidad política por parte de la ciudadanía, hace posible la impresión colectiva y generalizada de que un evento electoral tendrá por efecto una revolución social y política a escala planetaria; de que el nuevo presidente del imperio más poderoso del mundo, será como un buen rey o monarca, como en los cuentos de hadas.

La ilusión democrática se fabrica en la gran agencia de publicidad llamada Estado. La simpatía actuada con genuinidad, la sonrisa prometedora y el libreto hinchado, como la esperanza,

[1] **"Una (des)ilusión llamada Obama"**, *El Nuevo Día*, viernes, 23 de enero de 2009.

forman parte de su gran espectáculo simulacional. Asimismo, el efecto ilusorio de creer que en el color de la piel reside la posibilidad de un mundo mejor.

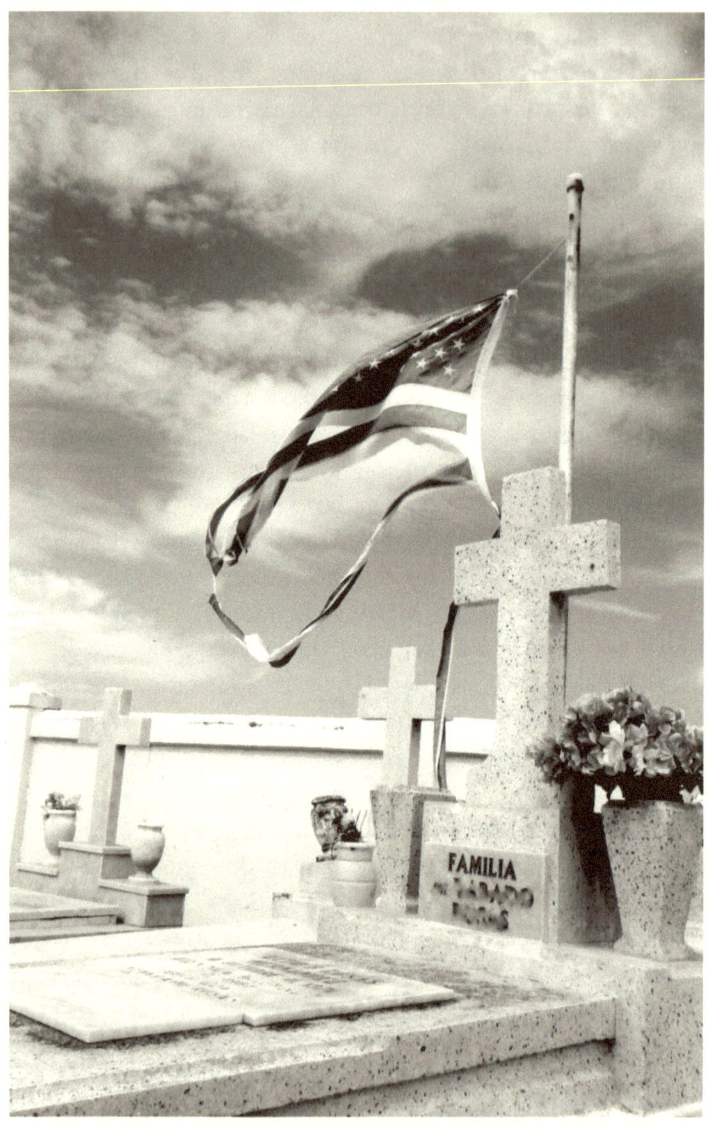

Criminalidad, prohibición y demagogia salubrista[2]

La criminalidad vuelve a ser eje de especulaciones, propias al cambio de gobierno y la instalación de un *nuevo* superintendente policial. La demagogia, cuya función es ganarse el favor popular con juegos de palabras ambiguas y promesas infladas, en lugar de atender con seriedad el objeto real de sus atenciones, es la clave en la que abordan lo criminal, lo problematizan y lo *resuelven.* La controversia teórico-política entre el enfoque policial/punitivo y las alternativas a ese disfuncional modelo de intervención estatal, recarga su pertinencia.

Las generalizaciones del discurso policial, reproducido acríticamente en los medios informativos, dificulta la posibilidad de comprender los fenómenos puntuales que potencian lo criminal y encubren la complejidad existencial de cada sujeto particular. La reflexión sobre derechos civiles no pueda desvincularse de la controversia, pues es sobre personas concretas en las que se materializa la ley, sus prácticas penales y tratamientos "rehabilitadores".

Advertida la inefectividad del modelo punitivo, el enfoque *salubrista* reclama atención especial. Sin embargo, el derecho de cada cual a decidir sobre su propio cuerpo es poco estimado por la ley y sus celadores. La aceptación irreflexiva de la legislación *salubrista* autoriza al Estado a estigmatizar a los usuarios como enfermos, por consumir alguna droga ilegalizada. Peor aún, como enfermos mentales. El usuario seguiría siendo intervenido criminalmente y acto seguido, condenado al estigma de enfermo mental. No se trata solo de un delito sino, además, de una locura.

Un enfoque alternativo al problema de lo criminal debe ser sensible y respetuoso de los derechos civiles, es decir, de la relativa autonomía y singularidad existencial de cada ciudadano. Un paso firme en esa dirección es reconocer que el consumo de drogas ilegalizadas pertenece a realidades complejas que no pueden ser reducidas al enfoque punitivo o salubrista, pues envuelven relaciones sociales radicalmente distintas a las enmarcadas en el cuadro clínico de la adicción o en el de la voluntad punitiva de la

[2] **"Crimen y demagogia"**, *El Nuevo Día*, miércoles, 18 de febrero de 2009.

prohibición. Despenalizar y Educar son claves esenciales de un modelo alternativo, más allá de los hostigamientos psicológicos y demás hipocresías culturales, tabúes y prejuicios estigmatizantes de la prohibición y la terca manía de querer resolver las cosas con amenazas y castigos...

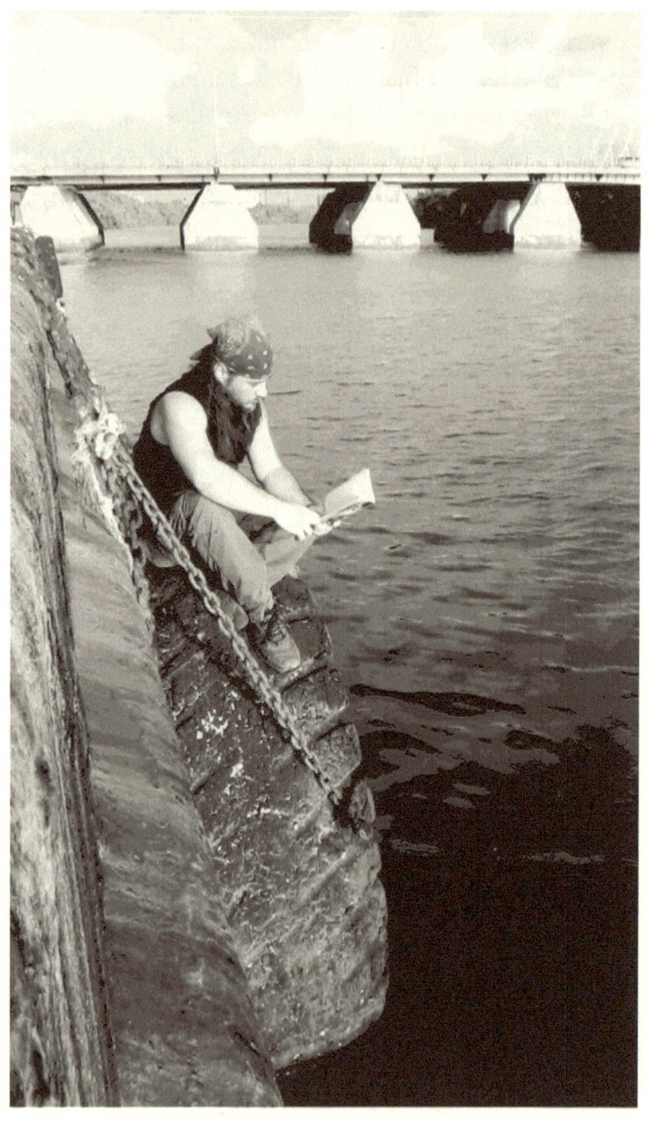

De la guerra, la muerte y la locura[3]

En este mes de marzo la invasión a Irak llevará seis años, seis fatídicos años y la vergüenza de saber que a la guerra nunca la soportó un solo argumento razonable a su favor. El lugar de la victoria y la paz prometida lo ocupa hoy, como ayer, infinidad de horrores y desgracias, juradas para el porvenir como secuelas de una misma guerra, inconclusa e inconcluíble a la vez. Aunque desde los inicios de la ocupación militar la humanidad ha sido testigo de sus atrocidades y las protestas se han hecho sentir en todos los recovecos del mundo, la guerra no se detuvo. Ni las movilizaciones populares a escala planetaria han sido suficientes, ni el actual cambio de gobierno basta para detenerla definitivamente.

Si bien la ética informativa de la prensa logró superar los esfuerzos de manipulación mediática y censura de los partidarios de la guerra, y las imágenes de cuerpos destrozados contrastaron desde el principio las retóricas de los políticos bélicos y de los beneficiados económicamente de la guerra, al parecer no ha sido suficiente en la conciencia de la gente. Las imágenes de sufrimiento y miseria, las estelas de muertos y el caudal de heridos no conmueven más allá del sentimiento de una pena fugaz, de una lástima pasajera. Nuestra cultura tiene remedios para sus tristezas, por eso pone sus sueños y consuelos en los escaparates de las tiendas; y los malos sueños, esos los resuelve en las iglesias, en las barras o al precio de las farmacéuticas.

Pero la guerra trae a casa sus consecuencias nefastas, y quizá no es el terrorismo el enemigo que más deberíamos temer. Los fantasmas de millares de civiles muertos en la guerra regresan atados con cadenas invisibles a la conciencia de los soldados. Los cerca de cinco mil compañeros muertos, y los miles de heridos hincan esas cadenas aún más profundamente en sus cerebros. Quizá, por la crueldad y lo absurdo de la guerra, sea en la locura donde los muertos reclaman su venganza. Más de 300,000 soldados que regresaron de Irak y de Afganistán han sido diagnosticados con problemas de salud mental. Entre los desórdenes reportados destacan el estrés postraumático, la depresión, traumas y lesiones cerebrales severas. Los diagnósticos clínicos se convierten en

---

[3] **"De la guerra, la muerte y la locura"**, *El Nuevo Día*, viernes, 20 de marzo de 2009.

estigmas que revierten contra la salud mental del soldado o veterano, que por temor al estigma prefiere ignorar su condición o negarla. Saben, además, que para el ejército las heridas del alma no cualifican para honores y reconocimientos. Los médicos militares, en lugar de atenderlos con tratamientos apropiados, recetan drogas adictivas como Prozac y Zoloft, para enseguida devolverlos a la guerra. Los costos del tratamiento psiquiátrico son más elevados que el costo de la guerra misma. La guerra es una fábrica de demencias, un negocio lucrativo para psiquiatras y farmacéuticas.

Entre los agravantes que afectan psicológicamente a los soldados a su regreso se destacan la infidelidad, el divorcio, los problemas económicos, la inestabilidad laboral, la violencia doméstica, las pesadillas, el insomnio, la depresión, la ansiedad, los ataque de cólera y la agresividad, el abuso de sustancias adictivas, drogas ilegales o medicadas y alcohol. Una característica de los antidepresivos, por ejemplo, es que tiene un efecto secundario: pensamientos suicidas. En 2008 se reportaron más de 130 suicidios. En 2007, 115. A fines de enero de este año se reportaron oficialmente veinticuatro, más suicidios que muertes en zona de combate. Los oficiales militares no tienen idea de por qué. Y todavía nuestras escuelas y universidades permiten el reclutamiento de jóvenes…

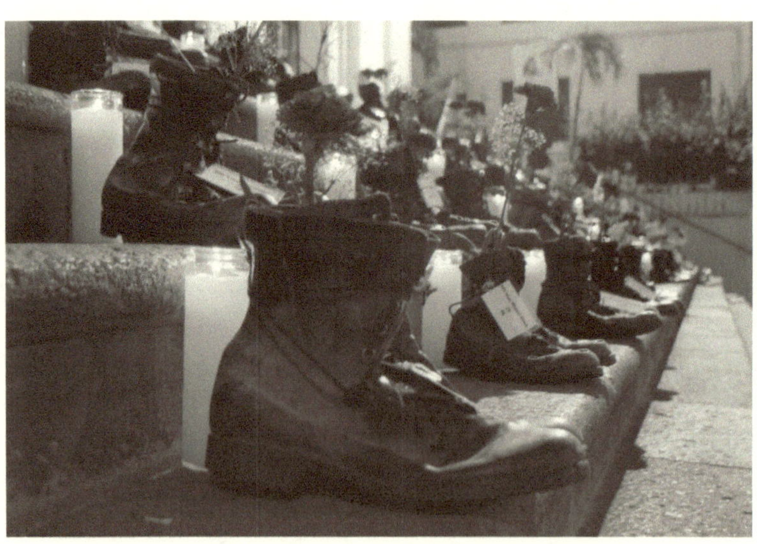

Policía, criminalidad y alternativa[4]

Responsabilizar a la Policía de la alta incidencia criminal es tan absurdo como pretender combatir la violencia criminal con violencia policial. Igualmente absurdo es decir que la matriz del problema de la criminalidad en Puerto Rico son las drogas y que encerrando a dueños de puntos la demanda y accesibilidad a las mismas disminuiría. Lamentablemente, la impresión que tiene la sociedad sobre el problema de la criminalidad está desfigurada y viciada por intereses ajenos a la compleja realidad histórica, social y cultural, económica y psicológica del mismo. Podría sospecharse que no existe una voluntad genuina por resolverlo.

La representación mediática de la criminalidad ha sido cónsona con el discurso oficial y tradicional de la Policía, un discurso montado con fines políticos y de dudoso valor social. Sin embargo, acusar a la Policía de no poder detener la ola de homicidios es ignorar la imposibilidad propia del cuerpo policial para poder hacerlo. No por insuficiencia de recursos económicos, de tecnologías de vigilancia o armamentos, sino, además de por las limitaciones humanas de quienes los administran, por la esencia fantasmagórica del objeto de sus intervenciones: el espectro criminal. Y es que, por más que se desee prevenir un asesinato, el deseo no deja de ser un efecto combinado de buena fe con ingenuidad, ignorancia o mezquindad.

La alta jerarquía del cuerpo policial, en particular el nuevo superintendente, Figueroa Sancha, participa de una negación de la experiencia histórica, la del fracaso de los modelos punitivos de la prohibición. Al anunciar su "innovador" plan para combatir el crimen expresa su marcada ignorancia sobre los conocimientos criminológicos modernos. Anunciar que su plan va a provocar un aumento significativo en los asesinatos es una confesión entre líneas de cierto desprecio por la vida; instigar la violencia y la matanza entre seres humanos por mantener el actual régimen de arbitraria ilegalidad de ciertas drogas es un acto criminal, que nuestro Estado de Derecho no debería tolerar.

Creer ser más de lo que realmente se es, así como pretender ser más de lo que en realidad se puede ser, son dos errores de auto

[4]**"Policía, criminalidad y alternativa"**, *El Nuevo Día*, viernes, 24 de abril de 2009.

percepción que deben superar, individuos e instituciones, si se quiere abordar la problemática de lo criminal y la violencia de un modo alterno y efectivo. La raíz del problema criminal es la prohibición, y las violencias mortales le son efectos incontenibles. A la Policía no se le puede acusar de no cumplir el requerimiento de evitarlas, pues éste es imposible de cumplir. La despenalización es el horizonte de acción afirmativa hacia el que deben apuntar nuestras reflexiones intelectuales, filosóficas y políticas. Los males de la prohibición pueden superarse, si queremos…

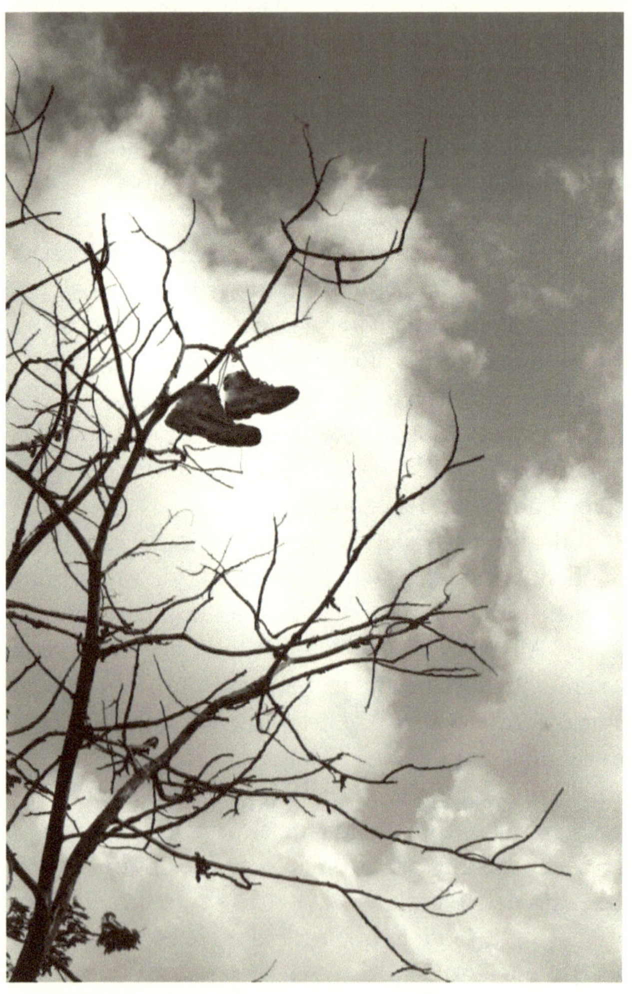

Derecho y preferencia sexual[5]

Los derechos democráticos consagrados en la Constitución son letra muerta si las personas no los hacen valer. Las instituciones del Estado, en principio, llevan el encargo de respetarlos y bajo ningún concepto se les reconoce legitimidad o autoridad alguna para no hacerlo. Pero la realidad es que las instituciones, aunque en ocasiones la frialdad burocrática dé la impresión de otra cosa, están administradas por seres humanos, presumidamente iguales en Derecho, pero radicalmente diferentes entre sí. Advertida la naturaleza propia de la diversidad de preferencias e ideas que "nos" caracterizan –en cuanto que humanos-, fuera de la Ley se advierten como irremediables las discriminaciones.

La ejecución de los derechos no es mecánica, por más reglamentada que esté. La naturaleza humana siempre deja un margen de juego para relajar las interpretaciones o para trincarlas. Por eso es preciso, para al menos minimizar posibles prácticas discriminatorias, que el lenguaje en que se expresa el Derecho sea lo más inclusivo posible, esto es, sensible ante las diferencias que constituyen lo humano y sus variaciones, a veces irreconciliables fuera del discurso del Derecho y la protección prometida de la Ley.

La exclusión de un derecho deja entrever más que lagunas jurídicas formales, pues deja al azar de la voluntad o la creencia de las autoridades institucionales del Estado, aspectos sensibles de la vida social, que si no se atienden debidamente, lastiman los pactos de convivencia democrática civilizada. Las universidades, el departamento de Educación, de Salud, y todas las demás instituciones del Estado deben reforzar los principios constitucionales y procurar, sin miramientos, su materialidad práctica.

De lo contrario, por omisión, la dignidad humana permanece siendo objeto de violencias y violaciones. Reconocida esta falta, resta enmendarla, pues es una falta mayor saberlo y no hacer nada al respecto. Una acción afirmativa para evitar actos discriminatorios con consentimiento institucional, basándonos en el principio de inviolabilidad de la dignidad humana y la aspiración ciudadana a la igualdad en Derecho, es la tarea de revisar y ajustar a

---

[5] **"Derecho y preferencia sexual"**, *El Nuevo Día*, miércoles, 20 de mayo de 2009.

las realidades de cada época los valores culturales y políticos constitucionales. A tales fines, por ejemplo, precisaría enmendarse la Constitución para incluir la preferencia sexual bajo el protectorado de la Ley. Así leería el artículo enmendado: "No podrá establecerse discrimen alguno por motivo de raza, color, sexo, nacimiento, origen o condición social, ni ideas, preferencias u orientaciones políticas, religiosas o sexuales. Tanto las leyes como el sistema de instrucción pública encarnarán estos principios de esencial igualdad humana."

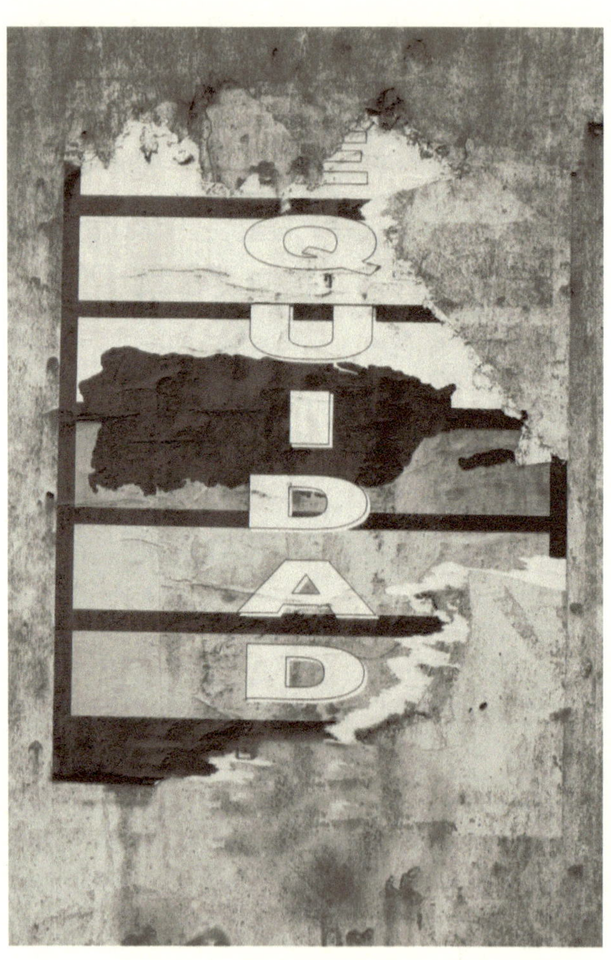

Tiranía antropocéntrica[6]

Aunque fueron traídos a Puerto Rico, durante los años 30, para experimentos científicos, los monos rhesus son criaturas sensibles, capaces de sufrimiento como la especie humana, con la que comparten más del 93% de similitud genética. Pueden llorar amargamente la muerte de un compañero, igual que *nosotros* lo hacemos por un ser cuando nos es querido. Los que han logrado escapar del cautiverio se han reproducido y dispersado en diversas regiones de la Isla. Hoy, el Departamento de Recursos Naturales y Ambientales (DRNA) los estigmatiza como plaga de animales extraños, dañinos y peligrosos. Propagando un discurso de histeria, esta agencia de gobierno hace un llamado a matarlos. Hoy la prensa del país anuncia la matanza de 800 mediante inyección letal…

Según estudios primatológicos, este pariente genético de la India es un animal social, capaz de adaptarse a las zonas urbanas y también de captar engaños. Ahí la dificultad de apresarlo, que tanto molesta a las autoridades. El gobierno inútilmente invierte millones de dólares para captura y exterminio, porque "causan pérdidas de $300,000 al año" a los agricultores. Balearlos es la alternativa del DRNA.

Según informes publicados, algunos padecen problemas de salud o portan alguna enfermedad o infección contagiosa, como hepatitis o herpes. El DRNA alerta: "los monos rhesus son un problema de salud pública" y así justifica la orden de exterminio. Pero si vergonzosa e indignante resulta la manía de estigmatizar a un ser como "peligroso" por su condición de salud, más aún lo es la práctica de matarlo por ser portador de alguna enfermedad.

Poniendo entre paréntesis las reservas éticas por la posible crueldad vinculada a ciertos usos de animales vivos en laboratorios, el descubrimiento de la similitud en la secuencia del genoma humano y la del mono rhesus amplía el horizonte de las investigaciones biomédicas, entre otras dimensiones científicas beneficiosas para la comprensión de enfermedades y la salud humana. Ingrata humanidad.

No existe sobre el planeta que habitamos especie animal más dañina y peligrosa que la nuestra; ninguna más cruel y

---

[6] **"Tiranía antropocéntrica",** *El Nuevo Día*, martes, 16 de junio de 2009.

despiadada que la especie humana. Arrogante, egoísta, engreída y pretenciosa impone su poderío para sí. No obstante, pienso que la complicidad de la gente inteligente y sensible de nuestra especie debe ser para la vida, la convivencia y la armonía entre las diversas especies animales, de las que somos parte. Indignémonos y avergoncémonos por las despiadadas matanzas de monos rhesus y patas. Por respeto a la vida por la vida misma, liberémoslos. Bienvenidos sean…

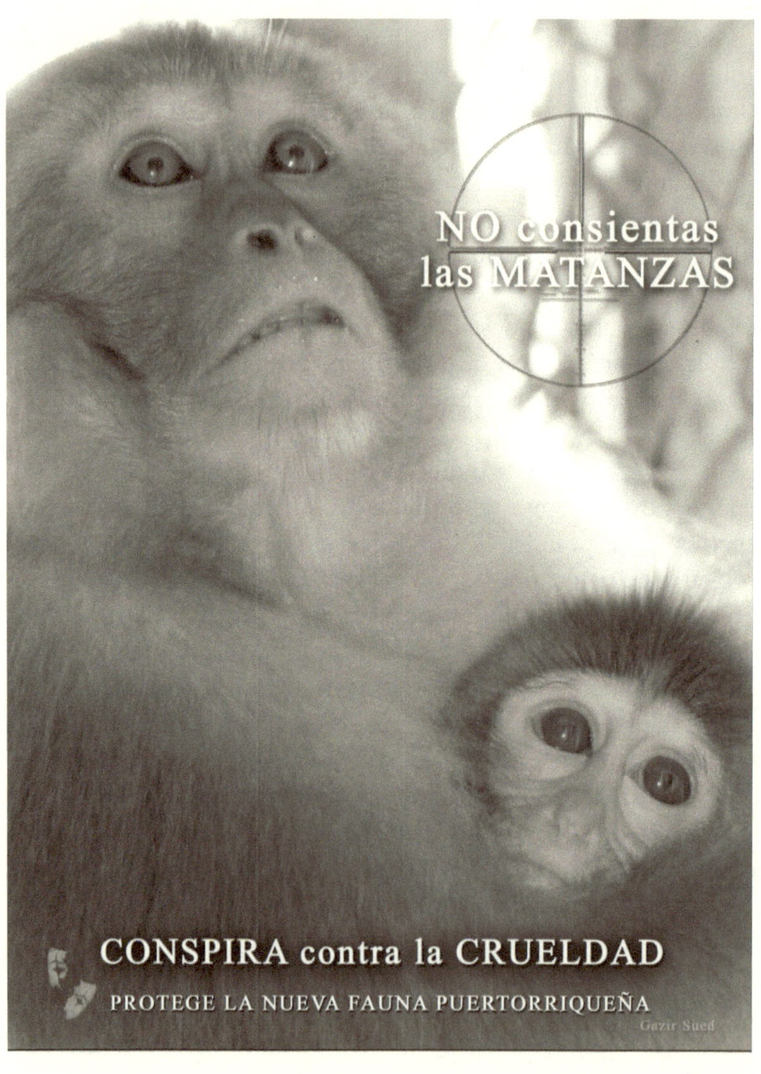

Religión, Educación y Derecho[7]

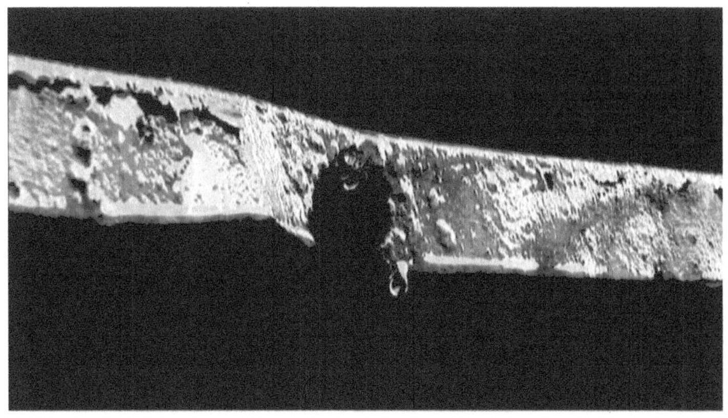

La ferviente religiosidad con la que se abordan los problemas políticos del país, característica de periodos de crisis social, así como la marcada influencia religiosa en el Gobierno, enmarcan el inicio del nuevo año escolar. La consecuente inclinación del Gobierno insular a favorecer instituciones religiosas con fondos públicos pone en suspenso principios constitucionales del Estado de Derecho, y en entredicho los entendidos sobre los que debe asentarse una sociedad con aspiraciones democráticas y su correlativo sistema de educación.

Por encargo político, el sistema de educación debe procurar liberar a la ciudadanía en formación de las supersticiones, ignorancias y falsas creencias que entorpecen el desenvolvimiento racional de la vida en sociedad, sobre todo de los valores democráticos. Para tales fines no deben subestimarse los fundamentos históricos de la separación constitucional de la Iglesia y el Estado, al pensar los valores y contenidos que deben regir la educación, pública y privada. Desde la perspectiva ética del Derecho, la educación es una responsabilidad indelegable del Estado, y los contenidos curriculares deben encarnar sin menoscabo los principios constitucionales. El adoctrinamiento religioso, la enseñanza dogmática y la inculcación de valores discriminatorios e intolerancias afines son prácticas pedagógicas

[7] **"Religión, Educación y Derecho"**, *El Nuevo Día*, viernes, 14 de agosto de 2009.

contrarias al ideal de convivencia social democrática y, por ende, al encargo político y social de la educación.

Que una persona crea en algo no hace de ese algo, por el sólo hecho de ser creído, ni justo ni verdadero. Superar el oscurantismo religioso, las supersticiones y las ignorancias cultivadas y legitimadas como actos de fe, es un encargo emancipador de la educación, que el Estado de Derecho no debe descuidar. La ideología religiosa del creacionismo, por ejemplo, es incompatible con estos principios. Debe enseñarse en las escuelas, si, pero no como una alternativa racional para comprender el universo sino como parte de la historia de las ideas, una idea superada, como las ideas de la esclavitud y del discrimen racial, que en su momento contaron con fundamentos religiosos, al igual que la explotación colonial, el imperialismo y los despotismos políticos, como los fascismos europeos y las dictaduras militares latinoamericanas. La teoría de la evolución biológica, sin embargo, es una ciencia que desmiente la mítica fundacional de la antigua cristiandad así como de cualquier otra religión.

Psicológicamente, las ilusiones y mitos que constituyen lo religioso pueden hacer la vida más llevadera, de modo análogo a como algunos narcóticos afectan la percepción de la realidad y la tornan más soportable. En la posmodernidad, la Religión sigue siendo el opio de los pueblos. La credulidad, un mal cultural a superar. A los estudiantes debe enseñárseles a desaprender, y a los padres, también. La ignorancia no es un derecho…

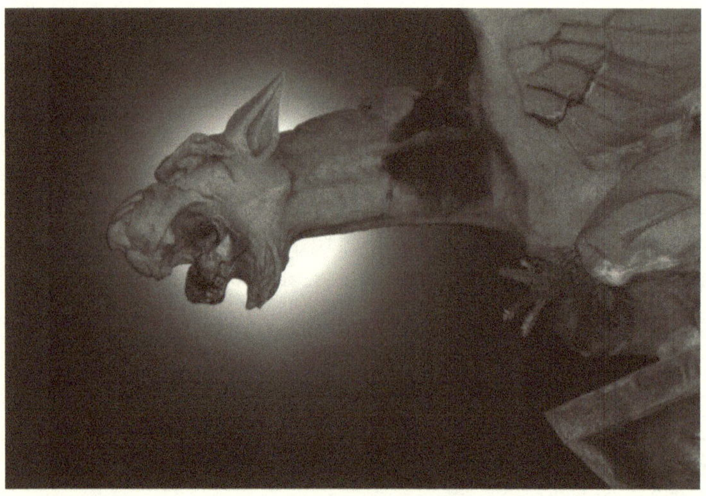

Estado, crimen y locura[8]

Desde principios de la década de los 90 los delitos de violencia en el país -en particular bajo las categorías de asesinatos y homicidios– prácticamente se duplicaron. Según evidencian las estadísticas policiales desde los años 40, podemos inferir que las estrategias represivas y punitivas del Estado no sólo han fracasado en sus objetivos de mermar la incidencia criminal sino que han abonado tanto a su ascenso vertiginoso como a las condiciones económicas y psicosociales que la posibilitan, la mantienen y la refuerzan.

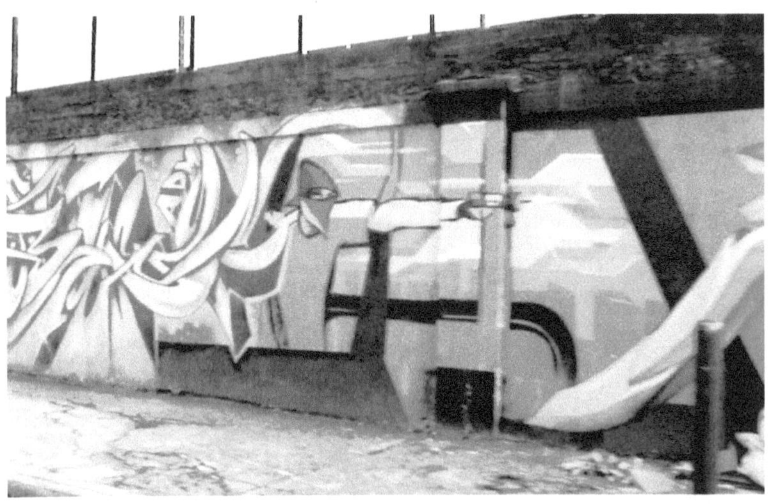

La respuesta de todas las administraciones de gobierno, con algunas variaciones retóricas que las diferencian superficialmente, pertenece a una misma racionalidad punitiva y represiva, propia de una retrógrada mentalidad prohibicionista. La manipulación de datos estadísticos se evidencia cada vez que una figura de gobierno celebra como un triunfo contra el crimen la trivial disminución de crímenes violentos en determinado mes, comparado con la misma fecha en años anteriores. Crear una ilusión de seguridad en la ciudadanía, la apariencia de que se está bregando con el problema

[8] **"Estado, crimen y locura"**, *El Nuevo Día*, miércoles, 09 de septiembre de 2009.

criminal, parece ser el objetivo apremiante de las agencias de gobierno, es decir, engañar y no resolver realmente el problema.

Ante la ineficacia de las políticas prohibicionistas y la crisis de legitimidad de las prácticas represivas y punitivas, el gobierno prefiere repetir sus errores antes que enmendarlos. La tergiversación de los hechos se hace común y corriente, como si se tratara de una naturaleza compulsiva a la mentira; como si el Estado, afectado profundamente por sus obsesiones de control y orden, padeciera un extraño trastorno mental. Sólo una imaginación así perturbada justificaría eliminar las Noches de Galería en el Viejo San Juan, creyendo disminuir así los delitos y violencias. Igualmente, los toques de queda; las cámaras de vigilancia en residenciales; la limitación del derecho a la fianza; detectores de metales en las escuelas; espectáculos de fuerza en lugares de recreo público y excesos abusivos del poder policial, son indicadores sintomáticos del serio problema de salud mental que padece el Estado democrático de Puerto Rico. Por suerte la locura del Estado se trata de una metáfora, dramáticamente exagerada tal vez. Tal vez no.

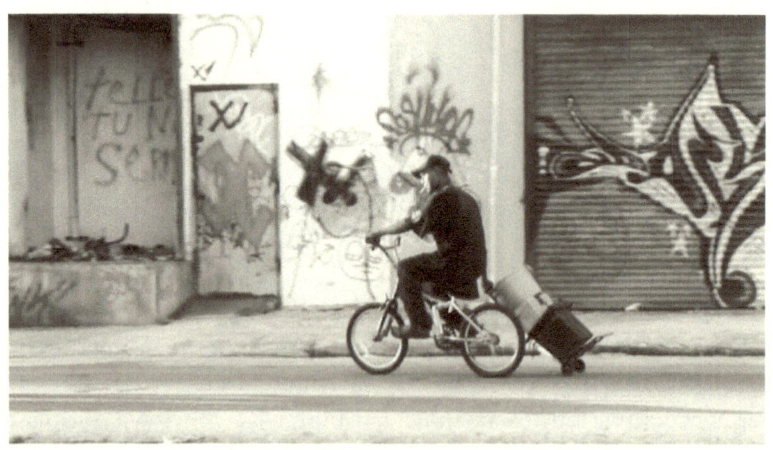

Más acá de la crisis[9]

La crisis tiene historia. Pero no es la historia de la subordinación política, de la dependencia económica o de la condición colonial, la que permite rastrearla y comprenderla en su justa perspectiva. Tampoco tiene origen en la política administrativa del actual gobierno, ni sus raíces más profundas están en las administraciones de los gobiernos coloniales que le antecedieron. El problema de la crisis en Puerto Rico es el mismo problema que enfrentan todas las sociedades asentadas en una economía capitalista y en los modos de vida y valores que la soportan y la mantienen. La historia de la crisis actual es la historia de un estancamiento global en la evolución cultural, intelectual y política de las civilizaciones modernas. Es decir, de la eficacia ideológica del capitalismo.

En el capitalismo no hay un afuera posible de la crisis. La crisis es condición de sus dominios; posibilidad certera y refuerzo de su poderío. Los ideólogos de las clases más pudientes, sus estrategas intelectuales y alguno que otro entre los políticos mercenarios de sus egoísmos, conocen bien la teoría sociológica de Marx. Saben que el problema de la crisis es un problema estructural del capitalismo. Saben que más allá de las promesas demagógicas, su sistema no puede emplear toda la fuerza laboral bajo sus dominios. Tampoco les interesa. Saben que más acá de la crisis necesitan ejércitos de trabajadores desempleados, que compitan entre sí y que ignoren, se resignen o comulguen con la naturaleza sórdida del capitalismo. Creen saber que son tanto más útiles cuanto más precaria su condición económica; tanto más dóciles cuanto más empobrecidos y ensimismados por sus miserias e ilusiones.

No sin razón fríamente calculada el trabajo no es un derecho reconocido como tal en nuestro Estado de Derecho (aunque sí la huelga). La tasa de desempleo oscila entre un 12% a un 14%, según los informes del Departamento del Trabajo. Esta cifra se traduce concretamente en cerca de 200,000 desempleados actualmente en Puerto Rico. Los recientes despidos masivos del gobierno sólo hacen más evidente la mezquindad del sistema capitalista, no la torpeza gerencial de sus administradores.

---

[9] Publicado como "**La función de las protestas**". **"Más acá de la crisis"**, *El Nuevo Día*, miércoles, 14 de octubre de 2009.

En abierta complicidad, la propaganda de gobierno aconseja resolver las angustias y corajes en la imaginación, y a refugiar las penas y ansiedades en la espiritualidad. La ilusión democrática es su carta de triunfo: hacer creer que todos tienen derecho a expresar sus quejas y resentimientos; que serán escuchados, atendidos y tomados en cuenta.

Así, las protestas colectivas terminan cumpliendo una función psicológica de desahogo y consuelo, en lugar del efecto político reivindicativo que imaginan quienes protestan. Así, mientras la lucha política no se libre más acá de una imaginación ingenua e ignorante, un sólo día de paro nacional equivaldrá a cualquier día de fiesta: los pocos irán a trabajar; los muchos a las tiendas...

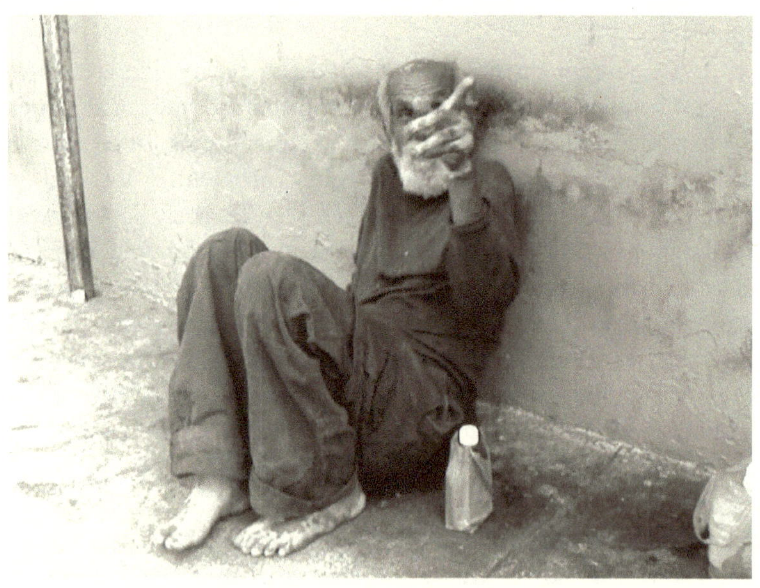

Cuba, revolución y embargo[10]

Reminiscencias de la guerra fría, caricaturescas y ridículas, devuelven brevemente la atención a Cuba. Quienes la hemos visitado desafiamos la prohibición de hacerlo, a esa torpe y brutal voluntad imperial que tanto reprocha ese atrevimiento. Compartimos con gente nada extraña, con dos ojos en las caras y una nariz de por medio. Fuera de los formalismos montados de todo gobierno, gente de carne y hueso se las ingeniaba para vivir día a día, saturados de cotidianidad como cualquiera, en cualquier parte. La propaganda de desprecio de una parte del exilio y sus cómplices no se hizo evidente. Tampoco las retóricas infladas de las izquierdas, a veces cegadas por la hermosura de sus ilusiones revolucionarias, a veces ensordecidas por la ingenuidad que tanto anima sus pasiones.

Allí, como en cualquier lugar, las más elevadas esperanzas generacionales también se estrellarían contra el desencanto. La realidad no admite poesía. La historia no tolera el cuento. ¿Puede sobrevivir la revolución sin poesías ni cuentos? No sabemos. Lo sabido es, sin embargo, que lo revolucionario es un signo del devenir, siempre en movimiento, si se detiene deja de serlo. Y sabemos, también, que el embargo económico no detuvo ni detendrá sus movimientos.

Ciertos o no, los excesos del gobierno siempre han tenido al embargo como pretexto para justificarse. Quienes del gobierno norteamericano y del exilio cubano han conspirado a su favor lo han sabido, y comparten complicidad y culpa. Inútil intento querer desanimar así lo revolucionario, que se ha hecho parte del sentido común de justicia social, como el derecho a la educación y a la salud.

Habrá quien crea que la revolución fracasó, pero sospecho que las reivindicaciones sociales en las que se ha materializado, más allá de toda demagogia, serán cuidadas celosamente por la misma gente que hoy las disfruta y valora. Aún cuando Fidel ya no esté, o cuando Barak Obama levante el embargo, lo mismo que para Cuba para el mundo entero, la ética socialista seguirá siendo la ética urgente de estos tiempos, y seguirá valiendo como motor de

---

[10] **"Cuba: revolución y embargo"**, *El Nuevo Día*, viernes, 30 de octubre de 2009.

evolución cultural y humana a escala planetaria. En medio de la ciudad prohibida, en la cima de un edificio en ruinas, un viejo cartel –recuerdo todavía- leía algo así: "La vida de un sólo ser humano vale más que todas las propiedades del hombre más rico del planeta." Así sea…

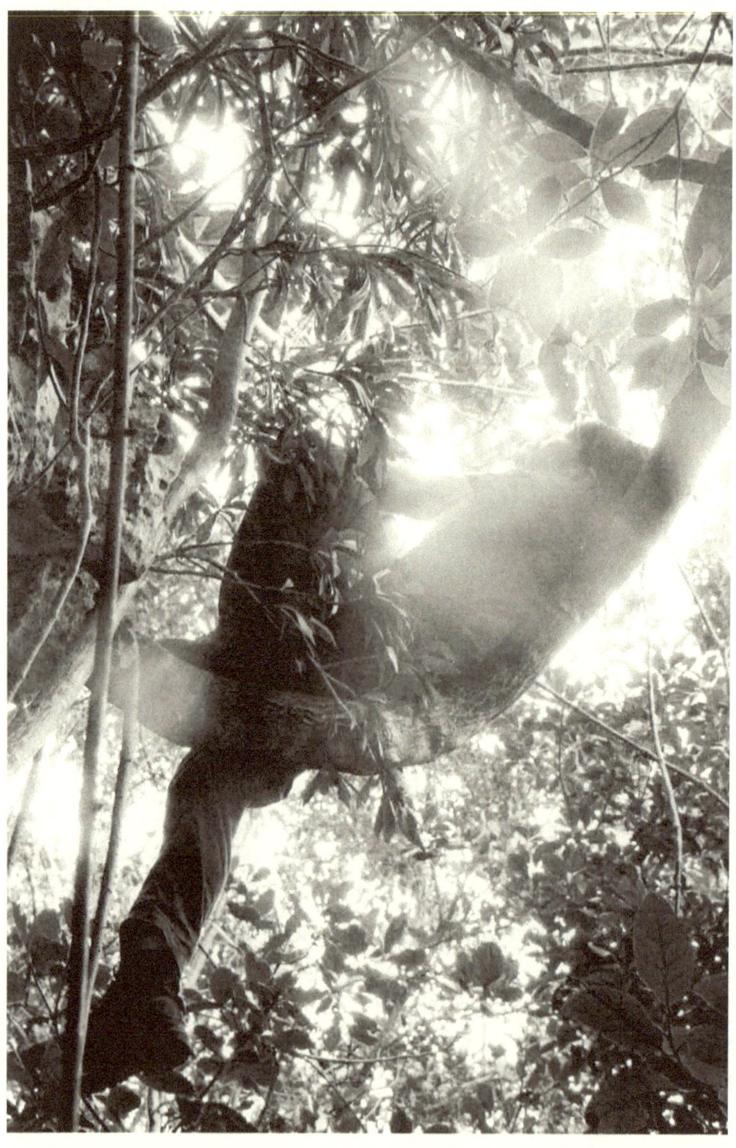

Religión, suicidio y guerra[11]

Durante estos pasados dos años, cerca de trescientos soldados del ejército estadounidense –incluyendo puertorriqueños- se han suicidado. Las declaraciones de oficiales militares, citadas en la prensa, apuntan a que esta cifra seguirá aumentando. Aunque alarmante, nada de extraña tiene esta suerte, propia de los evidenciados efectos psicopatológicos de la guerra. Dentro de este escenario, se suele creer que la Religión juega un papel consolador y terapéutico, quizá como equivalente genérico de los onerosos tratamientos psiquiátricos. Pero no es así. La Religión es un detonante psicológico de las locuras que serán diagnosticadas por la industria psiquiátrica y que abonarán al lucrativo negocio de los tratamientos psicofarmacológicos. Ante sus insuficiencias sanadoras y curativas, el suicidio seguirá en ascenso.

Al parecer, el hostigamiento psicológico de las escrituras sagradas no funciona efectivamente en las juventudes suicidas. Saberlo pecado mortal, imperdonable para Dios, no es impedimento. Ni chantajes morales, ni prometidos favores celestiales, ni siquiera el temor a los suplicios del infierno, logran contener la voluntad suicida del soldado. Pero, antes de quitarse la vida, por locura o por la insoportable razón de su conciencia, debió haber aprendido a ignorar otros mandamientos. La prohibición de matar es uno de ellos.

La razón militar precisa desconectar fragmentos de la conciencia moral y ciudadana del soldado, y enseñarle a matar sin remordimientos. La Religión le sirve de soporte y refuerzo, ya el Dios implacable y colérico del libro de Isaías, en Deuteronomio o en Samuel: "...vete y haz la guerra a los pecadores, hasta acabar con ellos." (15:18) Las prohibiciones sagradas aparecen anuladas en la psiquis del soldado, mientras que las prescripciones de violencia y crueldad se practican al pie de la letra: "Sin tener piedad, mata hombres y mujeres, niños y pequeños" (Samuel 15:3) "Sus hijos serán despedazados ante su mismos ojos, sus casas, saqueadas; violadas sus mujeres." "...y no se apiadarán del fruto de las entrañas; sus ojos no tendrán compasión de los niños." (Isaías

[11] **"Religión, suicidio y guerra"**, *El Nuevo Día*, martes, 8 de diciembre de 2009.

13:16-17) "Matadlos hasta que la persecución no exista y esté en su lugar la Religión de Dios" (Sura 2:189-193) A modo de parábola dice Jesús a sus discípulos: "En cuanto a mis enemigos, ésos que no me quisieron por rey, traedlos aquí y degolladlos en mi presencia." (Lucas; 19:27)

La Guerra encuentra legitimidad *espiritual* en las Sagradas Escrituras y fundamentos teológicos para justificar sus atrocidades. El soldado religioso cree saber a Dios de su parte, iluminando sus razones, guiando sus acciones; protegido y prometido de sus cuidos y remuneraciones: "A quienes combaten en la senda de Dios, sean matados o sean vencedores, les daremos una inmensa recompensa." (Sura 4:76) Toda guerra es guerra santa. Matan a nombre de Dios, y en su nombre mueren. Me pregunto, si supieran que Dios no existe, ¿irían a la guerra?

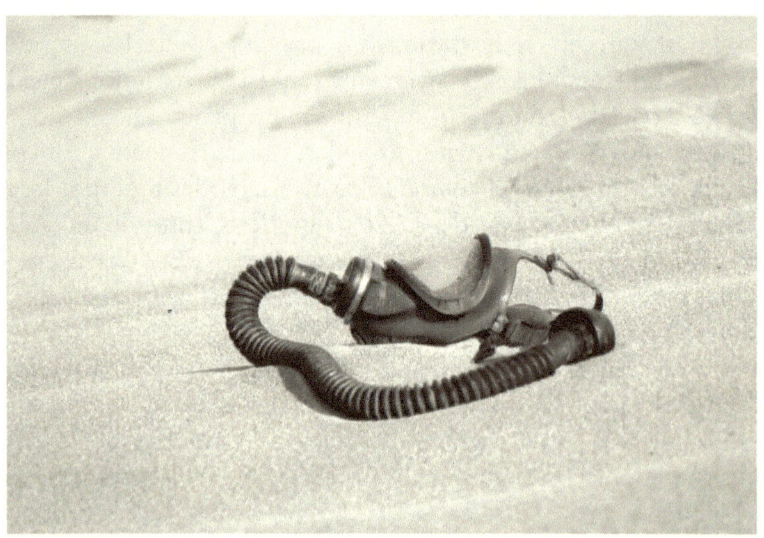

Crimen, desahogo y venganza[12]

La cifra de mujeres víctimas de violencias "pasionales" provoca reacciones de repudio que, aunque legítimas y comprensibles, terminan reproduciendo el mismo estado anímico contra el que se posicionan. La voluntad de venganza inmisericorde contra el criminal asesino o el abusivo agresor, se expresa en el reclamo de una justicia vengativa y violenta, como la representada en las sagradas escrituras del Dios bíblico, encarnado en la primitiva ley del Talión. Lo más terrible es que un cierto placer perverso se procura, cada cual y para sí, del ejercicio de la venganza; un goce sádico derivado de la práctica de la crueldad se institucionaliza en las instancias judiciales, en la severidad de sus penas.

El lenguaje con el que se combate esta modalidad del crimen, pasional o de odio, desde voces intelectuales, medios de comunicación y opinión pública, está cargado de animosidad -también pasional-, de rencor y resentimiento, que poco o nada abona a la posibilidad de comprender y resolver este grave problema psico-social. El castigo, por más severo que sea, no va a remediar el daño ocasionado a la víctima, ni va a impedir que se siga repitiendo. Sin embargo, a partir de esta mentalidad punitiva y vengativa, el sistema de justicia moderna refina el discurso retórico, pero sigue representando el lado oscuro del corazón: el proceso judicial se convierte en una suerte de juicio popular; el pueblo, encolerizado y sediento de venganza, satisface sus deseos morbosos en la pena de linchamiento, hoy en la versión moderna que reclama –por ejemplo- desde extirpar los genitales de los violadores hasta asesinar a los asesinos.

La moral de la justicia, en estos términos, no es cualitativamente diferente a la locura o racionalidad criminal. Y es que el odio es un sentimiento humano, enmascarado pero característico y representativo de nuestra moral social y cultural. Así, esperar perdón sin reservas es un acto de hipocresía, por eso se encomienda a Dios; el trato al agresor no puede ser compasivo, ni desde la mirada de la víctima ni desde sus allegados. Por amor se exige venganza, severidad y no piedad en la pena. La misma historia se repite de generación en generación: las reacciones ante las violencias, asesinatos y violaciones, lo evidencian con nitidez y

[12] **"Crimen, desahogo y venganza"**, *El Nuevo Día*, martes, 29 de dic. de 2009.

crudeza. Pero la raíz del problema no está en el sujeto criminal, sino en la vida social y cultural que programa su psicología individual, su moralidad y su conciencia.

Ignorarlo convierte la pena de cárcel o de manicomio en un mero desahogo; en escape inmediato; en simple acto de venganza. En nuestra cultura (patriarcal, religiosa y sexista) cualquier varón es potencialmente un violador, agresor o abusador. Irónicamente, es a la mujer, en el rol de madre, a quien se asigna programar los valores que, a la larga, se volcarán contra ella misma. La escuela los refuerza y la iglesia los refina. Las leyes penales apenas sirven de parchos psicológicos para las angustias desatadas por esta realidad. Sólo una progresiva y bien pensada (r)evolución cultural puede enfrentar este problema. La educación y no la pena sigue siendo su condición de posibilidad.

Mientras todo acontece sin variar, María baila sensualmente al ritmo de la plena, que Juan del Pueblo toca y canta: "...por celo, por celo, a Lola la mataron por celo..."; y gozan.

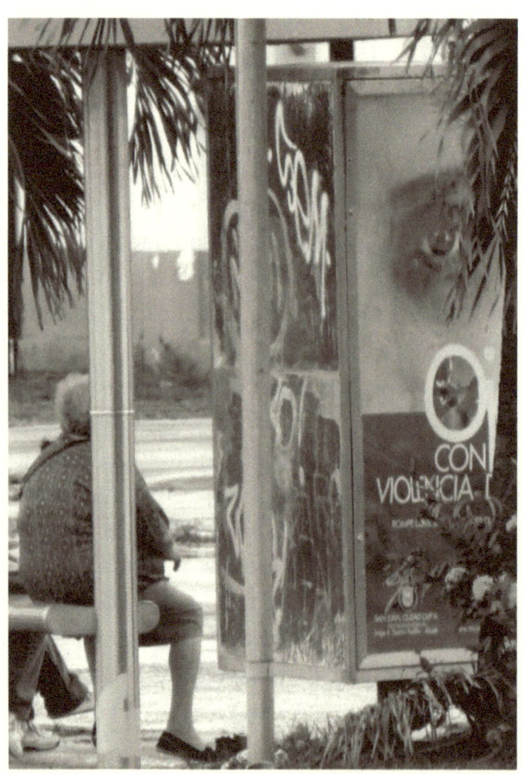

Herpetofobia nacionalista[13]

La herpetofobia es una modalidad psicopatológica de miedo a los reptiles y, por definición, no responde necesariamente a razones *reales* o racionales. Este temor infundado tiene, sin embargo, un efecto similar al de los prejuicios: la persona estigmatiza al objeto de su temor, animal o persona, no porque le represente un peligro real sino porque, dada la naturaleza psicológica del miedo, se rinde a él y, acto seguido, lo trata con desprecio y aversión. Irónicamente, en Puerto Rico, personas que ocupan cargos de gobierno destinados a la protección de animales parecen padecer esta curiosa enfermedad. La consecuencia es evidente: la política de manejo de especies se presta para ejercer despiadados actos de crueldad. La iguana verde es una de las víctimas puestas en peligro de extinción por estas autoridades que tanto creen saber. La prensa del país se hace eco de los prejuicios sobre estas criaturas y la noticia, entre líneas, lo es, pero de una locura. Políticos y legisladores también participan de ella. Así, pues, el prejuicio contra las iguanas quizá se deba más a la naturaleza democrática de la locura que a la racionalidad científica que la encubre.

Propiedad del miedo patológico es la exageración, como cuando el Departamento de Recursos Naturales y Ambientales (DRNA) representa a la iguana verde como un "animal invasor dañino", al extremo que su exterminio es permitido y alentado. En días recientes, el director de vida silvestre del DRNA, Miguel García, sostuvo que la ciudadanía tiene la libertad de matar las iguanas con escopetas o "dándoles con un palo en la cabeza". Pero no sólo el DRNA saca de proporción el supuesto impacto dañino al ecosistema local. Según los diarios, este reptil "devora manglares", "obstaculiza pistas aéreas" y se ha convertido en una "plaga", para más adelante informar que matarlo está permitido y alentado por ley. Reportajes especiales recientes lo dramatizan histéricamente como "amenaza verde" y "especie invasora".

Las connotaciones xenofóbicas del calificativo "invasor" son distintivas de esta política de "conservación y manejo de vida silvestre" del DRNA. A diferencia del coquí, por ejemplo, que lo

---

13 **"Herpetofobia nacionalista"**, *Claridad*, domingo, 10 de enero de 2010. *Diálogo Digital*, martes, 15 de diciembre de 2009.

protege celosa y apasionadamente porque "es de aquí", de la iguana verde dice que no es autóctona, es extranjera, invasora, y hay que exterminarla. Pero, a qué se refiere este eufemismo "técnico" de especie autóctona o endémica? ¿A las que estaban desde cuándo? ¿Desde antes de que llegaran los pobladores indígenas? ¿Acaso, antes de la conquista europea, o quizá antes de la invasión americana? ¿Desde cuándo?

Todas las especies que habitan esta tierra, flora y fauna, llegaron alguna vez de alguna otra parte, esa es la realidad. La pregunta pertinente es, ¿quién es quien para determinar hasta cuándo es legítima la existencia de una especie que, como todas las demás, ha encontrado en esta tierra un lugar adecuado para habitar?

¿Con qué fuerza moral se va a educar para que los niños adquieran una conciencia sensible y de respeto hacia las especies animales, si las agencias de gobierno fomentan valores de trato abusivo, cruel y mortal? Esta actitud genocida es síntoma de una psicopatología institucionalizada. Políticamente, se trata de una versión ideológica enfermiza de lo autóctono, que no se sostiene más allá de la ignorancia, el prejuicio y el egocentrismo nacionalista que la engendra. El desafío ético, desde una perspectiva ecológica, es a pensar cómo podríamos convivir con la diversidad de especies que habitan este espacio territorial en el que, casualmente, también "nosotros", todos, somos originariamente extranjeros... La pregunta inteligente debe ser, pues, ¿cómo nos las ingeniamos para conservar los recursos y riquezas de esta tierra y a la vez para compartirla en armonía con las diversas especies que la habitan?

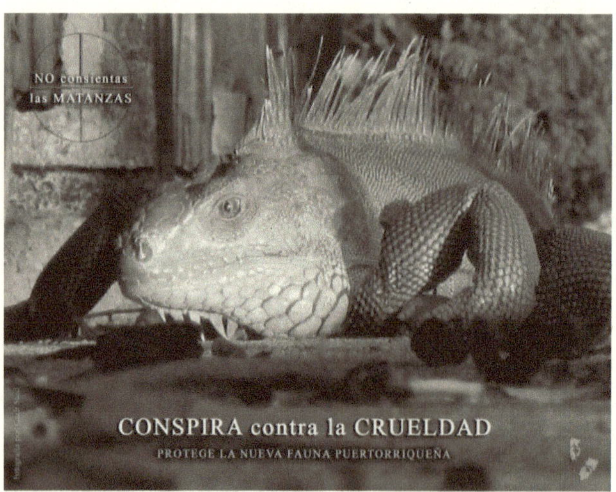

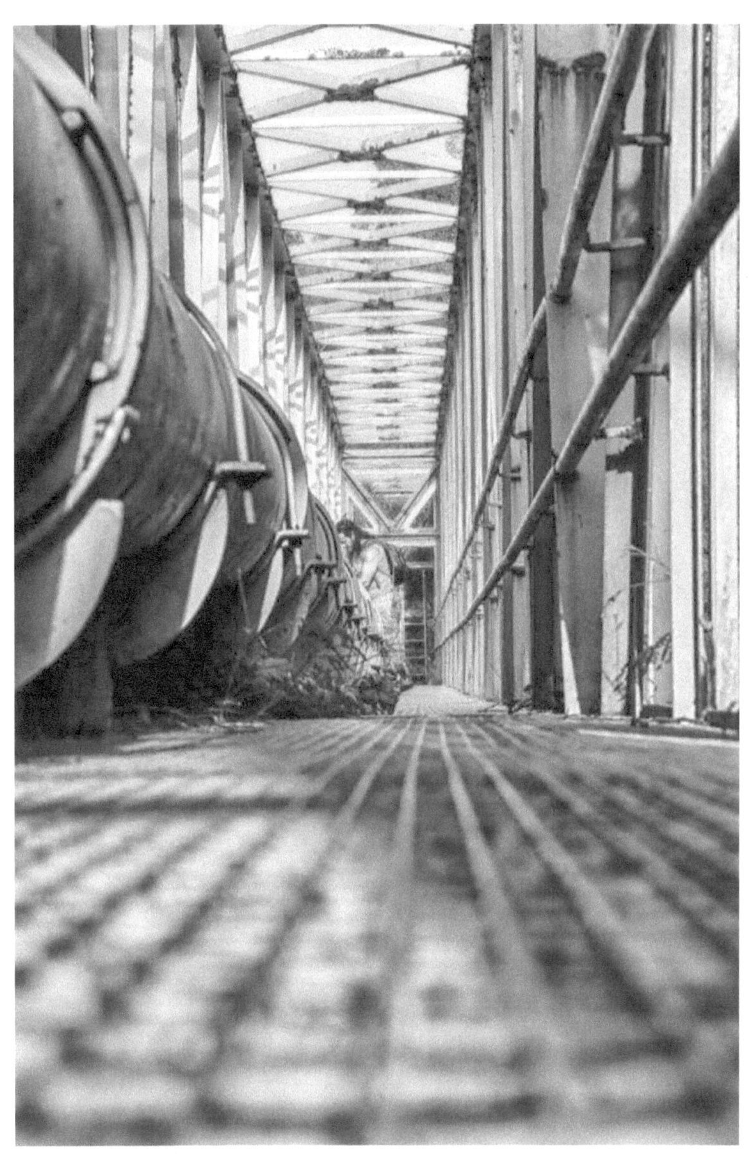

2010

Haití, Dios y el Diablo[14]

Haití, patria invisible de nuestra América, no sube a la escena mediática por virtud de sus miserias centenarias; ni nos cautivan las imágenes repetidas de sus desdichas históricas y sus infortunios cotidianos. Un gran desastre natural revienta sobre sus habituales tragedias existenciales; como pueblo empobrecido y maltratado; excluido, marginado y discriminado; dolido y abandonado. La catástrofe apenas agrava la terrible realidad social de la vecina isla.

En este escenario, algunos extremistas religiosos achacan la tragedia a la voluntad iracunda de Dios, rencoroso y despechado por los trajines del Diablo. Como el predicador tele-evangelista Pat Robertson, que culpó a los haitianos del terremoto y demás males, porque "pactaron la complicidad del Diablo a cambio de su independencia". Sus fanáticos le hacen coro en radio e internet. Aunque ninguna de estas figuras imaginarias es responsable de la catástrofe, sí representan culturas estancadas en ignorancias y prejuicios medievales, que ahondan y envenenan las heridas de los sufridos mortales.

Para los teólogos "light", Dios todo poderoso y amoroso es eximido de culpa. Sentado en su gran trono y desentendido espera, a pesar de todo, alabanzas y adulaciones, oraciones y cánticos de fe. Sus portavoces *recuerdan* que el sufrimiento es una prueba de Dios, la oportunidad para crecer espiritualmente y acercarnos a Él. La recompensa, según sus arrogados interlocutores, aguarda en el Paraíso.

Para ambas vertientes de un mismo fundamentalismo monoteísta, la sensibilidad humana se reduce a un chantaje religioso: la solidaridad debe practicarse interesadamente, ambicionando el favor de Dios que, de lo contrario, pasará la cuenta. Todo esfuerzo por ayudar al necesitado es vano si no se hace como ofrenda a la "gracia del Creador". Para estos teólogos la acción humana debe realizarse por temor a los suplicios del más allá; el amor al prójimo, la bondad y el desprendimiento de nada valen sin la promesa de una recompensa en el cielo.

---

14 **"Haití, Dios y el Diablo"**, *El Nuevo Día*, jueves, 21 de enero de 2010.

Mientras los mercaderes y mercenarios de la fe ganan adeptos para un reino que no es de este mundo, el amor a Haití, frágil, fugaz y pasajero, desaparecerá cuando la noticia ya no venda. Al final, como siempre, el fundamentalismo religioso seguirá siendo dañino a la Humanidad, y quizá más que la maldad demoníaca que pretende exorcizar.

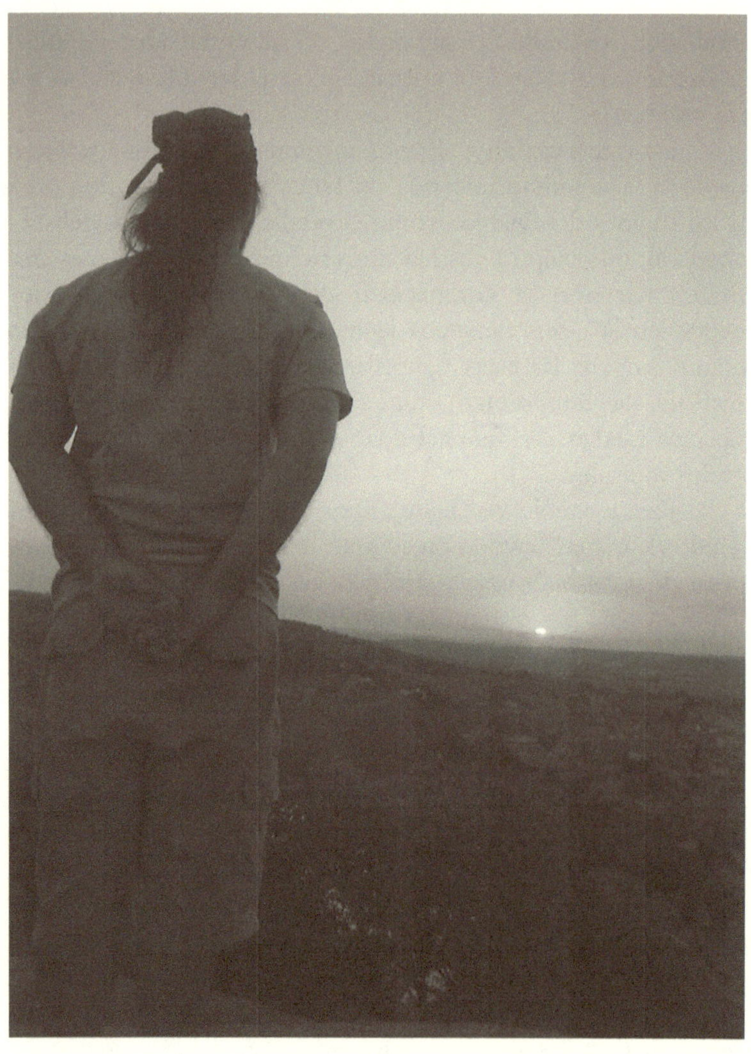

Religión y pena de muerte[15]

Nada extraña que entre los políticos, desestabilizados emocionalmente, algunos imaginen la pena de muerte como disuasivo efectivo para enfrentar la criminalidad, y fantaseen con la idea de reinstalarla como derecho penal en nuestra Constitución. Sus razonamientos siempre han evidenciado más ignorancia que conocimiento sobre el tema. Lo preocupante, sin embargo, es que un ex-presidente de la Universidad de Puerto Rico (José M. Saldaña) haga un llamamiento a su favor, y que entre sus razones recuerde que la Biblia está llena de alusiones a un Dios que avala la pena de muerte.

Cierto es que, aunque no cuenta con respaldo racional o científico significativo, la pena de muerte sí encuentra fundamentos teológicos en las "sagradas escrituras". Y es que la Biblia no es fuente de inspiración para las sociedades democráticas modernas; ni un manual de preceptos morales apropiado para educar a nuestros niños, o moldear la conducta civilizada de la ciudadanía. Es, en gran parte, un catálogo de perversiones morales que incita a la crueldad, y con prejuicios y supersticiones legitima sus violencias.

Sin extrañeza, reservas o remordimientos, hay quienes creen que su contenido debe ser interpretado literalmente, como palabra revelada de Dios; una transcripción inequívoca de su voluntad, paradójicamente amorosa y piadosa, vengativa e inmisericorde. El mandamiento "No matarás" es de orden inferior al "Amarás a Dios sobre todas las cosas." Así, prohibirían, condenarían y castigarían mortalmente cualquier otra fe; y quien trabajase el séptimo día (consagrado al Señor) "será condenado a muerte." (Éxodo 35:2)

Estas *enseñanzas*, "valederas para todos los tiempos", consideran abominable la homosexualidad y condenan a muerte a sus practicantes (Levítico 20:13); animan el maltrato a menores: "Si un hijo obstinado y rebelde, no escucha a su padre ni a su madre, ni los obedece cuando lo disciplinan (...) lo apedrearán hasta matarlo." (Deut.21:18); y promueven la violencia contra la mujer: "Mas si resultare ser verdad que no se halló virginidad en la joven (...) la apedrearán los hombres (...) y morirá..." (Deut.22:13-21)

---

15 **"Religión y pena de muerte"**, *El Nuevo Día*, lunes, 1 de febrero de 2010.

Quizá, entre las ficciones literarias que constituyen la Biblia, Dios no sea más que el efecto de la imaginación sádica de sus inventores. Ojalá que nunca se haga Su voluntad en la tierra, ni se conviertan en ley los retorcidos deseos de sus más fieles seguidores...

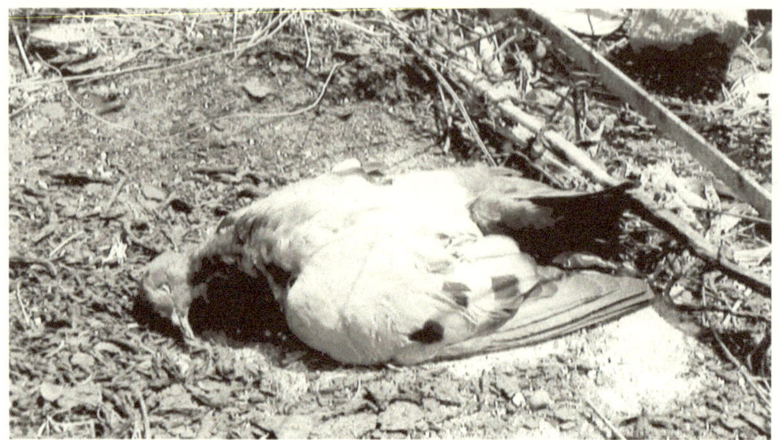

Cárcel, religión y esclavitud[16]

Reminiscencias de tiempos en que el Dios imaginario de la cristiandad consentía, inspiraba y regulaba la esclavitud, subsisten entre las escrituras constitucionales y prácticas penales modernas. En el contexto carcelario, tras el eufemismo de la rehabilitación, se revela la evidencia...

Según *nuestra* Carta de Derechos (sección 12): "No existirá la esclavitud, ni forma alguna de servidumbre involuntaria, salvo la que pueda imponerse por causa de delito, previa sentencia condenatoria." Esta salvedad -o excepción- evidencia que la mentalidad esclavista no ha sido abolida terminantemente, y que la servidumbre involuntaria sí puede imponerse con fuerza de ley. Nada extraño, pues el encierro carcelario implica la suspensión de derechos civiles; la subordinación de la dignidad humana a la sádica lógica penal del sistema de *justicia.*

La integración de organizaciones religiosas al ámbito correccional empeora la situación. Sus credos arcaicos socavan los frágiles enclaves democráticos, incluyendo los residuales de dignidad de la población confinada. Recordemos que el Dios bíblico no condena la esclavitud: "Esclavos, obedezcan en todo a vuestros amos de este mundo, pero no con obediencia fingida (...) sino (...) temiendo al Señor." (Colosenses 3:22-24); "Criados, sed sumisos, con todo respeto, a vuestros dueños, no sólo a los buenos e indulgentes, sino también a los severos." (Pedro 2:18)

Cualquier empresa de ánimo lucrativo, incluyendo la religiosa, dirá que el trabajo para los presos es una experiencia rehabilitadora (curadora y sanadora). La paga poco importa, por eso es simbólica. La queja, ¡inadmisible!: "Exhorta a los siervos a que se sujeten a sus amos en todo, que sean complacientes, no contradiciendo." (Tito 2:9) Encerrados involuntariamente y adoctrinados en los misterios de la fe, *renacen,* pero como fuerza laboral sin derecho salarial. Y agradecen: "Todos los que están bajo yugo como esclavos, consideren a sus amos como dignos de todo honor..." (Timoteo 6:1) R*ehabilitarse* es "convertirse", sí, en mano de obra barata, mansa y obediente: "Siervos, obedeced a vuestros

[16] **"Cárcel, religión y esclavitud"**, *El Nuevo Día*, viernes, 26 de febrero de 2010.

amos en la tierra, con temor y temblor (...) como a Cristo." (Efesios 6:5)

Ignoradas las inconsistencias morales del cristianismo, la Biblia legitima la esclavitud y anima a venerar incondicionalmente al amo real, por caprichos de un Señor imaginario. La moral esclavista de la cristiandad contradice la ética democrática, que aborrece la esclavitud en cualquiera de sus manifestaciones, sean favorecidas de Dios o practicadas en ley por el Estado.

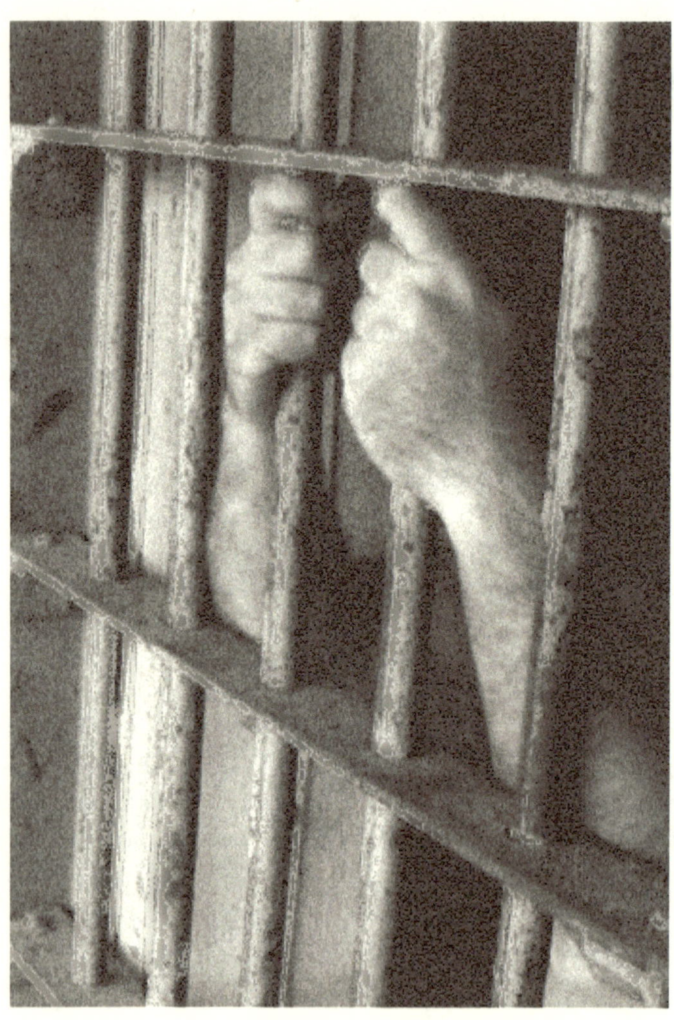

Criminalidad, prohibición y ley[17]

Dentro de los territorios bajo jurisdicción del gobierno de los Estados Unidos, Puerto Rico mantiene el segundo nivel más alto de crímenes violentos y asesinatos, según reportan las estadísticas de las autoridades federales y locales. En la prohibición está la clave de esta abrumadora racha, y mientras no se consideren seriamente modelos alternativos para lidiar con el fenómeno de la criminalidad, seguirá siendo ilusorio prever alguna mejoría futura.

Aún cuando la subordinación jurídica al poderío congresional estadounidense restringe las posibilidades de imaginar y poner en práctica modelos alternativos de legislación y política criminal, una extraña manía de copiar sus vicios moralistas, vengativos y carcelarios caracteriza la práctica legislativa *puertorriqueña*. La somnolencia intelectual, manifiesta en las mentalidades prohibicionistas, se materializa en plagios incesantes de medidas legislativas de probada inutilidad social: limitar derechos democráticos, inventar más y más delitos; hacer más severos los castigos; favorecer la pena de muerte. La Razón carcelaria y punitiva ha dominado la historia del derecho penal en Puerto Rico; la voluntad de venganza que la anima ha teñido de crueldad la acción judicial y legislativa. El sistema de justicia pareciera encarnar la imaginación sádica de carceleros, torturadores y verdugos.

La prohibición no expresa la voluntad del pueblo sino la ignorancia y la mezquindad de sus representantes políticos, hacedores de leyes. Las intervenciones para desmantelar puntos de drogas no provocan escasez, ni disminuyen la oferta, ni merman la demanda. Al contrario, el crimen organizado se reorganiza. El mercado del narco-tráfico se rige por las lógicas de la libre competencia, y como cualquier empresa comercial de ánimo lucrativo, ajusta su orden interior a las exigencias de los tiempos; reconfigura y refina sus estrategias; se reinventa. La ley hace el delito. La ilegalidad, la clave del negocio. La prohibición, su mayor fuerza.

Obsesionado por cumplir los mandamientos de la prohibición, el Estado de Ley se confiesa responsable de la incidencia de crímenes violentos. La histeria ante la desesperanza

---

[17] **"Criminalidad, prohibición y ley"**, *El Nuevo Día*, viernes, 2 de abril de 2010.

hace más propensa a la ciudadanía a ser objeto de manipulación y chantajes. La fragilidad emocional y el miedo la empujan a buscar refugio y consuelo en medidas más represivas, que resultan ser patrañas politiqueras. Las leyes represivas no representan las esperanzas del pueblo, sino la renuncia colectiva a ellas.

La prohibición provoca violencias callejeras, crímenes, corrupciones y fraudes. Su mecánica, legal pero irracional, obstaculiza las posibilidades de comprensión de los fenómenos sociales y psicológicos vinculados bajo el signo de lo criminal. En contraste, y por lo que pueda valer, la educación despenalizadora debe considerarse entre las alternativas más pertinentes y certeras.

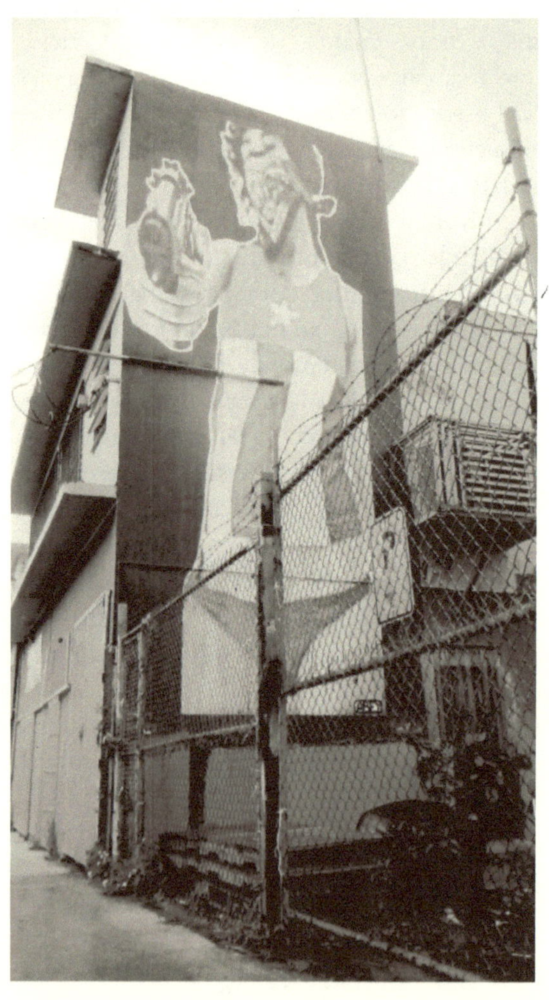

Cárcel, ¿para qué?[18]

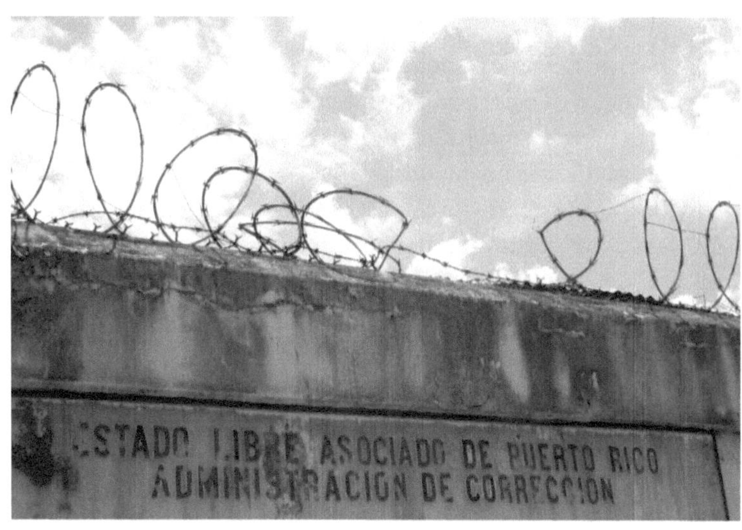

Desde los antiguos regímenes de gobierno militar español hasta las presentes administraciones de gobierno civil bajo la dominación estadounidense, la práctica del derecho penal en el estado colonial puertorriqueño ha sido de dudoso valor social. El encierro carcelario, por ejemplo, ha cumplido una función distinta a la prometida *rehabilitación* del confinado. La cárcel no protege al ciudadano, sólo castiga al condenado; no le resuelve a la víctima, ni enmienda el daño ocasionado.

Ésta característica no es exclusiva de Puerto Rico, ni siquiera efecto de la eficacia de los proyectos de asimilación ideológica; de "americanización"; de modernización. Estados Unidos ostenta el mayor número de prisioneros a nivel mundial, con 2, 293, 157 el pasado año. Puerto Rico, una de sus sucursales legales, ha ocupando -por densidad poblacional- un tercer lugar en toda América, y quinto en el planeta.

La mentalidad carcelaria todavía domina la imaginería penal en los estados de Ley a escala mundial. Pero la cárcel no es disuasiva de la conducta criminal ni garante de seguridad social, ni centro de reajuste psicológico del delincuente o de refinamiento

---

[18] **"Cárcel, ¿para qué?"**, *El Nuevo Día*, viernes, 9 de abril de 2010.

moral del criminal. La cárcel ni disminuye ni impide la criminalidad. Es de tal inutilidad social que se convierte en escuela modelo de reincidentes. No sin antes torturar a su "clientela", condenada al ocio y al aburrimiento.

La idea del valor social del castigo de encierro se conserva religiosamente, es decir, por ignorancia y miedo; la ciudadanía cree ingenuamente en las virtudes domesticadoras de la cárcel. Su fe perpetúa la manía de enjaular al animal humano como a fiera; y el cinismo de jurar hacerlo por su propio bien. ¡No! La cárcel es la consumación de sentimientos de venganza; la rehabilitación, un eufemismo de su crueldad. El costo, sin embrago, se hace cada vez más insoportable para la ciudadanía que la sostiene.

Según informes de la Administración de Corrección, el gobierno gasta más de $400 millones anuales en el sistema carcelario, cerca de $80.00 diarios por confinado. Aproximadamente $40,000 al año, en contraste a la inversión que hace el Estado para cada niño en el sistema de Educación Pública, que no excede los $4,000.

La institución carcelaria es un residual anacrónico de las mentalidades que han dominado la sádica imaginería penal del Estado de Ley. El castigo no funciona. La severidad de las penas nada resuelve. La cárcel de nada sirve…

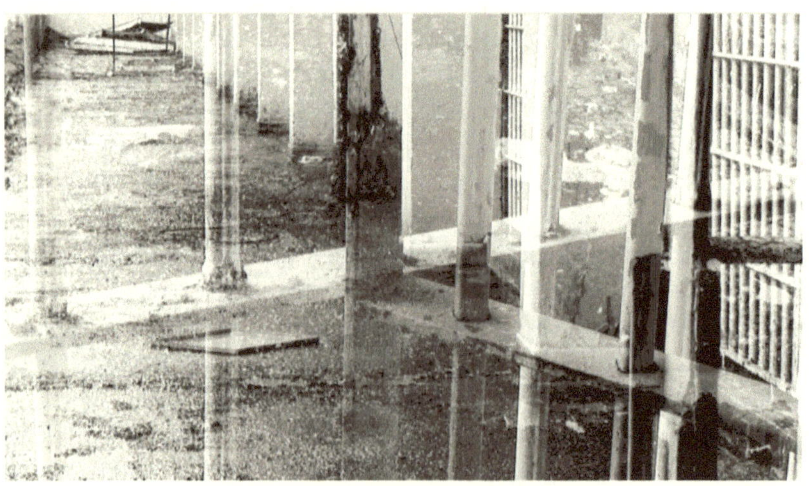

Universidad y Ley[19]

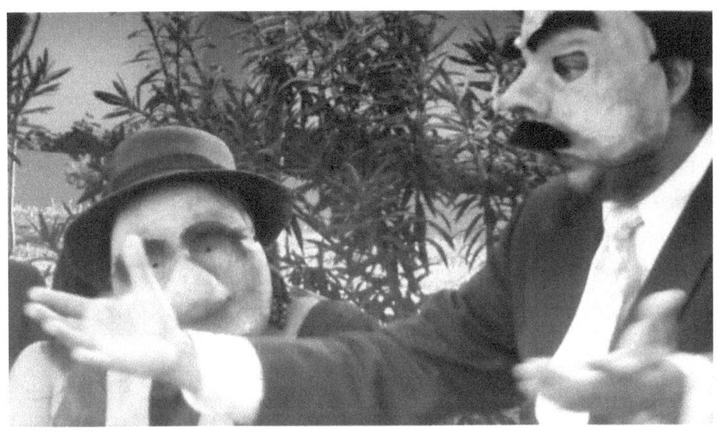

Ninguna autoridad institucional puede invocar como derecho la brutalidad, ni arrogarse la potestad de la violencia como facultad legítima. Hacerlo sería excederse en el ejercicio de sus funciones administrativas, y no existe razón que lo justifique. Quien quiera que ocupe silla en el entramado burocrático universitario tiene por encargo velar por el cumplimiento de los principios políticos que rigen la Universidad, es decir, hacer valer la ley. La misma responsabilidad legal corresponde, indelegablemente, a toda la comunidad universitaria. Los universitarios tenemos, pues, "la obligación de servir al pueblo de Puerto Rico en fidelidad a los ideales de una sociedad integralmente democrática." Aunque pudiera parecer retórica trasnochada o demagogia populista, este entendido está contemplado en la ley que rige la Universidad desde 1966. Y aún si no lo dispusiera la ley, ¿qué valor tendría la Universidad si se pensase y se actuase de modo contrario?

El estudiantado, al pie de la letra o más acá de la ley, ha constituido la reserva moral de la Universidad, y no sus administradores de turno. Aún cuando la inmensa mayoría permanece silente e indiferente, siempre ha sabido ingeniárselas para salirle al paso a tecnócratas y usureros, a burócratas y asesinos de esperanzas. La razón del tecnócrata imagina una Universidad como fábrica de peones productivos y mansos; como rebaño de

---

[19] **"Universidad y ley"**, *El Nuevo Día*, miércoles, 21 de abril de 2010.

empleados dóciles y útiles. La imaginería universitaria, por el contrario, inventa y se reinventa incesantemente para corresponderle al pueblo, que en principio apuesta a su buena fe y a sus elevados sentidos de justicia social.

La Universidad de Puerto Rico no es un mero centro de adiestramiento laboral, una factoría de diplomas, un negocio de apariencias. A la altura de estos tiempos, la economía capitalista empuja a redefinir la Universidad a tales fines. Al parecer no interesa la formación de seres pensantes, ni el estímulo de acciones afirmativas para el bienestar social. La Universidad del Estado parece confundirse con las universidades privadas, administradas prioritariamente en función de intereses lucrativos. Por el contrario, la Educación es, para los universitarios, una responsabilidad ciudadana que no puede rendirse ante la estreñida mentalidad del tecnócrata.

Nada más anti-universitario que, en lugar de estimular el pensamiento crítico, preferir romper cabezas; demonizar esperanzas; estigmatizar anhelos. Aún cuando pudiera preverse que las tácticas convenidas por el estudiantado están destinadas al fracaso en lo inmediato, es su tiempo de hacer valer intentos. Cada generación de estudiantes es hija de mil derrotas, y aún así, buena parte de lo mejor de nuestra sociedad lo debemos a sus gestas…

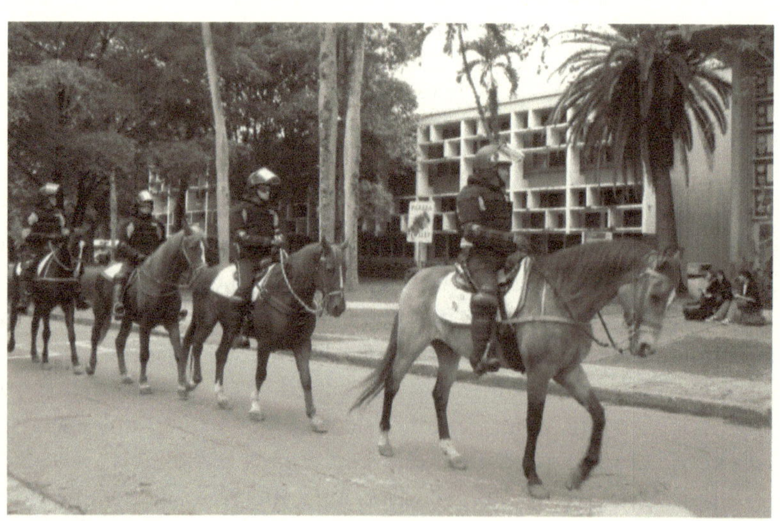

Universidad, Autonomía y Huelga[20]

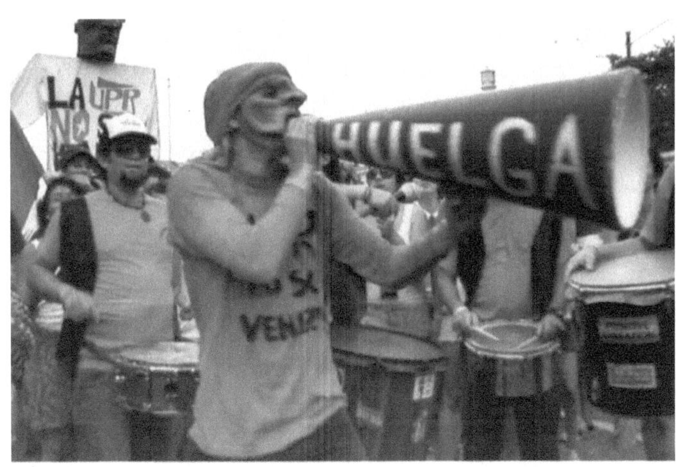

La huelga estudiantil actual, de marcados matices posmodernos, es continuidad y efecto de un mismo problema histórico y político, que serpentea entre tiempos de tensiones y tiempos de inmovilidad, pero que se repite casi en idénticos términos. Es el problema de la falta de autonomía universitaria. Es decir, de la intromisión indebida de intereses ajenos y contrarios a la Universidad, encabezada por los principales partidos políticos del país y los intereses corporativos que representan. Los estudiantes en huelga, mientras reivindican a su generación y luchan por derechos inmediatos, emplazan a las viejas guardias a desempolvar esperanzas...

Fue la administración de Partido Popular Democrático la que impuso la presidencia en la Universidad. No porque la institución lo requiriese desde sí y para sí, sino para hacer más efectivo el relativo control político de la misma. Y así fue, hasta que, bajo la administración de Pedro Rosselló, se impuso la Junta de Síndicos como nuevo cuerpo directivo, inicialmente respondiendo a intereses del Partido Nuevo Progresista. Hoy, sin embargo, aunque la composición político-partidista de ese cuerpo puede variar, las complicidades de clase, es decir, los intereses económico-políticos

[20] **"Universidad, autonomía y huelga"**, *El Nuevo Día*, miércoles, 12 de mayo de 2010.

que sostienen sus motivaciones, hacen irrelevantes las diferencias partidistas. De ahí la unidad ideológica en los proyectos de desmantelamiento de la educación superior pública, la privatización de sus componentes esenciales y el privilegio de modalidades tecnocráticas y mercantilistas de la enseñanza, cónsonas a las políticas neoliberales modernas.

La estructura administrativa de la Universidad no solo es gerencialmente inoperante, sino que resulta excesivamente costosa al pueblo de Puerto Rico. La presidencia y la Junta de Síndicos son dos cuerpos de probada inutilidad, y deben ser eliminados. La función social de la Universidad, a la que nos debemos los universitarios, debe procurarse mediante un cuerpo rector universitario, no extraño, como la Junta de Síndicos, ni inútil, como la presidencia. Las alternativas ya han sido pensadas, propuestas y derrotadas mil veces. Pues mil veces y más vale insistir en su necesidad. Una reforma universitaria, participativa, representativa y democratizante, sigue siendo tan urgente y pertinente como siempre, y cada día más.

Estribillos románticos, consignas revolucionarias y cánticos religiosos convergen en un mismo movimiento: unidad en la diversidad. Esta vez, sin pretensiones de trascendencia, los estudiantes confinaron sus reclamos a lo tangible y su inmediatez. Aún así la huelga, su huelga, gánese o se pierda, ya es hoy una fuerza esperanzadora para nuestro país; si es acaso que compartimos -con los estudiantes- la ilusión, el ánimo y el buen humor para imaginar posible un mejor Puerto Rico…

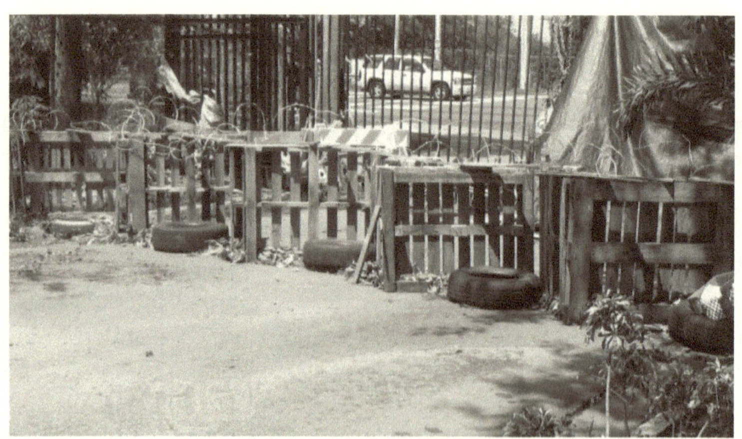

La mayoría si(l)ente[21]

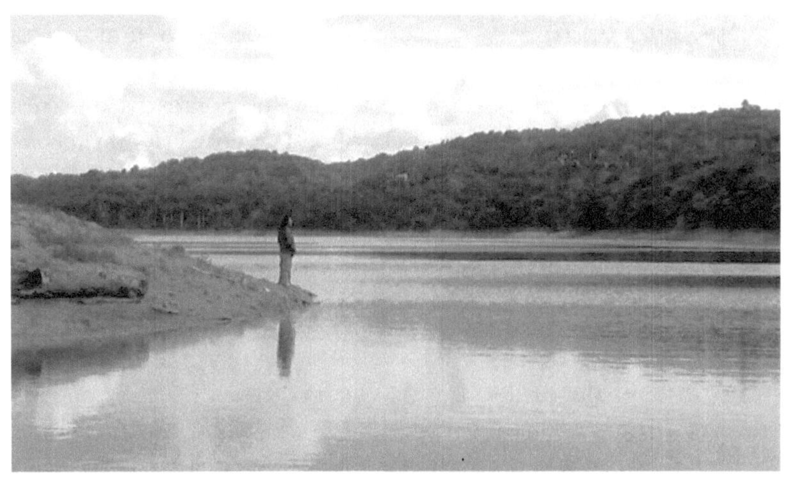

El "silencio de las mayorías" es un concepto político abstracto y relativamente ambiguo, por lo que sus significados y sentidos están sujetos a las relaciones de poder en pugna que lo signifiquen. Habitualmente, la filosofía política lo ha interpretado como fundamento de legitimidad de la autoridad interventora del Estado de Ley.

A la presumida *idea* de "la voluntad del pueblo" le antecede una usurpación previa. La clase política dominante hace y deshace en su nombre y para su propia conveniencia, y no es con arreglo a una razón superior sino por virtud de la invocación de una fuerza mayor, la suma de todos los silencios. Así, buena parte de lo peor en nuestras sociedades se hace en nombre de los callados, como si el mutismo generalizado, incondicionalmente y sin excepciones, fuera signo de complicidad con los privilegiados por el poder del Estado; como si el silencio de las muchedumbres fuera la firma del Contrato Social; como si por no mediar palabra la ciudadanía enmudecida consintiera las incompetencias y brutalidades de sus gobernantes.

Pero se equivoca quien piense así, si no es que miente. Además de tratarse de una farsa ideológica, la historia de este "entendido" es la de la histeria de los malos gobiernos. Esa

[21] **"La mayoría si(l)ente"**, *El Nuevo Día*, sábado, 16 de mayo de 2010.

"mayoría silente" es irrepresentable en términos absolutos y definitivos, y quien quiera que reclame su representación es, cuando poco, farsante. Como símbolo, puede aludir a la masa indiferente y desentendida, perezosa o acobardada tal vez, pero nunca a una postura uniforme de pensamiento, sentimiento o razón.

Las manifestaciones de protesta y los contextos huelgarios son escenarios donde se evidencia un revés en el significado y el sentido del silencio masivo. Y es que la mayoría silente no representa una fuerza de oposición en sí misma, como quisiesen jerarcas, demagogos y politiqueros. La huelga estudiantil en la Universidad de Puerto Rico lo evidencia. Desde la más alta jerarquía de gobierno se convocó al fantasma de la mayoría silente a romper huelga. El gobernador y séquitos subordinados, en especial la rectora interina del recinto de Río Piedras, la convocaron pública e insistentemente. Y ésta les respondió como siempre, en silencio y ausente. Y es que a veces, de vez en vez, el silencio y la ausencia se convierten en valiosos gestos de solidaridad, una solidaridad fantasmagórica, es verdad, pero solidaridad al fin. Otras veces, quizá como casi siempre, nunca sabremos...

Reforma Universitaria[22]

El propósito medular de la Ley de la Universidad de Puerto Rico es "reafirmar y robustecer su autonomía", según dispone el Artículo 1. La consecución de la misión social, objetivos y deberes de la Universidad está sujeta al cumplimiento de esta clausula legal. El problema es que no existe "autonomía" más allá del ideal imaginario de la Ley. La autonomía universitaria es una ficción jurídica; un mito; una reforma liberal inconclusa; un signo recurrente de ingenuidad política; un horizonte democratizante a seguir; un deseo genuino para algunos, una peligrosa realidad que impedir, entorpecer u obstaculizar para otros. La evidencia es paradójica: es la propia ley que la nombra y reivindica la que consagra su (im)posibilidad.

El Art. 3 dispone que la UPR "será gobernada y administrada por una Junta de Síndicos", compuesta por trece personas, diez de las cuales serían nombradas directamente por el Gobernador y consentidas por el Senado. Esta es la puerta ancha por la que los partidos políticos conservan y perpetúan sus intromisiones indebidas en la vida institucional de la UPR. Este cuerpo representa más que una abierta violación a la autonomía universitaria, la evidencia de su inexistencia. Además, nombra al Presidente de la Universidad y a los rectores de los recintos universitarios y, según dispone la ley: "tales funcionarios ocuparán sus cargos a voluntad de la Junta." Las lealtades de sus miembros responden a agendas partidistas y no a proyectos universitarios. Es inútil invocar el principio de respeto a la autonomía si la ley impone una estructura administrativa, "de gobierno", explícita y confesamente ajena a la razón de ser de la Universidad.

La pasada asamblea claustral aprobó por unanimidad "pedir la renuncia" de la presidenta de la Junta de Síndicos, Ygrí Rivera. Esta fue su respuesta: "Pedirme la renuncia es una declaración... que no tiene ninguna validez, ni ninguna fuerza. (...) Ellos no fueron los que me nombraron... Yo no estoy aquí por ellos." Nadie debe extrañarse, ni tampoco dejarse engañar por ilusiones vanas. La realidad es que la mera sustitución de sus miembros dejaría intacta la estructura legal que, en sí misma, constituye una violación al

---

[22] **"Reforma Universitaria"**, *El Nuevo Día*, viernes, 28 de mayo de 2010.

principio de autonomía universitaria, matriz de los problemas presentes y porvenires.

La comunidad universitaria no debe limitarse a reaccionar contra las malas políticas institucionales ni constreñir su horizonte de acción a criticar las ofensivas gubernamentales contra la Educación Pública. Además de procurar respuestas ante la crisis fiscal, debe eliminar los obstáculos estructurales que impiden que la Universidad ejerza una gestión administrativa políticamente transparente e intelectualmente honesta. Debemos darnos a la iniciativa de realizar una Reforma Universitaria desde la Universidad, profundizar el análisis y resolver el problema desde su raíz; instaurar una autonomía institucional efectiva y democratizar radicalmente los cuerpos que la rigen. El momento es ¡AHORA!

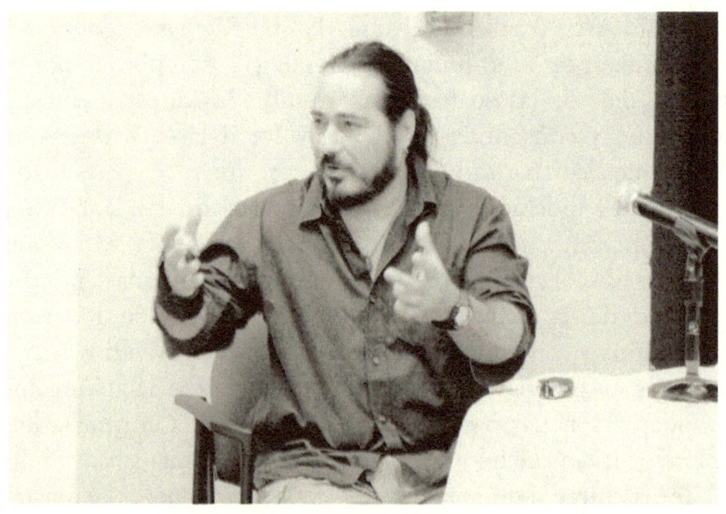

Libertad de cátedra[23]

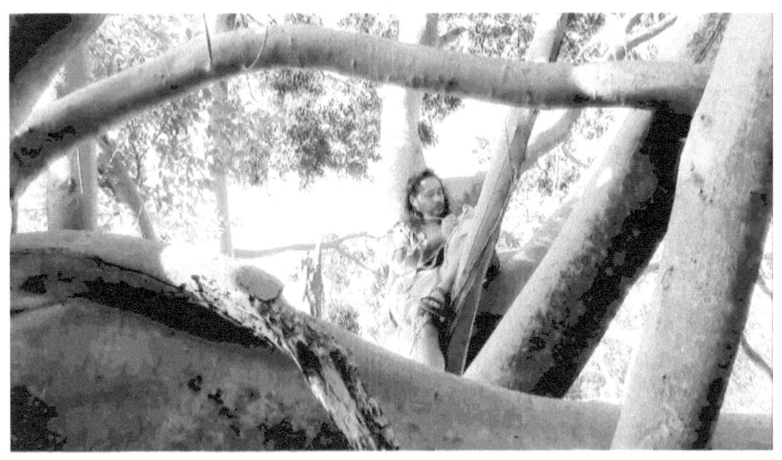

Inspirar el deseo de aprender a pensar por sí mismo, más que enseñar a repetir, a imitar y a memorizar, debiera ser la tarea esencial de cualquier maestro con sus discípulos. Animar la voluntad de saber, como hábito existencial, como práctica social emancipadora y democratizante, ¿acaso no es éste el principio humanista del que se nutre el derecho político a la educación, desde la escuela a la universidad? No es al frío dominio de técnicas y mecánicas a lo que se deben las cátedras universitarias. Tampoco inculcar resignación o neutralidad ante las realidades inmediatas es su encargo, sino dar cuenta de ellas, comprenderlas y enseguida oponerlas al desafío de una imaginación creadora de posibilidades alternas. La misión social de la Universidad se traza a partir de este sentido. La libertad de cátedra es su piedra angular.

Por eso, cómo se da la relación entre profesor y estudiante es de singular importancia. Si el profesor practica una cátedra arrogante, paternalista o autoritaria, ¿qué modelo de ser humano invita a emular? Si el estudiante la promueve siéndole indiferente, consintiéndola sumisamente o avalándola, ¿qué modelo de ciudadano está conformando? Materializar las aspiraciones de una sociedad democrática requiere, ineludiblemente, tratar con suspicacia crítica los más mínimos detalles de la vida cotidiana, institucional o privada, sobre todo los que suelen pasar

---

[23] **"Libertad de cátedra"**, *El Nuevo Día*, viernes, 18 de junio de 2010.

inadvertidos, precisamente por estar saturados de cotidianidad. Convertir en hechos concretos los principios políticos democráticos, preservar los derechos civiles y hacer valer los derechos humanos, requiere de la formación de ciudadanos dispuestos y capaces de hacerlo. A ello se debe, en principio, la Universidad. La libertad de cátedra es condición de su posibilidad.

Por el contrario, dentro de la concepción empresarial dominante, la educación superior es trivializada y valorada sólo como negocio rentable. La proliferación, consolidación y expansión de universidades privadas lo evidencia. Su ordenamiento administrativo responde prioritariamente a expectativas económicas, subordinando la dimensión académica a su valor comercial en el mercado de títulos y profesiones. El mundo laboral demanda de las universidades la fabricación acelerada de empleados serviles, productivos y mansos. La formación de seres pensantes no es una oferta simpática en la que el capital privado interesa invertir. Dentro de esta lógica, las principales empresas universitarias privadas se promocionan como instituciones religiosas. Para el capital privado la Universidad es un negocio lucrativo, los estudiantes su clientela y Dios un atractivo publicitario; remiendo para sus inconsistencias morales.

El efecto en lo académico, tanto en las ciencias duras como en las artes liberales, se manifiesta en una enseñanza mediocre y, a la vez, mediocrizante. Desde esta óptica mercantilista y patronal, la libertad de cátedra aparece como residual político desechable, desvarío inconveniente del idealismo humanista moderno; quimera de una tradición claustral en decadencia; anacronismo libertario; derecho en agonía...

Deambulante[24]

A la sombra de la antigua iglesia en la plaza del pueblo, contigua a la casa alcaldía y al cuartel de la policía estatal, una anciana mujer, andrajosa y pestilente, desposeída de toda buena suerte, famélica y sin hogar, suplica por limosnas. En su humilde aposento, el sacerdote repasa los versos sagrados antes de celebrar los misterios de la eucaristía. Sabe, o cree saber, que las angustias, sufrimientos y malestares de la ciudadanía, devota y fiel, son como el hambre para el alma, que sólo ansía por alimento la palabra sabia del Señor: "Por eso les digo: No se preocupen por su vida, qué comerán o beberán; ni por su cuerpo, cómo se vestirán. (…) Más bien, busquen primeramente el reino de Dios y su justicia, y todas estas cosas les serán añadidas." (Mateo 6:26-34) Ella, devota y fiel como él, también se persigna y ruega, busca y espera; espera y espera, que al cielo al fin se le cure la sordera…

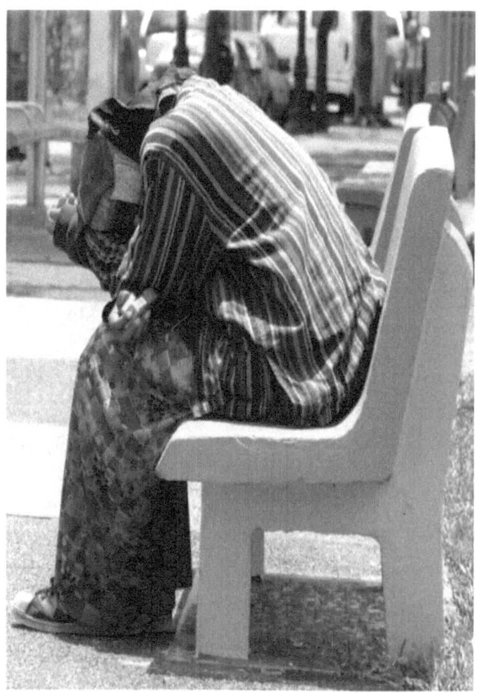

[24] **"Deambulante"** (versión editada), *El Nuevo Día*, jueves, 30 de julio de 2010.

Se estima que 30,000 ciudadanos sin hogar deambulan las calles del país, aunque el último censo "oficial" *reconoce* sólo 10,000. Cerca de la mitad de la población en Puerto Rico vive bajo el índice de pobreza y casi 200,000 están desempleados, por lo que la exactitud de la cifra de vagabundos y mendigos apenas dramatiza la gravedad del problema. Aunque millones de dólares de fondos federales son destinados anualmente a Puerto Rico para servicios a las personas deambulantes, el gobierno local se lava las manos, delegando en las organizaciones religiosas lo que en principio es responsabilidad política indelegable del Estado. A largo plazo, las dádivas samaritanas, la compasión por el prójimo y la misericordia cristiana sólo sirven de consuelo para la conciencia del ciudadano común. Las úlceras que carcomen la piel no se curan con rezos, ni con plegarias se sana el desamparo y la crueldad del discrimen y la marginación.

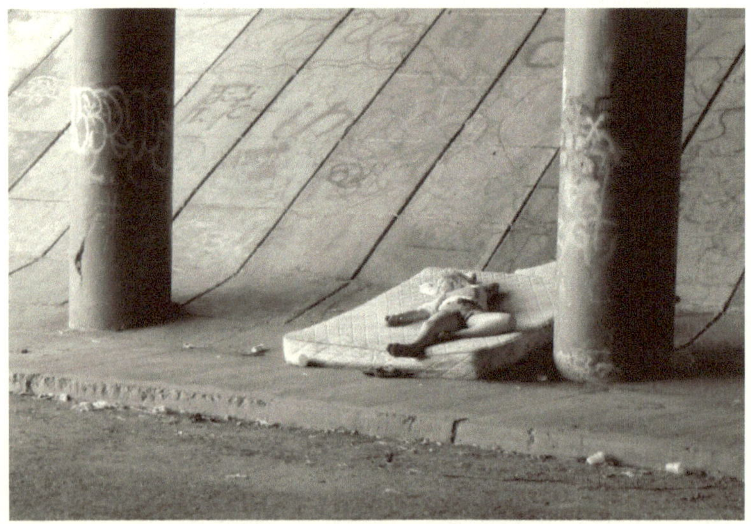

La propaganda del gobierno minimiza el impacto social del modelo económico neoliberal, y oculta los efectos psicosociales de la distribución brutalmente desproporcionada de las riquezas, servicios y recursos del país. En su lugar, aprueba leyes que criminalizan la pobreza, ordenanzas municipales que convierten el "vagabundeo" en delito y al deambulante en delincuente. 46 municipios en la Isla tienen ordenanzas o Códigos de Orden

Público que criminalizan a las personas sin hogar, prohibiendo y penalizando "deambular, vagar, vagabundear, recolectar, pernoctar en aceras y lugares públicos; rebuscar entre escombros o remover desperdicios." Las multas oscilan entre $100 a $500 dólares y/o cárcel a reincidentes.

"Solicitar ayuda económica a los ciudadanos en lugares públicos" está prohibido, a menos que se "cumpla un fin lícito caritativo." Las iglesias y los partidos políticos están explícitamente excluidos de esta prohibición legal, que privilegia arbitrariamente los "fines" institucionales y corporativos sobre las necesidades inmediatas y reales de las personas sin hogar. La violencia discriminatoria contra la pobreza extrema es de carácter legal en Puerto Rico. La miseria de algunos es fuente de ingreso para otros; la pobreza es un negocio seguro y la resignación religiosa, coartada para su perpetuidad...

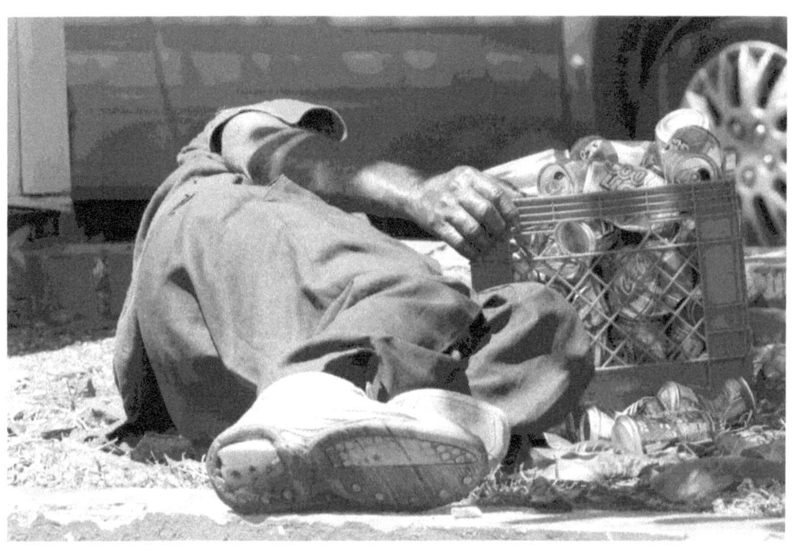

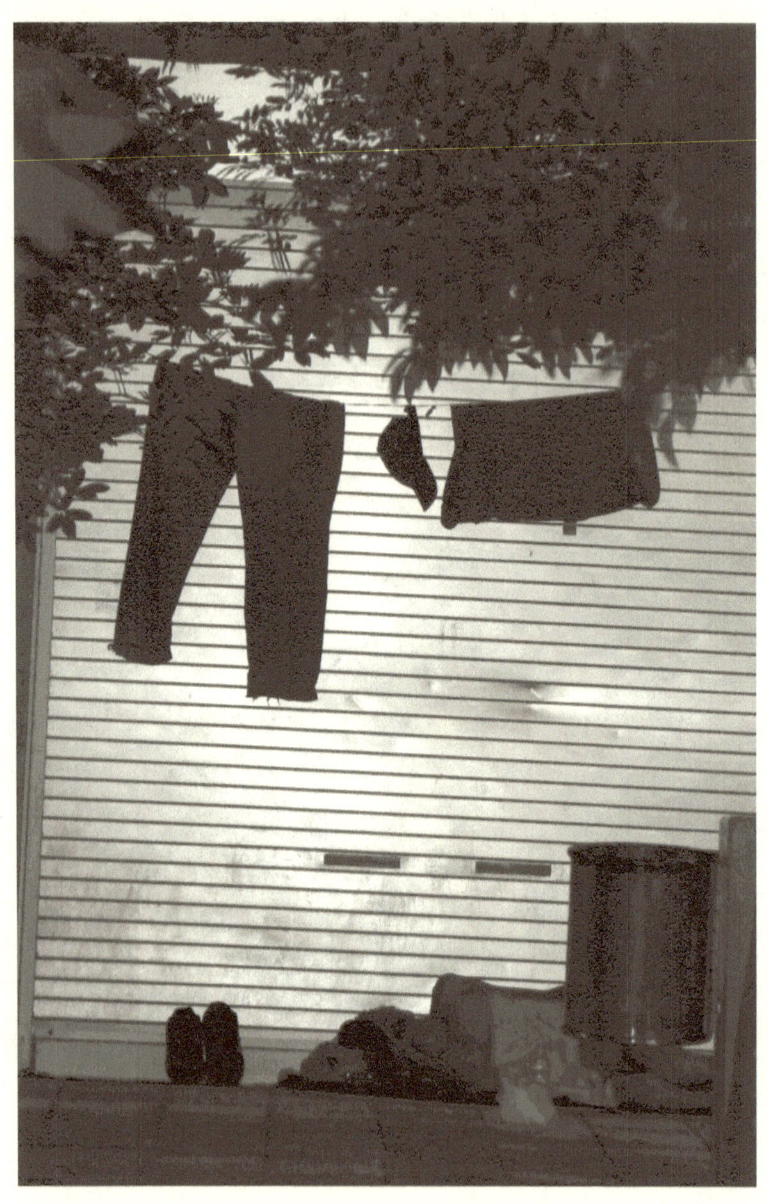

Historia de la prohibición[25]

Con la mira puesta en el objetivo de administrar con eficacia y efectividad sus posesiones territoriales, en 1917 el Gobierno de los Estados Unidos aprobó el Acta Jones (Carta Orgánica de Puerto Rico), en la que, entre sus disposiciones legales, establecía que: "...será ilegal importar, fabricar, vender, o ceder, o exponer para la venta o regalo cualquiera bebida o droga embriagante." A la Asamblea Legislativa local sólo le reconocería autoridad para ejecutar la prohibición al pie de la letra, encargo que asumiría sin cuestiona-miento ni reserva alguna. El gobierno de la isla, por su parte, la justificó como freno al "alarmante ascenso en la criminalidad por causa de bebidas embriagantes."

La instauración de la soberanía norteamericana trajo consigo una política mercantil que convirtió el negocio de licores en uno de los más lucrativos en la Isla. La libertad de comercio y su legalidad legitimaban el alcohol y generaba ingresos significativos al tesoro público. Pero la preocupación por el auge en el consumo, aunque comprensible, no tenía más fundamento que la preocupación misma, y el tiempo demostraría que la prohibición se trató de un grave error.

La radical negación al derecho ciudadano a consumir alcohol se caracterizó por una acentuada moral nacionalista y puritana. Un artículo de propaganda prohibicionista, publicado durante la época, leía: "La siniestra fuente del vicio manaba constante y copiosamente (...) y había que luchar contra los grandes intereses creados por esa perniciosa industria que venía destruyendo la salud del pueblo." Socialistas y espiritistas, logias masónicas, denominaciones protestantes y maestros, se identificaron en el mandamiento prohibicionista.

Para entonces, cerca de cien mil electores favorecieron la ley de la prohibición. Sesenta mil se opusieron. Por virtud de un despotismo democrático se prohibió el libre mercado del alcohol y se criminalizó a usuarios, comerciantes y consumidores. Miles fueron arrestados, multados y encarcelados. La prohibición entró en vigor en Estados Unidos poco más de un año después y, tras estelas de corrupción y muertes, en 1933 fue abolida. Aquí, sin consulta popular, se derogó el artículo prohibicionista en 1934. Los

[25] **"Historia de la prohibición"**, *El Nuevo Día*, 1 de septiembre de 2010.

abstemios continuaron sus abstinencias, y gobernantes y contrabandistas, usuarios clandestinos, legisladores y oficiales de la ley, brindaron por la salud del pueblo…

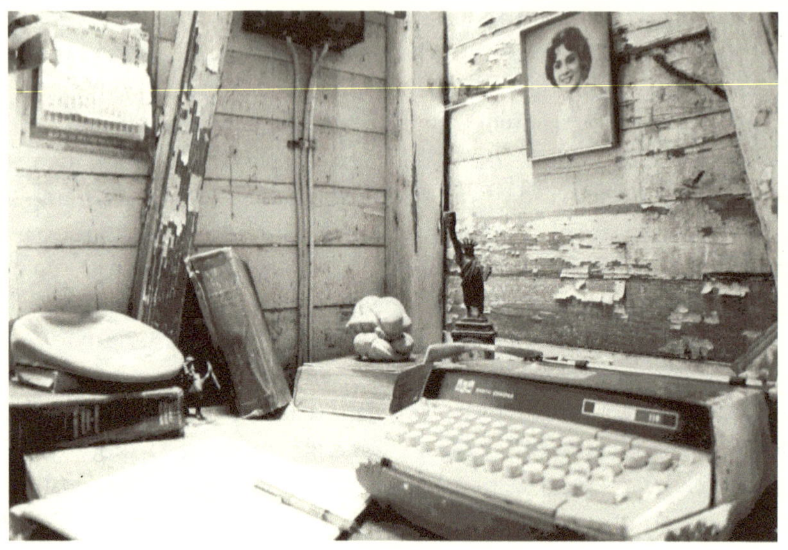

Editorial y censura[26]

La crisis de las editoriales académicas-universitarias no es administrativa sino política. La censura intelectual, enmascarada de práctica editorial, es matriz de esta condición crítica. La mayor parte de los escritores académicos, profesores e investigadores, se han habituado a ella. Resignados, han renunciado a esa parte sensible de la responsabilidad social de los universitarios, que es publicar sus quehaceres intelectuales.

La Universidad del Estado se ha desentendido de este problema, y como institución no estimula ni provee recursos efectivos para publicaciones académicas. La comunidad universitaria es marginada de su propia producción intelectual, mientras las autoridades se empecinan en montar una imagen publicitaria que no corresponde a la realidad institucional, sino a una táctica simulacional de mercadeo. La obsesión por aparentar ser más de lo que realmente se es en el escenario global, se traduce en un brutal menosprecio de una parte cualitativa de la producción intelectual nacional. Pero la evidencia más tajante de la crisis es el abandono de la tarea editorial a la suerte de administradores intelectualmente mediocres y políticamente intolerantes.

Así sucede, por ejemplo, con dos *prestigiosas* revistas, la *Revista de Ciencias Sociales* y la *Caribbean Studies.* Ambas se venden como revistas interdisciplinarias, abiertas a la diversidad de estilos y perspectivas. La *Revista de Ciencias Sociales*,–cito de su descripción-, "...debe publicar artículos representativos de todas las disciplinas y tendencias de las ciencias sociales, con una variedad de temas, teorías, ideologías y métodos de análisis." Por el contrario, como si se tratase de un negocio privado y de intereses comerciales, sus administradores discriminan por motivaciones personales y, asimismo, convidan del derecho a publicar sólo a simpatizantes ideológicos y amigos.

Refugiada la censura en la ilusión de prestigio por antigüedad, justifican prácticas editoriales obsoletas y autoritarias. La depreciación de la calidad intelectual de los contenidos de las publicaciones, y la exclusión caprichosa de posturas intelectuales que no gozan de las simpatías personales de los editores, son

---

26 **"Editorial y censura"**, *El Nuevo Día*, martes, 7 de septiembre de 2010.

secuelas previsibles. No obstante, cabe la sospecha de que el juicio editorial no revele un conocimiento profundo del material evaluado sino que confiese, más bien, un craso desconocimiento sobre materias que no son afines a los estrechos dominios intelectuales del editor.

¿De qué está hecha, pues, la autoridad de la censura editorial? De vanidad y celos, de ignorancia, de arrogancia, egoísmo y despecho...

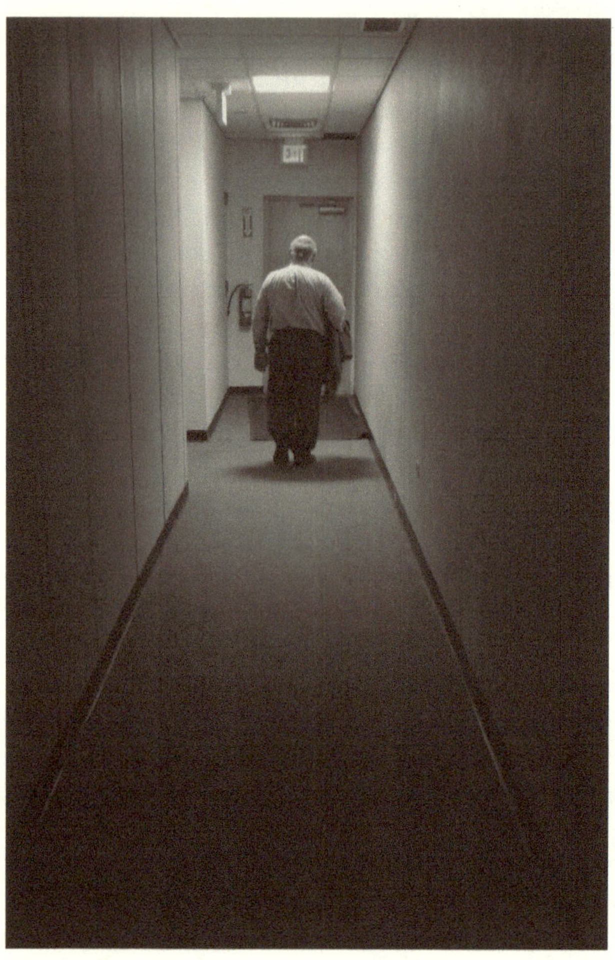

Desenrejar la Universidad[27]

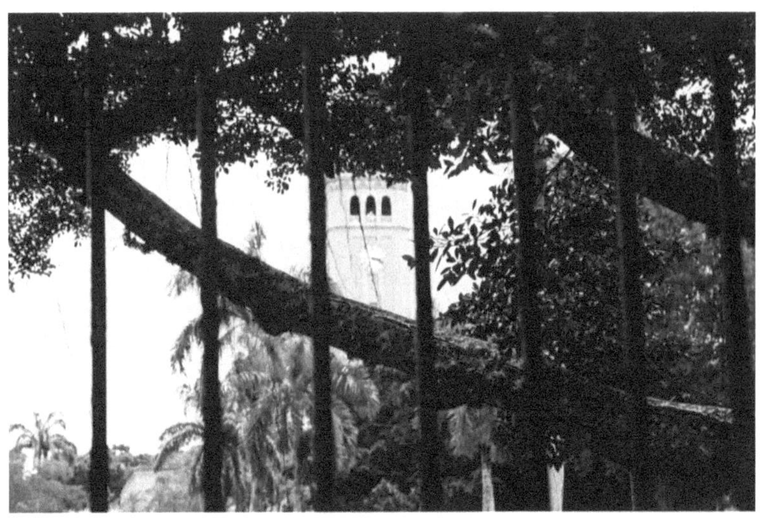

Aunque las confesadas motivaciones políticas de la alta jerarquía administrativa de la Universidad de Puerto Rico se distancian de los ideales democráticos a los que aspiramos los universitarios y ciudadanos progresistas del país, la ocurrencia de eliminar las verjas y portones del recinto de Río Piedras es, a fin de cuentas, una buena idea.

La intención "estratégica", revelada a los medios de comunicación, es desproveer a la comunidad universitaria (estudiantes, profesores y trabajadores) de la posibilidad de atrincherarse tras las rejas del recinto y de apoderarse del campus como recurso de sus luchas reivindicativas, dramatizadas históricamente en los contextos huelgarios. La ingenuidad política de la administración devela su ignorancia sobre la naturaleza de los movimientos de protesta, y la complejidad de las fuerzas ideológicas que los animan y mueven le resulta incomprensible. Además, ignora que la huelga es una práctica legítima del derecho democrático, por más que insista en tergiversar la interpretación jurídica constitucional y declararla ilegal. Las rejas de la Universidad son apéndices prescindibles para las luchas universitarias, y su

[27] **"Desenrejar la Universidad"**, *El Nuevo Día*, jueves, 30 de septiembre de 2010.

eliminación no resta ni un ápice a la fuerza moral de sus causas e ideales.

La propuesta eliminación de las verjas es efecto de una suerte de histeria gerencial ante el asecho de la comisión evaluadora del gobierno federal, que ha reprochado la impotencia para garantizar la gobernabilidad de la Universidad, y la acusa de incumplir sus condiciones para cualificar para cuantiosas partidas presupuestarias. No obstante, una buena idea.

Irónicamente, la oposición a la apertura irrestricta de los predios del recinto recicla prejuicios clasistas y discriminatorios. Proviene de mentalidades enajenadas, tan enrejadas como el recinto. Al temor a la criminalidad corre paralela la ilusión de seguridad que procuran las verjas y portones que separan la Universidad de esas comunidades pobres, barriadas y caseríos que la circundan y que, desde esta óptica, la mantienen bajo asedio criminal.

Las verjas producen una exterioridad imaginaria, un afuera donde reside el peligro y una ficción de un adentro protegido. Ojalá que a la eliminación de las rejas de la Universidad le siga de cerca un profundo desenrejado de la torpeza administrativa, de la mezquindad política y de la mediocridad intelectual, que la mantienen cautiva y en estado degenerativo, entre verjas de hierro o sin ellas...

Criminalidad y Derecho Penal[28]

La vaguedad intelectual siempre ha sido un rasgo distintivo del derecho a castigar, en todos los estados y gobiernos del planeta. Y es que la justificación última del derecho penal no reside en el poder de la razón sino en la fuerza superior para hacerlo. La Ley hace el delito e impone la pena. Su justeza o razonabilidad son artificios prescindibles. Esta estrechez teórica es compartida entre el gobierno estadounidense y la clase política, legislativa y mediática puertorriqueña.

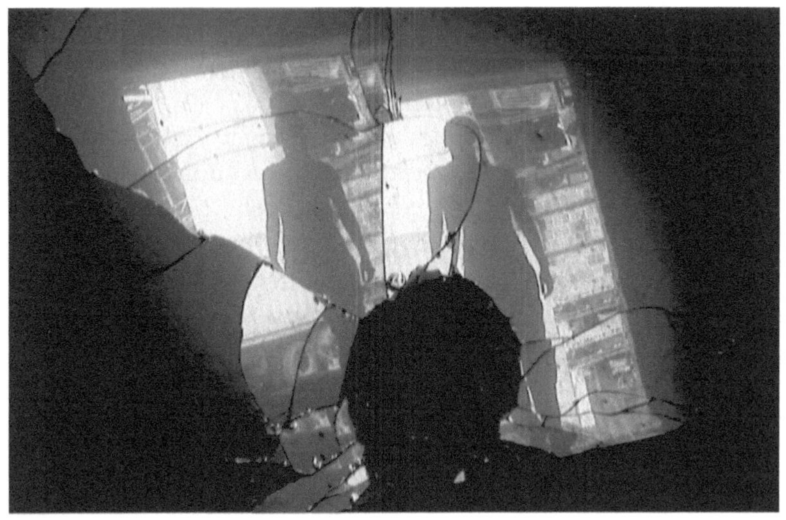

El discurso criminológico dominante en el Estado de Ley cree ilusoriamente que castigando (multando y encerrando) contiene y disminuye la incidencia criminal, a la vez que aumenta la seguridad y garantiza el orden social. La fe en el código penal y la credulidad en los dogmas de la Ley confiesan cierta ingenuidad política, y también una peligrosa ignorancia. Ambas faltas se revelan en el discurso criminal del Estado, en la imposibilidad de poder constatarse -fuera de su coherencia imaginaria- en la realidad.

---

[28] **"Criminalidad y Derecho Penal"**, *El Nuevo Día*, jueves, 21 de octubre de 2010.

Miles son procesados criminalmente cada año en los tribunales del país, y una parte sustancial por la "guerra a las drogas". La reciente redada federal no evidencia más que la realidad que produce el Estado mismo, sus dirigentes políticos, los mercaderes de miedos y los comerciantes de ilusiones de seguridad. No avergüenza tanto la corrupción policial, ápice de esa realidad, como quienes posibilitan las condiciones para que se reproduzca irremediable e inconteniblemente.

La política medicalizadora, como las medidas punitivas tradicionales, no puede contrarrestar las violencias y crímenes vinculados al narcotráfico, quizá el negocio más lucrativo del país, y que no depende de los usuarios drogo-dependientes. Esa población es relativamente insignificante dentro del mercado de narcóticos ilegales, y la mayoría de los consumidores no es drogadicta. Además, el negocio abarca infinidad de negocios dentro de la dimensión de la ilegalidad.

California considera legalizar la marihuana y el presidente de México reprocha la inconsistencia del gobierno norteamericano. En España se desperdicia en la cárcel un muchacho boricua, estudiante de medicina, por el tráfico ilegal de tonterías. En Puerto Rico siguen matándose y muriendo juventudes por competencias entre puntos, y la razón asesina no es la de narcotraficantes o consumidores, sino la del Estado prohibicionista.

Universidad, voluntad y ley[29]

La crisis estructural de la Universidad del Estado tiene raíces profundas en la ley que, a la vez que sostiene su existencia, posibilita su extinción. Se trata, quizás, de una paradoja irresoluble, propia de la naturaleza contingente del discurso de la ley, de su pertinencia coyuntural y de su imprevisible caducidad histórica. Pertenecen al registro de las luchas políticas los vaivenes que se dan entre ambos extremos, las modulaciones retóricas, los ajustes estructurales y los arreglos estratégicos; los significados y sentidos que se asignen en su devenir incierto.

El aumento en el número de síndicos por arbitrariedad del Gobierno de Puerto Rico puede ser interpretado como violación al principio de autonomía universitaria, pero es innegable que también es una determinación amparada en todas las de la ley. Y así, el presidente hace pública su satisfacción con el proceso de consulta de la rectoría del recinto de Río Piedras, pero que en última instancia, "la consulta" era un mero gesto de cortesía, pues la ley le autoriza a tener él el poder de decidir. La rectora, nombrada en propiedad contra la voluntad expresa de la mayoría en la comunidad universitaria, también está satisfecha, y entiende que no tiene que representar a los universitarios sino a la ley, por virtud de la cual asume su posición de poder. Así, la Universidad, administrada al pie de la letra por los reglamentos y procedimientos de ley, dice de sí ser una universidad democrática. Todos los gobiernos despóticos y autoritarios del mundo dicen de sí que son democráticos porque obedecen al pie de la letra lo escrito en la ley. La ley es, pues, fundamento de la injusticia, de la corrupción; enclave de la crisis y, simultáneamente, posibilidad de superación.

Pero ojalá bastara demoler las viejas estructuras para abolir con ellas los malos hábitos, y que de un plumazo legislativo se rehiciera desde sus ruinas la Universidad. La historia, bien pensada, evidencia que la realidad es mucho más compleja. Su condición de crisis no viene sólo desde *arriba*, desde la razón conspiradora para su desmantelamiento en clave neoliberal. Ojalá bastaran las razones y las palabras sobraran, pero no. Tendremos la democracia, la ley y la universidad que, cada cual y entre todos, queramos o cedamos…

---

29 **"Universidad, voluntad y ley"**, *El Nuevo Día*, sábado, 20 de noviembre de 2010.

Fuerza de choque, ¿para qué?[30]

Anuncian en primera plana "Desmantelan Fuerza de Choque". Las razones no sorprenden a nadie. Nemesio Canales lo advertía: "...ya no hay motivo para alarmarnos y alborotarnos cada vez que a uno de la policía se le va la mano y tiene la desgracia de estropear a alguien (...) Una macana sólo sirve para pegar, y si hemos autorizado al policía para que la use, esto es, para que pegue (…) y se aficione a pegar -hasta premiado con un sueldo- no nos debe extrañar que le pegue y machaque al lucero del alba." En *nuestro* Estado de Ley, esa es la función tácita de la "fuerza de choque" (División de Operaciones Tácticas de la Policía de Puerto Rico).

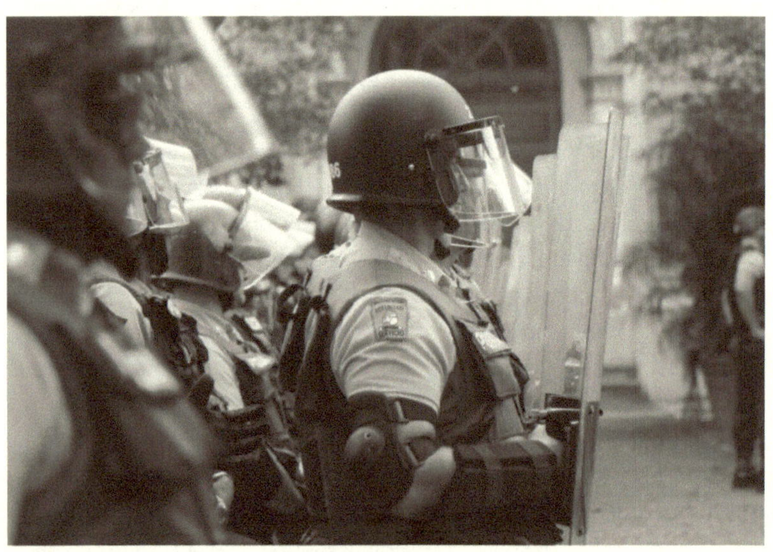

La corpulencia de sus miembros no se debe a inofensivos criterios estéticos, ni sus armas y armaduras son meros accesorios cosméticos. Tampoco sus actitudes expresamente antisociales son simples antipatías personales, aunque de la actuación hostil pueda sospecharse una realidad oculta, la de experiencias infantiles

[30] **"Fuerza de choque, ¿para qué?"**, *El Nuevo Día*, jueves, 2 de diciembre de 2010.

traumáticas; la posibilidad de que tras los episodios de violencia se revele la transferencia inconsciente de rechazos, menosprecios y maltratos; que sus crueldades los confiesen víctimas de abusos y violaciones. En vez de atender sus traumas psicológicos, el Estado los reconoce beneficiosos para sí, los recluta y los pone a su disposición. Niños abusados convertidos en hombres abusadores y maltratantes; juegan a agredir; gozan dolerle al prójimo y alardean del poder de hacerlo.

A la ciudadanía comprometida con los valores de una sociedad democrática, ni la musculatura ni el mal carácter de la policía le interesa, le inspira respeto o le intimida. Desde esta posición, según es intolerante con la brutalidad policial, debería ser radicalmente crítica de las condiciones psico-sociales que la posibilitan.

La predisposición anímica a la violencia, instigada por el Estado de Ley, libera las riendas de la conciencia moral y convierte la brutalidad y la agresión sádica en valores encomiables, y "hasta premiados con un sueldo". La "fuerza de choque" no es una institución democrática sino una maquinaria de producción de comportamientos inhumanos y de prácticas sociales deshumanizantes. La mera existencia de este cuerpo represivo pone de manifiesto la fragilidad moral del Estado de Derecho y la precariedad política del sistema democrático que lo regula. La ciudadanía debería procurar su extinción, y legislar para abolirla…

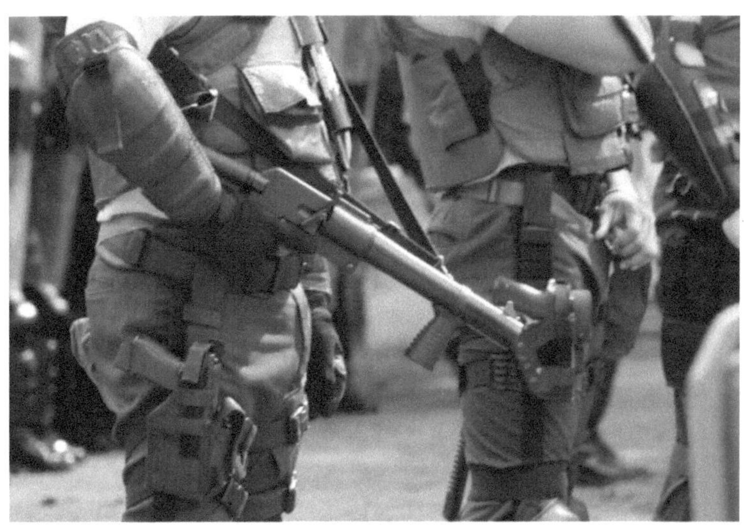

Repensar lo posible[31]

Asechadas, preocupadas o perturbadas por el espectro de la huelga estudiantil en la universidad del Estado, voces antagónicas e irreconciliables arremetieron unas contra otras mientras las suertes de "lo posible" deambulaban entre repertorios de adjetivos (des)calificativos y laberintos de *buenas* intenciones; de quimeras, egoísmos y desvaríos. Coincidieron, sin embargo pero equivocadamente, en que es económica la matriz de la crisis que anima las protestas, y entramparon ahí lo posible…

Si los estrategas del partido en el poder interesasen rehacer la imagen del gobernador, éste desistiría de imponer la cuota. Así arrebataría al partido de oposición el uso de la situación universitaria como plataforma de manipulaciones oportunistas e hipocresías de ocasión. Pero ambos partidos interesan el control político de la universidad del Estado, y ninguno vacila en socavar su relativa y frágil autonomía para obtenerlo o retenerlo.

Irónicamente, las posturas dominantes entre profesores evidencian una complicidad militante contra la autonomía universitaria, aunque suela tramitarse inconscientemente, entre ignorancias e ingenuidades. La negativa casi consensual a reconocer la raíz político-legal del problema y a comprometerse en un proyecto de Reforma Universitaria, con miras a reestructurar y democratizar las relaciones de poder (en su orden interior como en relación a las administraciones de gobierno), refuerza la evidencia.

La autoridad institucional, por su parte, concertó un discurso unívoco de lo posible y su revés. Sin regodeos retóricos ni mayores elucubraciones, prescindió de apelar a la Justicia o de invocar una razón profunda para definir lo posible y lo qué no lo es. La ley es el fundamento de su autoridad y su garante la fuerza policial. Desde este monólogo del poder no hay diálogo ni negociación posible. A los estudiantes, ensimismados en la inmediatez de su justa causa, les resta rendir sus aspiraciones, resignarse y someterse a la voluntad despótica de "lo posible" –según la alta jerarquía universitaria y el gobierno paranoide de Puerto Rico, al que se debe y responde-.

Fuera del dramatismo de la inmediatez y sus espectáculos mediáticos nada ha cambiado. El análisis superfluo y simplista de la

---

[31] **"Repensar lo posible"**, *El Nuevo Día*, jueves 30 de diciembre de 2010.

situación imposibilita transformar, estructural y cualitativamente, la Universidad del Estado. Las manifestaciones de protesta, legítimas o desautorizadas, siguen siendo desahogos colectivos y nada más.

El imperio de lo posible abarca hasta allí donde la imaginación se cohíbe; donde el reino de lo imposible ocupa el territorio de sus inhibiciones. Repensar lo posible, más allá de lo sabido y más acá de lo imaginado, esa debe ser la prioridad inmediata. A ver si para el nuevo año nos decidimos por fin alterar sus manoseados libretos...

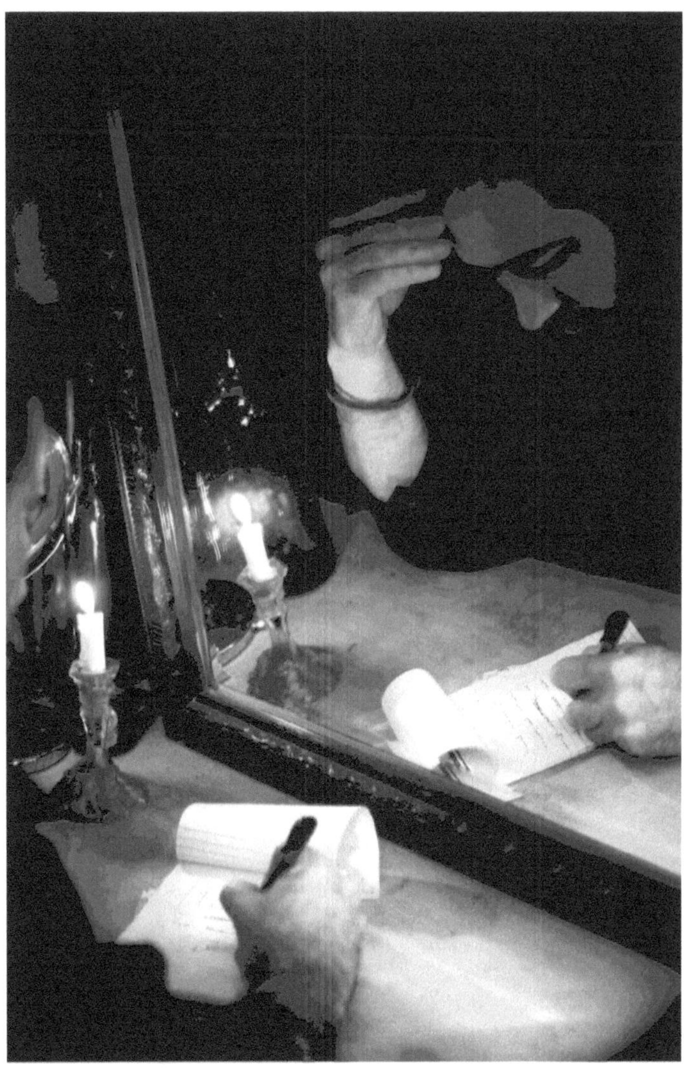

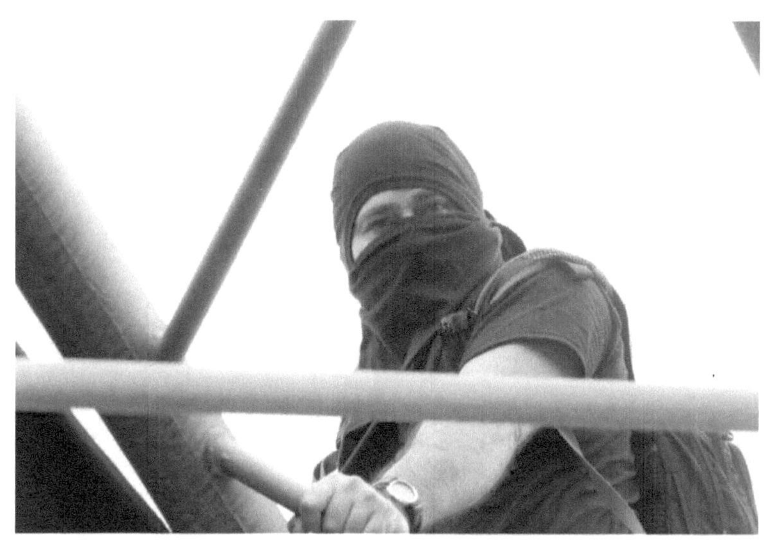

2011

La Reforma va[32]

La mayor reserva intelectual de los profesores universitarios a siquiera mencionar la palabra "reforma" en el contexto del actual conflicto huelgario ha tenido su razón más profunda en un temor compartido: que el gobierno usurpe la idea a los universitarios con una propuesta de contenido previsiblemente devastador para la Universidad del Estado. Las motivaciones del miedo son genuinas y comprensibles, pero ingenuas. En lugar de procurar una autonomía institucional efectiva y una radical democratización de los cuerpos que la rigen, han preferido limitarse a reaccionar a las circunstancias coyunturales, a protestar y a proponer parchos a los problemas inmediatos, sin tocar las causas estructurales que los ocasionan y que seguirán trayendo indefinidamente los mismos problemas.

Otra resistencia generalizada, quizá de mayor peso, es la razón política de un amplio sector del profesorado, vinculada a los intereses del Partido Popular, que no interesa trastocar las relaciones de poder en la Universidad sino ocuparlas. Pero el gobernador ya ha anunciado que la Reforma Universitaria va. La pregunta sería: ¿tenemos algo cualitativamente diferente que proponer los universitarios? Y si así fuera, ¿estamos dispuestos a hacerlo valer?

El proceso de Reforma Universitaria debe ser participativo, representativo y democratizante. Para materializarla deberá enmendarse la ley de 1966, a los efectos de reestructurar el aparato burocrático institucional y reconfigurar la composición de sus cuerpos en función de los principios políticos que rigen a la Universidad, agenciados por universitarios y no por entes impuestos por los gobernantes de turno.

La función social de la Universidad, a la que nos debemos los universitarios, debe procurarse mediante un cuerpo rector universitario, no extraño, como la Junta de Síndicos, ni inútil, como la presidencia. La mera sustitución de sus miembros deja intacta la estructura que, en sí misma, constituye una violación a la autonomía universitaria y, por consiguiente, es condición de los problemas presentes y porvenires.

---

[32] **"La reforma va"**, *El Nuevo Día*, jueves, 27 de enero de 2011.

Aunque muy probablemente el gobierno y la legislatura actual no accedan de buena fe a los reclamos de reforma sustancial que hagamos los universitarios, pase lo que pase, podemos darle un giro de avanzada al actual conflicto huelgario, iniciando un proceso de base unitaria para la progresiva reinvención de la Universidad Pública del siglo XXI. Es un intento que, si queremos, podemos hacer valer…

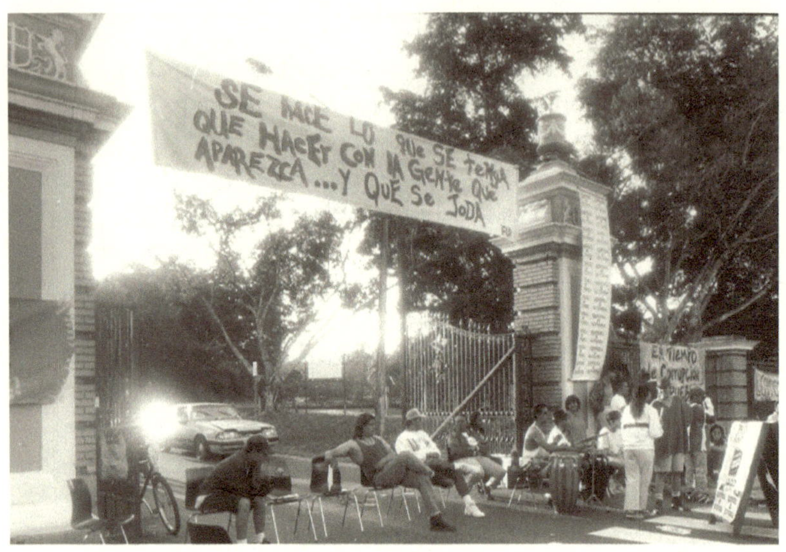

Alma Máter[33]

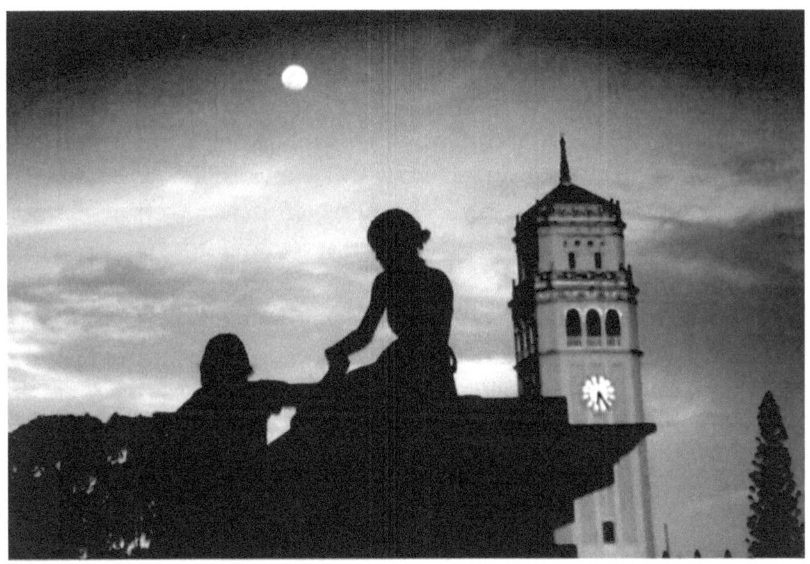

Esta expresión metafórica debía designar sentimientos de gratitud y apego a la Universidad, pero hoy no evoca más que vergüenzas y lamentos. La conozco desde *adentro* y sé, por experiencia, que parte de su prestigio no reside en meritos y virtudes, sino en pactos de complicidad y silencio sobre sus oscuras realidades cotidianas…

La Universidad de Puerto Rico es como un gran colegio del que nadie nunca se gradúa. Fuera de los salones de clase todos, o casi todos, parecen cursar el mismo nivel, entre la escuela superior y la intermedia. Los profesores envejecen irremediablemente, pero encarnan patrones de conducta y comportamientos propios de la psicología más caricaturesca del adolescente. Para todo una queja, por nada una rabieta; rebeldías sin causa. Rencores personales y políticos, celos profesionales, envidias infantiles y chismes; "bullying" en sus múltiples acepciones, particularmente contra los profesores más jóvenes, la saturan.

Los profesores que ocupan puestos administrativos y posiciones influyentes, por caprichos personales, deciden a quién

---

[33] **"Alma Máter"**, *El Nuevo Día*, miércoles, 2 de marzo de 2011.

admitir, marginar o excluir como profesor. No existe evaluación por méritos formales, sino amiguismo y favoritismo. Esta práctica/política entorpece -si no imposibilita- las investigaciones y publicaciones, en fin, la obra intelectual, académica y profesional, de quienes sufrimos sus abusos de poder y malos tratos...

Ensimismada, una camada del claustro reaccionó contra las determinaciones de la asamblea estudiantil. Su aparente consenso, eco de rectoría, es sintomático de experiencias emocionales traumáticas, más que signo de razones bien pensadas y de elevada valía. Muchos de éstos militaron en movimientos de izquierda cuando estudiaban. Frustrada y resentida consigo misma, esta facción del profesorado, quejosa e irritada, juzga con cinismo y pesimismo cuanto nunca pudo hacer, cuando creía poder hacerlo. "Aquellos que ayer pedían la cabeza del tirano, hoy día se contentan con verlo mejor peinado."

Sus posturas no evidencian profundidad de pensamiento, sino vanidades y aburrimientos, enmascarados tras la hipócrita fachada del "deseo de enseñar." Al parecer se les ha embotado la sensibilidad y la capacidad de trascender sus egoísmos de clase privilegiada. Pero más allá de las exageradas dramatizaciones mediáticas y de las expresiones viciadas de la derecha política del país, cientos de estudiantes comparten la locura apasionada de creer posible un mundo mejor, y la bravura para salirle al paso a lo peor de sus tiempos. Para con ellos, simpatía y solidaridad.

Credulidad religiosa[34]

Una constante disposición anímica a la credulidad, vinculada en lo esencial a la ignorancia, era seña de identidad matriz del perfil psico-social del *puertorriqueño* a finales del siglo XIX y principios del XX. Los escritos políticos y sociológicos de la época identifican como causal y condición perpetuadora la imposibilidad de acceso a una enseñanza formal entre la población isleña, predominantemente religiosa. La inmensa mayoría del pueblo, empobrecida y marginada -reseña el historiador Cruz Monclova- "aceptaba con la mayor credulidad la existencia de supersticiones, posesiones, exorcismos, milagros, apariciones y adivinaciones" y consecuentemente era víctima constante de "embaucamientos y trapacerías de los curanderos, yerbateros, jorguines, sollastres y sacadineros de toda laya."

Desde los tiempos de dominación colonial española, la clase intelectual y política puertorriqueña exigía la educación pública como derecho social; y, posteriormente, de modo similar a como se gestionaba entre los principios constitucionales del Derecho en la metrópoli imperial estadounidense. El discrimen por motivos religiosos, desde entonces, quedaría legalmente proscrito en Puerto Rico, y la educación encarnaría una función racional, en principio, incompatible con el adoctrinamiento religioso.

Consagradas a distorsionar la realidad, las religiones no contribuyen a resolver problemas y conflictos sociales sino, a lo sumo, a *suavizar* las miserias existenciales que éstos provocan. Apareado a sus bondades aparentes, la religión produce efectos narcóticos en la psique humana, confusiones, delirios y alucinaciones enajenantes de la realidad. La autoridad religiosa reside en el poder de manipular conciencias mediante promesas irrealizables, chantajes morales y hostigamientos psicológicos. Para ésta, sus escrituras *sagradas* se pretenden revelaciones divinas, y la creencia en su literalidad –a veces irracional, inmoral o absurda- entorpece la capacidad ciudadana de discernir entre lo verídico y lo ilusorio; la realidad y la fantasía…

Entrado el siglo XXI no se evidencian cambios sustanciales en esta condición generalizada en Puerto Rico, pues la credulidad

---

[34] **"Credulidad Religiosa"**, *El Nuevo Día*, miércoles, 16 de marzo de 2011.

religiosa sigue siendo un distintivo dominante del perfil del puertorriqueño. Y es que, más allá de sus efectos consoladores o sus encargos moralizadores, la religión sigue siendo un eficaz dispositivo ideológico de control, manipulación y domesticación social. Irónicamente, hoy existen poderosas instituciones académicas, escuelas y universidades privadas, que ponen en jaque el proyecto político emancipador de la modernidad, anteponiendo la credulidad religiosa al pensamiento crítico; el ánimo lucrativo a la calidad de la enseñanza; el fraude religioso a la inteligencia.

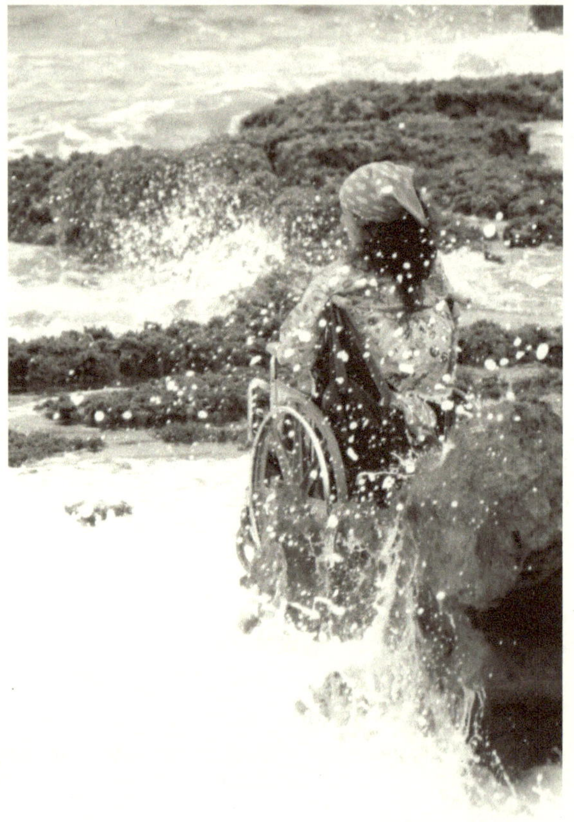

Prostitución, Moral y Ley[35]

La sexualidad humana raramente sube a la escena mediática como objeto de reflexión social, y gran parte de sus dominios permanece confinada en una zona de lo inconsciente que pareciera imposibilitar, individual y colectivamente, pensarla con seriedad y profundidad intelectual, más allá de la represión cultural y del prejuicio moral, de la repulsa y la vergüenza. Dentro de este contexto, el Gobierno, consecuente con sus ignorancias e ineptitudes habituales en materia criminológica, *revisa* el código penal sólo para ampliar y multiplicar penas, reteniendo prácticas de la sexualidad humana como blanco de (pre)juicios morales y condenas legales.

Desde la filosofía política liberal -que domina ideológicamente los arreglos jurídicos del Derecho-, el cuerpo humano no pertenece al Estado, sino que es posesión de la persona singular, y sólo a ella (para bien o para mal) compete la suerte de sus destinos. La regulación de la vida social es el encargo principal de la ley, y ésta no tiene autoridad legítima para excederse en sus ejercicios. Desde esta perspectiva, por ejemplo, quien participa del negocio de la prostitución (ofrece, solicita o acepta sexo por dinero) no representa un problema real a "la sociedad", por lo que la prohibición legal es, en esencia, ilegítima. La criminalización de esta actividad económica no tiene justificación racional fuera de nociones discriminatorias, prejuiciadas e intolerantes, reforzadas entre arcaísmos morales por el código penal.

La prostitución es un delito sin víctima; un mal social fabricado por el Estado; un problema imaginario de políticos y legisladores excedidos en su religiosidad, heredera de las hordas misóginas de la antigua cristiandad. A nombre de una abstracción política (la Moral Social), el Estado de Ley acosa y humilla, agrede y maltrata a mujeres reales, trabajadoras, muchas de ellas madres solteras, formalmente educadas y profesionales. La política represiva (redadas, arrestos, multas y encierros) no resuelve nada, sino que daña y agrava las condiciones de existencia de los hombres y mujeres que mercadean, libre y voluntariamente, la propiedad de sus cuerpos.

---

[35] **"Prostitución, moral y ley"**, Revista *Latitudes*, 17 de marzo de 2011. (http://revistalatitudes.org)

La prohibición del comercio sexual entre adultos es una afrenta *política* del Estado contra la existencia singular de la persona; una violación al derecho a la intimidad ciudadana, a la vida privada y la libertad de cada individuo. En principio, desde la óptica del Derecho moderno y los valores constitucionales democráticos, la ilegalidad de "la prostitución" debería abolirse del código penal…

La ilusión de que existe un consenso social de aversión al comercio carnal, (re)producida por los medios de comunicación del país, refuerza la violencia estigmatizadora del Estado. El negocio de la prostitución, ya como recurso de sobrevivencia o movido por ánimo lucrativo, pertenece a la realidad social desde tiempos inmemoriales. Habrá quienes deseen erradicarlo, y sus razones tendrán. Lo que no debe admitirse es que el Estado siga poniendo en riesgo la seguridad, la salud y la vida de quienes practican otra economía política de la sexualidad humana; otro registro de moralidades ciudadanas...

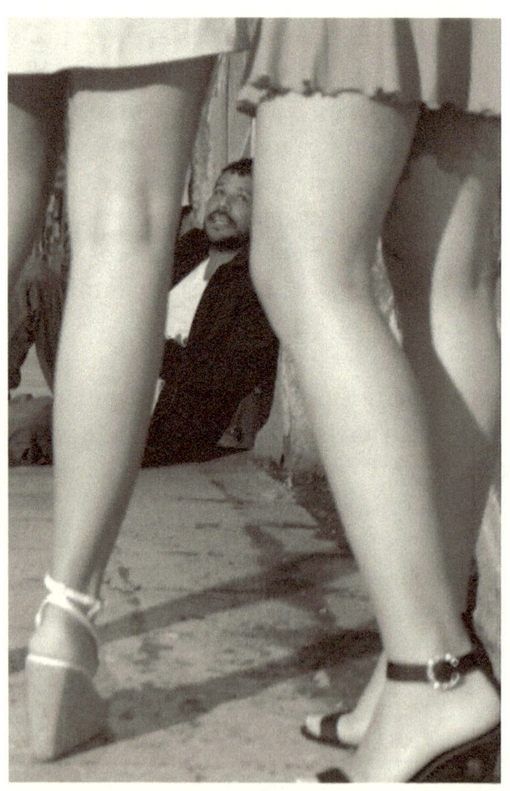

Contra la razón armada y el chantaje militar[36]
(UPR v. ROTC)

Desentendida de la crisis fiscal y atenuando la precaria condición política de la Universidad de Puerto Rico, la Junta de Síndicos proyecta una inversión millonaria para construir un edificio para el programa militar-universitario del ejército estadounidense, el ROTC. Es preciso advertir sobre lo omitido: que más allá de la amenaza de eliminar fondos federales para becas e inversiones, no existe justificación académica alguna para la permanencia del ROTC en la Universidad. Tampoco existe racionalidad de valor social o moral que justifique su presencia, y sí infinitas razones éticas y políticas para repudiar su existencia.

Sabido es que el Secretario de Defensa de los Estados Unidos tiene la potestad de negar fondos federales a las universidades que prohíban o impidan la presencia de militares, la propaganda militarista o a reclutadores en sus predios; y que, sin reservas ni condiciones, presidentes y síndicos de nuestra institución firman y renuevan contratos con las fuerzas armadas, y hasta celebran sus chantajes. Pero, ¿sobre qué fundamento de legitimidad académica se sostiene este programa militar? Ninguno. ¿Cuál es su función o utilidad social? Ninguna. ¿Qué valores y principios de convivencia democrática promueve este cuerpo castrense? Ningunos.

Además, ¿en qué consiste el alegado beneficio del que dicen favorecerse los egresados del programa militar? ¿Acaso en el desarrollo integral de la personalidad? ¿En la formación ética del carácter? ¿En la versatilidad intelectual, en la sensibilidad ciudadana o en la afinación de las destrezas profesionales? Sólo un propagandista del negocio militar podría responder afirmativamente sin caérsele la cara de vergüenza.

El Estado se desentiende de la educación y sus instituciones si éstas no están dispuestas a ceder ante los caprichos militares. Algunos auguran desastre económico. Prefiero que se derrumbe la Universidad tal y como hoy la conocemos y sobre sus escombros rehacerla nuevamente, reconstruirla con lo que dispongamos y, en

---

[36] **"Contra la razón armada y el chantaje militar"**, Revista *Latitudes*; 29 de abril de 2011. (http://revistalatitudes.org); **"UPR vs ROTC"** (versión editada), *El Nuevo Día*, lunes, 2 de mayo de 2011.

el mejor de los ánimos, adecuarla a una idea que, por lo que pueda valer, será siempre una mejor idea: una universidad sin militares; una sociedad sin ejércitos…

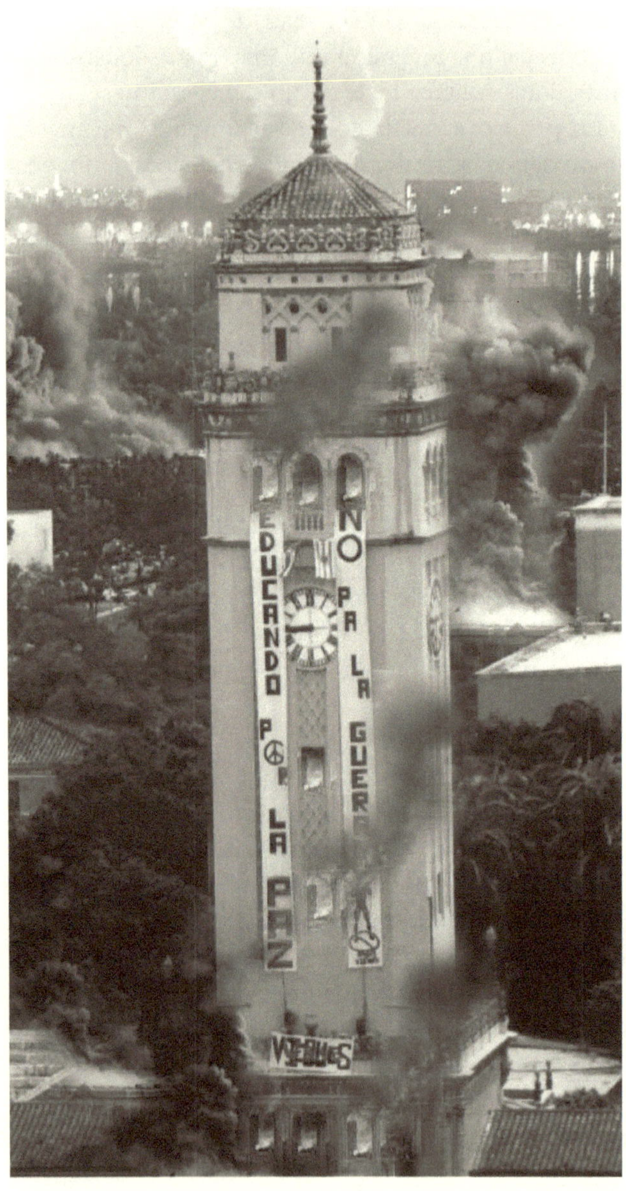

A pesar de las universidades y sus políticas de complicidad, acomodo y sometimiento, incontables universitarios han influido profundamente sobre la actual condición de los ejércitos a vuelta redonda de este planeta y, aunque a duras penas, han puesto en crisis la ideología militarista en su conjunto. En la era de la vertiginosa globalización de la ideología capitalista no sólo se mundializan las dominaciones y las guerras, sus crueldades y demás violencias; la devastación ecológica, las miserias, el empobrecimiento y la explotación, que son tal vez sus efectos más dramáticos y dolientes. También se hacen planetarias las resistencias y las esperanzas, y hoy, en este privilegiado rincón del mundo y que llamamos Universidad, todavía seguimos siendo parte de ellas...

Aunque debo confesar, no deja de provocarme una inmensa tristeza que todavía nos preguntemos sobre la deseabilidad de mantener un programa militar que enseña a matar como parte de los ofrecimientos académicos. El ROTC convierte a la Universidad en soporte de legitimidad de las sangrientas violencias y crueldades relacionadas a la práctica militar por excelencia, que es la guerra. En el acto, hace de los universitarios cómplices de sus atrocidades…

Preguntémonos, ¿en función de qué modelo de sociedad trabajamos? ¿Hacia qué modelo de ser humano apuntamos nuestros esfuerzos como educadores? Los fondos destinados a facilidades, estudios e investigaciones universitarias no pueden seguir estando condicionados al servicio militar, ni los universitarios seguir desentendidos de sus fatales consecuencias. Reconozcámoslo: el programa del ROTC, su misión y objetivos, responden a la industria militar, al lucrativo negocio de la guerra; no a la Universidad ni a la sociedad a la que nos debemos los universitarios. ¡Eliminémoslo!

De la libertad, la ley y la censura[37]

Restituido en 1814, tras la guerra con Francia e iniciadas las insurrecciones independentistas en las colonias españolas de América, el rey Fernando VII inquirió sobre materias concernientes a las condiciones de gobernabilidad en sus posesiones coloniales, y juzgó sobre los efectos de las políticas implementadas en sus ausencia y en su nombre por las Cortes constitucionalistas del reino. Persuadido del "mal uso" que pudiera habérsele dado a la "libertad absoluta de Imprenta" en las "provincias fieles", y del "mal ejemplo de las provincias insurreccionadas", el monarca imperial la convirtió en objeto de censura. Ocupaba la atención del soberano que la libertad *absoluta* de imprenta "haya podido minar la tranquilidad" en las "provincias fieles", "produciendo perturbaciones y dudas en lo que debe ser la verdadera opinión pública, regulada por la Ley y por la sana razón".

A partir de tales *consideraciones*, manifestó la *necesidad* y *urgencia* de hacer extensivo a las Américas las mismas disposiciones adoptadas en la península, "con objeto a contener el abuso de aquella ilimitada licencia." Para el monarca, asesorado por su Consejo de Indias, las medidas de censura y regulación estricta de la libertad de imprenta incidirían profundamente en "la buena gobernación de esos dominios".

Dada la relativa premura con que decretó la orden de censura, y dando tiempo a decidir sobre los límites justos en que habría de enmarcarse la libertad de imprenta, el monarca español prohibió fijar carteles, distribuir anuncios e imprimir diarios o cualquier escrito, "sin que se preceda su presentación a la persona a cuyo cargo se halle el gobierno político y militar, quien dará o negará el permiso".

Entre las condiciones prescritas para obtener el permiso oficial, apuntó que no se manifiesten "opiniones sediciosas o poco convenientes". La instancia encargada de la censura *debía* atender "solamente que se evite el abuso que se ha hecho de la prensa en perjuicio de la religión y de las buenas costumbres." La instancia censora debía procurar "que se oponga freno a las doctrinas

[37] **"De la libertad, la ley y la censura"**, *El Nuevo Día* (versión digital), miércoles, 03 de mayo de 2011.

revolucionarias, a las calumnias e insultos contra el Gobierno, y a los libelos y groserías contra los particulares."

Asimismo decretó la prohibición de las composiciones, escritos y representaciones dramáticas "sin que preceda un riguroso examen y el correspondiente permiso", y previno a los actores y actrices que se abstuvieran de añadir sentencias o versos que promuevan la irreligión y el libertinaje. En su decreto del 6 de septiembre de 1814, valedero para todas las posesiones coloniales de las Américas, concluyó el monarca: "Finalmente, es mi voluntad se proceda al castigo de los contraventores con arreglo a las Leyes, órdenes y cédulas que regían en la materia."

El espectro absolutista del monarca imperial asecha todavía a nuestras Américas. En la antigua colonia de Puerto Rico, encarna en la política pública de sus herederos espirituales. Escuelas, colegios y universidades participan de sus rituales, en culto a la censura y en complicidad con su voluntad de férreo control sobre las conciencias ciudadanas. El fantasma del absolutismo reaparece en la reciente prohibición de fotografiar sin permiso del gobierno en los espacios públicos de la ciudad capital de San Juan. Sólo en la mente de un déspota imbécil cabe la idea de poder contener la libertad de la ciudadanía en una ley sin valor de justicia...

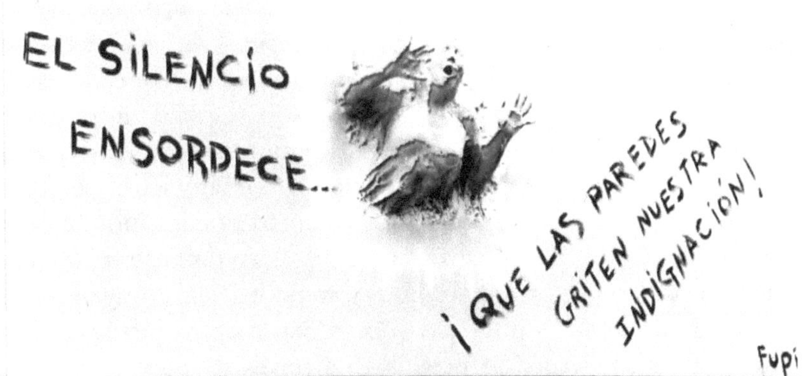

De los jueces[38]

Decía Brecht de los jueces, que muchos son incorruptibles, nadie puede inducirlos a hacer justicia. Más acá de la sátira incisiva del poeta, la realidad es que -en el gran teatro jurídico puertorriqueño- el drama de lo judicial encarna desde su origen lo corrupto y lo injusto; lo recicla y lo perpetúa invariablemente. Los estrategas intelectuales de los dos principales partidos políticos en Puerto Rico han conspirado históricamente y tras bastidores para invisibilizar el problema de fondo que subyace los nombramientos de jueces, principalmente a los del Tribunal Supremo.

La raíz del problema no es la cantidad, ni las personas nombradas atropelladamente, que bien a la larga podrían realizar su encargo formal sin tacha de corrupción ni reproche moral o político. Cada juez, en su carácter personal, posiblemente seguirá los debidos procesos y hará valer la Ley al pie de la letra; podrá ser incluso justo y hasta honrado; y en la calle, cada cual y de vez en vez, comentar: el tipo es penepé, pero es buen tipo; es popular, pero buena gente. O no.

Nada resuelve procurar consuelo emocional en la caricatura burlesca de los jueces, o desahogarse parodiando o maldiciendo los trajines politiqueros que mueven y que sostienen sus nombramientos. Existe un problema estructural de primer orden, es decir, constitucional. Desde una perspectiva democrática, el procedimiento de selección y nombramiento de los jueces es arbitrario, no importa cuánto se anticipe o se diluya el tiempo de la determinación final. La posición del Juez no responde a un modo democrático de gobierno, aunque lo legitime la Ley. El esquema actual es réplica de órdenes de gobierno monárquicos, donde el Rey, por decreto y con arreglo a su voluntad política, nombraba a sus intermediarios de confianza, encargados de administrar las leyes, enjuiciar y castigar en su nombre. Su poder tenia origen en la voluntad de Dios, por eso era virtualmente infalible. Los despotismos modernos se posibilitan a través de estas estructuras del poder de juzgar y de castigar, no ya a nombre del Rey ni de Dios, sino del Pueblo. Pero el Pueblo no participa en la selección de los jueces, ni decide sobre sus nombramientos.

---

[38] **"De los jueces"**, *El Nuevo Día*, jueves, 2 de junio de 2011.

En un Estado de Derecho Democrático los jueces deberían ser electos por sufragio universal, y no entre las mafias políticas que rigen arbitraria y caprichosamente los destinos de este pueblo. Enmiéndese la Constitución para ello…

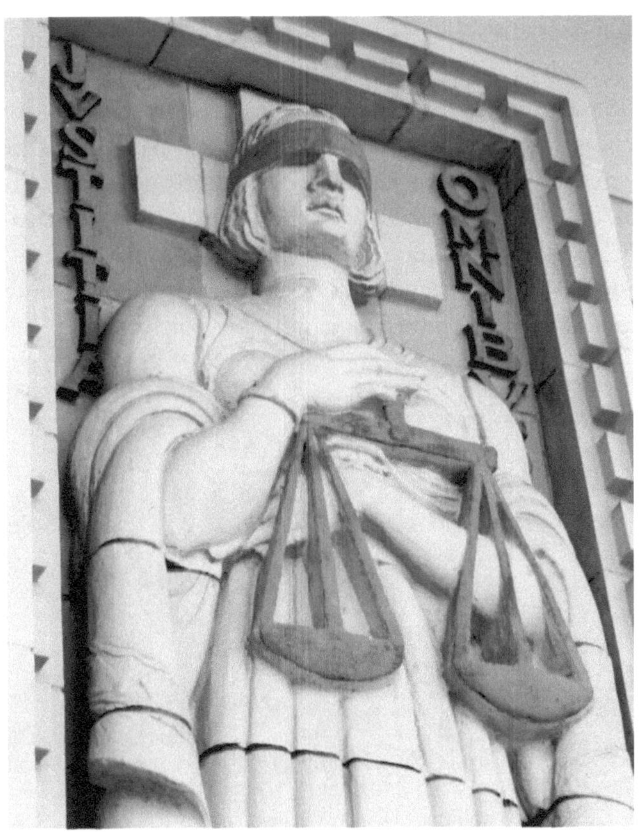

Neurosis Nacional[39]

El puertorriqueño común, indistintamente de las diferencias entre clases sociales, le representa a los gobernantes una clientela emocionalmente vulnerable, propensa a creer prácticamente cualquier sandez que se le venda con etiqueta de esperanza. Un signo inequívoco de esa condición de fragilidad anímica, generalizada entre la población isleña, será manifiesta durante la presencia fugaz del emperador Obama. Miles de personas, entusiasmadas y cargadas de ilusiones, abarrotarán las aceras que bordean la recién emparchada avenida, por la que quizá vaya a pasar. El gobierno habrá regalado banderitas plásticas al público espectador, que dará rienda suelta a su engavetada y entumecida imaginación: grandes y chicos jugarán a ser patriotas…

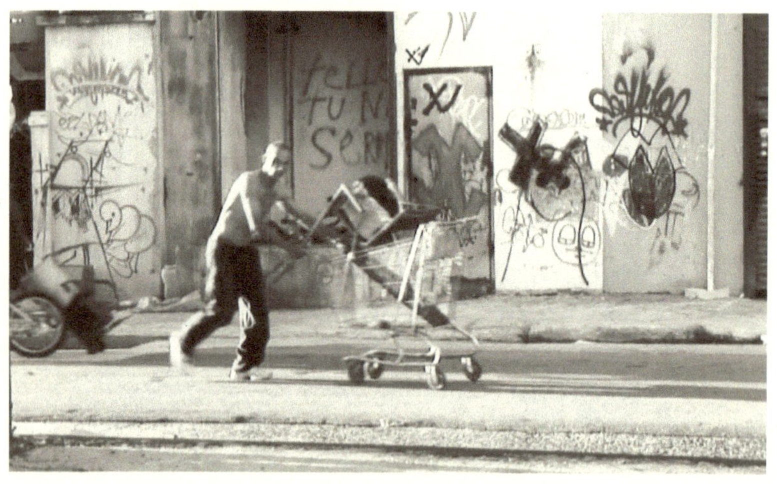

La maleabilidad del alma infantil, condición de inestimable valor para los estrategas de la gobernabilidad y la manipulación ideológica de los pueblos, se verá reflejada con nitidez en los comportamientos de la población adulta. La mansedumbre ciudadana será muestra de evidencia. Y quizá, en parte, se deba a la efectividad del proyecto colonial estadounidense, tanto más

[39] **"Neurosis nacional"**, Revista *Latitudes*; 13 de junio de 2011. (http://revistalatitudes.org)

poderoso cuanto más ignorado por el común de las gentes; siempre quejosas; siempre fiesteras; emocionalmente inestables; ingenuas, demasiado crédulas y sugestionables. Pero la imagen más reveladora del poder de sugestión que ejerce la propaganda sobre la psiquis popular la encarna la minoría más adinerada en la Isla, la nobleza "wanabi" puertorriqueña; esa que gastará miles de dólares para competir por una fotografía con él.

Desempleados, marginados y empobrecidos celebrarán con los privilegiados la brevísima estancia del regente mayor de la metrópoli imperial. Embriagados de poquedad colonial, festejarán la inconsecuente visita del Rey. Otros la protestarán.

Más allá de la imagen espectral de la nación puertorriqueña, un pueblo infantilizado subirá a escena nuevamente. Un país psicológica-mente dependiente demanda atención y amor de un Padre imaginario; llámese Dios, llámese Rey o Presidente. Tal es la neurosis nacional que hasta lo imagina cotidianamente en los políticos locales, en quienes confía a ciegas sus porvenires y suertes. Domesticada la población para vivir como infante, las quejas por angustia, frustraciones e impotencias seguirán siendo tenidas por berrinches de niño; los reclamos de derecho por majaderías, y la Isla por *nursery*. Obama, así como vino, se irá...

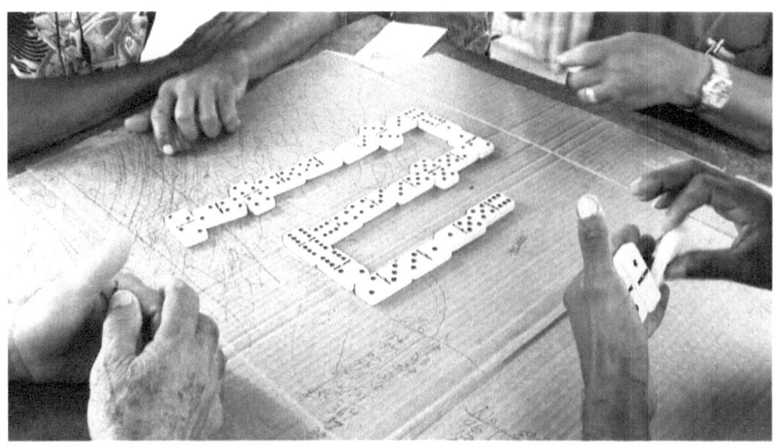

Héroes nacionales[40]

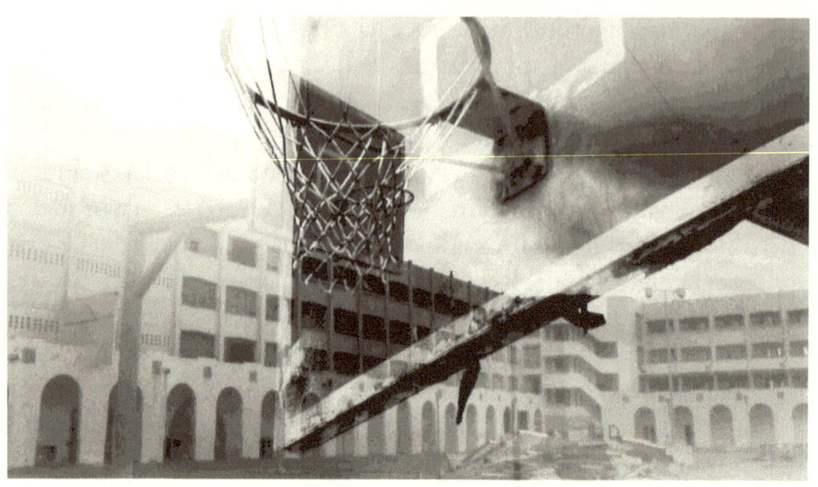

La idolatría y el fanatismo son vicios psico-sociales que engendran, sostienen y perpetúan los estados nacionales modernos. En el escenario local, que no es ni se pretende excepción, las figuras protagónicas de la farándula se convierten mecánicamente en íconos nacionales, representantes de "lo mejor de Puerto Rico"; ejemplos que las juventudes *deberían* emular. Artistas y atletas, indistintamente de los géneros en que se destaquen, pasan a formar parte del circo político del Estado nacional puertorriqueño, y la fama, más que sus virtudes distintivas, es su principal requerimiento.

La persona singular desaparece y en su lugar aparece el objeto de la publicidad comercial, el símbolo de la propaganda política del Estado: el héroe nacional. El Estado se apropia de logros y hazañas individuales, y compite por el dominio en el mercadeo de la persona afamada, virtualmente deshumanizada y convertida en mercancía rentable. El artista o el atleta, investido de la gloria del estrellato, infla de orgullo nacional a la fanaticada, séquito del Estado, para el que importa menos la persona que el símbolo patrio que le representa. Perdido el interés comercial y mediático, destronado de sus privilegios y desvanecida su

---

40 **"Héroes nacionales"**, Revista *Latitudes*; 4 de julio de 2011. (http://revistalatitudes.org)

popularidad, pierde valor de uso político. Pero la identidad fabricada por la propaganda estatal y los mercaderes de símbolos nacionales no sólo invisibiliza al ser humano real sino que lo condena a una existencia irreal e irrealizable. El caso de "Piculín" Ortíz lo representa con nitidez. La extrañeza que satura la cobertura noticiosa refleja la ingenuidad generalizada; como si la pulcritud moral y legal fuese condición de la fama.

Hoy no es el precio de la fama lo que sube a escena cuando se lamentan las causas de arresto contra una figura pública. Es la glotonería moral de la fanaticada; la gula social de la idolatría, comercial y política, las que deberían enjuiciarse.

Sépase que, antes tarde que nunca, la marihuana se legalizará. El Estado regulará sus usos, como regula cualquier otra droga privilegiada por la moral social y la ley. Mientras tanto, buenas personas, difamadas por un mal imaginario, se pudren en las cárceles. Inexcusable es la intransigencia política y la estreñida moral social que, como fanáticos e idólatras, valoran más la idea abstracta que construyen en sus cabezas que la persona que la encarna...

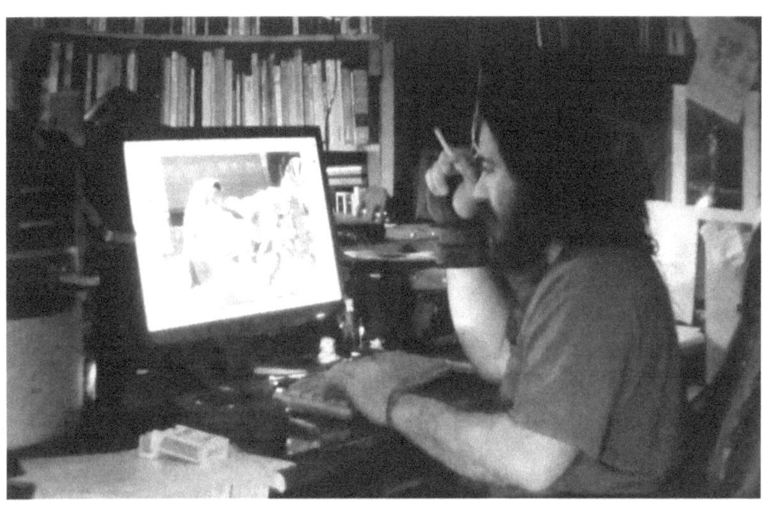

A Referéndum la Pena de Muerte[41]

"Y en la postrer convulsión, la muerte con brazo rey,
entrega el cuerpo a la ley, y el alma a la religión."

El epígrafe es fragmento de un poema de Bernardo López, publicado en la prensa del país recién iniciado el siglo XX, precedido por la cobertura de la primera ejecución de pena de muerte por garrote, realizada por autoridades puertorriqueñas (jueces, fiscales y verdugos); avalada por la mayoría del cuerpo legislativo nacional y bendecida por eclesiásticos locales. Para entonces, creía el *patriota* José de Diego: "la pena de muerte es una desgracia irremediable para el criminal incorregible, y un desgraciado remedio para la existencia y el mejoramiento de la humanidad." Esta misma retórica reaparecería intermitentemente y sin mayores refinamientos hasta nuestros días; compartiendo el mismo repertorio demagógico las mentalidades políticas (intelectuales, jurídicas, policiales, legislativas y religiosas) más retrógradas y reaccionarias del país.

El discurso favorecedor de la pena de muerte dependía, como ahora, del poder de manipulación retórica de sus defensores, y las acepciones terroristas solían caracterizar sus argumentos. Decía de Diego: "La eliminación de la pena capital para los delincuentes natos es la institución de la pena capital para los hombres honrados." Pero la obligación social no es asesinar al asesino, sino regenerarlo -impugnaba su adversario, el abolicionista Rosendo Matienzo Cintrón-.

Compartiendo los mismos entendidos, prejuicios e ilusiones que los sostenedores estadounidenses de la pena capital, de Diego creía que ésta era un disuasivo efectivo contra la criminalidad, y que por ella saben y temen los criminales la consecuencia mortal de sus actos; que su sola existencia los amedrenta, y que el miedo a ser objeto de su justicia los disuade. Ninguna base científica sustentaba su postura, y hoy tampoco se sustenta.

La pena de muerte supone la renuncia absoluta al principio de rehabilitación, la sustitución del programa de "regeneración moral del criminal" por el asesinato judicial. Creía de Diego, no

---

[41] **"A referéndum la pena de muerte"**, *El Nuevo Día*, martes, 5 de julio de 2011.

obstante, que la muerte ejecutada cumplía una función moralizadora, por su presumida ejemplaridad. El Estado mata a quien, condenado, no cabe entre sus penas reformatorias. Pero la función de la muerte no termina ahí. La muerte del condenado se convierte en amenaza de muerte, que si no incentiva el cumplimiento de la ley, asecha fantasmagóricamente la estropeada conciencia del criminal en cierne, y pone frenos psíquicos a sus maquinaciones perversas -creen ingenua y equívocamente los apologetas de la pena capital-.

De Diego creía en la existencia de una *naturaleza* criminal, defectuosa e *irreparable*, que por *necesidad* debía exterminarse. El Estado no tiene otro remedio -cree de Diego- es su *deber* "defender a la sociedad." Pero para ello basta la reclusión carcelaria -le replicaba Matienzo Cintrón-

Cegada la Justicia para evitar engañarse por las apariencias, el positivismo jurídico y su ciencia penal convirtieron el acto criminal en la evidencia irreducible de la existencia de un sujeto criminal "nato", predispuesto genéticamente al mal. La pena de muerte impediría la reproducción del gen criminal -creía de Diego-, quien tampoco admitía la posibilidad del error judicial. La ignorancia era la fuente principal de su credulidad.

Cuentan los historiadores que durante una sesión legislativa donde se discutía el tema, de Diego interrumpió al abolicionista Matienzo Cintrón para preguntarle: "¿Qué haría su Señoría con el asesino de vuestra hija?" A lo que Matienzo respondió: "Le perdonaría, y con más razón si el asesino de mi hija fuera el hijo de vuestra Señoría."

No fue la ciencia dura la razón principal que lograría abolir la pena de muerte en Puerto Rico. Fue, como quizá sigue siendo, una cierta disposición anímica a favorecer, a veces secreta e incomprendidamente, el derecho a la vida por encima del poder de quitarla; se trata, de algún modo, de una suerte de posicionamiento ético vital, contrapuesto a la postura moral, vengativa, cruel y mortífera, que durante siglos prevaleció con fuerza de ley en los sistemas de justicia en Puerto Rico, y que hoy algunos todavía insisten en invocar...

Fascismo democrático[42]

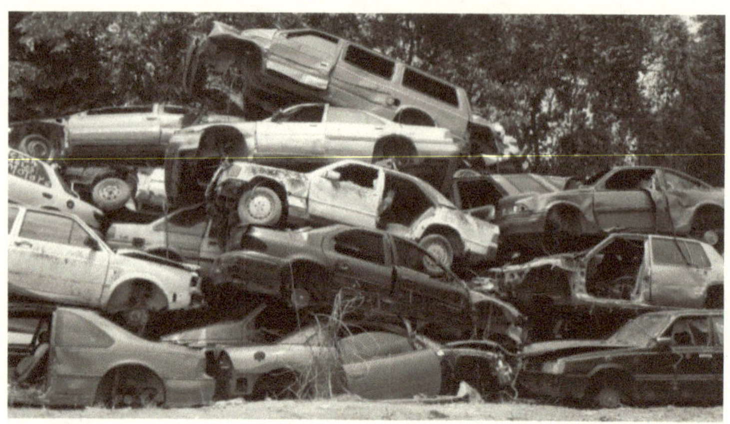

La ideología dictatorial, la política militarista y la moral totalitaria constituían la trinidad que, a partir de la Primera Guerra Mundial hasta el último cuarto del siglo XX, definió regímenes políticos europeos bajo el signo del fascismo. Las grandes potencias imperiales que le hicieron la guerra, prometida su derrota definitiva, se repartieron el mundo entre consignas socialistas y capitalistas. Pero el ejercicio de gobernabilidad en sus dominios, lejos de extinguir la voluntad de poder estatal absolutista, la integró virtualmente intacta. Para estos tres registros de control y dominación social, el aval y consentimiento de las mayorías era y sigue siendo su principal sostén. La manipulación de las conciencias y de los miedos de la ciudadanía era, como sigue siendo, condición esencial. Puerto Rico no es la excepción.

La reciente propaganda del alcalde de la ciudad capital, Jorge Santini, es muestra de evidencia. Mediante una costosa campaña mediática de corte fascista, el alcalde de San Juan anunció un modelo de política pública para "uniformar" la *conducta* ciudadana. A través de la imposición de "normas de conducta uniformes", el *Modelo de Comportamiento Urbano* "busca un orden total en la conducta social y el ordenamiento urbano en la Ciudad." Simultáneamente, el gobernador Luis Fortuño insiste en promover

[42] **"Fascismo Democrático"**, Revista *Latitudes*, 17 de julio de 2011. (http://revistalatitudes.org); *Indymedia* (http://pr.indymedia.org)

entre los alcaldes su fallido intento legislativo, que pretendía imponer toques de queda en todos los pueblos de la Isla, para "prevenir la incidencia criminal".

La designación del militar Emilio Díaz Colón como Superintendente de la Policía refuerza la evidencia. El presidente del Senado, Thomas Rivera Schatz, destacó sus "destrezas militares" como virtudes deseables para el mando policial y confirmó su nombramiento. Dejadas en suspenso las sospechas y el historial de acusaciones de corrupción del nuevo jefe de la fuerza represiva del Estado, el gobierno de Puerto Rico se reafirma en su proyecto político-social fascista.

Cumplida la mortífera promesa del depuesto jefe policial, José Figueroa Sancha, de potenciar las violencias criminales como recurso en la *guerra* contra el narcotráfico, asistimos a la instauración de un Estado de Ley totalitario, policial y militarizado. Desde esta mentalidad de gobierno todos los renglones de la vida social deben ser intervenidos, regulados y monitoreados. La sumisión y dependencia absoluta de la ciudadanía es su principal objetivo; el temor al espectro criminal potencia su dominación; la ignorancia generalizada es su condición primera, y la ingenuidad política la posibilita...

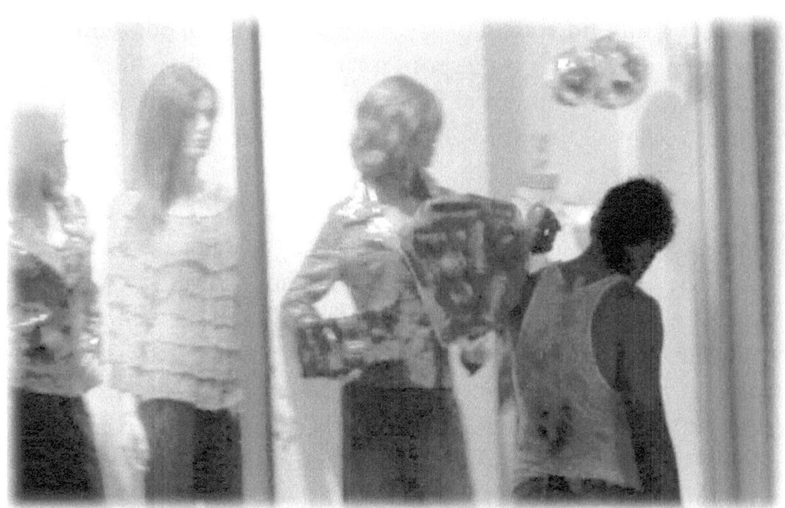

Ascensión del Estado policial[43]

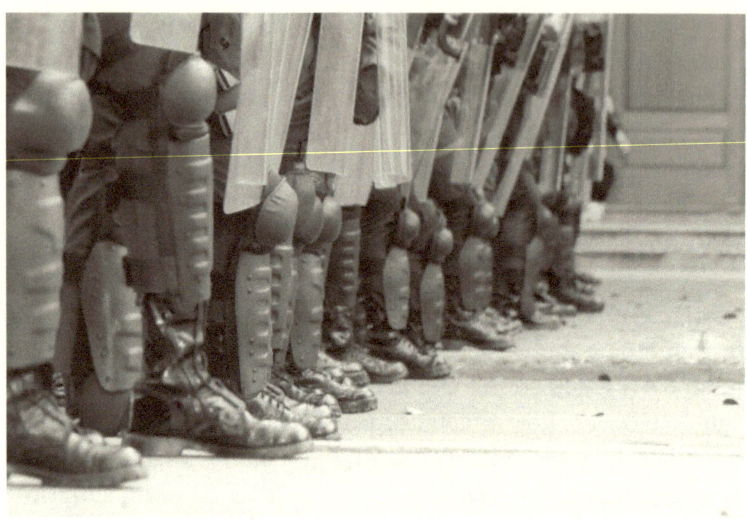

Confesada al fin la impotencia del cuerpo represivo del Estado ante el embate de las violencias criminales, el gobierno vuelca su retórica acusatoria sobre la ciudadanía, antes víctima pasiva del crimen, ahora cómplice virtual por defecto de indolencia y, a la par, último remedio: la "sociedad civil" queda emplazada, convocada e investida de responsabilidad moral en la "lucha contra el crimen". Así lo anuncia el recién designado superintendente de la policía, avalado y confirmado unánimemente por el Senado de Puerto Rico.

Para el jefe del cuerpo policial, la alta incidencia de crímenes violentos –cita un diario local- se debe a la "falta de valores". *Su* "estrategia": crear un "Frente Ciudadano contra la Violencia" (policías, empresarios, religiosos, etc.) Procurará -entre líneas- remendar la imagen de incompetencia de su antecesor, pero con la promesa reiterada de no hacer cambios sustantivos, ni en la estructura organizativa de la uniformada ni en lo concerniente a los enfoques y prácticas tradicionales –inefectivas, fraudulentas y de mortíferos efectos-.

---

43 **"Ascensión del Estado policial"**, *El Nuevo Día*, miércoles, 20 de julio de 2011.

El *reclutamiento* de la "sociedad civil" para "combatir el crimen" es un acto teatral, demagógico y frívolo, tras el cual se revela la ineptitud intelectual de la clase gobernante, y se expresa su falta de voluntad política para superar los viejos y fracasados modelos represivos y punitivos. Refrendados los resabios maniáticos de las mentalidades prohibicionistas, el gobierno convoca al ciudadano común a *hacerse* agente policial, pero marginalmente; como ejército de reserva activado para *reforzar* los cuerpos de control y vigilancia del Estado de Ley, denunciar las transgresiones, señalar y acusar a los malhechores.

Las dimensiones de complejidad que constituyen la realidad social y política, económica y psicológica de lo criminal en Puerto Rico permanecen invisibilizadas por las autoridades de gobierno y sus voceros mediáticos. En lugar de atenderlas con seriedad ofrecen falsas ilusiones de seguridad, no más que soluciones imaginarias a problemas, en gran parte, también imaginarios. Reducir y trivializar la cuestión criminal a un problema moral ("falta de valores") es un modo de falsear la realidad, no de transformarla.

Así, intacto el libreto de la ignorancia y repetida la torpe actuación ante la violencia criminal, queda la ciudadanía armada de la misma impotencia que desarma a la Policía...

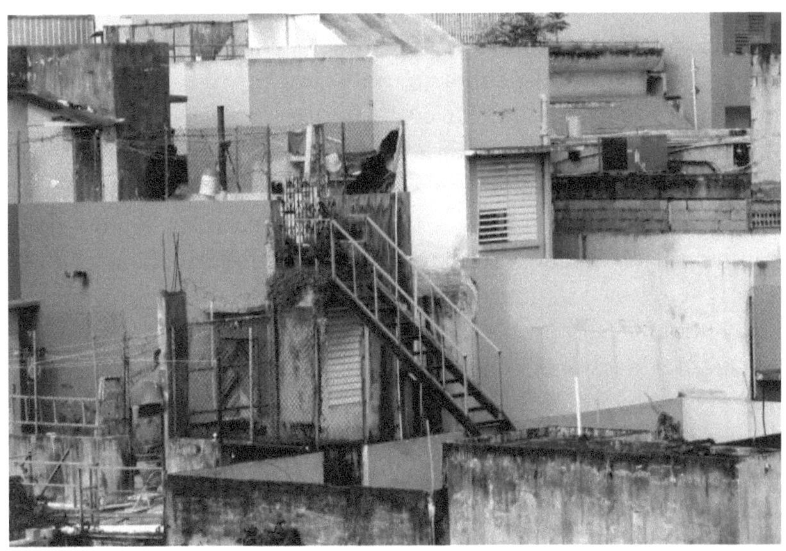

Cine, ilusión y desengaño[44]

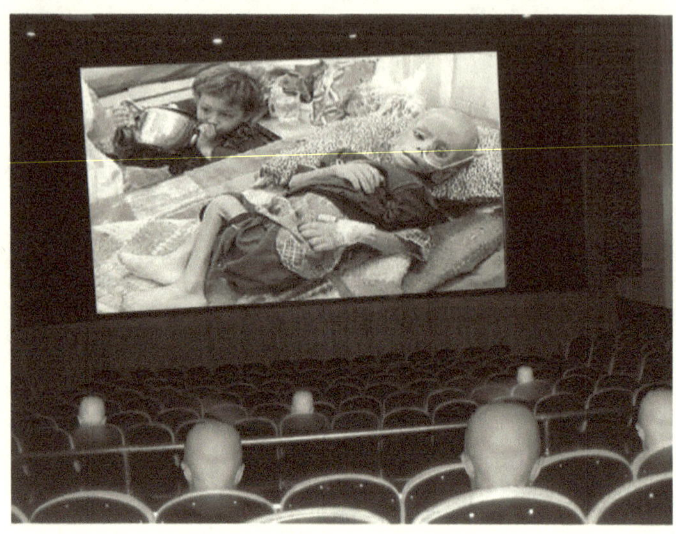

Los avances tecnológicos en competencia global han tenido por efecto un relativo abaratamiento de los costos de producción relacionados a la compleja industria cinematográfica y, dentro de la economía de mercado, se han hecho relativamente accesibles al ciudadano promedio. Las cámaras de video digital, los equipos y programas de edición y montaje, viabilizan la realización de un cine de calidad audio visual a un costo inimaginable hace apenas unas décadas atrás. Internet expande el horizonte de sus posibilidades a la vez que se multiplican y diversifican los espacios de representación del séptimo arte, trascendiendo los límites de las grandes salas de cine y de la televisión comercial tradicional. En principio, estas condiciones materiales deberían potenciar la imaginación creadora y la libertad artística de los cineastas y realizadores puertorriqueños. Pero no.

En Puerto Rico, el gobierno y las empresas privadas que lo asesoran y guían, piensan el cine como un gran negocio de posibilidades lucrativas, y las películas como objetos de consumo sin valor significativo fuera del ámbito comercial. Desde ésta óptica,

---

[44] **"Cine: ilusión y desengaño"**, *El Nuevo Día*, miércoles, 10 de agosto de 2011.

los estilos y contenidos del cine deben acoplarse a fórmulas preestablecidas por los intereses económicos de mercaderes y traficantes de entretenimientos, al margen del deseo de creación artística y del valor de la producción cultural. Muchos realizadores de cine local comparten esta percepción ilusoria, desde la que Hollywood es el modelo idealizado a imitar y el ánimo de lucro el horizonte fijado de todas sus producciones. La codicia y la avaricia son las principales fuentes de inspiración, tanto para inversionistas como para "profesionales" de "la industria del cine". Si no vende, no vale.

La Corporación de Cine y la ley de incentivos contributivos privilegian a los más adinerados. Hasta los guiones son rechazados si no calcan el formato dominante en Hollywood. La obsesión por el trueque del arte por dinero promueve un mundo de engreimiento y superficialidad, donde aparentar ser es más importante que ser en realidad. La mediocridad actoral y la trivialidad de los contenidos lo evidencia. Así –salvo pocas excepciones- la calidad de una película local se asemeja, a lo sumo, a la de un episodio del montón de entre las producciones estadounidenses, repetido mil veces en series enlatadas de televisión; o a las recicladas telenovelas locales o latinoamericanas. Imitación y nada más. Y si acaso se estimula el arte de la creatividad, además de la capacidad mecánica de copiar, suele ser por fría mezquindad. Estas realidades son signos de mal agüero para el cine emergente en *nuestro* Puerto Rico, paraíso fílmico para ricos nacionales y productores extranjeros…

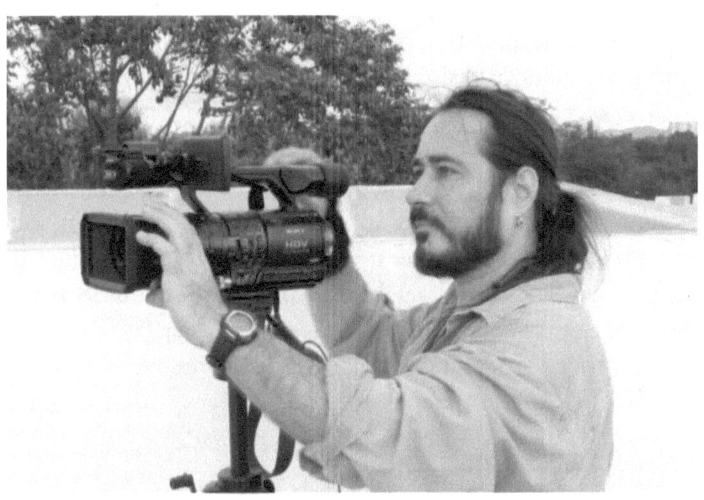

Autonomía colonial[45]

El autonomismo puertorriqueño representa la fase superior del proyecto colonial estadounidense en Puerto Rico. Su forma jurídica moderna (de mediados del siglo XX) es el Estado Libre Asociado, un Estado colonial autónomo, similar en forma y contenido al modelo de administración de gobierno instaurado bajo la dominación española a finales del siglo XIX. Modelo conceptual que, antes de la invasión americana a la Isla, el presidente McKinley miraba con entusiasmo e interés, particularmente por su promesa apaciguadora de la insurrección independentista en Cuba...

Pero la fórmula autonomista no pertenece al ingenio estratégico de Sagasta, presidente del gobierno español durante la guerra hispano-americana; ni a Muñoz Rivera, su principal promotor local. La autonomía colonial había sido ensayada y probada su eficacia durante siglos en los vastos dominios del antiguo imperio romano. La renuncia absoluta al derecho y al poder de la soberanía política de los territorios invadidos era, como sigue siendo, la condición distintiva del carácter irremediablemente colonial de todo proyecto autonomista.

La integración de puertorriqueños en los asuntos de gobierno local era el principal requerimiento de gobernabilidad de la Isla; la efectividad del proyecto colonial dependía de ello y así lo estimularían los poderes regentes. Juradas sumisión y lealtad a la nueva metrópoli imperial, desde 1898 los personajes más influyentes de la clase política puertorriqueña suplicarían ser partícipes en la administración gerencial del territorio ocupado. Al respecto nada esencial o significativo ha cambiado.

La sección 20 de "nuestra" Constitución fue rechazada unilateralmente por el Congreso. Esta reconocía la existencia de derechos tales como: el derecho de toda persona a recibir gratuitamente la instrucción primaria y secundaria; a obtener trabajo; a disfrutar de un nivel de vida adecuado que asegure para sí y para su familia la salud, el bienestar y la alimentación, vestido, vivienda, asistencia médica y servicios sociales necesarios; a la protección social en el desempleo, la enfermedad, la vejez o la incapacidad física; y el derecho de toda mujer en estado grávido o

[45] **"Autonomía colonial"**, *El Nuevo Día*, viernes, 23 de septiembre de 2011.

en época de lactancia y el derecho de todo niño, a recibir cuidados y ayudas especiales.

Toda administración de gobierno (ejecutivo, legislativo y judicial) dentro del ELA debía comprometerse a viabilizar la progresiva consecución de estos derechos. Su exclusión impuesta revela la subordinación colonial de la "comunidad puertorriqueña". Negar esta realidad evidencia la colonización ideológica y la complicidad de la clase política y del electorado que la sostiene.

Confesado y reiterado el consentimiento a la dominación imperial, al autonomismo colonial puertorriqueño habría que preguntarle: ¿Por virtud de qué autoridad legítima, razón moral o principio político el Congreso de los Estados Unidos retiene para sí la última palabra y el poder sobre los derechos que reconocemos y hacemos valer los puertorriqueños...?

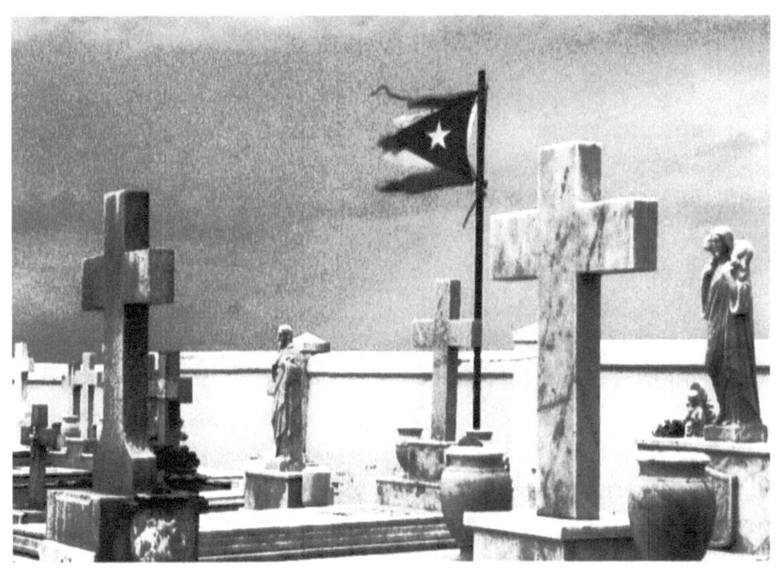

Éxodos[46]

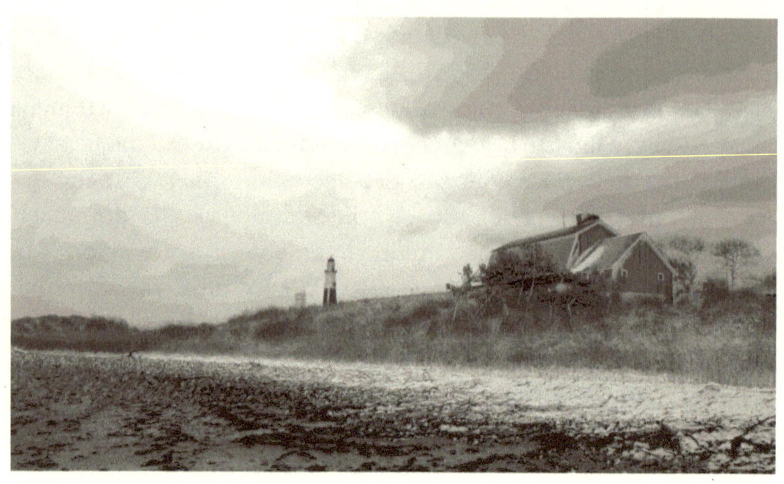

Las retóricas dominantes sobre la *diáspora* puertorriqueña están impregnadas de fuertes connotaciones emotivas, que sirven de soporte a un discurso político e ideológico ajeno a la compleja realidad que la constituye. Dentro de este discurso se suele evocar la condición colonial como matriz mítica del drama, donde la emigración aparece como una suerte de calamidad; el "éxodo" como destino fatal al que irremediablemente y durante más de un siglo se han visto forzadas a someterse muchedumbres puertorriqueñas.

Según el censo estadounidense de 2010, la población residente en la Isla era 3,725,789, mientras se estima que más de 4.1 millones de origen o descendencia puertorriqueña están dispersos, transitoria o permanentemente, entre los cincuenta estados. La versión predominante atribuye como causa principal de la presente odisea migratoria la prolongada e inconclusa "recesión" o "crisis" económica. La población emigrante aparece representada como víctima, y la opción de residir en territorio continental como un mal sin remedio ante el cuadro de pobreza y desempleo que se sufre en la Isla.

---

46 **"Éxodos"**, *El Nuevo Día*, domingo, 23 de octubre de 2011.
Revista *80 grados* (http://www.80grados.net)
Revista *Latitudes* (http://revistalatitudes.org)

La propaganda estadista sostiene que la motivación principal del emigrante boricua es la de "buscar un mejor porvenir mediante una ciudadanía plena." Esta versión contrasta con la cruda realidad: la ciudadanía no garantiza acceso a "mejor calidad" de vida. Más de 46 millones de ciudadanos estadounidenses viven bajo el nivel de pobreza; la población desempleada sobrepasa los 14 millones y cerca de 50 millones de ciudadanos ni siquiera tienen cobertura médica. La utopía estadista se revela como una farsa ideológica...

Por otra parte, el lamento nacionalista local achaca la emigración "forzada" al colonialismo, que habría imposibilitado sistemáticamente el "progreso sostenible" en la Isla, provocando el éxodo de mano de obra y la fuga de profesionales, de talentos y cerebros. Está lógica -ingenua por demás- supone que una vez *resuelto* el asunto colonial el modelo económico regente en Puerto Rico podría retener e integrar toda la fuerza laboral de la que dispone; y que, armonizado el modo de producción con la soberanía política, al fin podrían retornar los cuatro millones de infelices expatriados...

El número de inmigrantes legales residentes en los Estados Unidos asciende a más de 40 millones, y se estima sobre 10 millones los ilegales. Pero los puertorriqueños emigran como ciudadanos estadounidenses, con igualdad formal de derechos políticos, económicos y sociales. La condición político-jurídica de Puerto Rico posibilita el desplazamiento masivo y facilita asentamientos virtualmente irrestrictos. Además, las *diferencias* culturales e identitarias han sido integradas efectivamente dentro del sistema; y los hábitos y costumbres, creencias religiosas, aspiraciones económicas y lealtades políticas de los puertorriqueños son afines con los requerimientos formales de la ciudadanía estadounidense. Hoy a nadie extraña que Mark Anthony cante el "Star-Spangled Banner" para la NBA y entone "Preciosa", sin censura, empuñando la monoestrellada y bajo auspicio del Banco Popular. Nadie pondría en tela de juicio su "puertorriqueñidad".

La emigración contemporánea responde a motivaciones psico-sociales de múltiples órdenes, y los intereses económicos que la animan no pertenecen al registro de la necesidad vital. En parte, responden al modelo de necesidad artificial producido y manipulado por la sociedad de consumo y las lógicas del mercado...

Pero muchos se van porque pueden hacerlo, porque quieren; y se van con miras a quedarse, y no interesan regresar sino de pasada. Así sucede en todas partes del mundo. Las motivaciones singulares que hoy animan a la emigración no tienen sus raíces más profundas en problemas exclusivamente económicos. Dentro de las fronteras de un mismo país las personas se mudan de sus pueblos natales, seducidas por los atractivos de las grandes ciudades, no sólo por razones de empleo o por hacer más dinero. Asimismo se mudan de sus países de origen, huyéndole al hastío y al aburrimiento; escapando de líos en la calle o con la ley; o procurando desenmarañarse de chismes hostigadores o bien despojarse de un mal de amores.

El apego a la madre patria no está inscrito en la naturaleza humana. Igual que las fronteras nacionales, ambos son artificios humanos, por ende alterables y revocables. Es al goce de la libertad singular y sus ilusiones que muchos deben el ánimo de exiliarse voluntariamente. A fin de cuentas, más acá de las patrias y sus fronteras, habitamos todos un mismo planeta...

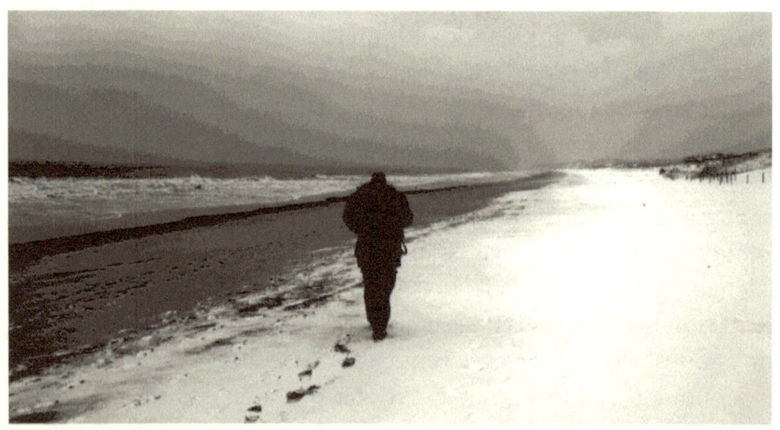

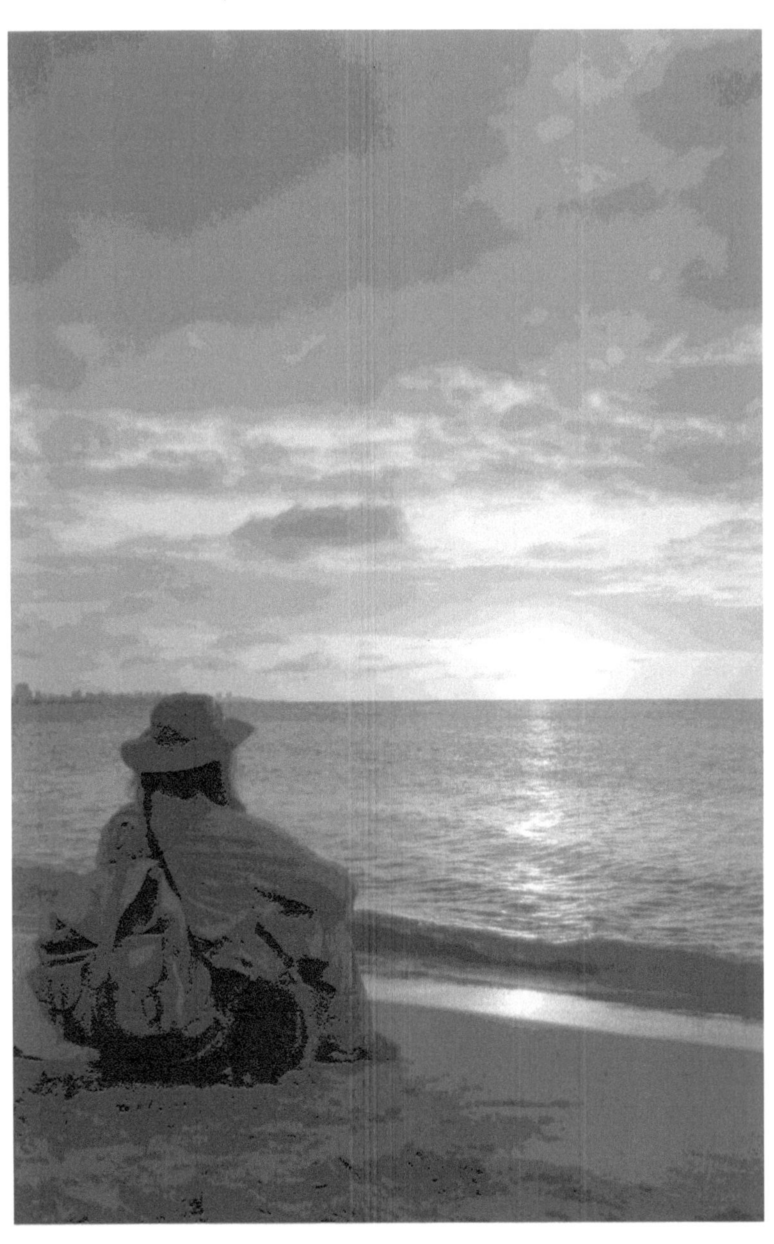

Matanzas[47]

El trato cruel y despiadado a los animales es legal y está institucionalizado en Puerto Rico; las agencias de Gobierno lo avalan y lo incitan, lo financian y lo realizan. Las matanzas de cientos de primates rhesus y patas lo evidencia. Estas especies, que integran la nueva fauna puertorriqueña y enriquecen la biodiversidad de la Isla, están en peligro de extinción...

Desde los años setenta y a la sombra de la industria biomédica estadounidense, Puerto Rico se convirtió en el principal suplidor de la demanda de éstos primates, "ideales" como objeto experimental por sus similitudes fisiológicas y psicosociales con la especie humana. Durante este periodo, por avaricia y mediocridad administrativa de las autoridades responsables, algunos escaparon y migraron a la zona boscosa del suroeste de la Isla.

En 2007 el Gobierno de Puerto Rico declaró estas especies como "invasivas" y "peligrosas", y ordenó su exterminio. $1.8 millones del erario público destinó a la macabra empresa, contando con la complicidad, asesoramiento y aval de "expertos", "profesionales" y "científicos" nacionales y federales.

El consenso, desde la óptica antropocéntrica dominante, fue que el excedente en la *producción* de primates no-humanos (los que no son rentables al negocio de la industria biomédica) fuera sacrificado. El Gobierno incluso legisló para "conceder permisos especiales de caza no deportiva" a sus matadores.

Depurado de tecnicismos y artimañas retóricas, el *proyecto* gubernamental para "controlar" estas especies se reduce a la orden de utilizar "técnicas mortíferas" para sacrificarlas. Según el ex-secretario del DRNA, "las autoridades determinaron que balearlos era un final más humanitario que una inyección letal". Capturadas las criaturas, una a una son asesinadas a balazos calibre 22.

Los primates rhesus y patas, nacidos aquí, son víctimas de gatilleros del Estado y de aficionados al placer sádico de matar (cacería deportiva), autorizados por la ley. Según informes del DRNA, entre 2008 y 2010 el monto registrado de la masacre fue de

---

[47] **"Matanzas"**, Revista *80 grados*, 11 de noviembre de 2011. (http://www.80grados.net) Revista *Latitudes*, 11 de noviembre de 2011. (http://revistalatitudes.org)

1,432 rhesus y patas. A mediados de 2011 el conteo ascendía a 1,639.[48]

Ambas especies, sin embargo, se destacan por su formidable predisposición para adaptarse y coexistir sociablemente entre los seres humanos...

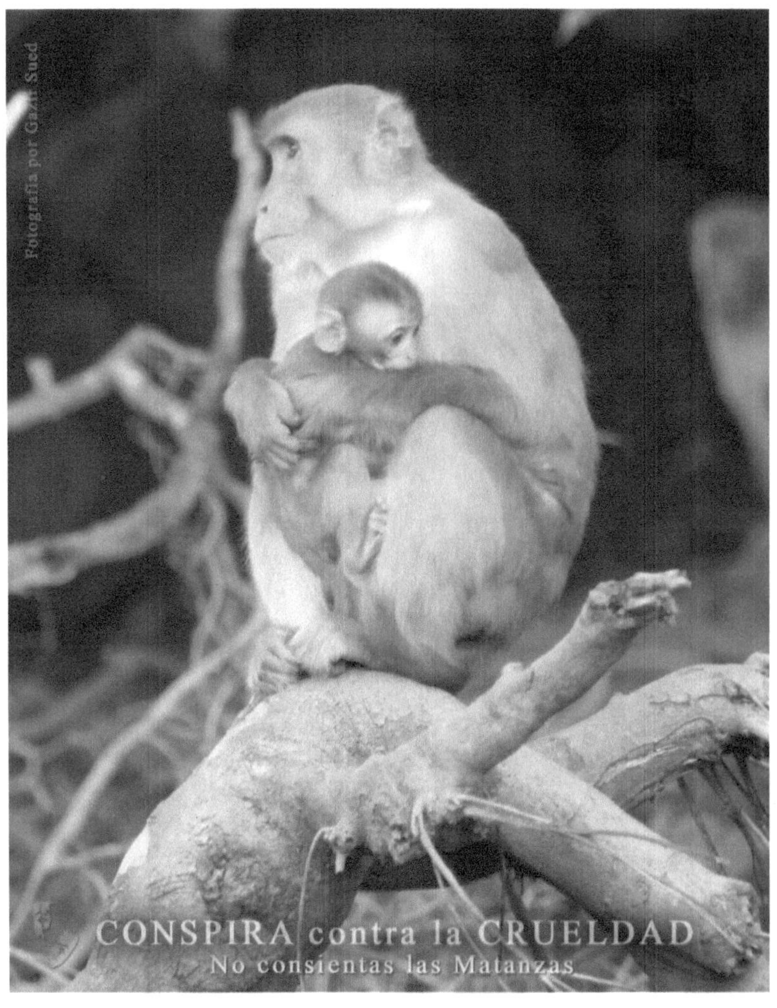

Los rhesus y patas son descendientes de los primeros fugitivos del cruel cautiverio de las corporaciones biomédicas

[48] En el último informe, de febrero de 2012, la cifra mortal se eleva a 2,153.

locales y federales. Los que hoy habitan en la Isla nacieron aquí. Igual que la mayor parte de nuestra fauna nativa, son especies descendientes de inmigrantes, como las vacas y los caballos, los perros y los gatos. No son especies "exóticas invasoras", ni una "plaga que amenaza la vida humana y silvestre", ni "afectan la calidad de vida de los ciudadanos", como insisten los discursos neuróticos que animan las matanzas.

Por el contrario, estas especies hacen de nuestra Isla un espacio de vida más interesante y agradable. Principios de tolerancia, comprensión y disfrute común de nuestra diversidad ecológica (que por su propia naturaleza mutante el cambio le es condición invariable), deben regular cualquier política de "control" de especies. Aprender a coexistir, inteligente y sensiblemente, con las diferentes especies que habitan esta tierra que llamamos *nuestra*, ese es el gran desafío ético que enfrenta la ciudadanía, los gobiernos y la ciencia...

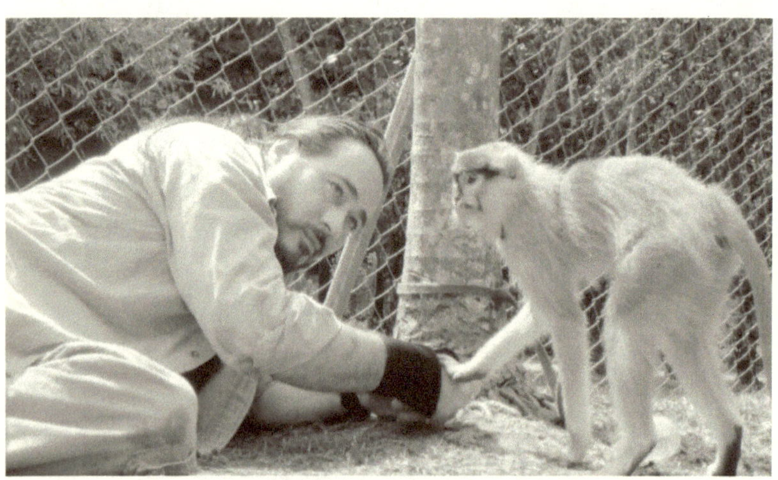

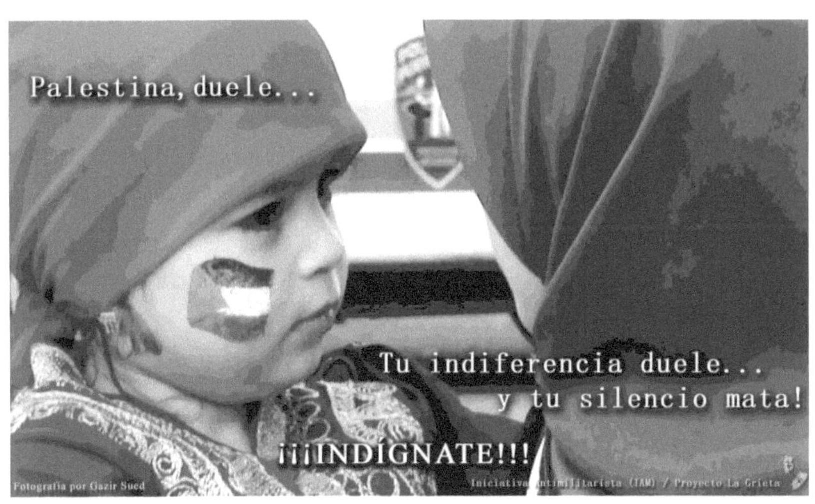
Palestina, duele...
Tu indiferencia duele...
y tu silencio mata!
¡¡¡INDÍGNATE!!!
Fotografía por Gazir Sued
Iniciativa Antimilitarista (IAM) / Proyecto La Grieta

2012

Mitología biomédica, ética y ciencia[1]

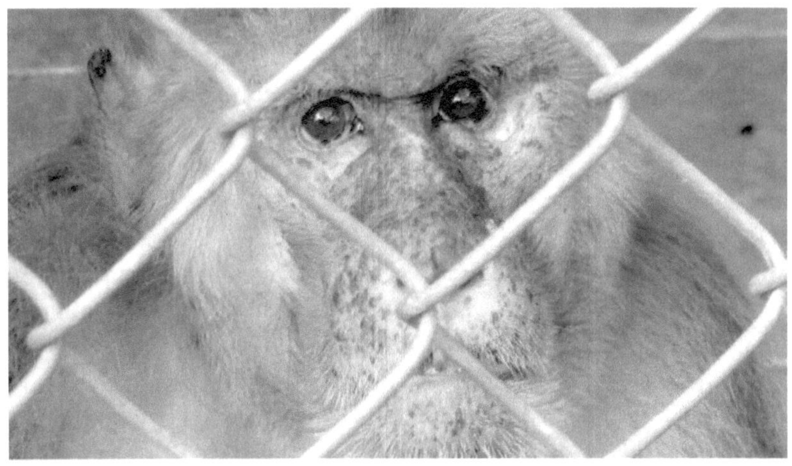

"The significant problems we face
cannot be solved at the same level of thinking
we were at when we created them."
A.Einstein

Las experimentaciones con primates no-humanos en cautiverio levantan serias reservas éticas, sospechas y cuestionamientos, principal-mente sobre las condiciones de maltrato físico y emocional a las que se someten estas especies (confinadas, hostigadas y torturadas) en laboratorios "científicos". La industria biomédica, sus promotores y beneficiarios, encubren sistemáticamente ésta práctica y restringen, de manera casi absoluta, el acceso a información de primera mano. La ciudadanía queda a merced de la propaganda corporativa, hecha a la medida de sus propios intereses. Así, el drama de la violencia y la crueldad contra animales en cautiverio pasa virtualmente desapercibido en Puerto Rico...

Los favorecedores de la experimentación con primates no-humanos alegan que, por encima de consideraciones éticas sobre el bienestar de los animales, deben valorarse los "avances" que *posibilitan* a la industria biomédica y la ciencia en general, ya sobre los grandes desafíos que representan enfermedades y condiciones

[1] **"Mitología biomédica, ética y ciencia"**, *El Nuevo Día*, sábado, 21 de enero de 2012.

como el SIDA, la hepatitis o el cáncer, o con respecto a las amenazas latentes del fantasma del bioterrorismo (Ébola, Ántrax, etc.). Esta premisa, no obstante, carece de base científica, es especulativa y falaz.

Desde inicios del siglo XX la industria biomédica experimenta con primates no-humanos, como si se tratase de modelos equivalentes a *nuestra* especie, suplentes o reemplazos (por razones morales, cálculos económicos o presiones políticas y legales). La ilusión que anima esta creencia mítica e idealiza ingenuamente su utilidad para la ciencia, se origina en las semejanzas anatómicas y fisiológicas. Esta creencia, alucinante por demás, se intensificó a partir del descubrimiento de las similitudes genéticas, ratificando el alegato a favor de la experimentación y renovando la falsa creencia de que son imprescindibles para el progreso de las ciencias de la salud; la prevención, el diagnóstico y el tratamiento de las enfermedades humanas.

Estudios realizados sobre la pertinencia y la utilidad experimental de chimpancés en laboratorios biomédicos, revelan el carácter ilusorio de esta creencia y develan la relativa insignificancia de sus prácticas dentro del marco de las propias expectativas biomédicas. Aunque la similitud genética entre el chimpancé y el humano se estima superior al 96%, no hay evidencia significativa de su valor experimental ni de contribuciones reales al desarrollo de tratamientos de enfermedades humanas.

Este análisis adquiere mayor relevancia en el caso de la especie *Rhesus* en Puerto Rico, cuya similitud genética con el humano (93%) es inferior a la del chimpancé. Esta marcada diferencia entre especies -que determina la secuela de fracasos experimentales y clínicos- es ignorada y omitida sistemáticamente por los promotores de sus usos experimentales en la Isla, encabezados por el *Caribbean Primate Research Center* (CPRC), adscrito y apadrinado sin condiciones por el Recinto de Ciencias Médicas de la Universidad de Puerto Rico.

Sea con referencia a la relativa similitud genética o a las marcadas semejanzas fisiológicas, las corporaciones biomédicas -e individuos favorecidos por ellas- perpetúan la ilusión de aplicabilidad mecánica sobre el ser humano y sus enfermedades. Esta ficción cientificista sirve de plataforma para legitimar intereses comerciales, como los de Bioculture o del CPRC, pero como propaganda corporativa, no como ciencia...

Además de que existen tecnologías experimentales alternativas, más seguras y efectivas, la experimentación invasiva con estos primates no es una necesidad científica, ni responde a interés nacional alguno, ni contribuye al bienestar de la humanidad.

Confrontada la mitología biomédica con la realidad objetiva, y desmentido e impugnado el negocio fraudulento de experimentar con primates a nombre de la humanidad y la ciencia, las matanzas de gorilas en el Congo o de delfines en Japón no se diferencian de las matanzas de chimpancés o rhesus en laboratorios de Estados Unidos y Puerto Rico.

No existe fundamento científico para perpetuar la experimentación invasiva con primates cautivos y, sin embargo, existen profundas razones éticas para oponerse.

Mezquinos intereses han convertido el trato cruel con animales en un prestigioso y lucrativo negocio. Así será mientras lo consintamos…

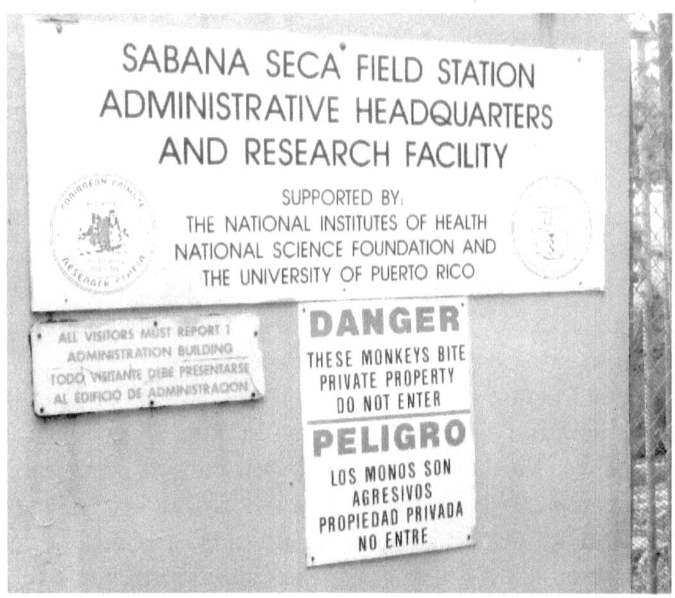

Estuario: vertedero ecológico[2]

En el estuario de la bahía de San Juan coexiste una inmensa diversidad de especies marinas, de aves y anfibios, mamíferos y reptiles; algunas de ellas en peligro de extinción. La garza real y el pelícano pardo; el manatí antillano; el tinglar y el carey; el coquí, la boa y la iguana verde comparten ese mismo ecosistema. Los manglares los alimentan y sirven de refugio y anidaje, a la vez que resguardan las zonas costeras de las marejadas. Al otro lado de este imponente hábitat natural, protegido y a la vez hermoseado por su biodiversidad, los proyectos de desarrollo comercial y urbano -virtualmente irrestrictos y desenfrenados- lo amenazan constantemente; lo deterioran inconteniblemente; lo destruyen...

Las suertes inmediatas y porvenir del estuario quedan a merced de los simulacros preservativos del Estado. Es sabido que los funcionarios y autoridades de gobierno, que por encargo formal se deben a su preservación y conservación, responden prioritariamente a sus respectivos partidos políticos; y éstos, indistintamente, favorecen y privilegian la gula de empresarios desarrolladores por encima de consideraciones ambientales. La política ambiental de los gobiernos en Puerto Rico no procura frenar o siquiera minimizar los impactos adversos del desparramamiento urbano, como la excesiva generación de basura (propia de una sociedad consumerista y botarata). La función política de las agencias responsables de proteger y conservar los recursos naturales y ambientales de la Isla no es resolver esta problemática sino ocultarla.

Situado entre el Parque Central y el Coliseo de Puerto Rico, a la altura del caño Martín Peña en el estuario de San Juan, está el Parque Lineal Enrique Martí Coll; adscrito al Fideicomiso de Parques Nacionales, a cargo de su desarrollo, operación y conservación. El portón de entrada, próximo a la parada del Tren Urbano y contiguo al terminal del Acuaexpreso, fue clausurado hace algunos meses y ningún signo presagia su apertura. Al otro extremo, para el portón que da al Parque Central, también se cerró el candado y se botó la llave. Corredores, caminantes y ciclistas,

[2] "**Estuario: vertedero ecológico**", *Claridad*, martes, 14 de febrero de 2012.

curiosos locales y visitantes del mundo, hemos sido privados del acceso a esta impresionante ruta en el estuario de San Juan.

La cobertura mediática se ha limitado a repetir sin más la versión de las autoridades de gobierno. Éstas justifican la clausura porque una lancha del Acuaexpreso "chocó" con la estructura del paseo lineal. Resulta poco creíble esta desventura, pues los pilares que soportan el parque lineal están protegidos por una barrera de cemento, madera y goma sólida que hacen casi imposible que una lancha los toque. La enorme distancia entre orilla y orilla del cuerpo de agua abona a la sospecha de que la excusa pública se trata, más bien, de una farsa.

Quizá mienten para evitarse la vergüenza que debiera provocarles un parque nacional abandonado y en ruinas; quizá lo encubren para evadir el reproche y la denuncia pública en año de elecciones...

Lo cierto es que la clausura del parque lineal anuncia la indisposición de la actual administración de gobierno a restaurarlo; pero también confiesa el prolongado tiempo de abandono e irresponsabilidad compartida entre ambos partidos gobernantes, que desde 1993 reciben fondos federales para manejo y conservación del estuario. La desidia de los gobiernos locales es irrebatible; el orden de prioridades, absurdo.

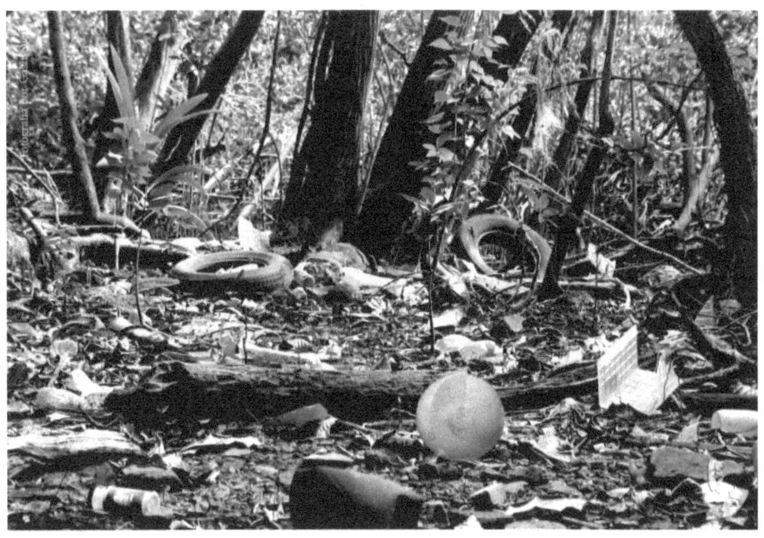

En lugar de atender la situación, el Municipio de San Juan sembró un letrero desentendiéndose oficialmente de cualquier posible incidente, porque el paseo no se encuentra en "óptimas condiciones" (falta de alumbrado, fallas en la estructura y ausencia de seguridad) y representa un riesgo para los usuarios. Cualquier reclamación -aclara- debe hacerse a la "agencia a la cual le pertenece": la Compañía de Parques Nacionales del Estado Libre Asociado de Puerto Rico. Esta agencia no vaciló en enganchar también sus letreros justificando la clausura: "Perdonen los inconvenientes: Cerrado hasta nuevo aviso por incidente imprevisto por causa ajena a nuestro control" y "PELIGRO NO PASE".

Más acá de la promesa tácita de abandono indefinido, al otro lado de los letreros en la ruta del maltrecho parque del estuario de San Juan, las raíces aéreas de los manglares se alzan sobre una inmensa alfombra de escombros que cubre las aguas contaminadas de humanidad y civilización; desarrollo, modernidad y progreso. Por debajo, por encima y entre la basura acumulada, los desperdicios tóxicos y la podredumbre, todavía subsisten *nuestras* especies de flora y fauna. Todavía...

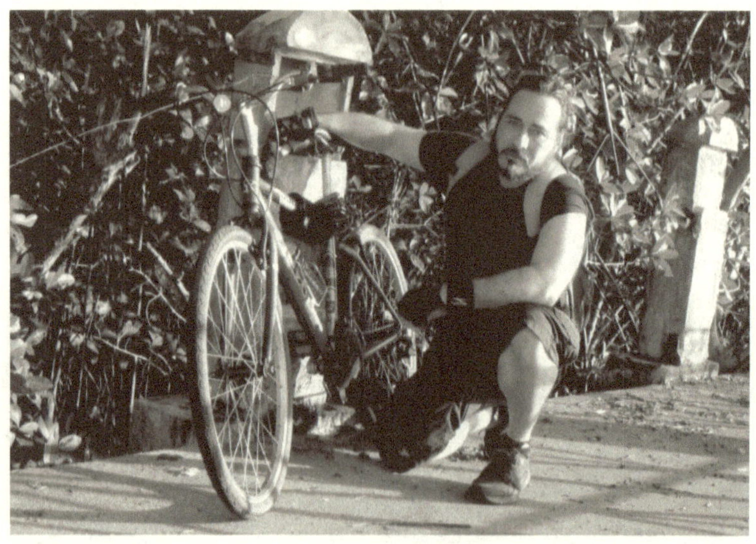

De la reforma política de la Universidad[3]

"So this is how Liberty dies...
with thunderous applause"
Padmé Amidala

Es evidente que la "crisis" de la Universidad de Puerto Rico no es de naturaleza económica sino política. El progresivo desmantela-miento de las facultades de Ciencias Sociales y Humanidades acontece dentro de un proyecto de reestructuración general del sistema de Educación Superior, que no responde a meros requerimientos económicos sino a una rancia, obsesiva y torpe ideología política (mercantilista y tecnocrática) sobre la función social de la Universidad del Estado. Dentro de este escenario, los profesores despojados de sus empleos no representan ahorros significativos a los caudales de la institución. Más bien, se convierten en piezas alegóricas de la (i)racionalidad dominante, para la cual la "educación" ocupa una posición marginal en el orden de sus prioridades.

La gran paradoja se materializa a la sombra de la Ley, que promete "fidelidad a los ideales de una sociedad integralmente democrática" y, sin embargo, se reconstituye a sí misma como condición de todo lo contrario. En la retórica que la hermosea, se compromete a cultivar los valores éticos e ideales de vida de la cultura puertorriqueña; pero, en su lugar, se vuelca radicalmente contra ella; y sustituye de golpe sus valores e ideales por falsas ilusiones, socialmente desensibilizadoras; intelectualmente embrutecedoras...

Todavía la Ley consagra la misión de la Universidad a "cultivar el amor al conocimiento como vía de libertad, a través de la búsqueda de la verdad..."; pero en su lugar se realiza una tremenda ironía, cuando el poder que la administra opta por invertir en renovar fachadas antes que en retener sus recursos intelectuales. Ojalá bastara desenmascarar las hipocresías de ocasión, o denunciar las complicidades de gran parte de los mismos universitarios, silentes o alborotados...

---

[3] **"De la reforma política de la Universidad";** *El Nuevo Día*, viernes, 24 de febrero de 2012.

Enmarcado en esta condición política, se concretiza el desprecio a la labor intelectual e investigativa de quienes sus pensamientos y quehaceres guardan relaciones indisolubles con prácticas pedagógicas comprometidas con la justicia social, la libertad y los valores éticos que mueven y animan las sociedades democráticas; entre las que la puertorriqueña y su Universidad, a duras penas, aspiran a ocupar un merecido sitial...

Así, la sistemática eliminación de profesores, como la supresión de la representación estudiantil (que debiera ser equitativa con el claustro), evidencian las motivaciones e inclinaciones políticas de la actual "reforma" y sus promotores. Pare ellos, la Universidad no debe producir ciudadanos pensantes y sensibles, sino fabricar peones instruidos; enajenados e ingenuos; mansos y serviles...

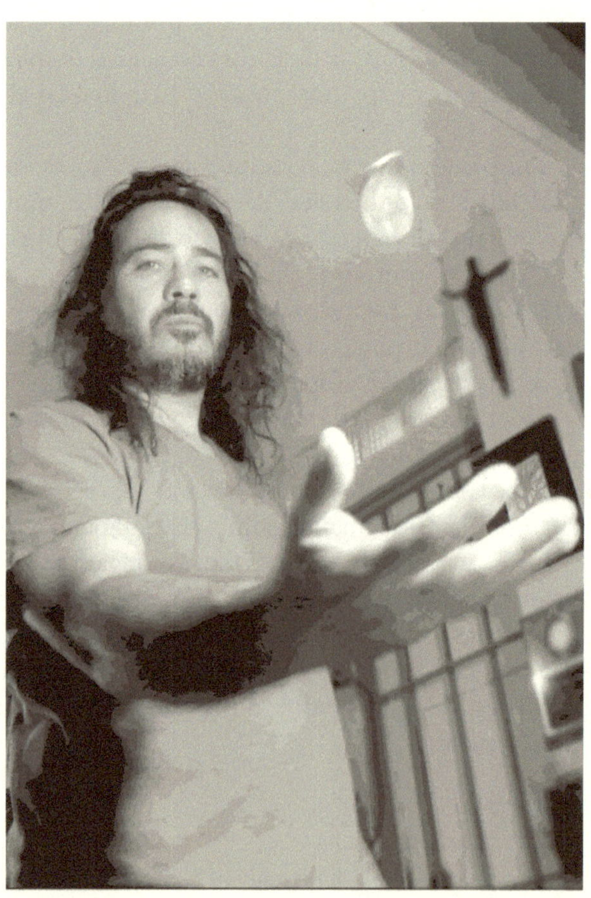

De la crueldad contra animales[4]

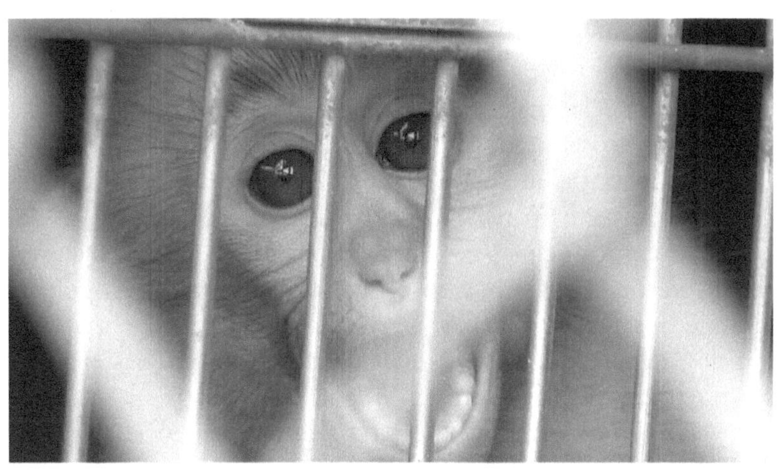

A finales de febrero de 1902, bajo la administración del primer gobernador civil estadounidense designado en Puerto Rico, el entonces Secretario de Porto Rico, Charles Hartzell, presentó un proyecto legislativo a los efectos de prohibir la crueldad contra los animales en la Isla. El proyecto de ley se integraría al Código Penal regente a principios de marzo del mismo año, tras la aprobación de la mayoría de la Asamblea Legislativa y la firma del gobernador William H. Hunt. La cobertura del *New York Times* atribuyó esta iniciativa legislativa al "sentimiento humanitario de los americanos". Según la reseña, ésta ley se tramitó por presión de *americanos* residentes en la isla que se quejaban del maltrato generalizado a los animales: "Desde un punto de vista humanitario, el puertorriqueño es esencialmente cruel. Las consideraciones para los animales parecen estar más allá de su comprensión." Aunque la acusación resulte irremediablemente hiriente al sentimiento nacional, han transcurridos más de cien años y, para *nuestra* vergüenza colectiva, la historia pareciera darle la razón...

El artículo lo dramatiza: un cerdo arrastrado vivo por la calle, atado y con la cabeza bocabajo, golpeándose la nariz constantemente, "y los chillidos de dolor parecían deleitar a la

---

[4] **"De la crueldad contra animales";** Revista *80grados,* 24 de febrero de 2012. (http://www.80grados.net) *Indymedia,* 2 de marzo de 2012. (http://pr.indymedia.org)

muchedumbre omnipresente"; Asimismo, "ver a un perro herido es un placer para el puertorriqueño promedio"; y cuando un caballo, azotado y atormentado inmisericordemente, cae por la fatiga, el "espectador nativo" se mofa...

Aunque existía una sociedad para la prevención de la crueldad contra animales bajo el régimen español, el gobierno no intervenía rigurosamente. La ley aprobada convertiría la práctica de la crueldad contra animales en crimen, objeto de intervención policial y de severas penalidades. El Código Penal de 1902 la tipificaba como delito y penaba a todo el que maliciosa y cruelmente matase, estropease ó hiriese algún animal, lo golpease, torturase o lastimase. Además de regular estrictamente el trato a los animales, detallado en el texto de la ley, prohibiría las peleas de gallo, de perros, de toros, etc.

Durante todo el siglo XX, y aún todavía en el siglo XXI, aunque la crueldad contra animales no-humanos permanece proscrita y penada por Ley, ésta contradice sus principios y permite macabras excepciones. Así, en nombre de un concepto falseado e idealizado de la Ciencia, propicia y condona la crueldad de matadores y torturadores. Las experimentaciones invasivas y matanzas de primates rhesus y patas, de iguanas verdes y guaraguaos; de cerdos y cabras silvestres; de gatos y perros realengos, lo evidencia...

La marcada ingenuidad del cuerpo legislativo puertorriqueño está enraizada en una brutal ignorancia sobre cuestiones científicas complejas. La deficiencia en éstas áreas del saber y la pereza intelectual de los hacedores de leyes los lleva a creer por fe las razones de presumidos "expertos" o "profesionales"; y la suerte de los animales es rendida a intereses personales o corporativos, disimulados u ocultos tras una imagen adulterada de la Ciencia.

Así, por ejemplo, la Ley regente desde 1973 prohíbe explícitamente que cualquier persona, sin distinción, maltrate, torture o maltrate cruelmente a cualquier animal; lo encierre, amarre o encadene en condiciones que le cause cualquier daño o sufrimiento innecesario. No obstante, hace una salvedad con relación a los experimentos con animales vivos. De este modo, la Ley *asume* ciegamente que existen causas razonables por las cuales resultaría "necesario" envenenar o administrarle algún "agente infeccioso" que le cause daño, sufrimiento o muerte al animal sobre el que se experimente. Si el experimento conlleva daño grave corporal o permanente al animal -reza la Ley- entonces deberá ser sacrificado *humanamente* tan pronto como el propósito de la investigación lo permita.

El problema político de fondo, al margen de la ética contra la crueldad, es que la autoridad investida por Ley -para regular y fiscalizar las experimentaciones con animales vivos- es la misma que las financia y las realiza. Tal sucede con el *Caribbean Primate Research Center* (CPRC), adscrito a la Universidad de Puerto Rico y financiado por corporaciones biomédicas estadounidenses. Las experimentaciones invasivas con primates son de dudoso valor científico, pero representan un negocio lucrativo para quien es, a la vez, juez y parte en el juicio de su propio haber...

En 2004 se legisló para aumentar las penas por maltrato de animales: "...por aquellos actos de maltrato que demuestren un grave menosprecio por la vida y la seguridad de los animales y complacencia en el sufrimiento del animal de forma innecesaria; sean cometidos con arma mortífera, causando o no la muerte y/o la mutilación del animal..." La premisa sobre la que este proyecto legislativo se asentó es que "existe una relación directa entre el comportamiento violento del ser humano y los actos de crueldad o abuso contra los animales." Y ciertamente, más allá de las consignas demagógicas de las corporaciones biomédicas y de agencias de gobierno como el DRNA, tanto las experimentaciones invasivas como la política de exterminio de especies, representan un abierto menosprecio por la vida y seguridad de los animales. Asimismo, las torturas experimentales y matanzas auspiciadas en nombre de la Ciencia, la Salud o la Seguridad, evidencian una confesada complacencia con el sufrimiento de éstos. Trátese de humanos o de animales no-humanos, "se trata de criaturas vivas, con capacidad para experimentar dolor y reflejar físicamente las señales de ese sufrimiento" -reza la exposición de motivos-.

El proyecto de Ley cita estudios realizados en los Estados Unidos, que sostienen una estrecha relación entre la población confinada por crímenes violentos y su historial de abuso contra animales. Incluso hace referencia al Negociado Federal de Investigaciones (Federal Bureau of Investigation), que "ha señalado la crueldad contra los animales como una característica típica para identificar jóvenes sospechosos con potencial para convertirse en criminales en el futuro..." Desde una perspectiva psiquiátrica, cita el proyecto de Ley: "Los actos de crueldad contra los animales son un reflejo de una conducta antisocial."

Irónicamente, en Puerto Rico, cualquier persona -indistintamente de su condición social- que cause daño corporal a un animal, o que le ocasione sufrimiento, incurre en delito grave y será penado por Ley; con excepción de los autorizados por ésta para hacerlo. A saber, los cazadores y *afectados* directamente; los matadores del DRNA y los torturadores del CPRC-UPR.

Si es verdad que la Ley representa la *voluntad del Pueblo*, no cabe duda, entonces, que "el puertorriqueño es esencialmente cruel". Las experimentaciones invasivas en laboratorios biomédicos y las matanzas contra las nuevas especies nativas, ejecutadas por agencias de gobierno y celebradas por la prensa del país, refuerzan el infamante argumento. La carga del reproche moral pesa sobre la vergüenza compartida, y todavía más cuando la Ley, prejuiciada e indolente, reivindica como derecho la crueldad contra animales...

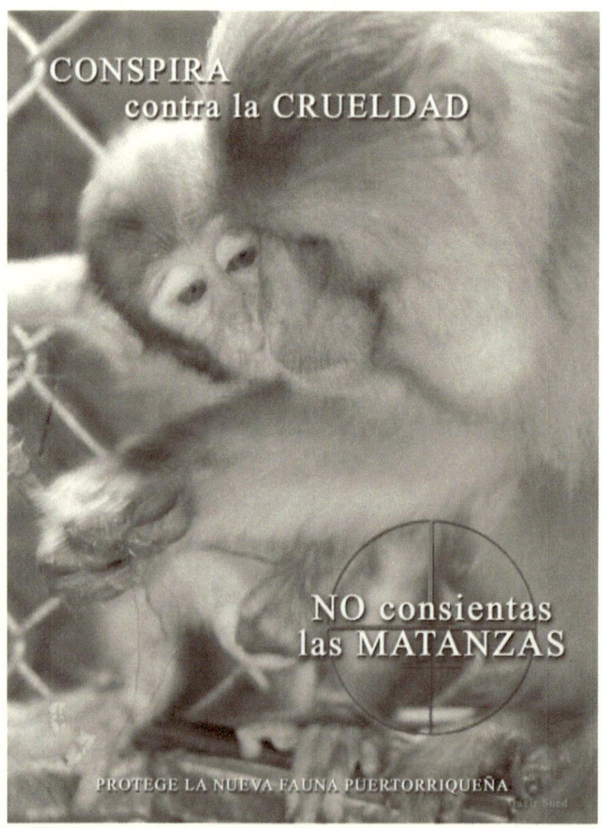

Gane quien gane, todos perdemos[5]

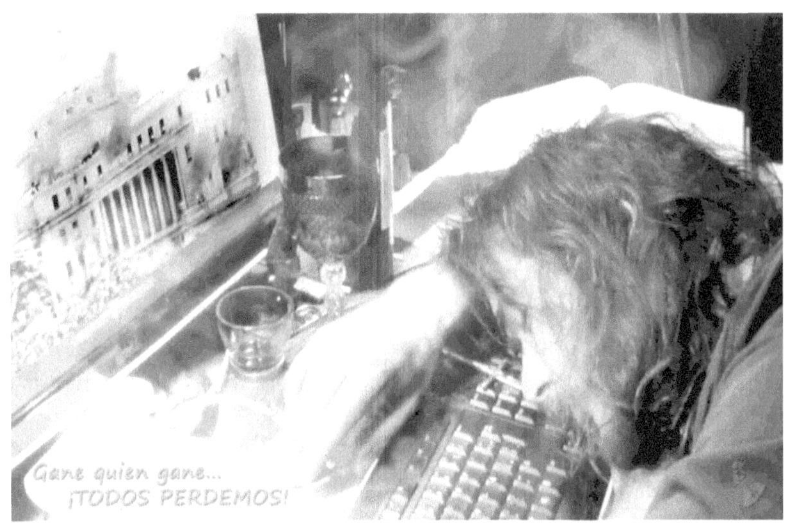

Repasando viejas teorías sobre la "psicología de las masas", recordé el cartel publicitario de una película en que dos criaturas monstruosas se mataban entre sí, mientras los destinos de la raza humana sufrían los embates de sus mortíferas contiendas. El lema: "Gane quien gane, nosotros perdemos." Pensé que, abstraída de su contexto ficcional y depurada la pugna de su morbosidad escénica, la trama general se convertía en metáfora de "nuestra" realidad política actual. Se me ocurrió que, representados los dos poderosos monstruos por los partidos hegemónicos, por el "nosotros" jugaría su papel, pues, el pueblo puertorriqueño...

La moraleja era predecible. A todas cuentas, a la industria del cine comercial siempre le procura audiencia la manoseada formula: La víctima, abusada y sufrida, enfrenta al que abusa y hace sufrir; sea a su favor o por quien le es querido. Pero la idea pronto me pareció absurda. En la película, las víctimas humanas resisten a los monstruos y luchan por prevalecer; mientras que en la realidad éstos pertenecen a nuestra misma especie y, gane quien gane, siempre pierde...

---

[5] **"Gane quien gane, todos perdemos"**, *El Nuevo Día*, viernes, 13 de abril de 2012.

Descartada la relación simbólica entre la película de ficción y la realidad política, no deja de inquietar que gran parte de la población participe de la contienda electoral como si se tratase de una trifulca a muerte entre dos monstruos, en esencia y apariencia, diferentes. Y más durante el periodo de campaña, cuando la masa popular se bifurca y religiosamente imagina al "otro" como pérfido y demoniaco adversario; lo tipifica y nombra enemigo; y lo trata como si se tratase de un monstruo; aunque cada uno comparte en idéntica proporción la monstruosidad del otro.

Por ejemplo, la que se materializa en el vicio de insultarse mutuamente -que practican e inculcan entre sus huestes con celo fiero-; aunque ambos carecen de legitimidad moral para sermonearse. Esto, aunque las acusaciones de parte y parte no sean siempre frívolas o falsas. Las relativas al imperio de la corrupción lo evidencian.

Pero la monstruosidad del "otro" es siempre la monstruosidad del "otro". Lo monstruoso se convierte en signo de identidad colectiva; se institucionaliza como partido político; y el elector, derrotado o victorioso, encarna indistintamente el personaje del monstruo...

Así las cosas, quede impreso el lema de la "realidad" electoral puertorriqueña, trillada y predecible como película del montón: "Gane quien gane, todos perdemos."

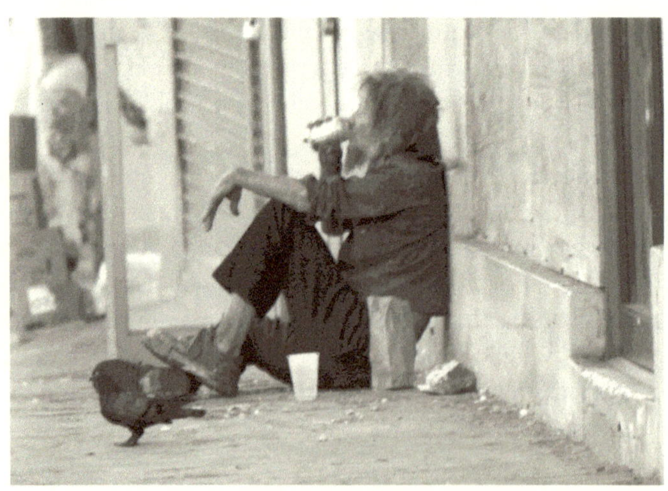

Voluntad de saber[6]

A raíz de las matanzas de primates no-humanos, de las especies rhesus y patas, por orden del Gobierno y ejecutadas por el Departamento de Recursos Naturales desde 2007, inicié una investigación sobre la historia de estas especies en Puerto Rico. Rastreando sus orígenes en la Isla, averigüé que los rhesus fueron introducidos a finales de la década de los 30, con fines de establecer en territorio bajo dominio estadounidense un criadero de primates experimentales baratos, para suplir la demanda de la industria biomédica en Estados Unidos. Establecido y fracasado el "scientific monkey business", pronto pasó a ser administrado bajo jurisdicción de la Universidad de Puerto Rico. Durante la década de los 70 fue creado el Caribbean Primate Research Center (CPRC), del recinto de Ciencias Médicas de la UPR, que asumiría la responsabilidad formal sobre el negocio en relativa quiebra.

La primera orden de los nuevos gerentes del CPRC fue exterminar cientos de rhesus cautivos en el cayo Santiago, para hacer más llevadera la carga económica de las colonias. Otros cientos fueron sacrificados con el fin de preparar una colección de huesos para "estudios" primatológicos. Hoy, algunos miles permanecen enjaulados y sometidos a experimentaciones invasivas en la antigua base militar de Sabana Seca. Todavía los "excedentes" en cayo Santiago son sacrificados; y cuando les resultan inservibles para experimentos (después de inocularles venenos mortales y someterlos a infinidad de torturas físicas y psicológicas), para *evitarles* sufrimiento "innecesario", ordena la ley que sean ejecutados...

Las autoridades regentes me prohibieron acceso a las instalaciones del CPRC. Tras agotar los recursos institucionales, en 2011 radiqué una demanda por derecho propio (y en condición de indigente) ante el Tribunal de Justicia de Puerto Rico, exigiendo acceso e información pertinente a mi investigación.[7] Enfrenté a los

---

[6] **"Voluntad de saber"**, *El Nuevo Día,* Jueves, 26 de abril de 2012.
Revista *Latitudes* (http://revistalatitudes.org)
Revista *HolaPR.com* (http://puertoricoserver.net)

[7] Caso Civil Núm. KPE12-0199; Gazir Sued (Demandante) vs. Edmundo Kraiselburd (Director de Caribbean Primate Research Center; Janis González (Deputy Director del CPRC); Rafael Rodríguez Mercado (Rector del Recinto de

representantes legales de la UPR y del CPRC, contratados como mercenarios corporativos, semejantes a los abogados de las grandes mafias del crimen organizado. Valiéndose de artimañas y mentiras, *convencieron* al Tribunal de Justicia que desestimara mi demanda. En su sentencia, firmada el 30 de marzo de 2012, la jueza Giselle Romero García se limitó a copiar al pie de la letra las argumentaciones frívolas y falsas de los abogados contratados por la UPR.

El Tribunal de Justicia de Puerto Rico pasó así a convertirse en pieza servil del esquema de encubrimiento corporativo del CPRC, del que la UPR ya había confesado complicidad formal. Por mi parte, la investigación continúa; se multiplican las dudas y acrecienta la voluntad de saber. Me pregunto, ¿qué será lo que no quieren que sepamos?

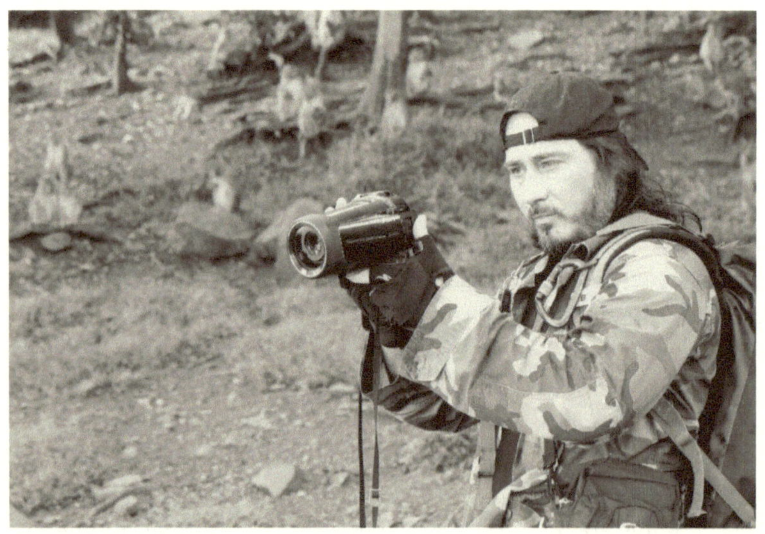

Ciencias Médicas, UPR); Miguel A. Muñoz (Presidente UPR) (Demandados); Centro Judicial de San Juan; 18 de enero de 2012.

Masacre de animales no-humanos[8]

El consentimiento generalizado a favor de las matanzas de especies de la fauna puertorriqueña (primates rhesus y patas, monos ardilla, iguanas verdes, caimanes, cerdos y gatos silvestres, etc.) no se limita a las especies discriminadas y estigmatizadas por el Estado como "exóticas" e "invasivas". También se hace extensivo sobre las especies usadas para experimentaciones en laboratorios biomédicos y farmacéuticos, con probados fines inútiles para la salud humana y animados por intereses mezquinos. No obstante, son animales clasificados como "domésticos" los que en mayores cantidades y por razones de intolerancia social se masacran con fuerza de ley y el aval popular en Puerto Rico...

Los animales realengos (sin dueño), predominantemente perros y gatos, ocupan la atención del cuerpo legislativo insular (R. del S. 759), porque supuestamente existe un *problema* de "sobrepoblación" y no hay *albergues* suficientes para contenerlos.

El Estado ilegaliza la existencia de animales realengos y sin dueño y, con arreglo a una imaginería fóbica, paranoide e hipocondriaca, reduce sus vidas a la condición de "mascotas", y enseguida los condena al cautiverio perpetuo bajo el dominio absoluto de sus tenedores (*guardianes* o dueños). Dentro de esta (i)racionalidad, la ley criminaliza y condena severamente al ciudadano que libere a cualquier animal (convertido por ley en víctima de "maltrato" por "abandono") y lo obliga a entregarlo a un *albergue*, para ser enjaulado y disponer de su destino.

Los albergues o refugios de animales, sin embargo, encubren la fatalidad que irremediablemente les sería impuesta. Según *revela* la investigación senatorial: "Los refugios reciben cientos de mascotas y crías no deseadas semanalmente, animales que son abandonados por sus dueños o sencillamente carecen de hogar y en la mayoría de los casos éstos tienen que ser sacrificados."

Según las organizaciones que *albergan* animales -revela la investigación- "de cada cien que se reciben, cinco logran ser adoptados, y noventa y cinco son sacrificados." Los albergues o

---

[8] **"Masacre de animales no-humanos"**, domingo, 17 de junio de 2012. *Indymedia* (http://pr.indymedia.org)
Diálogo digital, (http://dialogodigital.upr.edu)

refugios de animales son palabras suaves para encubrir la terrible crueldad practicada en los mataderos del Estado...

La intolerancia social y la aversión a la posibilidad de coexistencia con animales no-humanos en libertad también representa un negocio lucrativo a las empresas privadas contratadas por los municipios para incautar animales domésticos en residenciales públicos (prohibidos por leyes federales) o capturar y *disponer* de los que viven realengos; libres; sin dueños: "un contrato promedio (...) con una empresa que se dedique al manejo y disposición de animales puede significar la erogación de $50,000 a $70,000 anuales."

El drama mortal se torna más tétrico aún, dada la incapacidad económica y estructural de los albergues (que tienen la potestad de aceptarlos o no) para encerrarlos y *disponer* de ellos "humanitariamente", por un verdugo acreditado (veterinario) y por recurso de una ejecución más *humana* (eutanasia). Una dramática manifestación de esta cruel política estatal, posibilitada por la intolerancia social hecha ley (y que autoriza a las empresas "recolectoras" a sacrificar a los animales incautados o capturados), fue el lanzamiento de ochenta perros y gatos vivos desde el puente Paso del Indio, entre Barceloneta y Vega Baja, en 2007. La empresa cobró $5,000 por sus servicios...

Dentro del marco de la ley, cerca de 400 caballos de carrera son sacrificados anualmente por inyección letal, no para evitarles sufrimientos por alguna lesión física, sino porque ya no sirven a la codicia de sus dueños. Asimismo, la ley insular promociona las peleas de gallos como parte de la industria económica y atractivo turístico en la Isla; y cela como *derecho* la cacería "deportiva", practicada por un puñado de la población para satisfacer pulsiones sádicas y el vicio recreativo de matar por placer. Fuera de las zonas urbanas, cerca de dos mil primates rhesus y patas silvestres han sido ejecutados por el DRNA en los últimos cuatro años; y las cifras de matanzas en laboratorios experimentales, el Estado las ignora o las guarda de la mirada pública, en complicidad y secretamente...

Desde la óptica valorativa, ética y política, de la declaración universal de los derechos de los animales, acogida por la ONU en 1978, las masacres de animales -legales y consentidas en Puerto Rico todavía en 2012- son prácticas genocidas, crueles e inhumanas; insostenibles moralmente; políticamente aberrantes; y social y mentalmente enfermizas...

Una línea imaginaria muy fina separa la crueldad contra animales no-humanos de las violencias sociales entre nosotros mismos, animales consentidos de la especie humana...

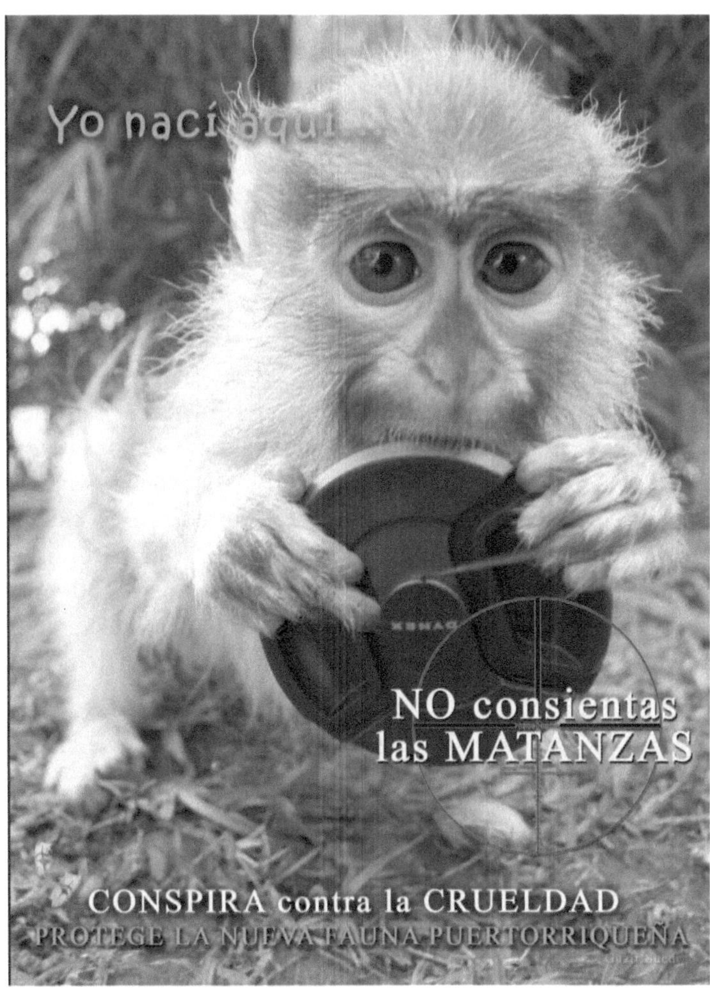

De la “solidaridad” tras bastidores: más acá de Oscar López y Tito Kayak[9]

La odisea en el mar por la excarcelación del prisionero político Oscar López será parte de la historia de Puerto Rico, y es preciso advertir a tiempo que, más allá del saldo final, es el proceso en su devenir lo que a la larga nutrirá de valor memorable la hazaña; o aniquilará su valor para la memoria histórica al realizarse la meta, o incluso antes, si acaso Alberto de Jesús (Tito Kayak) se viera forzado a desistir del intento por causas imprevisibles o sospechadas...

Advertida esta consideración, es imperativo reconocer la realidad en toda su crudeza, y no dejarse seducir por retóricas ilusionistas de ideólogos torpes y charlatanes politiqueros. Es preciso hacer constar que no son las ideas de Oscar las que se reivindican cuando exigimos su desencarcelamiento. Es su derecho a pensar por sí mismo lo que anima con mayor fuerza las solidaridades entre los puertorriqueños. No se trata de enjuiciar su particular ideario político, ni siquiera de apreciar o condenar las creencias que alguna vez pudo haber tenido - en tiempos de su juventud tardía y acaso aún todavía, tras más de 30 años de encierro-. Su pena carcelaria es irracional e injusta, cruel e inhumana; y, por principios y derechos humanos esenciales, repudiamos su cautiverio.

Es este inmenso y trascendental sentimiento de solidaridad humana el que todavía hace deseable la convivencia fraternal entre las gentes que habitan el planeta, más allá de colores de piel, idiomas o diferencias culturales; de fronteras nacionales, himnos y banderas...

Pero la realidad no admite subterfugios ilusorios. La gesta protagonizada por Alberto de Jesús no cuenta con apoyo logístico ni económico de gobierno alguno, como falsamente algunos han afirmado en los medios de comunicación, locales e internacionales. Las solidaridades que hacen posible la realización de esta odisea se mueven tras bastidores, entre personas reales y esfuerzos indecibles. Esto no excluye a particulares burócratas de gobierno o

[9] **“De la 'solidaridad' tras bastidores: más acá de Oscar López y Tito Kayak”**; Revista *80 grados,* viernes, 13 de julio de 2012. (http://www.80grados.net); *Indymedia* (http://pr.indymedia.org)

funcionarios políticos extranjeros, pero hacerles un lugar privilegiado en esta historia sería una afrenta que no se debe condonar.

La anécdota a continuación, desembarazada de elucubraciones izquierdosas, panfletos y adulaciones, evidencia la condición general en la que se funden la aventura temeraria con el compromiso libertario de Alberto de Jesús: si bien es cierto que constan expresiones de altos funcionarios del gobierno venezolano que apoyan la excarcelación de Oscar López y la gesta de Tito Kayak, más allá del espaldarazo moral a la causa, no creo que haya por qué dar más crédito del merecido. El gobierno bolivariano de Venezuela, como tanto otros países, también favorece el derecho a la autodeterminación política y descolonización de Puerto Rico, y no por ello debe asumirse que financian el independentismo local o que tienen alguna inherencia en su agenda o desenvolvimiento cotidiano. A todas cuentas, si el gobierno de Venezuela hubiera apadrinado la travesía de Tito, éste contaría con escolta permanente, atenciones y cuido en cada isla caribeña en la que habita un embajador venezolano. Pero no ha sido así, ni será así en lo que resta de la jornada...

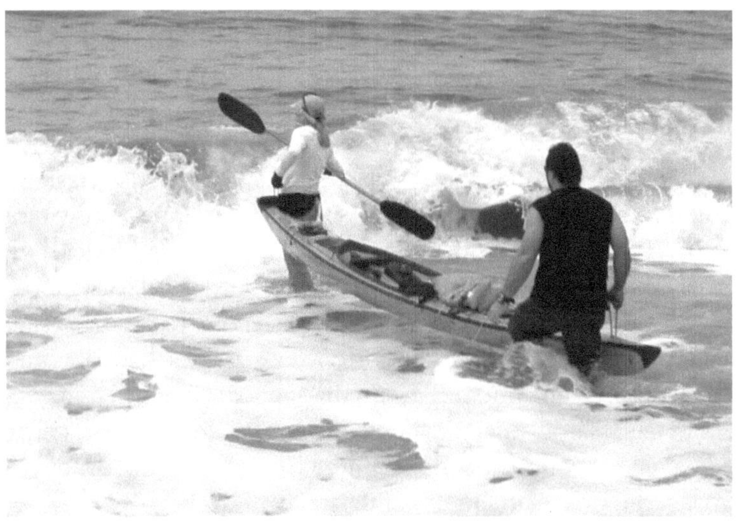

Es cierto que fue tratado con respeto y admiración mientras estuvo en Venezuela, su punto de partida. Cuentan que hasta lo alojaron en hoteles cinco estrellas. Pero, a pesar de todas las atenciones, debe constar que tuvo que pagar en efectivo -con dinero recaudado acá- su kayak artesanal. La ruta idónea, haciendo la primera parada en Trinidad, tuvo que ser descartada por razones que todavía resultan un misterio. La cosa es que tuvo que trazar una nueva ruta, directa y a través de un mar embravecido permanentemente y virtualmente innavegable para pequeñas embarcaciones, y más aún para naves diminutas como su kayak, de fibra de vidrio, sin timón ni faldeta para evitar las inundaciones...

La primera ruta, de cerca de cien millas náuticas hasta la isla de Granada, no pudo completarla en un mismo día. Por ironías del destino o condición de la posmodernidad, el reconocido ambientalista tuvo que pernoctar en una plataforma petrolera, propiedad del gobierno venezolano. La demora, que se extendió por varios días, no fue opcional. Se debió a restricciones impuestas por las autoridades venezolanas, y debe constarnos para no hacernos de falsas ideas o guardar expectativas incongruentes con la realidad. Las autoridades de Venezuela prohibieron la salida de Alberto de Jesús si no cumplía con determinadas condiciones de seguridad. La guardia costera de Venezuela proveería escolta hasta el fin de su jurisdicción marítima, a unas doce o quince millas de Granada. Quienes estábamos a cargo de coordinar la logística del "relevo" tuvimos que contratar los servicios de lancha de una empresa privada, negociar los costos con el capitán granadino y comprometernos a estar en las coordenadas determinadas para que se diera el intercambio oficial. Allí estuvimos y, caída la noche, Tito no llegó. La tripulación enfermó, no se pudo restablecer comunicación y el capitán decidió suspender la espera y regresar al puerto. A los pocos minutos de atracar tuvimos noticias de la guardia costera venezolana. Tito estaba a bordo y derrotado en su primer intento. El capitán granadino se negó a regresar, hasta que ofrecimos una cantidad sustancial de dinero para hacerlo cambiar de parecer. A media noche Tito estaba sano y salvo en Granada.

Más allá de su agradecimiento personal a la guardia costera, queda una pregunta que hasta ahora se ha querido evadir: ¿qué habría sucedido si no hubiésemos tenido el dinero para buscar a Tito? La respuesta no es difícil de adivinar: no le hubieran permitido abandonar la plataforma petrolera desde un principio. ¿Y si Tito hubiese decidido hacerlo aún sin la autorización oficial, es decir, desobedeciendo una orden legal de una agencia del gobierno venezolano? Lo hubieran arrestado y, cuando poco, deportado. No es difícil imaginar esta situación, pues las autoridades venezolanas no interesan asumir la responsabilidad política de cualquier fatalidad que pudiera acaecerle...

Del embajador venezolano en Granada nunca hubo noticias, lo que pone en entredicho la exagerada y falsa idea del apoyo del gobierno de Venezuela. No es un reproche hacia afuera, sino una acusación que pesa contra los falseadores de la verdad, los de aquí y los de allá. Tito no viene en ruta hacia Puerto Rico escoltado por las fuerzas armadas venezolanas, y la empresa no está financiada por el gobierno de Venezuela. Esto puede confirmarlo el propio embajador de Venezuela en Puerto Rico. También puede confirmarse en lo que resta de la trayectoria, aunque entrevistas, declaraciones y adulaciones de Tito Kayak al gobierno y la armada venezolana parecieran contradecir mi relato. A todas cuentas, la solidaridad es con la gesta de Tito y se debe a la causa por la excarcelación de Oscar López, no al el ideario político o las creencias religiosas que lo animan en su odisea...

Moraleja: la memoria histórica es esencial en el devenir de los pueblos. Este gran relato, del que todavía resta un largo trecho por escribir, será el de un acto heroico o el de una locura. Otras generaciones lo juzgarán, y decidirán si lo van a emular o a despreciar; si aprenderán del pasado que hoy narramos, o se reirán de él...

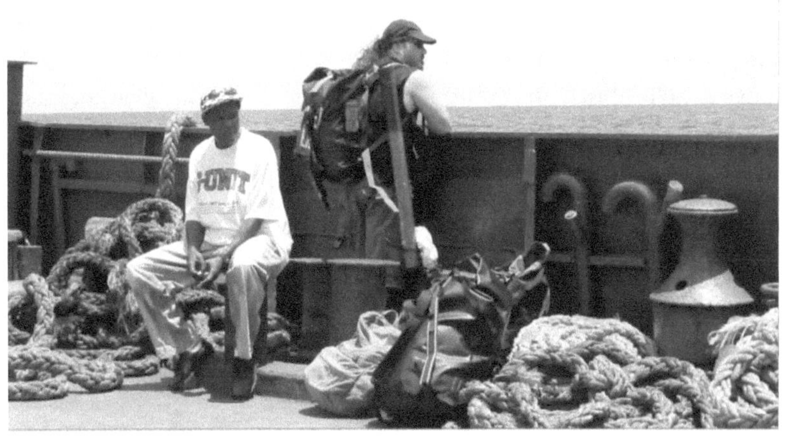

Criminalidad, política y pobreza[10]

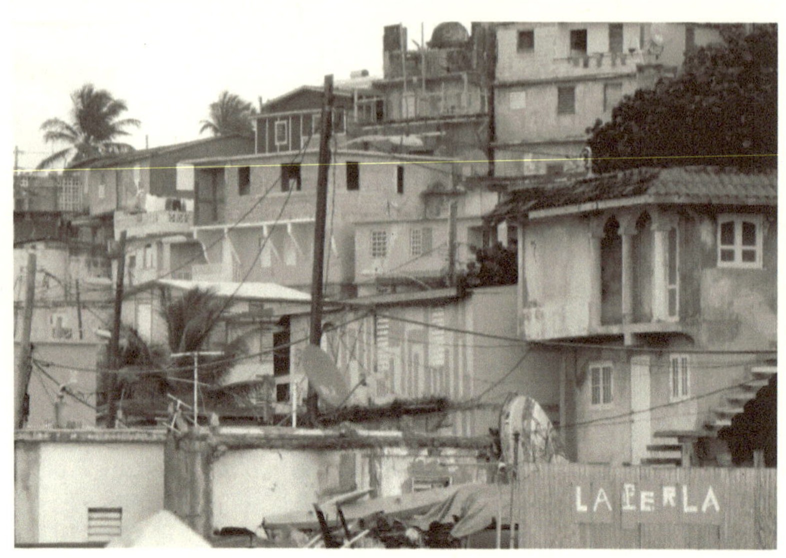

La mayor fuerza electoral de los partidos políticos dominantes (PPD y PNP) proviene de los residenciales públicos y de las barriadas más empobrecidas del país. Irónicamente, son estos sectores de nuestra población (asalariados como desempleados) los que más sufren los embates represivos del Estado de Ley, administrado por quienes ellos mismos *ponen* en el poder. Pero son las "élites intelectuales" puertorriqueñas (legisladores y juristas, académicos, políticos y periodistas), las que hacen posible, reproducen y legitiman esta práctica estatal discriminatoria, clasista y abusiva. El abordaje sobre "el problema de la criminalidad", compartido sin distinción por la derecha y la izquierda, entre capitalistas o socialistas, lo evidencia. Para estos "ideólogos" de la realidad social, la causa principal de la criminalidad es la pobreza y la "desigualdad social"; y el pobre, pues, un criminal en potencia...

Esta (i)racionalidad, que domina el discurso político sobre la cuestión criminal, ha sido desmentida por la realidad misma, que es mucho más compleja de lo que hacen creer. Y es que no existe una relación causal o mecánica entre la condición de pobreza y la

[10] **"Criminalidad, política y pobreza"**; *El Nuevo Día,* miércoles, 25 de julio de 2012. *Claridad*, martes, 24 de julio de 2012

criminalidad. Asimismo, tampoco son "necesidades" esenciales o vitales las que animan las violencias criminales, y ni siquiera los delitos menores. A todas cuentas, los más empobrecidos se resignan, mendigan y rezan, mientras que los pillos y maleantes más dañinos y violentos en nuestra sociedad salen de entre las personas que más tienen; privilegiados y bien educados; profesionales; de familias *funcionales* y militantes de la cristiandad.

Además, la experiencia histórica ha demostrado que el acceso a mayor poder adquisitivo, es decir, a dinero o bienes y recursos materiales, no redunda en una disminución mecánica de la violencia criminal. Las raíces psicológicas de ésta no tienen su tiesto fijo en la condición económica, y eso ya Freud se lo reprochaba a Marx, quien sabía mucho de economía pero poco de psicología. La violencia criminal no se da entre los *desposeídos* de esta tierra, los que "no tienen", sino entre quienes, teniendo, quieren tener más... Algo de afrenta egoísta y pretenciosa, algo de mortífera vanidad, nace del deseo de "igualdad", cuando se quiere imitar o ser *igual* al que tiene de todo y de más…

Y aun así, el delito y lo que constituye legalmente lo criminal es y seguirá siendo una definición estatal. Decía Pablo, la ley hace el pecado. Así, pues, la ley hace el delito, define lo criminal. Es preciso, pues, dejar los panfletos populistas y melodramáticos a un lado, y tratar con seriedad los asuntos que nos conciernen colectiva y singularmente. Las intolerancias sociales y culturales, los prejuicios clasistas y las prohibiciones caprichosas del Estado de Ley están en el centro del problema criminal, que no se resolverá nunca en las urnas si no se resuelve antes en nuestros modos de pensar...

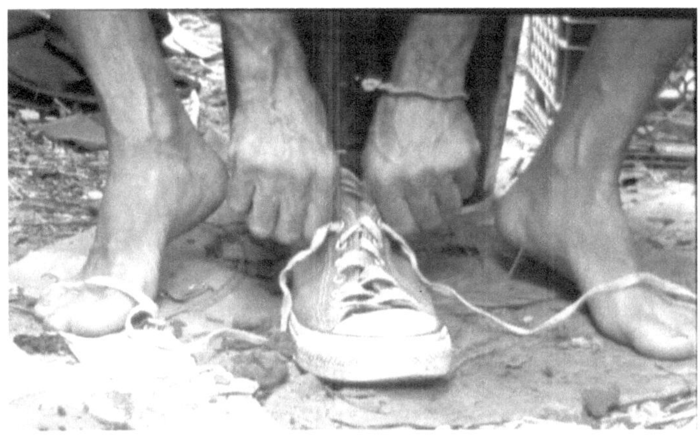

Ignorancias y miedos a las urnas[11]

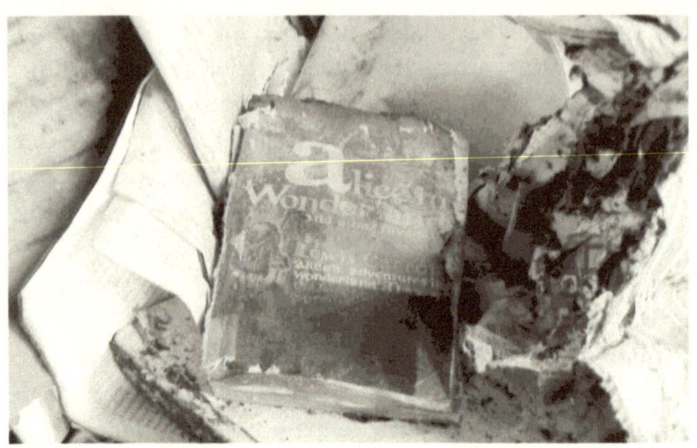

No existe relación de causalidad entre la propuesta enmienda constitucional para limitar el derecho a la fianza y la cuestión criminal. Nadie, con un mínimo de entendimiento sobre el funcionamiento de las prácticas judiciales en las sociedades democráticas, de la racionalidad jurídico-penal del sistema de justicia de ley y de la psicología criminal, sostendría lo contrario. Las más frías estadísticas sobre el asunto, tanto en los territorios estadounidenses como en la esfera internacional, lo confirman. Aún así, el gobierno de Puerto Rico efectuará un referéndum sosteniendo lo contrario. Es decir, sobre una farsa. Mintiendo...

Las figuras intelectuales más preparadas y honestas de la escena política del país se han expresado para desmentir esta falsa promesa; han demostrado que no se trata de un refuerzo estatal a la lucha contra la violencia criminal sino que ésta, por el contrario, le sirve de subterfugio a los manipuladores de los miedos compartidos socialmente, para lograr un efecto político mezquino: hacer creer que la limitación de un derecho constitucional causaría una disminución de la criminalidad, ya como garante disuasivo por intimidatorio, ya como ilusión de justicia servida en el acto. Para detener esta farsa, sin embargo, participan de ella convocando al pueblo a participar de un referéndum que, según auguran las

---

[11] **"Ignorancias y miedos a las urnas"**, *Indymedia*; 15 de agosto de 2012. (http://pr.indymedia.org)

encuestas, su saldo ya está decidido. La ignorancia y el miedo prevalecerán sobre la razón y la experiencia...

Las encuestas auguran una derrota segura, y muy posiblemente lo será y a nadie debe tomar por sorpresa. En las urnas se democratizará una gran mentira, y se hará ley y será derecho constitucional por voluntad popular. En la práctica judicial no se verá un trastoque significativo, pues el referido derecho a la fianza siempre ha estado sujeto al poder discrecional de los jueces; pero en la esfera de lo político, es decir, allí donde nos reconocemos como ciudadanos y compartimos temores e ilusiones para bregar con la violencia criminal, y nos procuramos resolverlos colectivamente y con fuerza de ley, se verá un deterioro brutal y embrutecedor.

Las razones políticas que mueven y que sostienen la enmienda ponen en evidencia la impotencia del gobierno para enfrentar los retos y las complejidades que subyacen las violencias criminales, las condiciones que las posibilitan y los hechos concretos en los que se materializan. Nada cambiará en esencia, al menos en lo que respecta a esta problemática. El referéndum seguirá expresando la ignorancia de la clase política dominante y del pueblo que la refrendará. En el ámbito de lo jurídico, quizá se trate de una trivialidad más, pero en la mentalidad del puertorriqueño se anidará una mentira más tenida por verdad. La pena de muerte le seguirá...

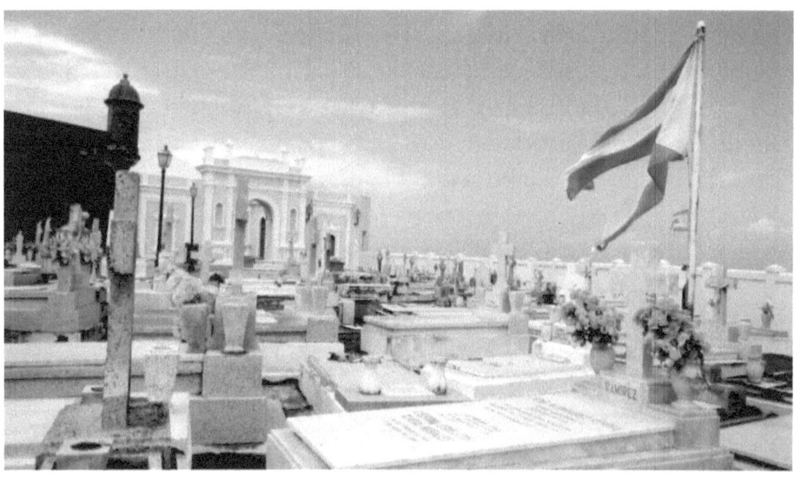

De la iniquidad de los banqueros[12]

La institución bancaria más poderosa e influyente de Puerto Rico, el Banco Popular, ha lanzado una nueva campaña publicitaria en cine y televisión, y más allá de las motivaciones corporativas (para seducir al público de las "virtudes" de la empresa), refleja y anuncia un presente y un porvenir nacional sin esperanza de cambio y mejoría; en irremediable decadencia. Y aún al margen de una premeditación maquiavélica, el comercial revela los efectos de la crisis del modelo económico de Puerto Rico y confiesa, a la vez, la falta de voluntad política generalizada para construir y experimentar modelos económicos alternativos, con base en la justicia y la solidaridad social y no en la competencia y el ánimo lucrativo...

El anuncio presenta a un joven profesional que ha perdido su empleo y que, en lugar de arrimarse al derecho legal al mantengo, se procura para sí un sustento precario como asalariado, convirtiendo su "pasatiempo" en herramienta de empleo. El joven (des)empleado, si mal no recuerdo, es arquitecto. Habrá invertido, pues, la mayor parte de *su* vida estudiando y probablemente adeude al mismo banco un dineral en préstamos para costear sus estudios. Eso no lo dice el comercial, claro, y tampoco menciona las deudas que habría contraído con *sus* tarjetas de crédito. Pero esto no es lo que llama la atención, pues es de todos sabido que lo que le adeuda al banco, si no lo paga, el banco se lo quita.

El anuncio del Banco Popular representa una realidad falseada. Dentro del sistema económico capitalista no existen posibilidades reales de emplear asalariadamente a todo el mundo que pueda y desee trabajar. Por eso existe la política asistencial del Estado, y a ello responden los elevados y constantes índices de desempleo y niveles de pobreza. De esta realidad -que responde a la racionalidad de los más privilegiados, incluyendo a los banqueros- no hay afuera posible. Pero esto tampoco es lo que llama la atención del anuncio comercial. Hay un mensaje que se comunica entrelíneas, subliminalmente: de poco o nada valen los sacrificios para estudiar y titularse como profesional, porque el sistema ni interesa cambiar el estado de situación ni puede hacerlo.

---

12 **"De la iniquidad de los banqueros"**, *Claridad*, 4 de septiembre de 2012.

Esta cruda realidad, que siempre se ha reflejado en la brutal competencia en el mercado laboral, se refuerza todavía más. No es el valor de la terquedad singular por "echar pa´lante" lo que anima el comercial bancario. Es la alternativa que promueve dentro de un sistema que desbanca toda esperanza: anima la deserción escolar, la competencia en el mercado de empleos subterráneos y en el mundo dominado por los ilegalismos. El joven del anuncio corría bicicleta como pasatiempo, y ahora lo hace como mensajero a sueldo. Al menos mientras tenga su bicicleta, que quizá es metáfora de lo único que le queda, porque ya le habría sido "reposeído" *su* carro, y el sueldo de miseria pronto no le daría para la renta de *su* casa, que también pertenece al mismo banco que ordenará el desahucio. Esto no lo dice el anuncio, claro, pero así es la ley en Puerto Rico...

De manera similar a como procuraba mediante la canción trastocada del Gran Combo, el Banco Popular moldea el imaginario social puertorriqueño hacia una peligrosa ética de la resignación, falsa e hipócrita por demás. La moraleja del banquero -sintomática de la condición de época- no es "estudia y trabaja" sino "búscatelas como puedas..."

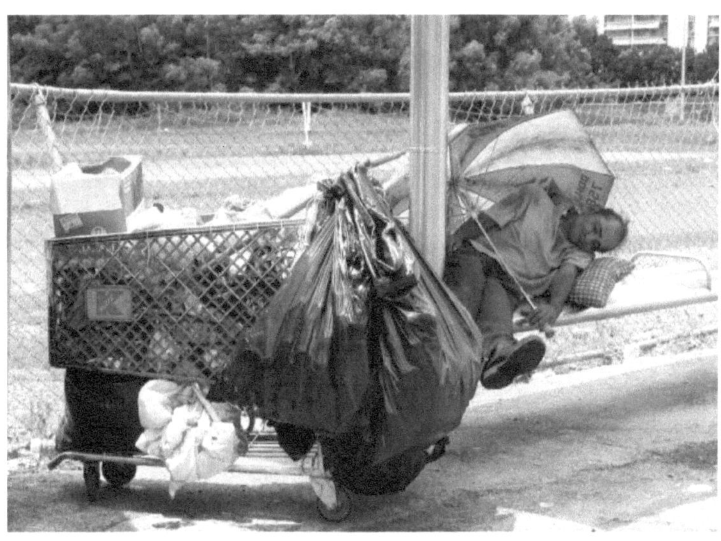

Bestiario Nacional[13]

Aunque la ley regente en Puerto Rico condena y penaliza con relativa severidad el trato cruel a los animales, formaliza bajo sus dominios una serie de excepciones que contradicen sus preceptos y, en el acto, no sólo anulan su fuerza moral para reprochar y castigar tales prácticas sino que, además, las consiente y legitima, las realiza y hasta las anima. Durante los pasados setenta años así lo ha hecho con relación a las prácticas experimentales, autorizando infinidad de torturas y tormentos para satisfacer intereses corporativos, anhelos y caprichos de las hordas *científicas* del complejo biomédico industrial estadounidense. Desde décadas anteriores la ley insular también ha estimulado la crueldad contra animales mediante la cacería *deportiva*, para satisfacer la demanda sádica de unos cuántos. Desde finales del siglo XX la ley en la Isla promociona las matanzas de especies animales nativas, estigmatizadas como "invasivas" (primates rhesus, patas, monos ardilla, iguanas, etc.). Lo mismo haría con otras especies designadas como domésticas, pero convertidas en excedentes indeseables y en objetos desechables, a merced de los refugios y la mano asesina de veterinarios contratados para su exterminio, pero de manera más *humana*, mediante la eutanasia, si acaso disponen de recursos económicos; o mediante un tiro certero, si aprieta la economía (perros y gatos realengos; caballos mal heridos; cerdos y cabras silvestres, etc.). Para todas éstas prácticas la ley ha convenido en justificarlas como *necesidades* sociales y humanas, y aunque la experiencia histórica la ha desmentido, se obstina en preservarlas casi de manera intacta y en salvarlas para las generaciones futuras. Los medios de comunicación, casi sin excepciones, le han hecho el juego a la ley, a las instituciones y agencias del Estado encargadas de ponerla en vigor; así como a las corporaciones experimentales, universidades y demás negocios que se lucran de estas fatídicas crueldades...

La relativa naturalidad con la que acontece esta violenta realidad está arraigada en un acondicionamiento psicológico general, que nos programa para desensibilizarnos desde niños ante las aberraciones de la ley, de sus custodios y celadores. La crueldad

---

13 **"Bestiario nacional"**, Revista *80 grados*; 7 de septiembre de 2012. (http://www.80grados.net)

contra los animales pertenece a *nuestra* cultura y por ende no ocasiona revuelo significativo entre la ciudadanía. Una cierta predisposición anímica a tratar con crueldad a los animales forma parte de la identidad del puertorriqueño; es tenida como valor social, como forma legítima del saber; como garante de la seguridad y como procuradora indispensable de la salud humana.

La existencia del zoológico nacional refuerza la evidencia. El hábito cruel de enjaular animales para fines de entretenimiento familiar y de prestigio nacional es muestra de la mentalidad sádica dominante entre los puertorriqueños. Someter estas criaturas sintientes a condiciones de cautiverio es una práctica de crueldad inexcusable. Algunos *biólogos* contratados por la compañía de parques nacionales juran que éstas especies viven mejor aprisionadas que en libertad, y tienen a bien condenarlas al tormento existencial del aburrimiento, a cambio de un bienestar raquítico y una suerte de seguridad carcelaria. Así, secuestran y mercadean con animales de todas partes del mundo; los arrancan de sus hábitats naturales, de sus círculos sociales, rompen sus vínculos familiares y los encierran para el disfrute hedonista y antojadizo de algunos curiosos, que pagan para *verlos* sin reservas de conciencia ni remordimientos...

Una sociedad que *enseña* a sus niños a disfrutar del animal cautivo por capricho humano no puede esperar que aprenda a respetarlo y a ser compasivo cuando se haga adulto. Nuestro Estado de Ley no tiene la fuerza moral para castigar el maltrato a los animales, porque sus propias leyes refuerzan las condiciones psicológicas que hacen posibles los malos tratos, ya bajo la modalidad experimental, ya en los corredores de la muerte en los refugios; ya en las matanzas oficiales por imponerles el estigma de especies extranjeras; ya por estimular legalmente las peleas de gallos, o por el placer de matar de los cazadores *deportivos*; ya por el vicio de encerrarlos en estrechas jaulas como negocio de entretenimiento público, en los zoológicos como en los circos...

Una sociedad que *enseña* a sus niños a ignorar que estos animales sufren porque están forzados a vivir en cautiverio, en verdad no *enseña* sino que *embrutece*. Enseñémosles en vez que sienten, que sufren y se entristecen como sentimos y sufrimos y nos entristecemos nosotros, animales de la especie humana. Enseñémonos que también padecen los males anímicos de la nostalgia y del tedio, que se angustian y se hastían, que se deprimen y que algunos, por aliviar la carga insoportable del encierro, se suicidan o se mueren por dentro. Y todo ¿a cambio de qué? A cambio de un goce egoísta e insensible; enajenado e inconsecuente: ya por ánimo lucrativo, ya por la sonrisa fugaz de nuestras crías al precio de atormentar animales de por vida...

Nadie se confunda: cuando los niños ríen y gozan el pasadía en el zoológico no los estamos educando. Por el contrario, estamos adoctrinándolos en los vicios sádicos de *nuestra* cultura de crueldad. Y no, no aprenden nada de valor social. Quizá la esperanza de cambio en las mentalidades y hábitos culturales todavía sea utópica, sobre todo cuando se vive en una sociedad que encierra en jaulas a su propia gente, y cree que encerrando puede docilizar a los más salvajes de su propia especie; y si no, se place con saber que los indomeñables al menos sufren, y de saberlos sufrientes, satisface su propia sed de venganza, reteniéndolos encarcelados...

Quizá la crueldad tenga menos que ver con la maldad que con la ignorancia, y más aún con la estupidez que nos envicia porque nos embriaga, porque nos desensibiliza y nos hace indolentes e inmunes a los sufrimientos de otras especies animales, ¡coño! porque nos entretienen...

Mientras tanto, en *nuestro* zoológico nacional, el anciano simio ni se inmuta por las griterías de las hordas infantiles, aburridas e inquietadas por su arrogante desidia, hecha figura enmudecida y petrificada de hastío. Él sufre en silencio, y en su mirada yace impresa la huella de la crueldad humana...

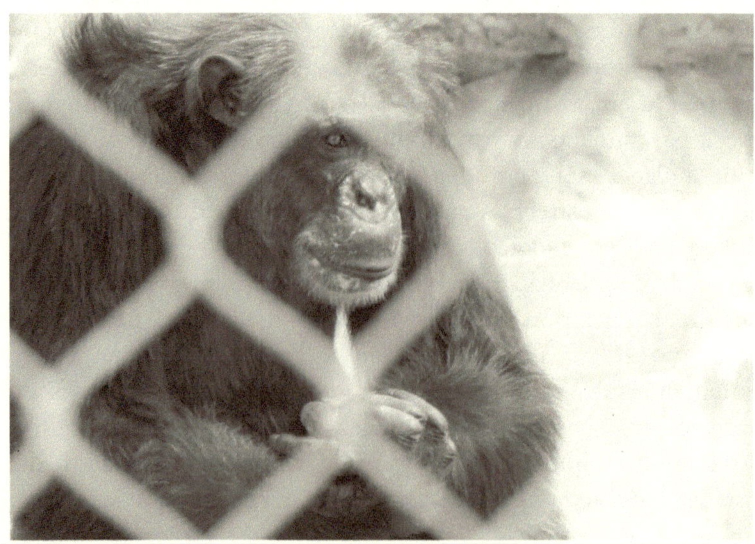

Mercado de saberes, fraudes y plagios[14]

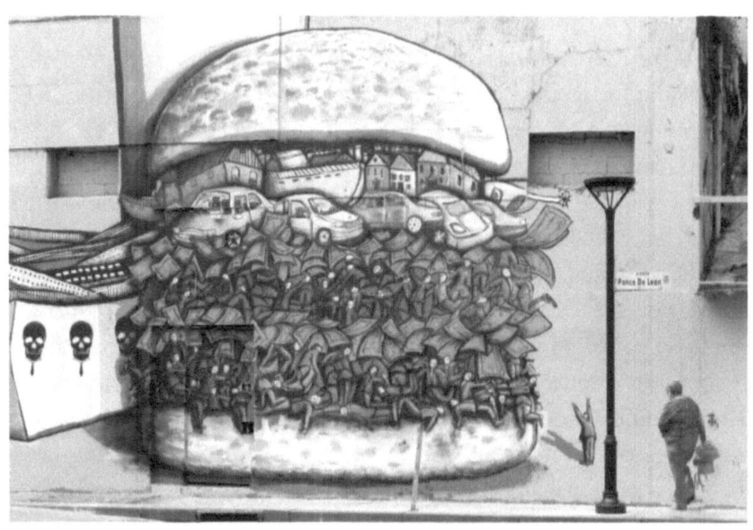

En el gran mercado global de saberes la educación superior privada se ha convertido en un lucrativo negocio, tanto más cuanto más fraudulentas sus mañas publicitarias. El progresivo desmantelamiento del sistema universitario estatal/público anima la rápida ampliación y consolidación de los dominios privados, dramáticamente menos exigentes en materia intelectual, o bien, suficientemente *flexibles* en los requerimientos de calidad académica. El principal objetivo de estas empresas no es garantizar una educación de excelencia, integral y políticamente comprometida con el bienestar y la justicia social. El interés principal es hacer dinero, en parte para garantizar las condiciones de su propia existencia, en parte para satisfacer sus ansias de riqueza…

La competencia entre estas instituciones "educativas", reguladas por una mezquina lógica empresarial, tiene como horizonte fijo retener la "clientela", ingenua e ilusa consumidora de saberes –inútiles, prácticos o triviales- y de promesas irrealizables: los estudiantes. Sus administradores conspiran para sabotear cualquier iniciativa o práctica *amenazante* a sus intereses, a saber,

[14] "Mercado de fraudes y plagios", *El Nuevo Día*, lunes, 17 de septiembre de 2012.

contra el pensamiento crítico, la reflexividad analítica y la sensibilidad social. Ya no se trata de producir ciudadanos pensantes sino de fabricar empleados sumisos y consumidores obsesivos; peones útiles y funcionarios desechables del sistema.

Paralelo a las prácticas de estafa institucional, la mediocridad y la deshonestidad intelectual plantan bandera. Cada vez más la presencia física se hace innecesaria, las tecnologías electrónicas lo posibilitan. La proliferación de cursos en línea (educación a distancia) no se diseña con miras nobles. Se compran ya hechos y a la medida de las expectativas comerciales de la institución y su clientela, matriculada, en miras o en potencia. Dentro de este cuadro, la libertad de cátedra queda proscrita por decreto y, en el acto, el profesor y todo cuanto define su función histórica, se trivializa, se deshace y a la larga se invisibiliza. Una parte sustancial de "la clientela", descaradamente invoca como derecho el producto por el que ha pagado: una buena nota o, al menos, pasar la clase con evaluación deficiente (D), nunca fracasado (F). La renovación de contrato al profesor depende de la cantidad de clientes que retenga, independientemente de sus ejecutorias académicas. El plagio es común entre estudiantes, y la política institucional lo consiente y, por ende, lo estimula…

En lo inmediato y para el porvenir, hacer la diferencia y protestarlo es un acto de resistencia; tal vez una locura, tal vez una postura revolucionaria…

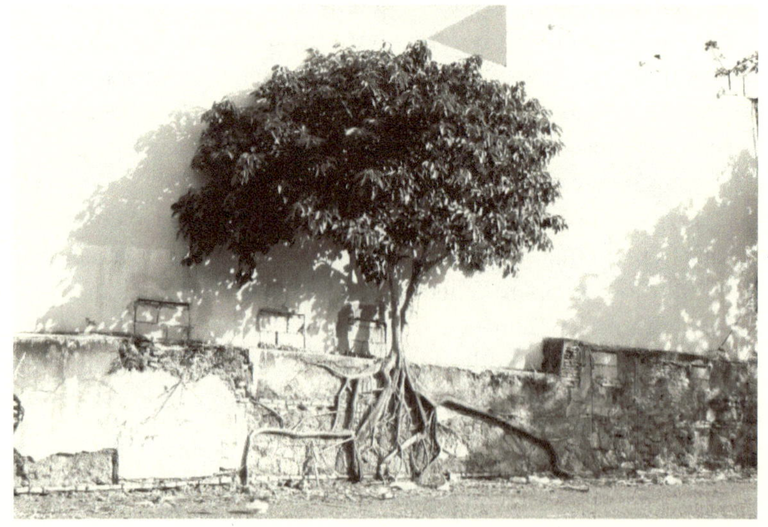

(In)tolerancia religiosa[15]

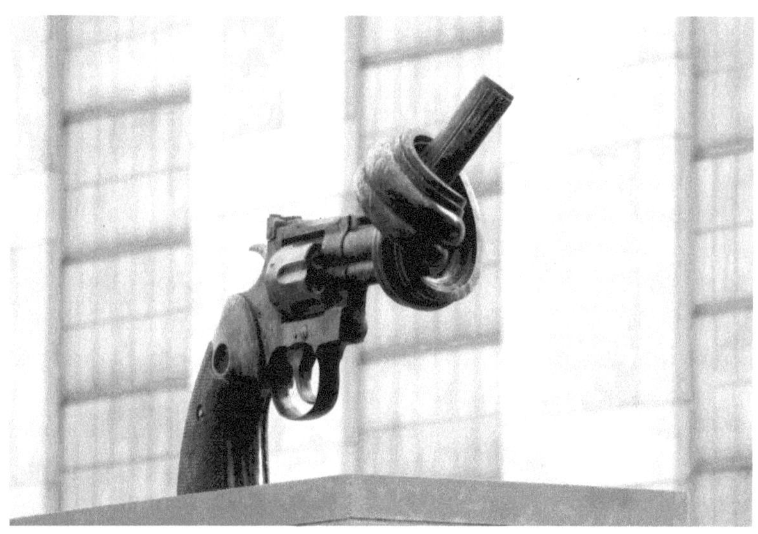

La creencia dogmática en la existencia de Dios, profundamente arraigada en la imaginación de los creyentes, comparte una misma historia de violencias reales, de intolerancias mortíferas, odios e inhumanas crueldades. Más acá de la imagen publicitaria moderna y al margen de las diferencias más triviales en los textos sagrados, las tres principales religiones monoteístas comparten los mismos rasgos distintivos, y legitiman y animan la violencia y el odio, la crueldad y la muerte, en el nombre de Dios.

En los regímenes teocráticos, la disposición anímica a la credulidad religiosa se valora como condición de su propia existencia; las leyes que rigen sobre la vida social se acoplan a los mandamientos de los textos sagrados, y la desobediencia se considera apostasía y ofensa al Estado y a Dios. En ocasiones, el delito es interpretado literalmente como pecado mortal, y la pena legal como venganza legítima y justa. El poder de gobierno está condicionado por la convicción religiosa de la ciudadanía. Combinada la fórmula ideológica con una dosis precisa de nacionalismo y ortodoxia religiosa, gran parte de la sociedad civil es trocada en milicia disciplinada; predispuesta psicológicamente a

---

15 **"(In)tolerancia religiosa"**, Revista *80 grados*, 21 de septiembre de 2012. (http://www.80grados.net)

convertirse en población fanatizada; en objeto de fácil manipulación y de muy pobre sentido del humor.

Las huestes musulmanas en Libia, enardecidas por la puesta en escena de una parodia al profeta preferido de su Dios, sitiaron y arrasaron la embajada estadounidense y asesinaron a su embajador. Creen que Mahoma habría sido ofendido, y se arrogaron en su nombre la potestad absoluta de restaurar su honra mancillada por el trivial cortometraje ("La inocencia de los musulmanes"), maldiciendo a los Estados Unidos porque allí se hizo, y alentando el asesinato de su realizador, de origen judío...

Así como para el cristianismo y el judaísmo, para el Islam la vida humana vale menos que el Dios que llevan programado en su imaginación. Las protestas violentas se propagaron en varios países de la región, de modo similar a cuando un diario Danés publicó caricaturas de Mahoma (2006). Sobre su autor pesa aun la amenaza de muerte. Asimismo, los disturbios recuerdan el asesinato del cineasta Theo van Gogh, quien en 2004 realizó un cortometraje ("Submission") en el que criticaba la violencia contra la mujer en las sociedades islámicas. Incluso los productores de la serie animada "South Park" ya habían sido amenazados de muerte por caricaturizar a Mahoma, y fue censurado el episodio en la televisión por razones de seguridad.

No se trata de un desahogo más contra la política imperialista estadounidense en el medio oriente. Las religiones monoteístas dominantes en el mundo son las responsables de este tipo de estallidos de violencias salvajes y nada civilizadas. Al grito de guerra santa "Alá es el único Dios, y Mahoma es su profeta", le preceden los textos del Corán, y sólo en Occidente sus propagandistas venden una interpretación distorsionada y suavizada de su voluntad expresa: "Realmente, a quienes no creen en nuestras aleyas (versículos), les quemaremos en un fuego, y cada vez que su piel se queme les cambiaremos la piel (...) para que paladeen el castigo..." (4: 59/56); "¡Combatid a quienes no creen en Dios (...) ni prohíben lo que Dios y su Enviado prohíben, [a quienes no practican la religión de la verdad (...) Combatidlos..." (9: 29): "Cuando encontréis a quienes no creen, golpead sus cuellos hasta que los dejéis inermes..."(47: 4). "Las peores bestias, ante Alá, son los infieles." (8:57); "Malditos serán dondequiera que se encuentren, serán cogidos y matados sin piedad, según la costumbre de Dios..." (33: 61); "Matadlos donde los encontréis (...) Esa es la recompensa de los infieles." (2: 187); "No hay ciudad a la que nosotros no aniquilemos o atormentemos con terrible tormento antes del día de la Resurrección." (17: 60)

Recicladas o plagiadas las mismas prescripciones que aparecen en el pentateuco judío y cristiano, la religión islámica confiesa su indisposición a retractarse de sus antiguas prácticas de violencia extrema: "No hallarás modificación en la costumbre de Dios." (33: 62) Sobre esta creencia ortodoxa se sostiene la vida social y el orden de la ley con relativa normalidad, incluyendo las atrocidades a los infieles, a los ateos y a las mujeres: "Los hombres están por encima de las mujeres (...) Aquellas de quienes temáis la desobediencia (...) confinadlas en sus habitaciones, golpeadlas." (4:38-34) ¿A qué Dios, sino al imaginado por hombres, podría interesarle la subordinación de las mujeres? ¿A qué registro anímico sino al de la locura pertenece la manía obsesiva de forzar a creer de un único modo a todos los crédulos, y de paso exterminar a los infieles?

Al parecer, en las sociedades donde impera la religiosidad el sentido del humor se pasma y el carácter se trinca. No son profetas, ni políticos, ni ejércitos; ni promesas trascendentales, ni armamentos, lo que hace falta para remediar los brotes de violencia, de odio y de intolerancia religiosa. Hacen falta libre-pensadores y buenos comediantes; y, sobre todo, ganas de reír...

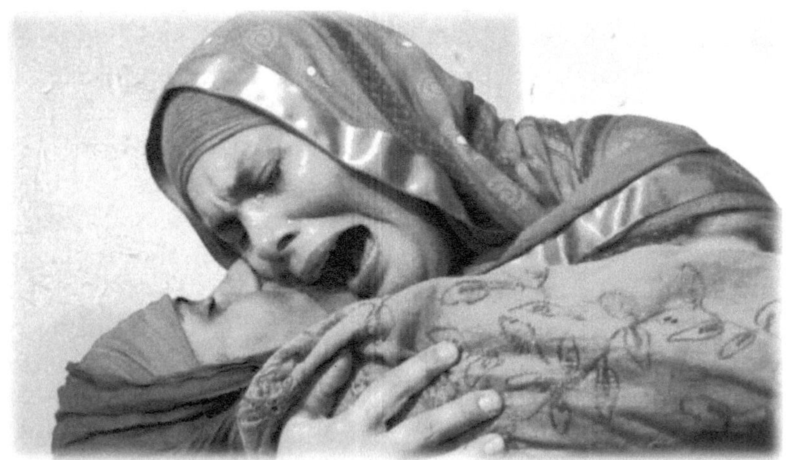

(I)respeto a lo sagrado[16]

"...y hay que quemar el Cielo si es preciso,
por vivir."
Silvio Rodríguez

Sojuzgar para la uniformidad del pensamiento en el nombre de Dios es, bajo cualquier registro de la imaginación cultural moderna y de la vida social democrática, un acto de tiranía. Asimismo, prohibir la libertad de expresión sobre lo privilegiado como "sagrado", trátese de cualquiera de sus manifestaciones intelectuales y políticas, artísticas y literarias, es una práctica de violencia contra la humanidad...

La civilización occidental desarmó a la cristiandad que, durante siglos de crueldades deshumanizantes, practicó el poder de la censura a favor de sus creencias por recurso de tormentos físicos, de hostigamientos psicológicos y asesinatos con fuerza de ley. Miles de hombres y mujeres fueron torturados y hasta quemados vivos en Europa y América, acusados de irrespetar lo sagrado; y a la par, los excesos y corrupciones de los gobiernos teocráticos justificaron en lo sagrado sus vilezas y atrocidades...

El consentimiento generalizado de las violencias religiosas, cristianas, judías o islámicas, ya porque han sido integradas en el ordenamiento jurídico-penal del Estado, ya porque se comparten como valor cultural y milenario por segmentos mayoritarios de la población, no las licencia moralmente ni las legitima políticamente. Por el contrario, hace imperativo protestarlas y criticarlas radicalmente, con miras a erradicarlas. Y es que cultivar la intolerancia como valor religioso y la intimidación como parte de su naturaleza sagrada, tiene efectos sociales devastadores. Una buena parte de lo peor en las sociedades contemporáneas está enraizado profundamente en los textos sagrados y sus mandamientos, ya en las versiones del Corán, en la Toráh o la Biblia...

Las recientes manifestaciones en los países islámicos, destructivas y mortales, evidencia el carácter intrínsecamente violento, intolerante y rencoroso de las tres principales religiones monoteístas en el planeta, que comparten en sus libros sagrados idénticas prescripciones. La demonización de los derechos de

[16] **"(I)respeto a lo sagrado"** (inédito); sometido a varios medios, viernes, 21 de septiembre de 2012.

libertad de expresión en Occidente responde a una tergiversación insidiosa de los principios de los derechos humanos, no a una afrenta imperialista contra los valores culturales de los crédulos mahometanos. La victimización de los países islámicos, más acá de las razones históricas de peso, es una práctica oscurantista, encubridora y nada excusa sus excesos...

Escritores y cineastas, pensadores, comediantes y caricaturistas, todas las artes humanas contra las tiranías religiosas, indiscriminada-mente, por todos los medios y en cualquier parte del mundo: es a esta tarea que tienta el actual estado de situación...

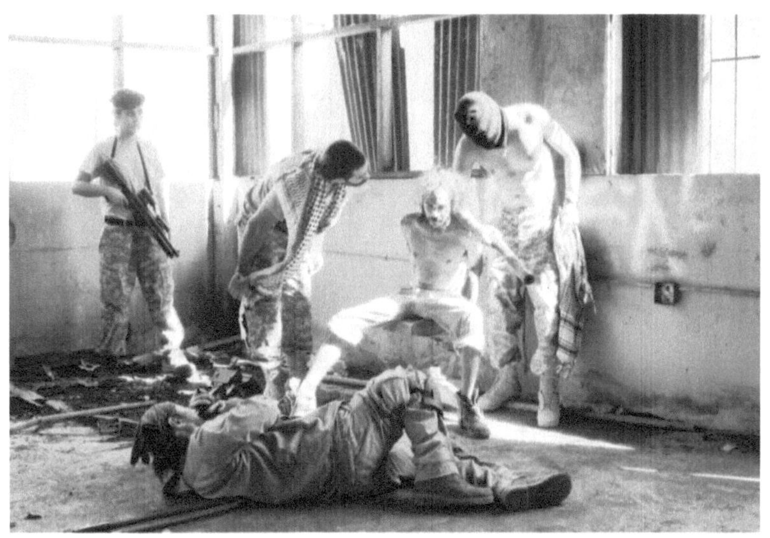

Después del cambio, ¿qué?[17]

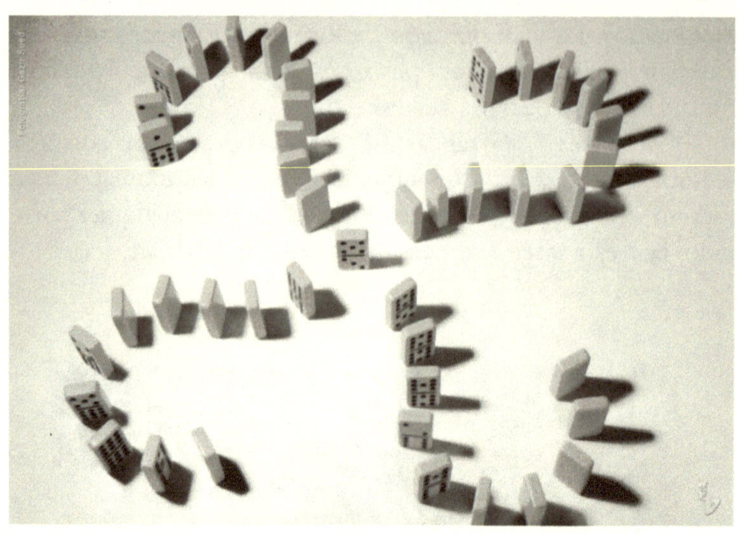

Después del cambio, todo sigue igual. Pero, sólo por seguirle la corriente a la esperanza, sin pecar de excesiva ingenuidad, esta pregunta es, tal vez, la más pertinente de todas: ¿y ahora, qué? Pasadas las euforias del triunfo y las frustraciones de las derrotas, los contendientes electorales ya pueden pisar tierra firme y devolverse a la realidad. Aquí estamos, justo como antes habíamos estado y donde, por lo pronto, seguiremos estando. Los políticos le llaman a esta condición, semejante al limbo de los religiosos, periodo de transición. Muchos burócratas de gobierno, desatornillados de sus sillas, serán remplazados por otros, y eso parece ser inevitable en este país. Y no se trata de un reproche sin fundamento o de una simple queja pesimista. A todas cuentas, la realidad que se habita sin cierta dosis de pesimismo es ilusoria e infantil; ignorante e ingenua; una fantasía próxima a la locura...

El partido que adviene al poder de administrar el gobierno de esta Isla nunca prometió cambios sustanciales sino que, por el contrario, triunfó precisamente por no hacerlo. La campaña del PPD se basó principalmente en convencer al pueblo elector de que, al final de la competencia (y tras el enriquecimiento de los

[17] **"Después del cambio, ¿qué?"**, *El Nuevo Día*, jueves, 22 de noviembre de 2012.

empresarios publicistas) nada esencial habría de cambiar. Fueron los partidarios de las minorías los que prometían cambios significativos en todas las dimensiones de la vida política, económica y social de Puerto Rico. Pero la inmensa mayoría del electorado convino en despilfarrar sus votos sobre la base de la resignación y el conformismo, ya por desprecio a los viejos gobernantes, ya por lealtad a esa tradición vengativa que tanto anima la cultura política isleña: dar un voto de castigo. Las esperanzas de cambio no pueden encontrar refugio en estas condiciones, porque el PPD y el PNP, en lo esencial, son una misma cosa: retóricas huecas, demagogias e hipocresías...

Sin embargo, debe admitirse que existen marcadas diferencias entre la institución/partido y la gente que lo integra. Aunque el saldo histórico de las ejecutorias de gobiernos pasados no les favorece, todos sabemos que de entre las filas de los populares hay gente decente y con buenas intenciones. Ya veremos. Ojalá no se rindan ante la poderosa maquinaria de inmovilismo conservador, que es la institución del partido. Ojalá no se vendan a los mismos intereses mezquinos que prevalecieron durante la incumbencia de sus predecesores. Ojalá que no renuncien a los anhelos de un mejor porvenir para todos, por lo que tantos puertorriqueños anónimos y en secreto le confiaron sus votos. Ojalá que tengan la voluntad política y el carácter necesario para no rajarse ante los embates de la realidad, tan cargada de traiciones, fraudes y desilusiones...

En cuanto a los militantes de los partidos de minoría, ojalá no decaigan sus ánimos y continúen siendo ciudadanos ejemplares de día a día. La democratización de esta sociedad no es una utopía irrealizable, y no son ilusorias las justicias que la animan. Éstas se harán posible sólo en la medida en que cada cual y a su manera, singular y colectivamente, participe de la vida política de ella; que no se construye desde "arriba", con más leyes, prohibiciones y castigos; sino en lo cotidiano y lo íntimo, desde cada uno y entre todos; siempre en el aquí y en el ahora. No va a ser el saldo de la contienda electoral y el relevo de la clase gobernante lo que convertirá en hechos concretos las esperanzas de cambio. Devuélvanse a escena las palabras del poeta, que: "...la vida es lucha toda, por obtener la libertad ansiada. Lo demás es la nada; es superficie, es moda."

La Universidad del Estado[18]

El principal centro docente del país fue secuestrado vilmente por el gobierno del Partido Nuevo Progresista y permanece aún bajo su cautiverio. Aunque sería un gesto encomiable que sus actuales gerentes renunciaran a sus puestos voluntariamente y sin mayores dilaciones, la Universidad de Puerto Rico es tal vez el último bastión político que sobrevive a la derrota electoral, y sabida la codicia de poder que los caracterizó por años, vale sospechar que no tengan intenciones de soltar sus riendas de buena fe. El proyecto político del PNP fue abiertamente dirigido a desmantelar la Universidad del Estado para favorecer intereses corporativos privados, incluyendo a las principales instituciones que han hecho de la educación universitaria uno de los negocios más lucrativos de la Isla. El cierre masivo de ofrecimientos académicos, la congelación de plazas, prohibición de contrataciones y consecuente despido de profesores universitarios no tiene sus raíces en la supuesta crisis económica sino en la malversación de fondos públicos y despilfarro de recursos institucionales.

El *nuevo* gobierno bien pudiera hacer la diferencia, ordenando una pesquisa independiente, imparcial e incisiva sobre los trasiegos administrativos de los gerentes designados por el gobierno saliente, muchos nombrados a puestos de confianza política, no por sus méritos profesionales sino por sus juramentos de lealtad incondicional al proyecto del partido y sus favorecidos económicamente. Negligencias, corrupciones y fraudes se cultivan aún bajo el actual esquema administrativo. Al mismo tiempo, el *nuevo* Gobierno, Senado y Legislatura, pudieran activar comisiones al cargo de propiciar una reforma cualitativa en la Ley universitaria, que viabilice las condiciones para establecer un gobierno institucional autónomo y comprometido con los principios fundamentales que debieran regir la educación pública superior, la calidad de la enseñanza, y orientar investigaciones con fines de utilidad social y no para privilegiar exclusivamente las lógicas del mercado.

---

[18] **"La Universidad del Estado"**, *El Nuevo Día,* miércoles, 12 de diciembre de 2012. Revista *80 grados,* viernes, 14 de diciembre de 2012. (http://www.80grados.net)

La Universidad de Puerto Rico no debe seguir pensándose como un negocio privativo de intereses mezquinos, sin conciencia social e insensible ante los males que aquejan nuestra sociedad. La Universidad del Estado no es una casa de estudios abstraídos de la realidad social, ni refugio de intelectuales egoístas y estreñidos anímicamente; tampoco es una gran fábrica de peones asalariados o de algunos profesionales privilegiados. Es un centro desde donde a la libertad de pensamiento debe irle aparejada la conciencia social y su potencia transformadora, el ofrecimiento de proyectos y soluciones a problemas sociales concretos, viables y ejecutables en lo inmediato o con suficiente prontitud.

La democratización de la Universidad de Puerto Rico debiera ocupar con prioridad la atención del nuevo Gobierno. Sepa que cuenta con la disposición de los principales recursos intelectuales del país, de profesores y estudiantes así como de egresados y ciudadanos de primer orden, comprometidos con el progreso y bienestar colectivo de la nación puertorriqueña y su sistema educativo. La reforma universitaria se trata de un compromiso moral con el pueblo y requiere de una genuina voluntad política para hacerlo valer. Valga este escrito como emplazamiento al nuevo Gobierno...

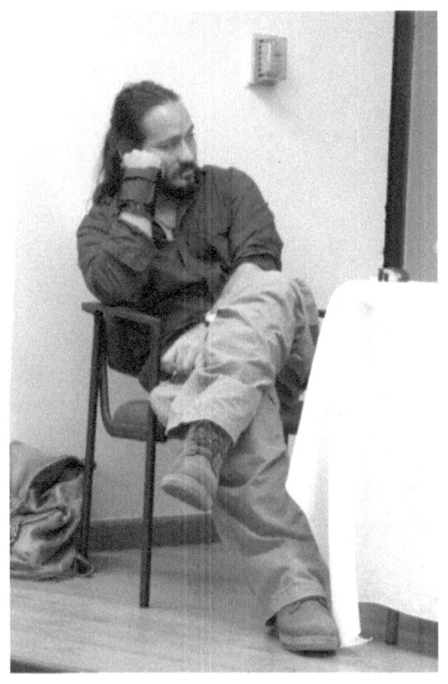

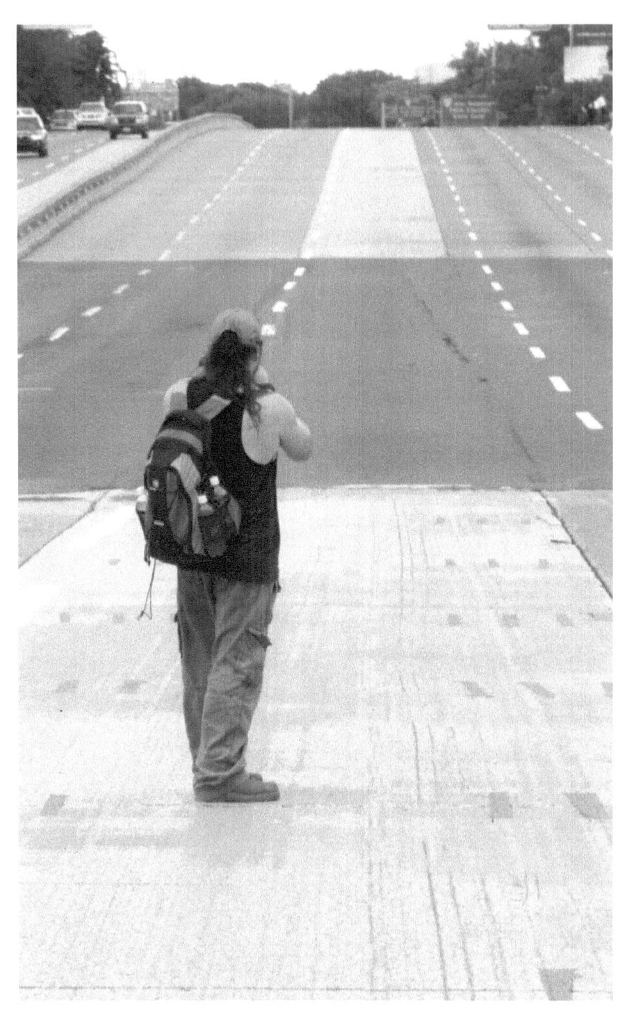

2013

Soberanía política y Estado (pos)colonial[1]

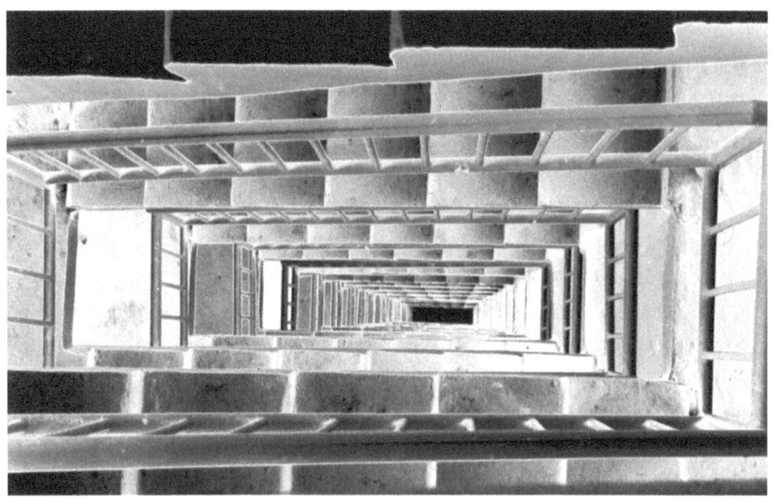

Al margen de las motivaciones singulares (psicológicas y políticas) que indujeron a Muñoz Marín a claudicar al ideario independentista, y más acá de sus cálculos económicos inmediatos y complicidades entre beneficiarios directos, el discurso que formalizó e invistió de legitimidad al proyecto ideológico de gobernabilidad colonial por consentimiento popular (bajo la fórmula jurídica del Estado Libre Asociado) no estuvo exento de previsiones "éticas" sobre sus implicaciones psicosociales a largo plazo. A la moral productivista de la época y al *anhelado* aumento en la potencia adquisitiva del puertorriqueño promedio le aparejaba la posibilidad de degenerar en una sociedad sin otro proyecto social que acrecentar el poder de consumo individual; y asimismo reducir el valor de la existencia singular a un modelo de vida programado por las mecánicas consumeristas del "libre mercado". En su mensaje a la Legislatura, en 1951, lo advertía: "¿Producción para qué? ...para que sirva a qué clase de vida?" Y respondía: "Se produce para que la gente tenga vida buena; y por eso corresponde entender si hemos de llamarle así a la mera multiplicación en el consumo de objetos triviales que exaspera el apetito adquisitivo, o si

[1] **"Soberanía política y Estado (pos)colonial"**, Revista *80 grados*, 11 de enero de 2013. (http://www.80grados.net)

hemos de llamarle así al ideal creador de abolir la pobreza extrema y de ensanchar la seguridad y libertad en la vida de todos."

No obstante, el proyecto económico/social del ELA se materializó en función de los grandes intereses capitalistas de la oligarquía insular y con privilegios reservados a los intereses lucrativos estadounidenses. Así, el proyecto "modernizador" del ELA no sólo acarreó las consecuencias auguradas sino que se excedió en sus aspectos negativos, imprevisibles tal vez durante su gestación, pero evidentes hace mucho tiempo.

El modelo de "desarrollo y progreso" industrial, comercial y urbano en la Isla despuntó con relación a las condiciones generales de vida social de mediados del siglo XX, pero no se cuidó de sus efectos psicosociales en el devenir de su desenvolvimiento. Los lideratos de los principales partidos políticos y sus gerencias gubernamentales, superficialmente antagónicos, se ocuparon de encubrir sus fallas estructurales y de justificar sus insuficiencias con promesas huecas y demagogias patrioteras. De la moral *productivista* de aquella época nació la sociedad consumerista de ésta; a la sombra de la Constitución surgió un pueblo enajenado de sus derechos ciudadanos: la salud y la educación se hicieron negocios con fines mezquinos, y la oligarquía médica y la clase jurista (jueces, fiscales y abogados) se convirtieron en usureros privados con títulos universitarios; los conocimientos y técnicas que debieron socializarse sin trabas y fortalecer los cimientos de la *libertad* y la vida social puertorriqueña en todas su dimensiones se reservan todavía para quienes pueden comprarlos a su precio en el mercado.

A la aminorada pobreza material le siguió una progresiva merma en la profundidad intelectual y, sobre todo, en la conciencia social. Dentro de este cuadro, la sociedad se hace cada vez más religiosa y supersticiosa, es decir, ignorante de sus propias condiciones de existencia e impotente para transformarlas sustancialmente. Hoy existen más leyes y policías que nunca antes; más prohibiciones y castigos; más cárceles, carceleros y encarcelados; más enfermos mentales y drogadictos legales, y éstos últimos para lucro de la industria psiquiátrica y farmacéutica; las escuelas superiores operan como guarderías infantiles y los bachilleratos como sus extensiones naturales; los currículos universitarios degeneran en títulos sin contenidos trascendentales, mediocres y mediocrizantes; y cada vez más estudiantes graduados se moldean como analfabetas funcionales, programados para competir entre sí como peones disciplinados; y los profesionales isleños se forman casi con exclusividad para hacerse de dinero, elevar su condición de clase y saldar de por vida sus deudas bancarias...

Sin proyecto político-social alternativo el valor de la existencia se moldea irremediablemente desde las vitrinas de los centros comerciales, la publicidad y la moda; y los derechos humanos se desvirtúan a favor de una cultura de producción y reproducción psicosocial virtualmente deshumanizante...

Independientemente del destino político que convenga el Congreso estadounidense, el aquí y el ahora nos compete a todos desde siempre. De la clase política urge un programa de acción orientado radicalmente a la justicia social, sin excusas ni remiendos retóricos. Socialícense los conocimientos y sus empleos prácticos sean dispuestos para el bienestar público; provéase de acceso irrestricto a la salud general y a la seguridad social sin represiones sádicas; y las libertades civiles sean celadas de las razones paranoides que quieren domeñarlas y asfixiarlas. Sin ellas se nos embotan los buenos humores, se nos hastían los ánimos y nos matan de aburrimiento...

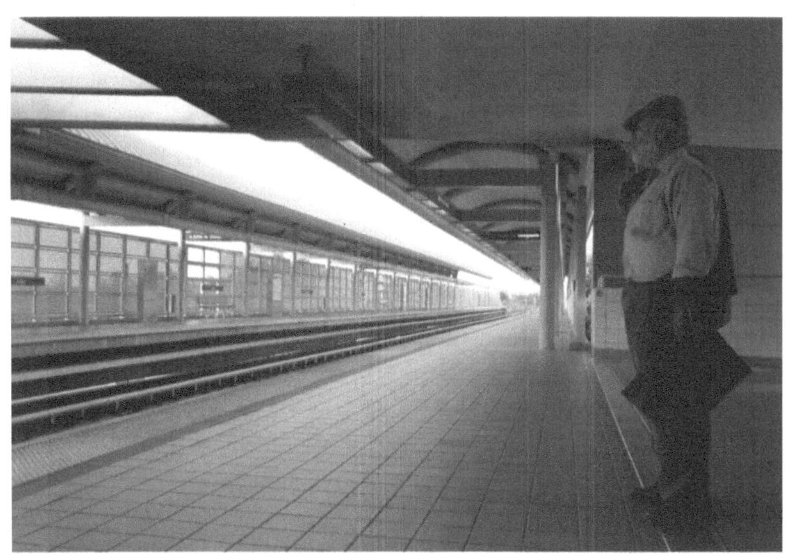

Equívocos[2]

Nadie parece dudar en estos tiempos que la "integridad" es un imperativo moral en el ejercicio del poder político de las sociedades democráticas. Más allá de las diferencias ideológicas entre la ciudadanía, todos parecen convenir en ello: la integridad no es negociable, ni admisible el derecho a su renuncia. No obstante, la palabra misma carece de sentido unívoco y absoluto; y se presta para inducir graves equívocos, ya por ingenuidad o ignorancia, por convicción férrea o malicia, similares a veces a la arrogada *razón* -infalible e incuestionable- de los fundamentalismos religiosos y los despotismos legales de regímenes de gobierno autoritarios. La relativa ambigüedad que la caracteriza, pues, no sólo condiciona e incide sobre los modos como valoramos y juzgamos las ejecutorias de *nuestros* funcionarios de gobierno, sino que, a la vez, pone en entredicho la existencia de un consenso social sobre la moral política que debiera regir y regular al poder discrecional del Gobierno.

En la dimensión de las corrupciones, como fraudes y extorciones, no parece haber mayores discrepancias sobre el sentido asignado a la noción de integridad. Atenerse a las leyes y reglamentos es su mecánica formal, pero ésta práctica no constituye sino un ápice de su razón de ser. Las leyes y reglamentos no representan verdades absolutas o divinas, valederas para todos en todos los tiempos. Los trámites legislativos en las sociedades democráticas responden a una lógica diferente, y las dinámicas del cambio le son substanciales al ejercicio del poder político. La naturaleza de cualquier cambio en las leyes presupone alterar de algún modo lo que antes se creía, y eso, para bien o para mal, implica contravenir las razones que alguna vez las defendieron e impusieron.

En idénticos términos sucede con relación a las promesas de campaña electoral. Advenido al poder político el gobierno del PPD, se espera que cumpla sus promesas y las convierta en leyes sin peros ni dilaciones. Pero la vida política es mucho más compleja y no debe actuarse irreflexivamente y de manera irresponsable. No debe presumirse que la plataforma del partido en el poder

---

[2] **"Equívocos"**, *El Nuevo Día*, sábado 12 de enero de 2013.

representa la "voluntad popular", ni tampoco creer que "el pueblo" sabe a ciencia cierta lo que ésta decía o implicaría. Ni siquiera debe presumirse voto de incondicionalidad en los silencios que subyacen el aparente consenso; ni mucho menos que las promesas de campaña se asientan en una base de análisis riguroso, profundo y definitivo; exento de reservas, inconsistencias y lagunas científicas; improvisaciones retóricas y demagogias de ocasión. La experiencia histórica lo evidencia. Recordemos la desastrosa y fracasada política de mano dura contra el crimen o la privatización de la telefónica durante la incumbencia del gobernador Rosselló, legitimadas por el estribillo demagógico "el pueblo habló y yo obedezco".

A nombre de la "lealtad" al partido no debe renunciar el legislador o el gobernante al pensamiento crítico y a la reflexión sería e incisiva. Las diferencias de criterio no deben interpretarse mecánica-mente como actos de traición política o falta de integridad; ni sacarse de proporción o promoverse como escándalo mediático.

Asumir una posición reflexiva antes que aferrarse rígidamente a una promesa de campaña electoral no mina la integridad política o moral. Por el contrario, en principio, evita tener que remediar errores que pudieran ser previsibles si atienden los asuntos conflictivos con debida honestidad. Esa que, tal vez, estuvo ausente o distraída al comprometerse. A la noción de integridad en el ejercicio legislativo debe irle aparejada un profundo sentido de justicia, que no puede reducirse nunca a las mecánicas de los juramentos de partido ni contenerse de manera definitiva en sus textos reglamentarios. Protéjase la integridad del derecho a dudar, a pensar por sí mismo, a discernir y a contradecir responsablemente; reconózcase como derecho equivocarse y reivindíquese como valor moral admitir haber errado. Venga de quien venga, en el momento que entienda, téngase por integridad la voluntad de prevenir y enmendar el yerro, lo malo y lo dañado...

Se vende aeropuerto[3]

Resulta inútil reprochar al gobernador su indisposición a reconsiderar su postura sobre la venta del aeropuerto. A todas luces, su intransigencia hace honor a promesas de campaña electoral, a esas que prometían imitar al pie de la letra a su predecesor y reproducir, sin miramientos, el programa de gobierno privatizador. Cuál puede haber sido el cálculo económico que lo justifica es difícil imaginarlo. Obtener un cuantioso ingreso en lo inmediato no debe ser la razón que lo anima porque, posiblemente, la fortuna de la venta ya estaría comprometida para saldar viejas deudas y sin reparos sobre el porvenir. En tal caso, valdría recordar la historia para no repetir errores del pasado. Cuando el gobierno de Rosselló privatizó la Telefónica, lo hizo justo cuando las tecnologías de comunicación despuntaban y el negocio prometía crecer exponencialmente. Instituciones públicas, como la Universidad de Puerto Rico, perdieron ingresos millonarios. Las mentes más serias y comprometidas con el bienestar nacional opusieron resistencias y protestaron, desmintiendo el mal negocio y advirtiendo sus consecuencias. Para contener aquellas sabias razones, el gobierno de entonces movilizó la fuerza de choque. Pudo haber realizado consulta popular o referéndum, pero prefirió romper las cabezas pensantes antes que disponer remedio para contarlas…

Ante la insistencia ciudadana y en el escenario de una huelga que se prometía popular, el gobernador Rosselló se aferró a su posición, alegando que se trataba de una promesa de campaña y que, a todas cuentas, *debía* cumplirla. Entre la "sociedad civil" hubo quienes le acusaron de atreverse a vender a su propia madre, mientras el gobernante permanecía firme en el carácter democrático de su terquedad. Por él votaron algo más de un millón de electores, y a ellos, como mínimo, debía su lealtad –insistía-. Quizá sabía que, de llevar la opción de venta a consulta, sufriría una derrota abrumadora; y por ahorrase la vergüenza decidió poner a prueba la voluntad de resistencia de los opositores y reprimir a macanazos sus manifestaciones. Reconociendo la ambivalencia de la representatividad democrática, lanzó un desafío cínico a los

[3] **"Se vende aeropuerto"** (inédito); sometido a varios medios, 7 de febrero de 2013.

protestantes: de movilizarse un número superior a la cantidad de electores que votaron por él, reconsideraría su postura. La huelga general fracasó y se concretizó la privatización. Aunque la jugada le costó las próximas elecciones, el daño se hizo y lo restante es historia sabida: un puñado de empresarios capitalistas se enriquece del gran negocio de las comunicaciones en el País, y la gerencia estatal en la Isla perdió una gran fuente de ingresos económicos.

Así como lo fue la Telefónica, quizás el negocio del aeropuerto sea uno de esos que el Estado debería conservar para sí, y administrar en función de sus deberes políticos para con el bienestar general y no para favorecer a unos pocos, insulares o extranjeros..Considerada la experiencia histórica, queda en suspenso la pregunta del "para qué" la privatización. Registradas las inconveniencias de esta práctica/política y evidenciadas las consecuentes pérdidas económicas y sus implicaciones a largo plazo para Puerto Rico, no debemos conformarnos con las habituales respuestas retóricas del gobierno, ni resignarnos a admitir por valederas las fórmulas que dan cuenta, imaginan e inventan los favores de la privatización al margen de la realidad y sus efectos. Es de todos sabido que existen más razones de peso en oposición a la venta que a su favor, y García Padilla debería considerar traer el asunto a consulta general. Recuérdese que, para lidiar con diferencias políticas de envergadura, a las sociedades democráticas les vale más contar cabezas que romperlas...

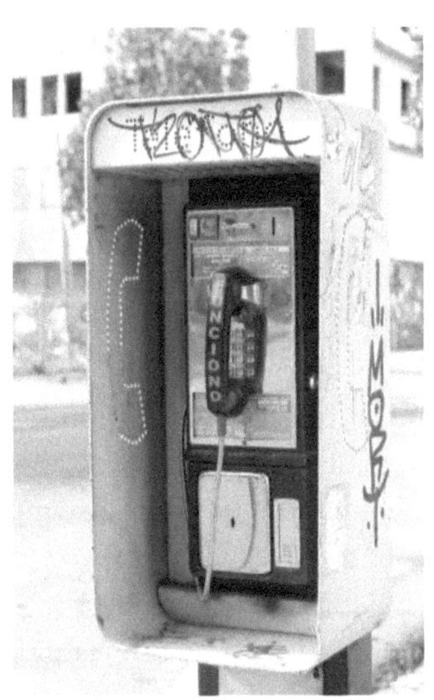

Mujeres de Dios[4]

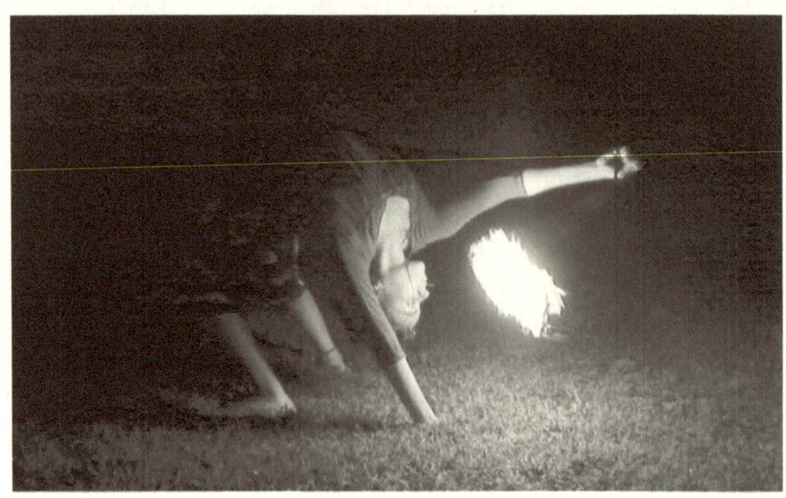

Tarde entrada una mañana de sábado o de domingo, mientras tomaba café y ojeaba la prensa, dos simpáticas evangélicas tocaron a mi puerta insistentemente y sin apuros. Resignado, abandoné mis asuntos y con alguna reserva de buen humor atendí su imprevista visita. De puerta en puerta –explicó la mujer- anunciaban el reino de Jehová. La una hablaba mientras la otra atendía a su bebé y asentía en silencio. "Dios tiene un propósito para ti, quiere que seas feliz" -me dijo, mientras me obsequiaba una revista que *desmentía* las acusaciones de maldad contra Dios-. Enseguida lo *evidenció* citando un texto de la Biblia: "Jehová no es el causante de ningún mal" (Santiago 1:3)

Para mi sorpresa y contra todos mis esquemas, me dijo que no le creyera, que buscara por mí mismo y sin artificios de intermediarios, en el libro de los libros, la palabra precisa de Dios. Tomé la palabra a la afable mujer de Fe, agradecí su obsequio y nos despedimos. Desistí de leer la prensa, sin remordimiento, pues preferí no saturar mi día de violencias y crímenes horrendos. Dejé enfriándose el café; busqué mi Biblia y leí...

...y leí que los incrédulos y demás que no comulgan al pie de la letra con la voluntad de Dios eran y serían condenados a

[4] **"Mujeres de Dios"**, Revista *80 grados*, viernes 8 de marzo de 2013. (http://www.80grados.net)

muerte: "...y los echarán en el horno de fuego; allí será el llanto y el crujir de dientes." (Mateo 13:42) Y leí que "...el que no se postre y adore, será echado inmediatamente en un horno de fuego ardiente." (Daniel 3:6) Y seguí leyendo: "Destruiré los hombres y las bestias; destruiré las aves del cielo, y los peces del mar, y los impíos tropezarán; y extirparé a los hombres de sobre la faz de la tierra, dice el Señor." (Sofonías 1:3)

Difícil imaginar aquellas mujeres tan amables clamar a semejante Dios; pero las imaginé aterradas por los suplicios del infierno, postradas e implorando al cielo: "Señor, Dios de las venganzas, Dios de las venganzas, muéstrate! Levántate, Juez de la tierra; da su merecido a los soberbios." (Salmos 94:1-2) En cada libro sagrado, su Dios se mostraba así, vengativo, violento y cruel con los hijos de su propia creación; y la piedad, un privilegio residual para los temerosos crédulos. "Dios celoso y vengador es el Señor; vengador es el Señor irascible. El Señor se venga de sus adversarios, y guarda rencor a sus enemigos." (Nahúm 1:2)
Y leí sobre la guerra, y vi que su Dios no era justo sino bestial y sanguinario. Animada la invasión de otras tierras para su gloria, ordenaba exterminar a sus habitantes: "Ve ahora, y ataca (...) y destruye por completo todo lo que tiene, y no te apiades (...); da muerte tanto a hombres como a mujeres, a niños como a niños de pecho..." (1 Samuel 15:3) En las tierras ocupadas en Su Nombre "...ninguna persona dejarás con vida." (Deut. 20:16) (Josué 6:21)

Y leyendo pensé en la vida. Y leí que su Dios considera abominables a quienes de un mismo género comparten amoríos y cuerpos, y los condena a muerte (Levítico 20:13; Romanos 1:27); y leí que en lugar de estimular el ingenio y la sensibilidad para educar a los hijos, prefiere dar rienda suelta al hastío y frustración de los padres: "Si un hijo obstinado y rebelde, no escucha a su padre ni a su madre, ni los obedece cuando lo disciplinan (…) lo apedrearán hasta matarlo." (Deut. 21:18); y leí que su Dios incita y llama justica a la violencia mortal contra las mujeres: "Mas si resultare ser verdad que no se halló virginidad en la joven (…) la apedrearán los hombres hasta que muera…" (Deut. 22:13-21)

…y dejé de leer. Cerré mi Biblia y suspiré aliviado por aquellas simpáticas evangélicas. En parte, porque sacar de contexto algunas citas bíblicas y manipularlas para su propia conveniencia demuestra que no leen como Dios manda; en parte, porque sé que -para suerte de todos- Dios existe sólo en sus cabezas...

***Post Data: Varios días después de terminar este escrito, la prensa publicó noticia sobre la determinación judicial de autorizar la libre entrada de propagandistas religiosos a las urbanizaciones y demás zonas residenciales con acceso controlado. La prohibición de libre acceso, a todas cuentas, nunca había sido otra cosa que una afrenta de vecinos con poder de influenciar el poder del Estado a su favor, pues las aceras, carreteras y parques en estas zonas residenciales privadas, son públicas y no tienen por qué dejar de serlo. La gran paradoja es que, aunque el vuelco judicial respondió al derecho constitucional de la ciudadanía, el mensaje religioso no deja de representar atentados a los mismos principios constitucionales y derechos humanos que nos cobijan a todos. En este escenario, parece que la libertad de expresión garantizada como derecho político/constitucional también favorece el oscurantismo ético e intelectual que irremediablemente caracteriza al fanatismo y la credulidad religiosa. Se trata de una suerte de "libertad" propia de la vida social en los estados democráticos y debe reconocerse como tal. Sin embargo, sabido es que gran parte de los males, trastornos y problemas sociales están enraizados en la credulidad religiosa, y debemos desenmascararla, desmentirla y contrarrestarla sin tapujos ni miramientos...

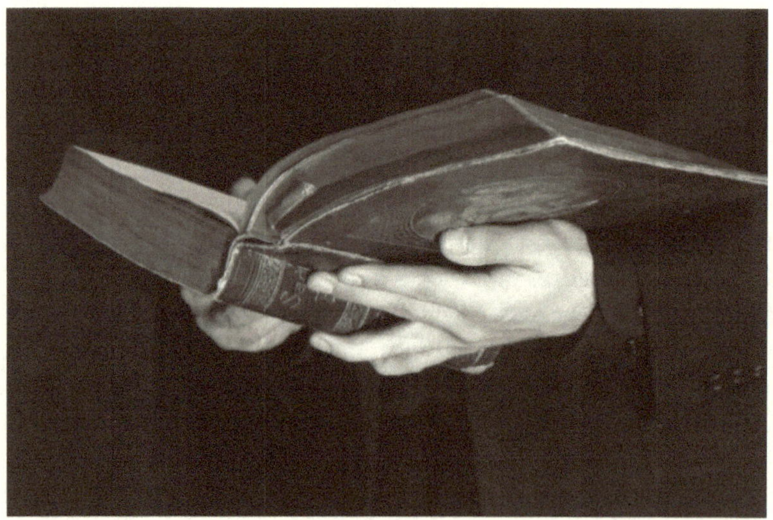

Crimen de Estado[5]

La recurrente escenificación de juicios federales con miras a imponer la pena de muerte, a pesar de estar proscrita en la Constitución insular, evidencia la carencia de fuerza política soberana ante el poderío jurídico centralizador del Estado/Imperio de Ley estadounidense. Bajo sus dominios, estados y territorios "no incorporados" gozan de potestad para matizar sus respectivas constituciones y códigos regionales; y preservar, abolir o reinstaurar la pena capital, salvo para determinados casos *criminales*, exceptuados del rigor constitucional por decreto autoritario del poder ejecutivo y congresional. Excluidos los puertorriqueños de esta dimensión del derecho penal-federal que rige sobre la Isla, la postura del gobierno insular contra la pena de muerte se reduce a un mero reproche moral, inconsecuente en los juicios bajo jurisdicción federal. La relación de subordinación política y dominación jurídica se manifiesta con nitidez en la sordera de la metrópoli ante las quejas y reclamos del gobierno local y su cuerpo legislativo; y las ilusiones de coexistencia democrática se revelan como meras farsas ideológicas.

En este escenario, la vida de los reos-candidatos a la pena de muerte queda a discreción y merced del jurado. Doce ciudadanos que, se presume, *representan* al pueblo puertorriqueño y que, para bien o mal, sus juicios deberían encarnar los valores consagrados en *nuestra* Constitución. La paradoja es evidente: si así fuese, la opción de penar con la muerte al condenado se anularía de manera inmediata y mecánica, pues así lo establece la Constitución isleña. El proceso judicial, en tal caso, sería absurdo; y la fiscalía no haría sino perder el tiempo al Tribunal, además de malgastar el dinero de los contribuyentes. Sin embargo, once de los doce jurados favorecieron la ejecución del reo. Esta realidad no debe ocultarse ni trivializarse, y es preciso analizarla de manera sensible, crítica y reflexiva. La representatividad y motivaciones del jurado deben ser cuestionadas incisivamente, del mismo modo que la presumida generalidad de los valores culturales contra la pena de muerte y las fuertes tendencias sociales a favorecerla.

---

[5] "Crimen de Estado" (inédito); sometido a varios medios, 25 de marzo de 2013.

La regla del juego judicial requiere unanimidad para imponer la última pena, y en esta ocasión sólo una persona se opuso. Sin embargo, el saldo general de la cobertura mediática se tradujo en manifestaciones de encubrimiento ideológico y engaño consolador. La determinación de la mayoría del jurado en el caso de Alexis Candelario establece un precedente nefando en la historia jurídica moderna de Puerto Rico. Y, como van las cosas, todavía podría ser peor. Si la regla vigente, arbitraria por demás, cambiara por una más *democrática* por decreto federal, donde la sentencia de muerte se determinase mediante voto de mayoría y no por unanimidad, la venganza criminal se haría Estado y el "pueblo de Puerto Rico" se convertiría en cómplice de un asesinato legal...

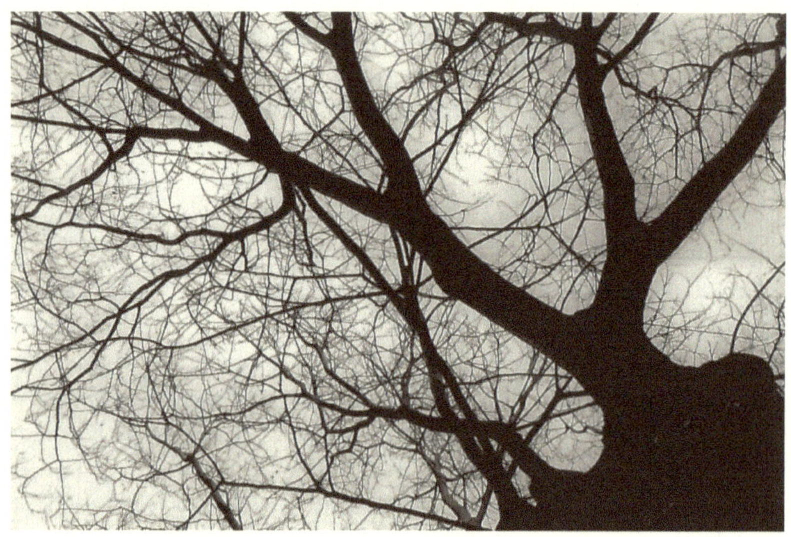

Homofobia: ciencia, derecho y religión[6]

El discrimen contra la homosexualidad en la Isla es engendro de la intolerancia religiosa de la cristiandad; y el desprecio bíblico hacia los seres humanos que la practican cultiva y fomenta las condiciones psicosociales que todavía degeneran en todo tipo de prejuicios irracionales y que, de una forma u otra, se materializan en actos de violencia física y emocional contra los ciudadanos homosexuales. La mitología de la fe cristiana estigmatiza a éstas personas como sodomitas y pecadoras, inmorales y abominables (Levítico: 18:22) Según las *sagradas escrituras*, deben ser reprendidas severamente de modo similar a cualquier otro criminal (asesinos, incrédulos, hechiceros, idólatras, etc.); y, a la vez, condenadas a arder en el lago de fuego y azufre durante su "segunda muerte" (Apocalipsis 21:8) La primera muerte, sin embargo, no acontece en la perturbada imaginación o deseos sádicos de los religiosos, sino en la cruda realidad: "Si alguno se acuesta con varón como los que se acuestan con mujer, los dos han cometido abominación; ciertamente han de morir. Su culpa de sangre sea sobre ellos." (Levítico 20:13)

Con base en las sanguinarias supersticiones religiosas de la Iglesia católica-romana, durante los primeros estadios de la conquista y colonización española, las autoridades regentes en la Isla aprisionaron y quemaron en la hoguera a más de una docena de cristianos "sodomitas", acusados de cometer el pecado/crimen nefando de la homosexualidad. Arraigado en las mismas creencias, todavía durante el siglo XX se continuó practicando el mismo discurso de odio homofóbico heredado de la imaginería cristiana, pero ya no se trataba sólo de un pecado abominable sino, además, de un delito clasificado y penado por las leyes seculares. Las legislaturas insulares conservaron la misma clasificación delictiva medieval en los códigos penales modernos, y la psiquiatría -heredera moderna del Santo Oficio de la Inquisición) hizo aparecer la homosexualidad como trastorno de personalidad o desorden de

---

[6] **"Homofobia: ciencia, derecho y religión"**, Revista *80 grados*, viernes 19 de abril de 2013. (http://www.80grados.net) ***Presentado a la Comisión de Derechos Civiles, Participación Ciudadana y Economía Social del Senado de Puerto Rico en las vistas públicas sobre el P. del S 238 (contra el discrimen por orientación sexual e identidad de género). Enviado lunes, 15 de abril de 2013.

identidad. El pecado se convirtió en enfermedad mental y en desviación social; en delito y, a la vez, en locura.

Aunque la autoridad de la Iglesia retuvo su jurisdicción habitual sobre estas almas "desviadas" y "perdidas", la "ciencia" se ocupó de fundamentar el discrimen con una retórica no menos prejuiciada y fantasiosa. A finales de los años 30, la prensa del país reseñaba los hallazgos "científicos" sobre el "problema": "El homosexual es un anormal y como tal cae dentro de la jurisdicción del médico." La *nueva* clasificación estigmatizadora no interesaba la salvación del alma sino la adaptación del sujeto homosexual a las normas y valores sociales dominantes. Éste aparecería como anormal e inadaptado social, con una "inclinación sexual torcida" y, además, como potencialmente peligroso y propenso a delinquir, a violar niños o a prostituirse, e incluso a suicidarse, en caso de resultarle insoportable la angustia y la vergüenza de su condición y la conciencia de su acusada inmoralidad. La psicología de la época alertaba a jueces y policías sobre estas "aberraciones", y daba claves a padres y maestros para detectar los signos sintomáticos de esta alegada enfermedad o anormalidad de los instintos sexuales en los niños afeminados.

En las sociedades cristianas modernas, como Puerto Rico, el hostigamiento psicológico hacia los homosexuales sigue siendo una práctica generalizada que trasciende los malos deseos de las doctrinas de la fe; y los más fanáticos no se limitan a condenarlos a sufrir el castigo del fuego eterno (Judas 1:7) sino que, además, les imposibilitan el pleno disfrute de sus derechos políticos/civiles y constitucionales, como el derecho al matrimonio o a la adopción, y demás preceptos de igualdad ante las leyes, como las relativas a la dignidad humana, a la protección contra la violencia doméstica o el acoso laboral.

Convertido el pecado de la homosexualidad en objeto de intervención médico-legal, pseudo-ciencias de la conducta humana se volcaron a ofrecer e imponer tratamientos clínicos para *curar* la psiquis trastornada, *rehabilitar* moralmente al paciente y lograr su sana *reinserción* social. Estos remedios, tratamientos y curas a la supuesta enfermedad reforzaron las antiguas condenas morales y obsesiones normalizadoras de la sexualidad cristiana, fijadas en la mentalidad primitiva de la Biblia y todavía celada violentamente por los "bullies" de Dios...

Aunque desde los años 70 se desmintieron oficialmente los fundamentos *científicos* de la homofobia y se formalizó la retirada de los argumentos *médico-psiquiátricos* que estigmatizaban la homosexualidad como una enfermedad mental, la mentalidad homofóbica sobre la que se asentaban predomina aún entre los diversos grupos de intolerancia religiosa, ejerciendo su influencia política mediante chantajes y acosos, prejuicios e ignorancias, supersticiones y engaños.

Asimismo, el fundamento principal para la marginación legal y la exclusión de derechos políticos/civiles a la población homosexual sigue siendo de origen religioso y responde a una finalidad religiosa, contraria a los principios más elementales de sana convivencia social. Las políticas públicas y legislaciones que legitiman y reproducen estos entendidos con base en la fe cristiana son irracionales, y se concretizan en prácticas institucionales discriminatorias e inconstitucionales así como en actos de brutalidad y embrutecimiento cultural.

La invocación al respeto a la *espiritualidad* singular o a la credulidad religiosa no puede justificar los atropellos concretos a las personas que comparten sus amoríos y cuerpos de manera diferente a la prescrita en la Biblia y promulgada por sus intérpretes contemporáneos, creídos portavoces *elegidos* de Dios (¿esquizofrénicos funcionales o charlatanes?) Las muchedumbres que constituyen la cristiandad isleña, posiblemente la mayor parte de la población insular (incluyendo a miembros de este cuerpo legislativo y la alta jerarquía del gobierno), comulgan con los mimos credos y prácticas discriminatorias, entorpeciendo las garantías constitucionales de igualdad ante las leyes y, consecuentemente, actuando en desprecio y menoscabo de derechos humanos elementales. La Constitución de Puerto Rico debe enmendarse e integrar la protección del Estado contra cualquier manifestación de discrimen homofóbico, del mismo modo que prohíbe otras prácticas discriminatorias contra los principios de "esencial igualdad humana" ante la Ley. Impóngase esta utopía democrática contra las fuerzas tiránicas de la fe judeocristiana, católica y protestante; e imperen los derechos humanos sobre el despotismo de las mayorías y sus vicios *morales*, supersticiones/alucinaciones religiosas y prejuicios trocados en ley…

Derecho constitucional y *preferencia* sexual[7]

Una acción afirmativa para evitar actos discriminatorios por omisión y/o con el consentimiento institucional del Estado, basándonos en el principio de inviolabilidad de la dignidad humana y la aspiración ciudadana a la *igualdad* en Derecho, es la tarea de revisar y ajustar a las realidades de cada época los valores culturales y políticos constitucionales. A tales fines, precisaría enmendarse la Constitución para incluir la *preferencia* sexual (orientación sexual e identidad de género) bajo el protectorado de la Ley. Así leería el artículo enmendado: "No podrá establecerse discrimen alguno por motivo de raza, color, sexo, nacimiento, origen o condición social, ni ideas, preferencias u orientaciones políticas, religiosas o sexuales. Tanto las leyes como el sistema de instrucción pública encarnarán estos principios de esencial igualdad humana."

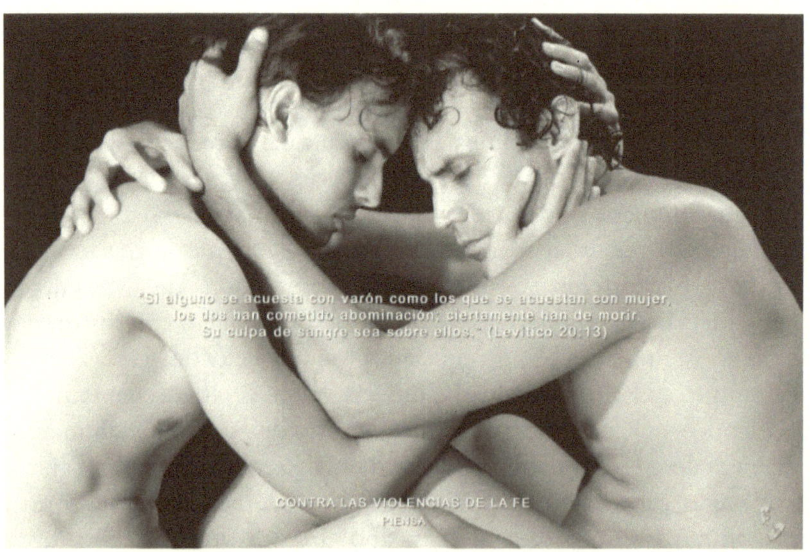

[7] La propuesta de enmienda constitucional a continuación fue publicada en el escrito **"Derecho y preferencia sexual"**, *El Nuevo Día*, miércoles, 20 de mayo de 2009.

Vieques: entre la esperanza y el desencanto[8]

Al margen de la victoria moral que nos representa la retirada de la marina de guerra estadounidense de la isla de Vieques, todavía quedan remanentes de la porqueriza militar y sus regueros bélicos. La antigua zona restringida permanece restringida, y aunque ya no queda rastro del inmenso cementerio de tanques y aviones, quedan montones apiñados de municiones, bombas y escombros que pronto desaparecerán. A simple vista parece que el recogido de basura y "limpieza" general, aunque lentamente, será un hecho. Sin embargo, los daños ecológicos no van a repararse de la noche a la mañana, y los efectos contaminantes continuarán afectando dramáticamente por tiempo indeterminado. Gran parte del terreno natural permanece inhóspito, árido, desértico; la vegetación predominante sigue siendo igualmente hostil a los amagos de vida que se asoman por el área; y los escasos estanques de agua no son reservas naturales sino empozadas de venenos mortales...

Superadas las ilusiones isleñas de celebrar el aparente triunfo, las tierras desocupadas por la marina de guerra pasaron a manos de otra agencia federal, la U.S. Fish and Wildlife Services (FWS), no al gobierno de Puerto Rico. El antiguo perímetro militar sigue controlado por un cuerpo fuertemente armado, y el acceso a la zona, si no viciosamente prohibido, absurdamente regulado. Han puesto letreros que anuncian el nuevo nombre de sus dominios: *Reserva Natural*. Es la fachada habitual de las posesiones territoriales que en lo inmediato no interesan usar para las cosas de guerra, pero el Congreso estadounidense conserva la potestad jurídico-legal de hacerlo cuando le parezca. Así lo hicieron con la isla de Desecheo, que fue designada refugio de vida silvestre y de especies animales y vegetales endémicas, para convertirse en blanco de bombardeos hasta la segunda guerra mundial. Inservible para el negocio militar de la posguerra, fue entregada a los intereses corporativos del complejo biomédico-experimental con primates no/humanos, hasta que ya no les resultaba rentable el negocio. Tras décadas de abandono, la FWS la reposeyó, exterminó a los primates nativos

---

[8] **"Vieques: entre la esperanza y el desencanto"**, Revista *80 grados*, viernes, 3 de mayo de 2013. (http://www.80grados.net) ***Versión editada **"Vieques: ilusión y desengaño"**, *El Nuevo Día*, martes, 30 de abril de 2013.

"invasores" y restringió el acceso por las mismas razones que lo hace ahora en Vieques: la "seguridad humana" y la "conservación" de la "reserva natural". Ahora tumbar un coco es objeto de cuantiosas multas y un matojo recibe más consideración que las personas...

La experiencia y la conciencia histórica nos hacen cultivar la desconfianza, y sabemos que las omisiones voluntarias en los informes oficiales y en los contratos legales también son formas de engañar. A pesar de las razones impuestas para justificar el control y restricción de acceso, las playas de la región son paradisiacas y, de igual modo que en los tiempos en que la autoridad militar las administraba, hoy algunos privilegiados por las autoridades federales tienen acceso irrestricto, atracan en sus yates lujosos y disfrutan a sus anchas sin peros ni molestias.

Y es que una parte de los temores promocionados por la agencia federal para justificar la prohibición de paso, regulaciones arbitrarias y restricción a la libertad de uso civil, son retóricas sin evidencia o fundamentos, meras exageraciones para ahuyentar a los nativos insulares. Hoy sacan de proporción las alegadas amenazas de peligro. Es su forma sutil de manipular la realidad y desanimarnos de celar y reclamar como *nuestras* estas tierras...

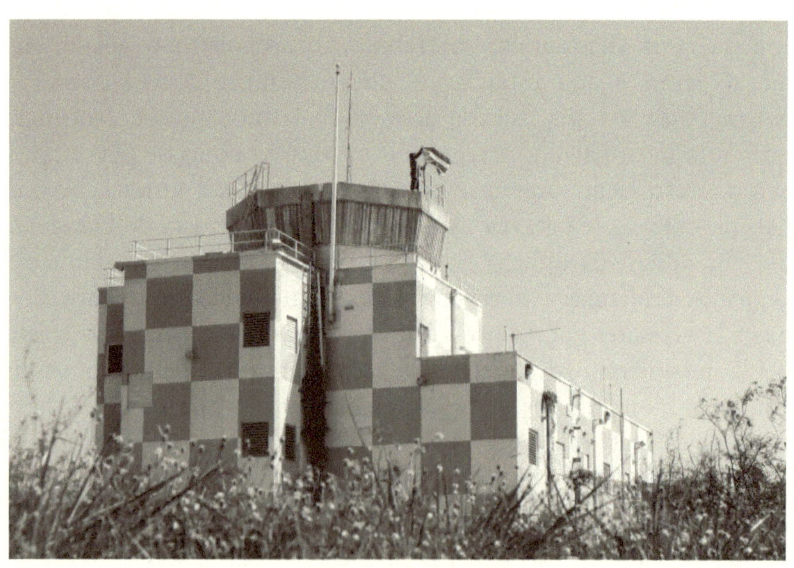

Iniciado el mes de marzo entramos a la zona restringida por las mismas rutas-laberintos que hace más de diez años entrábamos a detener los bombardeos. Cabalgamos y andaregueamos la zona como antes lo hicimos; verificamos el estado de los trabajos de "limpieza"; apreciamos la belleza natural y nos dimos rienda suelta a imaginar bien pensada su genuina libertad y su potencia ecológica, económica, académica y recreativa. Subimos al tope del antiguo edificio militar desde donde monitoreaban las prácticas y bombardeos, allí donde murió David Sanes por un fatídico error de cálculo. Y como hicimos antes, y por lo que resta por hacer, otra vez izamos sola nuestra bandera…

Alumbrados por la luna y con el favor de los vientos pernoctamos "ilegalmente" en alguna playa de la zona "prohibida", donde hace doce años habitamos en *desobediencia civil*; en resistencia; contra la ley injusta y por hacer valer nuestros derechos. Las consignas que alguna vez nos animaron siguen siendo tan pertinentes como antes, y para bien sea desempolvarlas: esta tierra es *nuestra*, y no pedimos permiso para disfrutarla. ¡Estas tierras son de todos, para todos! ¡Entramos y salimos cuando queramos!

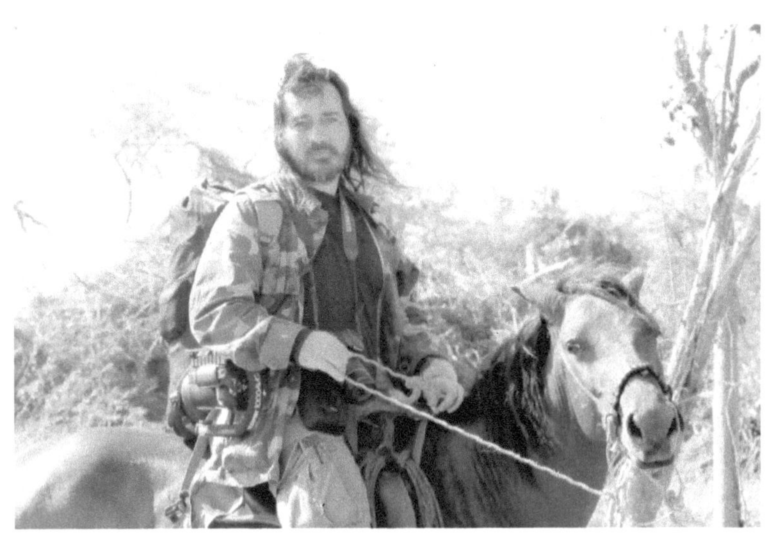

Efecto dominó[9]

A los cambios estructurales impuestos en las instancias de gobierno de la Universidad de Puerto Rico deben seguirle de inmediato, si acaso no le antecedieron, cambios cualitativos en todo lo que concierne a la gobernanza universitaria. La intromisión del actual Gobierno de Puerto Rico para reemplazar a sus administradores no es extraña a la vida política del sistema de educación superior del Estado, ni contradice de manera absoluta los principios de autonomía que –valga la redundancia- en principio, debieran regir el primer centro docente del País. La Universidad del Estado, por su naturaleza política, no puede reclamar independencia absoluta de la inherencia del Gobierno central de la Isla. Esta realidad, aunque sumamente compleja, no debe confundir a nadie, o al menos, no frustrar las esperanzas de cambio. A todas cuentas, ni el proceso huelgario estudiantil ni las protestas de los demás sectores que conforman la comunidad universitaria fueron efectivos para suplantar a los funcionarios de su alta jerarquía, designados por la pasada administración de Gobierno y en función de un proyecto político/administrativo pernicioso para la institución en conjunto. Aunque gozaron de solidaridad general entre la opinión pública, las luchas frontales (desde "adentro") fracasaron; y los universitarios, resignados, rindieron esfuerzos y apostaron a que, para darse un cambio sustancial en la estructura de gobierno en la Universidad, debía cambiar primero el alto mando en el Gobierno isleño. Y así está siendo, como durante décadas ha sido...

La negativa de los antiguos jerarcas a renunciar era previsible. Las lealtades al partido político que los designó respondían al encargo de retener su poder sobre la institución hasta que el nuevo Gobierno se viera forzado a "violar" la "autonomía universitaria" para destituirlos. Se trató de una treta calculada para afectar la imagen del *nuevo* Gobierno, en el que el sector predominante entre los universitarios había puesto –resignado o en complicidad- las ilusiones de cambio. Ojalá que los nuevos nombramientos respondan al fin a intereses favorables al provenir del sistema universitario del Estado; y que los valores que sostienen a la UPR sean reivindicados más allá de los formalismos retóricos

[9] **"Efecto dominó"**, *El Nuevo Día*, jueves, 16 de mayo de 2013.

contemplados en la Ley. Esta suerte, sin embargo, no puede imponerse desde la cúpula del Gobierno sino desde el quehacer cotidiano en la Institución, en todas sus ramificaciones académicas y administrativas. Aquí, donde reside tal vez la mayor esperanza de un cambio sustancial, es donde se complica aún más el asunto...

El poderío de la pasada administración institucional no estuvo a cargo exclusivo de los burócratas de alto rango. Gozaba de la complicidad de un sector "universitario" que comulgaba con el proyecto político/administrativo de la pasada administración de Gobierno, y que todavía ejerce influencias determinantes en el quehacer cotidiano de la Universidad. La dinámica de la reforma no puede detenerse en la renuncia y suplantación de síndicos, presidente y rectores. Es un buen comienzo, pero insuficiente. Una parte de la base de la gobernanza institucional sigue ocupada por "universitarios" oportunistas que antagonizaron con los reclamos universitarios, sobre todo profesores que invocaron el fin de la "política de no confrontación", favorecieron la ocupación policial de los recintos durante el proceso huelgario y, además, se organizaron para cruzar líneas de protesta en confrontación reaccionaria contra el movimiento estudiantil, el claustro y trabajadores solidarios. Algunos todavía son decanos, otros ocupan posiciones como directores de departamentos.

Para darse un cambio sustancial deben renunciar y suplantarse también estos delegados a ocupar puestos de confianza política o amiguismo de la pasada administración. Algunos de estos profesores/administradores aprovecharon las retóricas de la crisis fiscal para desmantelar ofrecimientos académicos y justificar despidos o dejar sin contratos a miembros del claustro que, coincidentemente, presentaban oposición política y crítica radical de manera elocuente, persistente y pública. Tal es mi caso y, aunque forzado a subsistir desempleado, no renuncio a mi deber fiscalizador como universitario y ciudadano: venga la esperanza y hágase valer la voluntad de cambio por una verdadera reforma en la Universidad del Estado...

La Sagrada Familia[10]

"Y extendió Abraham su mano,
y tomó el cuchillo,
para degollar a su hijo."
Génesis 22:10

"Si un hijo obstinado y rebelde,
no escucha a su padre ni a su madre,
ni los obedece cuando lo disciplinan...
...lo apedrearán hasta matarlo."
Deuteronomio 21:18-21

La credulidad religiosa constituye un problema político y social, no religioso. Invariablemente, ésta es condición anímica de incontables manifestaciones de violencia física y emocional contra personas que contravienen los dogmas *sacralizados*, sea fuera o dentro de la propia comunidad religiosa; ya mediante recursos de hostigamiento psicológico, ya mediante otros registros de agresiones físicas (castigos) propias de la violencia disciplinaria de la autoridad religiosa y los principios represivos del orden de su fe. Aunque su materialidad más dramática a escala global/mediática es el terrorismo religioso, el fundamentalismo es un mal endémico de todas las religiones arraigadas en el pacto mítico entre el patriarca Abraham y Dios[11] (Judaísmo, Cristianismo e Islamismo). El mayor número de víctimas de esta pandemia fundamentalista, de sus

---

[10] **"La Sagrada Familia"**, Revista *80 grados*, 7 de junio de 2013. (http://www.80grados.net)

[11] Abraham, en brote esquizofrénico y aterrado por la violencia sádica de su Dios imaginario, alucinó que éste puso a prueba su fe, el mandamiento de amarlo a él sobre sus seres más queridos: "Y Dios dijo: Toma ahora a tu hijo, tu único, a quien amas, a Isaac, y ve a la tierra de Moriah, y ofrécelo allí en holocausto sobre uno de los montes que yo te diré. (...) Tomó Abraham la leña del holocausto y la puso sobre Isaac su hijo, y tomó en su mano el fuego y el cuchillo. (...) Llegaron al lugar que Dios le había dicho y Abraham edificó allí el altar, arregló la leña, ató a su hijo Isaac y lo puso en el altar sobre la leña. Entonces Abraham extendió su mano y tomó el cuchillo para sacrificar a su hijo." Isaac, el amado hijo de Abraham, no fue finalmente asesinado por su padre porque, dentro de su convicción religiosa o locura, alucinó que intercedió un ángel encomendado de Dios: "Y el ángel dijo: No extiendas tu mano contra el muchacho, ni le hagas nada; porque ahora sé que temes a Dios, ya que no me has rehusado tu hijo, tu único." (Génesis 22: 2-12)

tormentos psicológicos y torturas físicas, acaece bajo una dimensión casi imperceptible fuera del juicio crítico, entre las credulidades religiosas practicadas en la vida social y familiar cotidiana, todavía bajo el protectorado de las constituciones y leyes en los estados seglares modernos, e ignorado por sus sistemas de educación y agencias sociales. La violencia doméstica en general, y en particular el maltrato de menores, tiene raíces profundas en la psiquis religiosa. Los primitivos textos *sagrados* autorizan y promulgan éstas prácticas (amenazas, castigos, engaños, etc.) como recursos disciplinarios legítimos, justos y necesarios, para satisfacer la demanda de obediencia a un Dios imaginario, a veces misericordioso, a veces vengativo; siempre violento y cruel...

En el actual escenario de época, al menos en los estados regidos por los principios políticos y morales de los derechos humanos, aunque el acto de Abraham sería juzgado y condenado severamente como un acto de intensión criminal o diagnosticado como efecto de una grave enfermedad mental, su figura mítica se preserva intacta en los textos *sagrados*, como ícono del religioso devoto; y su disposición a sacrificar a su hijo, a degollarlo con un cuchillo (Génesis 22:10), sigue valorándose como prueba de fe a emular. Júzguese como criminal, o diagnostíquese como esquizofrénico, paranoide o psicópata, es en la credulidad religiosa donde se originan las condiciones psíquicas de su conducta, y es el terror a Dios su principio y finalidad invariable.

La interpretación literal del relato de referencia supone admitir, de manera tajante y como verdad infalible, que Abraham obró acatando la voluntad de Dios y que ésta *debía* ser obedecida para ganar su gracia y favores. La literatura mítica/sagrada de las religiones dominantes venera su "moraleja" sin reparo moral alguno, y así se evidencia en el Nuevo Testamento: "El que ama padre o madre más que a mí, no es digno de mí; y el que ama hijo o hija más que a mí, no es digno de mí." (Mateo 10:37)

Mírese como se mire, la "moraleja" es de corte sádico, criminal y psicótico. Para los creyentes, haberse negado a sacrificar al hijo en nombre de su imaginado Dios hubiera sido más inmoral y reprensible que matarlo en realidad. Y así seguiría *creyéndose* durante siglos. A los hijos rebeldes a la autoridad de sus padres e inmunes a sus castigos disciplinarios, el Dios de Abraham, luego *revelado* a Moisés, los condena a morir apedreados (Deuteronomio 21:18-21). De modo similar a las hijas que practican su sexualidad al margen de los mandamientos de castidad y abstinencia del Dios/Padre: "Mas si resultare ser verdad que no se halló virginidad en la joven (...) la apedrearán los hombres hasta que muera..." (Deuteronomio 22:13-21) Asimismo, el primitivo mandamiento de silencio/encubrimiento de las quejas de los menores contra sus padres abusadores sigue vigente y con fuerza de ley para los creyentes: "Porque Moisés dijo: "Honra a tu padre y a tu madre; y el que hable mal de *su* padre o de *su* madre, que muera." (Marcos 7:10)

Las revoluciones políticas modernas, vinculadas a los derechos humanos, antagonizaron radicalmente con las dogmáticas religiosas e impusieron la separación formal entre Iglesia (Religión) y Estado. Y es que, impuesta la razón sobre la credulidad religiosa, el "amor" o terror a un Dios imaginario no puede imponerse contra la vida humana realmente existente. De igual modo, las fuerzas civilizadoras modernas regularon, constitucional y legalmente, los dominios permisibles a los rituales religiosos, porque no se podía seguir dejando al arbitrio de sus fervores, supersticiones y alucinaciones, las suertes concretas de la humanidad viviente, al margen de sus creencias religiosas.

Aunque domesticados sus preceptos, modulados sus mandamientos y reguladas sus prácticas para imponerlos, el virus mortal de la credulidad religiosa aún persiste de manera generalizada en nuestras sociedades. El origen de gran parte de las violencias que todavía acontecen en el seno familiar contra los hijos aparece avalada de manera explícita en los evangelios, que promueven el adoctrinamiento religioso mediante chantajes y acosos psicológicos, castigos a los contumaces y recompensas para los sumisos: "Porque vine a poner al hombre contra su padre, a la hija contra su madre, y a la nuera contra su suegra..." (Mateo 10:35)

En el escenario local, estas hostilidades se manifiestan con nitidez en los discursos de intolerancia, discrimen y odio religioso del liderato de las más diversas denominaciones de la cristiandad insular. Las huellas de esta nefanda historia se transparentan dramáticamente en las posturas expresas contra los derechos de la ciudadanía homosexual (identidad de género y orientación sexual), en el discrimen laboral, la negación a reconocerles derecho de adopción y matrimonio, protección igual contra violencias domésticas, entre otros. Irónicamente, el fundamento mítico/religioso es la defensa y preservación de "La Familia", ordenada estructural y jerárquicamente con arreglo a la alegada voluntad de su Dios –creado a imagen y semejanza de los antiguos patriarcas del viejo mundo, sus costumbres e ignorancias, prejuicios y supersticiones-…

A la "defensa" del primitivo modelo de familia patriarcal le aparejan posturas recalcitrantes, algunas reseñadas a diario en los medios de comunicación; otras ocultas a la mirada pública. Lamentablemente, todavía influencian el cuerpo legislativo insular, infectando la conciencia moral de la clase política isleña y manipulando la opinión pública con supersticiones y delirios paranoides por terror al castigo del Dios de Abraham y Moisés, como el de Jesús y sus seguidores: "…el que no se postre y adore, será echado inmediatamente en un horno de fuego ardiente." (Daniel 3:16) "…y los arrojarán en el horno de fuego; allí será el llanto y el crujir de dientes." (Mateo 13:50)

A diferencia de lo que aseveran los dirigentes de la alta jerarquía religiosa (católica, protestante y demás), las alusiones al personaje mítico de Jesús, según los evangelios, no cambia nada. La crueldad sádica del Dios de Abraham y de Moisés viene a refrendarse de manera intacta, y a reproducirse con base en el terror a Dios y la amenaza de muerte a sus detractores: "Porque en verdad os digo que hasta que pasen el cielo y la tierra, no se perderá ni la letra más pequeña ni una tilde de la Ley hasta que toda se cumpla."(Mateo 5:18; Lucas 16:17)

A pesar de todo, el primitivo modelo de "familia" instituido bajo la autoridad patriarcal de la feligresía cristiana, judaica e islámica, prevalece en nuestros días.[12] Por efecto y defecto de la credulidad religiosa, ignoran que la conciencia moral no es expresión de la misericordia de su Dios imaginario sino un acto político posicionado a favor de la vida real y la convivencia civilizada entre seres humanos, más allá de creencias arcaicas, supersticiones religiosas y demás locuras fundamentalistas.

Tal vez, entre las violencias domésticas, una parte sustancial de los casos de maltrato infantil referidos o escondidos al

[12] El matrimonio según la Biblia aparece consagrado como unión-condena eterna y proscrito el divorcio, si no es por infidelidad/adulterio, como pecado mortal (Mateo 5:32; Romanos 7:2) El mandamiento de fidelidad de la esposa/madre, dentro de las lógicas sacralizadas aparece reforzado bajo amenaza de muerte; y el pecado de adulterio, practicado por razones singulares, deslices pasionales o bellaquería ocasional, autoriza la ejecución de la mujer y su amante (Levítico 20:10)

Departamento de la Familia tengan sus causales psíquicas en la credulidad religiosa. De cierto es que, fuera de casos extremos, resulta imposible al Estado de Derecho prevenirlos, removerlos de sus hogares y ponerlos bajo su protectorado y tutela. Lo deseable, ante este escenario, es tomar con debida seriedad intelectual el asunto y animar el juicio crítico sobre los efectos psicosociales de la fe religiosa, en cualquiera de sus variantes. Recuérdese que, de hijos maltratados suele surgir hombres y mujeres maltratantes. Quizá las violencias sean menos físicas que psicológicas, y por ello pasen inadvertidas durante los años de crianza y encuadramiento religioso. Pero sus efectos nocivos para la convivencia social son evidentes (discrimen, intolerancia, odio, etc.) El sistema de educación, agencias del Estado y las legislaciones que sustenten los derechos civiles, deben estimular el ingenio y la sensibilidad para tratar/educar a los hijos dentro de los principios y derechos humanos, en lugar de dar rienda suelta a la ignorancia fundamentalista, prejuicios y necedad de los padres, creídos autorizados a maltratarlos (adoctrinarlos/castigarlos) por amor y terror a su Dios, sólo "...porque escrito está..." (1 Pedro 1:16)

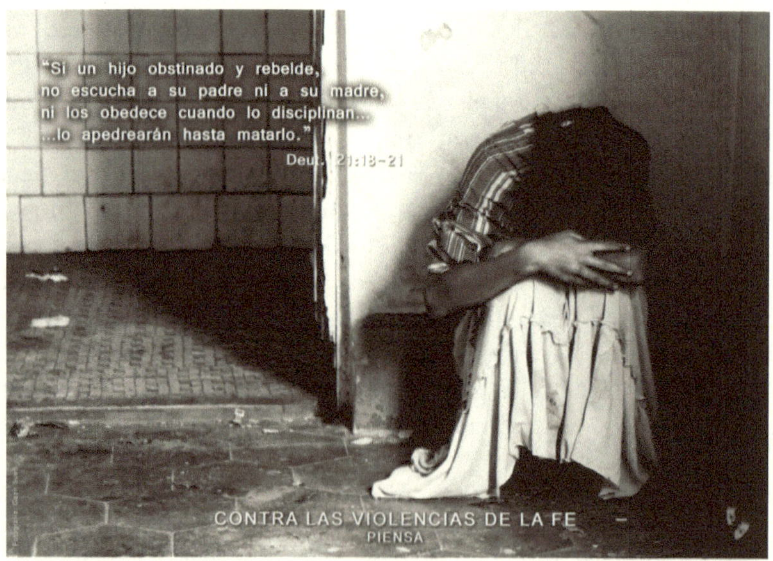

Marihuana: un mal imaginario[13]

"En el mundo hay demasiados males reales
como para permitirnos aumentarlos con otros imaginarios que,
por demás, terminan siendo causa de nuevos males verdaderos."
Arthur Schopenhauer

La despenalización del consumo de marihuana en la Isla será un hecho en un futuro previsible. Sin embargo, la historia de su prohibición pertenece al extenso repertorio de aberraciones legales que todavía vician *nuestro* ordenamiento jurídico y pervierten su sistema de justicia; ya por ignorancia o convicción mal informada; por intereses mezquinos o bien intencionados; siempre por razones equivocadas. Sostenida oficialmente en la ocultación y manipulación de datos científicos y estadísticos, la criminalización de sus usuarios ha dejado un saldo inestimable de daños psico/sociales, perjudicando a miles de ciudadanos y proliferando las condiciones de la violencia criminal en la Isla, incluyendo la corrupción de funcionarios públicos, judiciales y policiales.

La propaganda mediática de la "guerra contra las drogas", sostenida por la misma mentalidad demonizadora de los años 30 en los Estados Unidos e impuesta por decreto prohibicionista por el gobierno federal en los años 70, sigue siendo reproducida sin reservas por los cuerpos legislativos y gobiernos de Puerto Rico. Esta mentalidad ha contribuido al falseamiento sobre los efectos reales de la marihuana, y consagrando la ignorancia como principio medular de la política pública aún regente en la Isla. El impacto general ha sido brutalmente nocivo, no sólo acrecentando el hacinamiento carcelario por un delito sin víctima sino, además, estigmatizando a sus víctimas, aprisionadas y/o multadas por una ley (Núm.4 de 1971) que nada contribuye al bienestar social, la salud, la moral o la seguridad ciudadana. Dentro del teatro judicial, la sentencia de culpabilidad, castigo de multa/aprisionamiento y "rehabilitación" forzada, se imponen sólo porque así lo dicta la ley, aunque sus motivos no evocan pruebas veraces sino falsedades

---

[13] **"Marihuana: un mal imaginario"**, Revista *80 grados*, 28 de junio de 2013. (http://www.80grados.net)

producidas para legitimarse a sí misma, la prohibición, la autoridad de sus violencias y la crueldad de sus penas.

Pensado con debida seriedad, nadie argumentaría lo contrario. Ya han sido desmentidas las retóricas que criminalizan el consumo de marihuana y demonizan a sus usuarios como "peligrosos" a la sociedad. Además de sus propiedades naturales para tratar enfermedades y achaques, no existe registro sobre actos de violencia relacionados a usos recreativos. Ni siquiera se trata de una droga adictiva, y sus posibles efectos nocivos a la salud individual no se aparejan a los de las drogas legales y de consumo generalizado en nuestra sociedad: tabaco, alcohol, azúcar y café, por ejemplo. Asimismo, la potencia de usos alternativos del *Cannabis* a nivel industrial (ropa, papel, medicamentos, etc.) podría beneficiar la economía insular, pero no se considera por tratarse de un recurso natural prohibido y criminalizado. En su lugar imperan negocios lucrativos al margen de la Ley, que generan cuantiosas ganancias para los beneficiarios directos e indirectos de la prohibición. Recuérdese que, por (d)efecto de la mentalidad prohibicionista en Puerto Rico, un policía gana más que un maestro; y el costo por aprisionamiento es mayor que la educación universitaria…

Pero no hay que esperar por un cálculo económico de beneficio inmediato. Sobre todo porque la racionalidad jurídica que sostiene la prohibición es incongruente con principios democráticos y derechos humanos de primer orden. Destaca, entre ellos, el derecho de cada ciudadano a vivir su propia vida y existencia singular, sin sufrir intromisiones indebidas por parte del Estado de Ley…

A fin de cuentas, la marihuana se prohibió para paliar un problema imaginario: la relación causal entre su consumo y la criminalidad. No obstante, aunque se trata de un "delito sin víctima", la prohibición afecta a personas reales, daña vidas singulares y propicia una cultura de engaños y prejuicios, maltrato y discrimen injustificado contra consumidores, casuales o habituales.

Tampoco existe fundamento moral para proscribir tajantemente su producción y comercio, tenencia y consumo. Además, la ley de "sustancias controladas", centrada en un enfoque viciosamente punitivo, entorpece el encargo estatal de atender a drogadictos (legales o ilegales) que necesitan asistencia psicológica y/o médica sin acosos y trabas legales.

Aunque dentro del caudal de problemas psico/sociales relacionados y ocasionados por las mentalidades prohibicionistas, promotoras de la "guerra contra las drogas", la lucha por la despenalización del consumo de la marihuana pudiera parecer un acto de poca envergadura, lo cierto es que tiene una pertinencia política y psico/social que no debe subestimarse. La posibilidad de convivencia *saludable* en un Estado democrático de Derecho está condicionada por la capacidad y disposición de la ciudadanía en general, y de la clase política y jurídica en particular, de comprender que la privacidad de la vida de cada individuo, como parte de su singularidad existencial, es garante fundamental y condición del bien común; y las leyes que la regulan deben protegerla inexcusablemente. Las tendencias despenalizadoras a escala global apuntan sus esfuerzos en esta dirección.

Paralelo a los cambios en las políticas prohibicionistas a nivel internacional y a los movimientos estadounidenses por la despenalización y la legalización de la marihuana, el P. del S. 517, presentado por el senador Pereira (2013), abona a que en Puerto Rico se atienda con madurez política el asunto. Ya veremos. La clase política isleña debe abstenerse de sacar de proporción los *males* relativos a las drogas ilegales, en gran medida imaginados y/o repetidos sin estudiar o pensar profundamente; quizás por vagancia intelectual o consecuencia del generalizado síndrome del colonizado; por intereses personales o por la habitual gula electorera.

Urge concertar a nivel nacional una campaña educativa honesta y bien informada, crítica y desmitificadora, que contrarreste la absurda propaganda de la "guerra contra las drogas" y desmantele, desde sus cimientos, la ideología imperante del modelo represivo/punitivo que mueve y sostiene la política prohibicionista en general. La despenalización del consumo de la marihuana es un paso firme en la dirección correcta.

Así las cosas, el consumo de marihuana será despenalizado; quizás tardíamente, por imposición del gobierno federal; o prontamente, por las fuerzas políticas/ciudadanas insulares, si superan la ignorancia generalizada y favorecen legislar, sensible y razonablemente, por el bienestar general en la Isla; empezando por reconocer y reivindicar los espacios, prácticas y derechos de intimidad, privacidad y singularidad existencial de cada persona…

El "Altar de la Patria" y el nacionalismo católico puertorriqueño[14]

(Reflexiones sobre la demagogia religiosa, el oportunismo político y la falsedad histórica)

"Ciertamente, una y otra cosa podemos y debemos:
(...) tener amor a la patria y a la autoridad que la gobierna...
...pero más entrañable amor debemos a la Iglesia,
de la cual recibimos la vida del alma, que ha de durar eternamente..."
León XIII (Sapientiae christianae)

"...ilícito quebrantar las leyes de Jesucristo
por obedecer a los magistrados,
o bajo color de conservar un derecho civil,
infringir los derechos de la Iglesia...:
Conviene obedecer a Dios antes que a los hombres"
León XIII (Sapientiae christianae)

Todavía un amplio sector del nacionalismo puertorriqueño (que integra independentistas, autonomistas, estadolibristas y anexionistas) comulga sin escrúpulos con el ideario político de la cristiandad católica-romana, reproduciendo sin reserva crítica el discurso oficial de la institución eclesiástica en la Isla, adulando a sus principales figuras jerárquicas y rindiendo culto a su presumida autoridad moral. El efecto psicosocial de sus posturas no pertenece al registro exclusivo del derecho constitucional a la libertad de credo y culto religioso, sino a la compleja dimensión política en la que la Iglesia Católica ha ejercido sus dominios e influencia ideológica sobre la vida social en Puerto Rico. Desde la época de la conquista y colonización en el siglo XVI, la Iglesia católica-romana no ha cesado de moldear la psiquis del puertorriqueño a semejanza de sus primitivos deseos colonizadores (evangelizadores) y respectivos caprichos imperiales/moralizadores. Aunque las revoluciones políticas, intelectuales y humanistas de la modernidad desarmaron sus pretensiones absolutistas, separando la Iglesia del Estado y desarraigando progresivamente sus obsesiones de control y dominación de los códigos legales y constitucionales, ni un ápice de los contenidos en sus antiguos "libros sagrados" ha sido trastocado

[14] **"El Altar de la Patria y el nacionalismo católico puertorriqueño"**, *Revista 80 grados*, 19 de julio de 2013. (http://www.80grados.net)

o siquiera contradicho hasta la fecha; y la Biblia, unidad ideológica/mítica de sus doctrinas, sigue siendo el referente fundacional de sus posiciones político-sociales, aún cuando sus preceptos menoscaben derechos civiles y humanos, y obstruyan las aspiraciones nacionales de convivencia social civilizada y democrática en un Estado de Derecho.[15]

Este sector del *nacionalismo* puertorriqueño parece estimar sin miramientos sensibles la cruenta historia de la evangelización cristiana en la Isla; y parece ignorar u olvidar que, hasta el último cuarto del siglo XIX, estuvo prohibida y castigada severamente la existencia de cualquier otra institución religiosa, incluyendo las variantes de la cristiandad no católica. Ignora u olvida, además, que el exterminio de la población y la cultura indígena en la Isla estuvo arraigado en el proyecto imperial de "cristianización" [16] (principal objetivo estratégico del poderío colonizador); que la instauración y sostenimiento del macabro negocio de la esclavitud, de caribeños y africanos, contó siempre con el aval explícito e interés confeso de la Iglesia católica-romana[17]; y que los inmigrantes/colonizadores

---

15 En la encíclica Sapientiae christianae (1890), el Papa León XIII refrendó la disposición de obediencia y sumisión histórica de los cristianos a las leyes del Estado a condición de que éstas no contradijeran las "sagradas escrituras" y la autoridad del Sumo Pontífice como su intérprete definitivo: "La ley no es otra cosa que el dictamen de la recta razón promulgado por la potestad legítima para el bien común. Pero no hay autoridad alguna verdadera y legítima si no proviene de Dios, soberano y supremo Señor de todos, a quien únicamente pertenece el dar poder al hombre sobre el hombre..." Y añade: "...pero si las leyes de los Estados están en abierta oposición al derecho divino, si con ellas se ofende a la Iglesia o si contradicen a los deberes religiosos, o violan la autoridad de Jesucristo en el Pontífice supremo, entonces la resistencia es un deber, la obediencia es un crimen, que por otra parte envuelve una ofensa a la misma sociedad, pues pecar contra la religión es delinquir también contra el Estado." Esta sigue siendo la posición política de la Iglesia Católica contemporánea, y su referencia mítica –interpretada como mandamiento de Dios- son las cartas de Pablo integradas en la Biblia. Sobre esta creencia mantienen su abierta oposición a cualquier cambio en las leyes y derechos civiles que contradigan las "sagradas escrituras", independientemente de sus anacronismos y de los efectos perniciosos sobre la vida colectiva y singular de la ciudadanía...

16 "...guiados por el Señor (...) destruyeron los altares (...) y también sus lugares de culto." (Macabeos (2) 10:1-2)

17 "Siervos, obedeced a vuestros amos en la tierra, con temor y temblor (...) como a Cristo." (Efesios 6:5); "Esclavos, obedezcan en todo a vuestros amos de este mundo, pero no con obediencia fingida (...) sino (...) temiendo al

europeos y sus descendencias nativas estuvieron, en todo momento, sujetos al adoctrinamiento forzado en los dogmas de la fe católica y sus evangelios, bajo protectorado del gobierno colonial español hasta fines del siglo XIX.

Durante cuatro siglos, la Iglesia Católica retuvo bajo su dominio absoluto el monopolio de las supersticiones religiosas en la Isla, y se impuso violentamente para lograr su objetivo. Apoyada en decretos reales y códigos penales del reino español, ajustados a los primitivos valores "morales" de la Iglesia y su Biblia -valederos en todas las posesiones coloniales en las Américas y el Caribe-, persiguió, encerró, atormentó, torturó, quemó y desmembró a infieles, apóstatas y demás estigmatizados como herejes, criminales y traidores a la supuesta voluntad de Dios, del Rey y la Patria. Ser católico, hasta poco antes de la ocupación estadounidense, no era una opción *espiritual* para los puertorriqueños, sino el efecto de una imposición brutal, reforzada durante siglos por sendos castigos legales y tormentos, chantajes morales, hostigamientos psicológicos y torturas físicas a detractores, *pecadores* y demás desobedientes de la cristiandad católica y sus mandamientos.[18]

El encubrimiento de la historia isleña y la manipulación de los símbolos *patrios* evidencian, no sólo el inmenso poderío de subyugación ideológica que todavía ejerce el discurso de la Iglesia católica-romana sobre la feligresía insular, sino, además, la ignorancia histórica de los fieles nacionales. Esta realidad, que caracteriza el actual escenario de época, se revela en una gran paradoja: una parte sustancial del independentismo, igual que las demás variantes del nacionalismo insular (pos)moderno (autonomistas, estadolibristas y anexionistas), celebra el catolicismo como rasgo distintivo de la *puertorriqueñidad* y exalta sus *valores* como signos característicos de *la cultura* e *identidad nacional*. Esta creencia generalizada es, sin embargo, el efecto ideológico de una práctica calculada de falseamiento y encubrimiento de la historia nacional en función de una imagen *positiva* y sublime de la Iglesia y sus negocios de fe. Los nacionalistas católicos isleños la celan en abierta

---

Señor." (Colosenses 3:22-24); "Criados, sed sumisos, con todo respeto, a vuestros dueños, no sólo a los buenos e indulgentes, sino también a los severos." (Pedro 2:18)

[18] "En cuanto a mis enemigos, ésos que no me quisieron por rey, traedlos aquí y degolladlos en mi presencia." (Lucas; 19:27)

complicidad, sin saberse o quererse reconocer como víctimas de un esquema centenario de fraude ideológico…

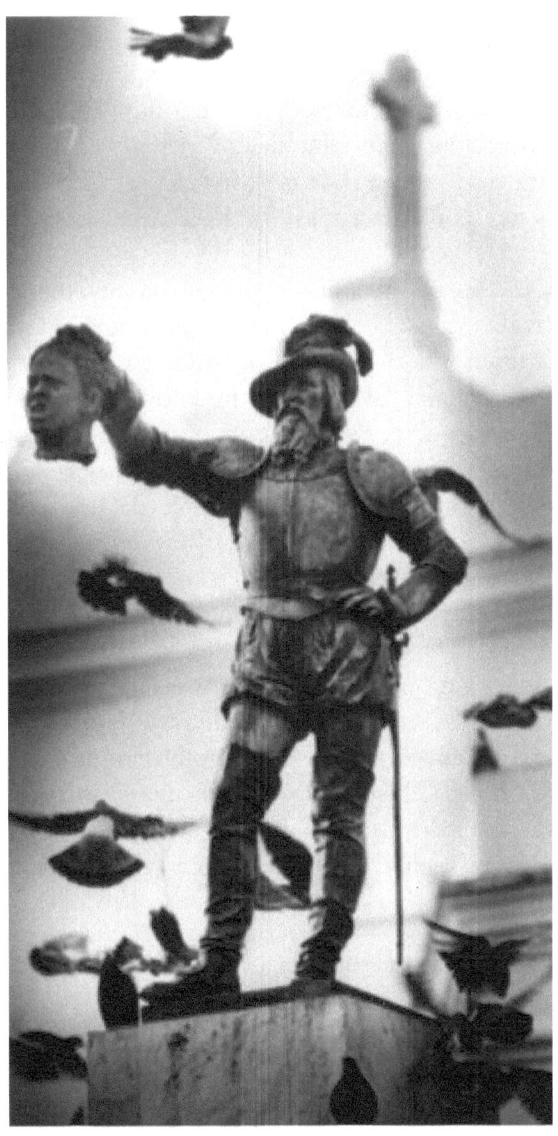

Recientemente han sido publicados en los medios locales varios artículos concernientes a la exaltación y *defensa* del "Altar de la Patria". Sus retóricas revelan, más que el orden imaginario de la fe católica, la voluntad política que la sostiene y la mueve a falsear la historia nacional a conveniencia. Por ejemplo, según Fray Mario A. Rodríguez León, la catedral metropolitana de San Juan Bautista de Puerto Rico -sede episcopal del primer obispo de América, Alonso Manso (1511-1539)- "...constituye sin lugar a dudas, por historia y tradición, la Casa Matriz de la puertorriqueñidad."[19] Omite el fraile que el obispo Manso fue un poderoso e influyente esclavista y que, bajo su jurisdicción, como inquisidor del reino católico-español, persiguió y quemó vivas a personas de su desagrado (herejes, *brujas*, sodomitas, etc.) -con base en las "sagradas escrituras" y las leyes del reino-.

En la misma edición de prensa, el reverendo Heriberto Martínez Rivera exalta la "contribución" de la Iglesia Católica en "el origen histórico de nuestra identidad puertorriqueña" e, irónicamente, condena "el desconocimiento e ignorancia de nuestra historia".[20] Acto seguido, *ilustra* su "origen histórico", con referencia a un suceso trivial de inicios del siglo XIX: la designación de Ramón Power Giralt como delegado a las Cortes de Cádiz. Durante los pasados meses, por intereses oportunistas entre la clase política regente y la Iglesia católica insular -más que por relevancia histórica y pertinencia política y social-, se interesaron en relocalizar la osamenta de Power en el "Altar de la Patria". Para efectos conmemorativos, montaron un costoso espectáculo fúnebre. La disputa con la reacción opositora de algunos anexionistas les sirvió de base para dramatizar sus alegadas motivaciones *patrióticas* y sacar de proporción un chisme de época disfrazándolo de interés nacional.[21] La realidad histórica de referencia, sin embargo, es muy diferente a la publicitada por los propagandistas actuales de la

---

19 En *Claridad*, 13 al 19 de junio de 2013.

20 Ídem.

21 La negativa del Vaticano a permitir curso a la iniciativa de su sucursal isleña pone de relieve otros asuntos críticos que no trataré en este escrito. Baste advertir que se trata de una corporación con cede y bajo autoridad exclusiva en un poder extranjero, que decide unilateralmente quién la representa y en qué términos. Queda en suspenso el carácter antidemocrático de la institución, su autoridad absoluta sobre sus representantes isleños y su potestad exclusiva sobre "sus" iglesias/propiedades privadas, exentas del pago de contribuciones al país...

Iglesia Católica isleña y sus promotores locales (incluidos los *historiadores* oficiales de Puerto Rico).

A principios del siglo XIX, al calor de una crisis de gobernabilidad generalizada en España[22] y la creciente desestabilización del control político en las colonias continentales americanas, a la par con la progresiva pérdida de territorios isleños en el Caribe, la metrópoli imperial española ordenó la elección de representantes de todas sus posesiones coloniales para consagrar sus dominios en todas las extensiones del reino, y refinar ajustes administrativos pertinentes y en función de sus intereses gerenciales (estratégico-políticos, militares y económicos). Para esos efectos, en 1809, fue *electo* el militar español Ramón Power y Giralt -hijo de una poderosa familia de hacendados esclavistas en Puerto Rico- como delegado a las Cortes en representación de los intereses de las clases privilegiadas en la Isla (gobernante, militar, eclesiástica y mercantil). Como era costumbre formal, toda gestión gubernamental estaba acompañada de un ritual religioso. Power fue investido como diputado oficial y bendecido por el obispo Alejo de Arizmendi. Como los demás delegados del resto de las posesiones coloniales en las Cortes de Cádiz, abogó a favor de la Corona española por recurso del mejoramiento de las condiciones mercantiles de las colonias, mayor inversión en la defensa militar y policial, y garantías de seguridad a los interese del señorío capitalista/esclavista "puertorriqueño". El acto, dos siglos después, sería descontextualizado y manipulado por los *historiadores* católicos, eclesiásticos y seculares afines, como *matriz* del *sentimiento patriótico* y *la* identidad nacional puertorriqueña.

El Gobierno de Puerto Rico[23] y sus historiadores oficiales[24] acogen sin reparos el valor simbólico (ideológico/político)

---

22 El monarca Fernando VII estaba preso en Bayona, y Francia mantenía ocupada gran parte de España. El emperador francés, por su parte, forzaba la adopción de sendas reformas constitucionales que, aunque suele omitirse en los textos históricos oficiales de Puerto Rico, empujó a la precaria clase gobernante española a modular las prácticas jurídico-políticas de su imperio en decadencia...

23 En expresiones públicas cubiertas en los medios noticiosos del país, el gobernador de Puerto Rico, Alejandro García Padilla, exaltó la figura de Power Giralt como "el primer prócer puertorriqueño". En comunicado oficial de la Fortaleza destaca el primer mandatario : "El retorno de Power y Giralt exalta el

adjudicado por la alta jerarquía católica en la Isla y aplauden que los "restos mortales" de Power sean relocalizados dentro de la catedral de San Juan. El Arzobispo Roberto González protagonizó la iniciativa a favor de su sepultura en el "Altar de la Patria", y el nacionalismo católico puertorriqueño lo celebró como consagración *patriótica* y "matriz" *histórica* de la "identidad nacional puertorriqueña". Entre líneas, independentistas, autonomistas y estadolibristas católicos *creen* ingenuamente que la exaltación de éste mito "patriótico" (y otros similares) sirve para refrenar la estadidad....

Más allá de los revuelos mediáticos inmediatos, este acontecimiento abre un espacio público para reflexionar con seriedad sobre las implicaciones de la injerencia de la Iglesia en la educación histórica de nuestro pueblo. Téngase en cuenta que hace más de cien años el comercio de Dios y demás supersticiones religiosas dejaron de ser privilegio exclusivo de la Iglesia católica-romana en la Isla. Desde entonces, dejó de ser religión oficial del Estado y, aunque todavía goza de favores entre las clases gobernantes, la Iglesia Católica está en crisis, y la decadencia de su poderío la empuja a buscar resguardo entre la feligresía más incauta en materia intelectual, política e histórica. Considérese, además, que la competencia en el gran mercado global de la Religión se libra entre cientos de denominaciones cristianas y a la par con la proliferación de nuevas y lucrativas religiones y *espiritualidades*, que progresivamente desbancan los dominios de la Iglesia tradicional y sus tradiciones, no menos que sus intereses económicos y privilegios políticos.

---

nacimiento de nuestra identidad, de nuestra puertorriqueñidad..." (http://www.fortaleza.pr.gov/node/49)

[24] En su libro *Puerto Rico: cinco siglos de historia*, Francisco A. Scarano reproduce este mito al pie de la letra. Tergiversa la designación de Power a las Cortes, las aspiraciones de la clase política insular y las ceremonias oficiales y demagogia de la alta jerarquía religiosa como expresiones de un inequívoco "sentimiento patriótico". Cita al Arzobispo Arizmendi como evidencia: "Todo lo que habéis prometido lo esperaba el pueblo y la isla entera de su buen hijo, cuyo espíritu católico, lleno de patriotismo y caridad, todos reconocemos." Omite el autor que la lealtad política con la metrópoli imperial española se refrendó incondicionalmente por todos los sectores inmiscuidos en este asunto, y que las alusiones retóricas al "pueblo" y al "sentimiento patriótico" sólo remitían a los intereses económicos de los más privilegiados en la Isla... El libro circula como texto formal en escuelas y universidades...

En este contexto, en el que la Iglesia Católica contiende por preservar su hegemonía, la demagogia *patriótica* es valorada como recurso de reconocida efectividad histórica e ideológica, y no escatima en usarla a conveniencia. Asimismo, el discurso de la *identidad nacional* opera como cualquier otra retórica publicitaria, en función de intereses institucionales y negocios afines. Ya sea por un cálculo oportunista o por genuina convicción, es en el marco histórico de su crisis de autoridad institucional, de competencia con otras denominaciones y religiones, y ante la progresiva deserción de su clientela habitual, que la alta jerarquía católica enarbola la bandera nacional, defiende la excarcelación de los prisioneros políticos, intermedia en las huelgas obreras y estudiantiles, y favorece la salida de la marina de guerra de Vieques, etc. Al mismo tiempo, fomenta el discrimen contra la población homosexual; repudia los derechos reproductivos de las mujeres; condena la educación sexual en las escuelas y la utilización de métodos anticonceptivos al margen de los daños sociales (embarazos no deseados, enfermedades de transmisión sexual, etc.); promueve la exclusividad del primitivo modelo de familia patriarcal en menoscabo de la compleja realidad de la vida familiar en Puerto Rico; fomenta la suplantación del conocimiento científico por supersticiones religiosas (como el mito del creacionismo); y propaga el condicionamiento psicológico de los creyentes a vivir una vida en estado paranoide, temerosos de la crueldad vengativa de un Dios, a fin de cuentas, imaginario...

A diferencia de las arcaicas doctrinas *morales* de la Iglesia Católica, las expresiones de solidaridad con las luchas y causas justas en Puerto Rico no tienen su origen en éstas, y atribuírselo es una farsa. Tampoco el *patriotismo* que las anima es una "virtud cristiana", como alegan los ideólogos de la Iglesia Católica. Sobre este tema, es pertinente considerar críticamente la estrecha relación entre la credulidad religiosa, el *sentimiento* patriótico y las manifestaciones más dramáticas de la violencia institucional del Estado[25], el

25 "...confiado en la decisión del Creador del mundo, animó a sus hombres a combatir heroicamente hasta la muerte por la Ley, el Templo, la ciudad, la patria y las instituciones..." (Macabeos (2) 13:14)

militarismo[26] y su finalidad por excelencia, la guerra.[27] Muy difícilmente encontraríamos a un soldado puertorriqueño que no fuese patriota y religioso al mismo tiempo. Lo que no le *convence* de una parte le *consuela* de otra…

Si bien la historia del "patriotismo" *puertorriqueño* está directamente vinculada a un particular *sentimiento* nacionalista, y adquiere un relativo sentido propio en el contexto de la condición colonial isleña, el *patriotismo* no es un valor que debe exaltarse incondicionalmente como algo *natural*, trascendental y *bueno* en sí mismo y en todo momento. Se trata de una categoría política que debe abordarse siempre dentro de su compleja dinámica histórica y con respecto a las relaciones de poder que combaten por apropiársela, significarla y usarla a su favor. No debe omitirse que adjudicarle una valoración romántica al *patriotismo* también ha degenerado históricamente en graves problemas psico-sociales, como las modalidades de la violencia xenofóbica al interior de la *Patria*; o como justificación de guerras imperialistas durante toda la era moderna[28]; y la manipulación ideológica de la ciudadanía en los más diversos regímenes de gobierno en todas las épocas.[29]

---

26 La glorificada ideología militarista es expresión de un sentimiento patriótico-religioso, efecto de un poderoso condicionamiento psicológico para la defensa armada de la tierra en que se nació, y la disposición a morir y matar "por ella".

27 "…se engrandecía cada vez más, porque el Señor, Dios de los ejércitos, estaba con él." (2 Samuel 5:10)

28 "…vete y haz la guerra a los pecadores, hasta acabar con ellos." (Samuel: 15:18) Los promotores y hacedores de guerras contra naciones musulmanas (Afganistán e Irak) -por ejemplo-, aunque animados de fondo por el control del mercado y la explotación de recursos naturales, todavía encomiendan sus actos a la providencia del Dios de la cristiandad, con base en los textos bíblicos e invariablemente por las administraciones de gobierno demócratas y republicanas en los Estados Unidos y naciones aliadas. Nadie se engañe: la Iglesia Católica de inicios del siglo XXI no ha vacilado en amoldar su retórica de "paz" a la realidad de sus debilidades institucionales, y la oposición contemporánea a "la guerra" es parte de su estrategia de sobrevivencia; y no representa un cambio sustancial o "evolutivo" en su ideario imperialista/universalista/absolutista, sino un reflejo de su relativa impotencia coyuntural en el contexto de su condición de crisis.

29 Dentro del marco de estas creencias bélicas, sobre las que se asienta el patriotismo eclesiástico, vale recordar la cristiandad católica de los regímenes fascistas europeos y la devoción católica de las dictaduras militares en las

A pesar de su relativa crisis de legitimidad, irónicamente, la Iglesia Católica todavía goza de prestigio sin par en América Latina. No obstante, en la actualidad, carece de fuerza política para concertar su proyecto de colonización ideológica a escala global y hacer valer sus chantajes originarios en todas partes y de una misma manera. Por eso no debe extrañar que insista en jugar un papel protagónico en la escritura de las historias nacionales, en la exaltación de su rol en acontecimientos que juzga favorables para sí y, a la vez, en la omisión calculada de todo cuanto estime inconveniente. Lo mismo vale para el escenario nacional puertorriqueño como para los demás países del planeta...

La práctica calculada de falsear, encubrir y manipular la historia nacional, sea a fines de restaurar la imagen publicitaria de la Iglesia y sus negocios de fe, o con el objetivo de reforzar la mitología *patriótica* para contener el anexionismo isleño, es un gran fraude en el que lo político y lo religioso congenian indiferenciadamente. Superada la enajenación insularista del nacionalismo católico isleño, esta "alianza" *táctica* es, a todas luces y más acá de su presumida finalidad estratégica, políticamente equivocada e insostenible moralmente.

Mirando sin tapujos retóricos ni remiendos demagógicos la historia colonial isleña, quizá el "patriotismo" *puertorriqueño* al que alude y se arroga maternidad la Iglesia Católica no sea una cualidad de la que debamos sentir orgullo o ante la cual resignarnos sino, cuando poco, indignación; y -al decir de nuestra poetiza nacional, Julia de Burgos- vergüenza y pena...

Por lo que resta y pueda valer, ámese la patria, pero sin altares ni banderas; y por amor y justicia, reinvéntese sin razas, sin exclusión de géneros y sin clases privilegiadas; sin acosos y fraudes religiosos ni gloria a los ejércitos; sin fronteras inhumanas ni prácticas y credos deshumanizantes...

Américas durante el siglo XX. Todos obtuvieron la bendición oficial, tácita o silente, de la Iglesia católica-romana.

Reforma policial: simulacro y realidad[30]

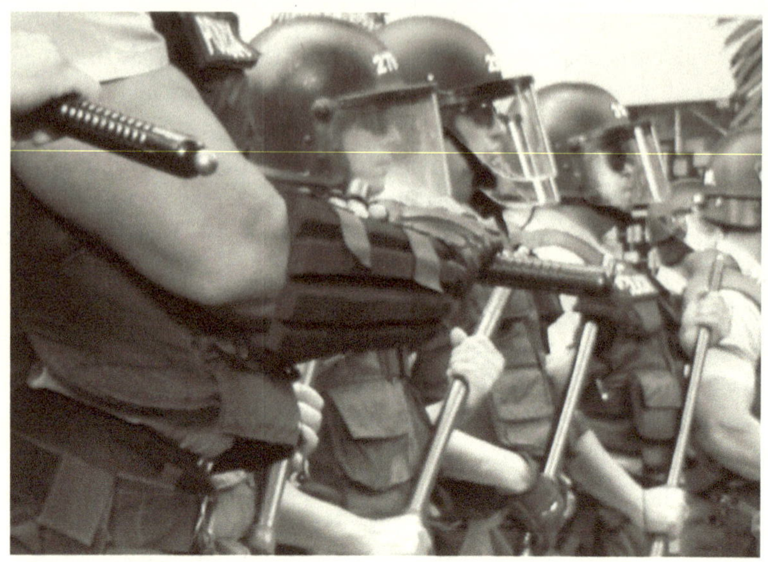

Investigadas, confirmadas y legitimadas por el Departamento de Justicia federal las acusaciones y demandas civiles por los "excesos de fuerza" y corrupción del cuerpo policial isleño[31], el Gobierno de Puerto Rico ha sido enjuiciado, responsabilizado y, consecuentemente, forzado judicialmente a *reconocerlas*, atenerse a la sentencia de culpa y cumplir la pena impuesta. Para efectos de evadir el pago de multas millonarias, el Gobierno insular se comprometió a "reformar" la Uniformada

[30] **"Reforma policial: simulacro y realidad"**, Revista *80 grados*, 2 de agosto de 2013. (http://www.80grados.net)

[31] En la demanda radicada por el Gobierno federal al Gobierno de Puerto Rico -según cita el New York Times- la investigación reveló que las autoridades han arrestado más de 1700 policías entre los años 2004 al 2008 por cargos de asesinato (ilegal killings), violaciones (rape) y narcotráfico. Durante el mismo periodo, más de 1500 querellas fueron sometidas contra los oficiales del orden público por uso injustificado de fuerza excesiva o brutalidad.

puertorriqueña[32] y adecuarla a los requerimientos establecidos por la Autoridad federal.[33] Dentro de este escenario, el Gobierno de Puerto Rico[34] se ha esforzado en minimizar y encubrir la vergüenza política que debe representarle la imposición unilateral del Gobierno federal, haciéndola aparecer en los medios informativos como si el proyecto de *reforma* se tratase de un convenio entre partes iguales, interesadas ambas en el mismo fin ideológico (restaurar la imagen de la Policía isleña y restituir la confianza de la ciudadanía) y práctico (hacer más efectiva la fuerza represiva del Estado). Aunque esta práctica de encubrimiento de la condición colonial, de subordinación política y jurídica, no es extraña en la historia de los gobiernos insulares, el saldo de la reforma policial -impuesta judicialmente por decreto federal o pactada bilateralmente- será el mismo de siempre: la ampliación y fortalecimiento del inmenso aparato represivo del Estado.

Al margen de la demagogia de ocasión, la reforma consiste en adecuar la fuerza policial a los requerimientos estatales de control social, dejando intactos los principios y entendidos tradicionales sobre los que se basa la existencia de la Uniformada. Es decir, se trata de operar cambios gerenciales en su orden interior sin trastocar sus objetivos históricos ni las premisas ideológicas en las que se asientan. Al montaje de la propaganda política o de la ilusión publicitaria de la reforma se han integrado la American Civil Liberties Union (ACLU) y el Colegio de Abogados de Puerto

---

[32] La Uniformada puertorriqueña consta de cerca de 17, 000 efectivos, y constituye el segundo cuerpo policial más numeroso entre todos los territorios/estados bajo la jurisdicción federal estadounidense.

[33] El gobernador Alejandro García Padilla firmó el proyecto de reforma o "decreto de consentimiento" y, aunque expresó su conformidad y entusiasmo, admitió que se trata de un pacto forzado por el tribunal federal y el gobierno estadounidense, representado por el Secretario de Justicia Eric Holder. De no cumplirse al pie de la letra los preceptos y disposiciones de la reforma el Gobierno insular estaría sujeto a severas penalidades impuestas por el Gobierno federal.

[34] Representado de manera protagónica en los medios informativos por el Secretario de Justicia, Luís Sánchez Betances, y el Superintendente de la Policía, Héctor Pesquera.

Rico[35]. Ambas organizaciones han expresado públicamente su conformidad con la reforma, tal y como ha sido diseñada y sin cuestionarla críticamente. Sus posturas le dan fuerza de legitimidad política y refuerzan su función ideológica, pero no aportan nada a garantizar el cumplimiento de la gran promesa de *reformar* la Policía dentro de las aspiraciones más trascendentales de los derechos y libertades civiles y humanas. Es predecible, pues, que cambiarán algunas formas institucionales pero en lo sustantivo el sistema policial permanecerá idéntico a como siempre ha sido, sus funciones y prácticas seguirán siendo las mismas y también sus principios y finalidades. La reforma anunciada es ilusoria y su celebración acrítica se perfila como signo de un gran fraude...

No obstante, las dramáticas causas reales (corrupción generalizada y excesos en el uso de la fuerza represiva o brutalidad) que dan sentido y pertinencia a la necesidad de una reforma policial representan, más que un dilema ético, un problema político a la ciudadanía; al menos desde un posicionamiento firme y consecuente a favor de los principios y derechos civiles/humanos en una sociedad que se presume democrática. Las expresiones públicas sobre la *reforma* prometida, sin embargo, tienden a tergiversar e invisibilizar el problema de fondo, e ignoran o manipulan las causales matrices del mismo. Además, la ciudadanía está convocada inexcusablemente a participar de su cuantioso financiamiento (entre 60 a 80 millones sólo los primeros dos años), a pesar de que todo apunta a que, en lo esencial, después de "la reforma" todo seguirá igual. Y es que, aunque podemos *coincidir* en la veracidad de las premisas generales en las que se engloba "el problema" (corrupción y brutalidad), las soluciones propuestas son equívocas, falsas y falseadas; y terminarán ampliando y reforzando el poderío represivo del Estado de Ley y no los derechos/libertades civiles y humanos.

---

[35] Aunque la presidenta del Colegio de Abogados de Puerto Rico, Ana Irma Rivera, ha expresado reservas críticas al entusiasmo idealista con que se acogió el plan de reforma, la organización no ha presentado públicamente fundamentos de un análisis profundo sobre el mismo. La reserva crítica se limita a advertir que el cuerpo policial estadounidense no está exento de las mismas acusaciones y cargos que se le han sometido a la Policía insular, y que, a todas cuentas, también está saturado de corrupciones y violaciones a los derechos civiles, racismo, discrimen y persecución por motivos políticos e ideológicos.

A raíz de las investigaciones federales, la Uniformada insular parece encabezar la lista de los cuerpos policiales más corruptos entre todas las jurisdicciones estadounidenses. Aunque quizá se trate de una exageración, que sea cierto es una posibilidad y no debe extrañar a nadie. Las expresiones públicas de los principales voceros policiales en la Isla, desde la alta jerarquía del Gobierno hasta los *sindicatos* de policías admiten la sentencia de culpabilidad, aunque cada sector de interés guarda reservas por la severidad de las imputaciones y sus efectos perjudiciales para la imagen general de la Policía de Puerto Rico. La histórica condena ciudadana a la brutalidad policiaca ha tomado un giro (in)esperado, y la *reforma* se convierte en un eufemismo político para asignar una inmensa partida del erario público al cuerpo represivo del Estado. A todas cuentas, según los representantes oficiales, el problema de fondo es eminentemente económico, y las manifestaciones de corrupción y brutalidad son consecuencias (in)directas de la precariedad económica de la Uniformada isleña. Es decir, que de asignárseles aumentos salariales y proveerles más sofisticados equipos tecnológicos y armamentos, romperían menos cabezas; apalearían a menos ciudadanos; apuntarían con mayor precisión sus disparos; arrestarían sin fabricar casos y allanarían residencias sin omitir el protocolo reglamentario; minimizarían las hostilidades y disminuirían las agresiones; atenderían las querellas civiles con diligencia y prestarían debida atención a las investigaciones criminales...

En fin, que la posibilidad de *civilizar* la conducta de la Policía en la Isla tiene un precio negociable dentro del proyecto de reforma, y está condicionada a que se pague su demanda en dinero. Esta lógica no expresa su conciencia de clase trabajadora, ni se trata de un reclamo de justicia salarial y mejores condiciones laborales. Por el contrario, expresan con nitidez los signos de su corrupción; la inmoralidad y mezquindad de su gerencia en conjunto; y la ignorancia e ingenuidad de sus promotores. Esta realidad no es nueva, y tiene su historia...

El carácter represor de los cuerpos policiales en los estados democráticos modernos no es cualitativamente diferente al de los estados antiguos o regímenes autoritarios contemporáneos, al menos en lo que respecta a sus fines y objetivos matrices. Todo Estado de Ley se arroga para sí el monopolio de la violencia "legítima" y da forma precisa, ordena e institucionaliza las fuerzas represivas que posibilitan su existencia, preservación y desenvolvimiento. La violencia represiva es parte sustancial de sus historias, y la brutalidad policiaca se registra invariablemente en el curso de su devenir histórico, aquí como en cualquier parte del mundo. Así como las instituciones militares, el entramado de ramificaciones policiales siempre ha sido parte integral del poder de control social de todo Estado de Ley, independientemente de los modos de producción, variantes ideológicas y regímenes de Gobierno. El sistema jurídico/penal lo centraliza, administra y regula sus prácticas. Asimismo, lo modula y adecúa (reforma) puntualmente para enmendar sus fallas y hacerlo más eficaz y efectivo. La reforma, en este contexto, se revela como un simulacro político con el fin de aparentar atender la demanda civilizatoria de la ciudadanía. El ciudadano-contribuyente sigue financiando la Uniformada, equipándola y armándola con la ilusión de que invierte en su propia seguridad, pero ignorando que los agentes del "orden público" son garantes de la Ley antes que de sus vidas...

Todavía en el siglo XXI las sociedades *democráticas* no conciben la posibilidad de existencia de un Estado de Ley que pueda prescindir de su primitiva maquinaria represiva, y por lo general glorifican a *sus* ejércitos, vanaglorian las ilusiones de seguridad general que se procuran de sus cuerpos policiales y enaltecen sin miramientos incisivos el poder represor de su arcaico sistema de *Justicia*, basado en la ejecución de castigos y venganzas judiciales (multas, encarcelamiento, "rehabilitación" forzada y pena de muerte). Aunque formalmente las constituciones democráticas, arraigadas en los principios y derechos políticos (civiles/humanos), delimitan las prácticas del *derecho-poder* estatal a la violencia represiva, la realidad cotidiana en la que se materializan dista de sus pretensiones y, de hecho, contradice sus ilusiones.

Sin exterioridad posible al orden de sus dominios, los del Estado de Ley, en la actualidad inmediata asistimos a un proceso normal de *reforma* del cuerpo represivo de la Policía, con énfasis en una estratagema simulacional trazada con dos objetivos ideológicos afines: apaciguar la animosidad de la ciudadanía e ilusionarla con la promesa de que, en realidad, opera un cambio cualitativo. Efecto de la presión federal, una millonaria inversión de capital estatal -proveniente de las *contribuciones* ciudadanas en la Isla- la va a financiar. Adviértase el (des)engaño: las numerosas quejas de la ciudadanía y las consecuentes demandas legales no se van a traducir en una metamorfosis radical del cuerpo/objeto de la reforma.

La gran promesa de reforma pactada con el Gobierno federal para evadir las penalidades fiscales por los casos de corrupción y brutalidad policiaca se reduce a la confección de "nuevos" manuales *reguladores* del poder de la violencia física/represiva de la Uniformada; a la extensión de cursos *académicos* para "profesionalizar" a la Policía y "mejorar" las relaciones entre los policías y la ciudadanía; y a la *supervisión* estricta y registro formal ("mecanización") de los modos y prácticas en las que se concretiza el derecho de la fuerza bruta en el ejercicio de su poderío o "cumplimiento del deber".

Más acá de la crítica a la retórica del discurso reformista, el objeto de intervención policial, trátese de un sujeto criminal o de una manifestación de protesta, sigue siendo el mismo. Al margen de las marcadas diferencias, ambos están sujetos a la estigmatización arbitraria de la autoridad policial bajo el signo de "peligroso" (sospechoso, insubordinado, delincuente, subversivo, criminal, etc.) y eso basta para *justificar* el empleo de la fuerza bruta y los *deslices* de corrupción, ya para "someter a la obediencia"; contener "disturbios" multitudinarios o aplacar protestas ciudadanas; espiar o acosar *sospechosos*; allanar propiedades y residencias vecinales (i)legalmente o con base en prejuicios de clase o discrimen étnico; así como en función de objetivos políticos calculados para amedrentar a ciudadanos particulares o comunidades *identificadas* como de "alto riesgo".

El problema central no es la falta de supervisión oficial o la carencia educativa de los policías, como alegan los promotores y propagandistas de la reforma. El problema medular es mucho más complejo, pero no difícil de entender: la Autoridad policial ordena acatar sus mandamientos, en el cumplimiento de la Ley y del Orden; y su encargo es, a las buenas o a las malas, hacerlos valer. Así ha sido y así seguirá siendo, por lo que puede preverse…

Algunas opciones a considerar

El discurso de la reforma está saturado de imposturas oficiales, de falseamientos sobre su alcance real y sobre la alegada deseabilidad consensuada de sus objetivos. Los numerosos casos denunciados en los tribunales, las críticas de influyentes sectores sociales y la dramática exposición mediática han incidido en el modo como se representa la pertinencia de la reforma. Aparentemente, ya no se trata de adecuar las condiciones de trabajo de la Policía a las habituales y crecientes exigencias de la guerra contra "la criminalidad" sino, además, de *civilizar* a sus componentes, de contener sus hostilidades y de aminorar el ejercicio de sus agresividades. El principio *civilizador* de la reforma es valedero de manera generalizada a todas las unidades policiales, pero no todas cumplen las mismas funciones y es preciso considerar seriamente sus diferencias al momento de enjuiciarlas. Pero, indistintamente de éstas, no deben admitirse excusas o racionalizaciones exculpatorias de las agresiones verbales y/o físicas a las que cotidianamente se exponen los ciudadanos intervenidos. Es en el marco de su cotidianidad operacional donde se confunde o tergiversa frecuentemente el sentido de la *seguridad* (protección y servicio) reivindicada como derecho civil con las obsesiones de control de la autoridad estatal encargada de garantizarla...

Aunque las demandas por "exceso de fuerza" no se limitan a la Unidad de Operaciones Tácticas (fuerza de choque), este cuerpo ocupa centralidad entre las querellas que justifican la reforma. Esta unidad policial tiene la función de contener disturbios o reyertas públicas tanto como suprimir la presencia de los ciudadanos partícipes en los contextos huelgarios o manifestaciones de protesta. Es preciso tener en cuenta que estos efectivos policiales no actúan por iniciativa propia sino que acatan órdenes directas de sus superiores. Las decisiones de éstos, a la vez, responden directamente al alto mando en la jerarquía policial, y su inmediato y máximo responsable es el Superintendente. No obstante, las directrices de arremeter contra la ciudadanía también están sujetas a consideraciones de índole política, y en ocasiones cuentan con el mandato directo o consentimiento tácito del primer ejecutivo del país. Las violencias desmedidas han sido exhibidas con toda crudeza en los medios informativos y la impresión generalizada es que, dada la orden, actúan sin la menor consideración sobre la vida humana, apaleando indiscriminadamente, lanzando gases lacrimógenos y disparando municiones de goma sólida, tan mortales como las balas de metal y pólvora. Las hostilidades y agresividades son efectos directos de la disciplina policial y no de la falta de educación o de sentido ético de los uniformados. Incluso cuando se observan conductas de violencia excesiva en sus rostros y movimientos corporales no debemos creer que se trate de disfunciones emocionales o desórdenes mentales de los sujetos/policías particulares. Aunque es muy posible hacerlos encajar en categorías psiquiátricas, el problema principal no reside en los individuos hostiles/agresores del cuerpo policial sino en las condiciones de presión a las que son expuestos por sus superiores, y, a la vez, a la naturaleza bélica/coercitiva/represiva de su "profesión".

A pesar de que es común escuchar en los testimonios de sus víctimas el carácter sádico y cruel de los policías agresores, no debemos engañarnos por las apariencias. Aún cuando se hacen notar en sus gestos y expresiones un cierto goce y satisfacción psicológica previa, durante y después de arremeter contra la ciudadanía, no es la falta de tratamiento a problemas de salud mental o desórdenes de personalidad en la Uniformada lo que posibilita la reincidencia de sus crímenes y violencias. Advertida la condición de inmutabilidad de la función represora del cuerpo policial y la resistencia expresa al cambio sustancial de sus objetivos habituales, aunque la estigmatización psiquiátrica no hará la diferencia, tal vez no sea mala idea recetarles medicamentos tranquilizantes (ansiolíticos, represores de estrés) en lugar de las drogas estimulantes que consumen normalmente. En principio, esto controlaría sus estados de ánimo y aminoraría la impulsividad y exabruptos recurrentes en el ejercicio de sus oficios represores. Pero, nuevamente, no resolvería de raíz el problema de la brutalidad y la corrupción.

Tampoco resolvería el asunto someterlos por orden judicial a terapias de *rehabilitación* moral como se somete a cualquier delincuente. Y es que la fuerza de choque, como el resto de las divisiones policiales, responde disciplinadamente a su encargo institucional, formal y prescrito en las leyes y reglamentos oficiales. La *educación* (instrucción/entrenamiento) en la Academia de la Policía los programa para desensibilizarse ante el dolor ajeno, a solidarizarse incondicionalmente entre sus pares y a competir por destacarse en sus funciones laborales. El entrenamiento institucional los forma como máquinas no-pensantes, predispuestas psicológicamente a acatar órdenes al margen de sus implicaciones o consecuencias, como cualquier soldado en el ámbito militar. Recuérdese: los armamentos (escudos, cascos, armadura, macanas, armas de fuego, etc.) no los llevan para lucirlos e intimidar sino, además, para agredir y dañar a los seres humanos que crucen a su paso en desacato a sus mandamientos…

Dentro de este cuadro, cuando se habla de "brutalidad policiaca" no debe culparse exclusivamente al sujeto/policía como individuo. Y aún cuando pudiera probarse fuera de toda duda razonable que se trata de un sujeto desajustado emocionalmente, de una personalidad violenta y tendente a incurrir en conductas crueles e inhumanas, el problema de fondo sigue siendo el sistema que los recluta y entrena, sus entendidos y objetivos. Por eso, no importa cuántos sean procesados judicialmente y castigados (multados, encarcelados, desarmados en definitiva o expulsados de sus oficios), siempre-siempre seguirán aconteciendo episodios de violencia extrema cuando la orden oficial sea, precisamente, controlar al sujeto o a la muchedumbre por recurso de la fuerza bruta y la represión armada. Esta es la gran paradoja que imposibilita la reforma y que, no sólo augura su fracaso sino, además, revela su carácter simulacional y fraudulento…

Intacto el cuadro general en que se inscribe y se concretiza, la reforma actual es un simulacro de cambio; un ajuste cosmético que opera, en esencia, para fortalecer el aparato represivo del Estado de Ley y no para salvaguardar los derechos democráticos de la ciudadanía. Nada apunta a contradecir lo señalado. Así las cosas, pienso que una muestra de buena fe por parte del Gobierno para aminorar las condiciones que, por la naturaleza bélica/represiva del cuerpo policial, degeneran en violencia "excesiva", sería el desmantelamiento de la Unidad de Operaciones Tácticas (fuerza de choque). Quizá, con el presupuesto ahorrado pueda sufragar alguna partida de la mentada reforma e invertir en una educación superior de calidad para los miembros del cuerpo desbandado. Quizá, en vez de perder el tiempo en hostigar y apalear estudiantes y trabajadores en huelga o reprimir manifestaciones de protesta o fiestas callejeras, éstos pudieran optar por ingresar a la Universidad y hacerse de un título profesional y de utilidad social. Quizá, dada la impotencia del Estado para reclutarlos entre su fuerza laboral, algunos tengan que acompañarnos en las filas del desempleo, y hasta sumarse a las multitudes que antes agredían para reclamar justicias y derechos…

A fin de cuentas, la conservación dogmática y continuo agigantamiento de la maquinaria represiva del Estado no resuelve los problemas que le aquejan sino que los agrava, si no en lo inmediato seguramente a largo plazo. Además, las aspiraciones democratizantes de la sociedad puertorriqueña contradicen la lógica en que se engloba el actual proyecto de reforma, principalmente porque la consolidación prevista del cuerpo policial isleño no responde a necesidades reales sino a una realidad fabricada para hacer creer que sí lo hace. La fórmula no es difícil de comprender: a mayor incremento en la potencia represiva del Estado le es correlato directo el aminoramiento progresivo de las garantías de seguridad y protección de los derechos y libertades de la ciudadanía.

En un país donde el Estado invierte más capital y recursos en sus policías que en sus maestros no basta conformarse con una promesa reformista. Precisa, en su lugar, desengañarse y asumir una posición crítica, esperanzadora y revolucionaria; salvar la idea de que es posible hacer la diferencia y crear las condiciones psíquicas y materiales para habitar la existencia en la Isla sin miedo y desconfianza en los funcionarios públicos de la Ley, la Seguridad y el Orden. No es más dinero, armamentos, tecnologías ni mañas publicitarias lo que hace falta, sino un compromiso genuino con la justicia social, y la voluntad política e integridad ética para convertirlo en hechos concretos…

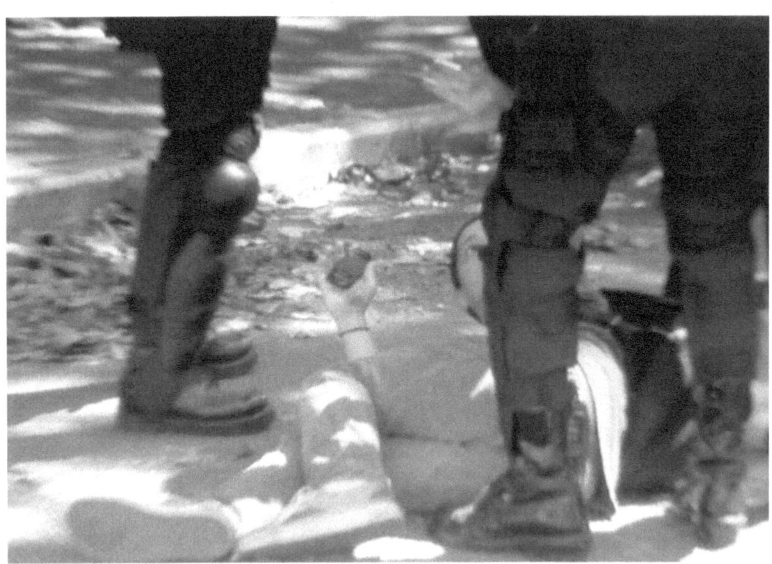

Misoginia y Religión[36]

"Yo no permito que la mujer enseñe
ni que ejerza autoridad sobre el hombre,
sino que permanezca callada."
1 Timoteo 2:12

Advertía un pensador atento: "...quien puede inducirte a creer cosas absurdas también puede hacerte cometer atrocidades." Y nada más cargado de absurdos que las credulidades religiosas, fuerzas motrices de infinidad de acciones atroces contra la humanidad. Las inmolaciones de terroristas fundamentalistas son ejemplos históricos dramáticos, pero la credulidad religiosa predispone actitudes y comportamientos inhumanos en todas las dimensiones de la vida social cotidiana. Desde tiempos remotos, la mujer ha sido protagónica entre sus víctimas...

La psiquis dominante en la antigüedad, la credulidad religiosa y el orden imperial de la Ley, estuvieron arraigados en la creencia en la superioridad natural/divina del hombre y la inferioridad de la mujer. Desde la adopción de la cristiandad por el imperio romano, las culturas jurídicas occidentales reprodujeron preceptos bíblicos de carácter misógino, fusionando las leyes civiles con las creencias religiosas imperantes. Un sentimiento de repulsión hacia la mujer predominó en los textos literarios y filosóficos, legales y religiosos. El legado misógino de la cristiandad marcó la vida social de las civilizaciones occidentales, subordinando a la mujer al dominio del hombre y, consecuentemente, predisponiendo condiciones psico-sociales motoras de las violencias de género en nuestros tiempos. La Biblia legitima prácticas de sumisión (in)voluntaria y exclusión discriminatoria de la mujer, en el ámbito doméstico y en la vida política y social: "Yo no permito que la mujer enseñe ni que ejerza autoridad sobre el hombre, sino que permanezca callada."

El sentido literal de los textos bíblicos permanece inalterado y conserva su fuerza de subyugación ideológica. La primitiva voluntad de dominio misógino que gobernó la credulidad religiosa en el pasado sobrevive aún, aunque las autoridades que la celan omitan su lectura en los altares. Calculada la selección de textos

---

[36] **"Misoginia y religiones"**, *El Nuevo Día*, sábado, 10 de agosto de 2013.

leídos en misas y cultos, las autoridades religiosas estiman contraproducentes los que pudieran incitar dudas, irreverencias y confrontaciones. No creo que se atrevan leer a viva voz: "Vuestras mujeres callen en las congregaciones; porque no les es permitido hablar, sino que estén sujetas, como lo dice la Ley." (1 Corintios 14:34) El origen misógino de las religiones judeocristianas sobrevive en el mito de la condena de Dios: "Con dolor parirás a tus hijos y tu deseo te arrastrará a tu marido, que te dominará." (Génesis 3:16) Todavía algunas devotas recitan fragmentos bíblicos para justificar e incluso ensalzar su propia condición subordinada: "Las mujeres, sean sumisas a su marido como si fuese el Señor; porque el marido es cabeza de la mujer..." (Efesios 5:22) Esta creencia es matriz psicológica de consentimiento a las violencias domésticas, de tolerancia a maltratos verbales como de resignación a ser agredida físicamente.

Para los judeocristianos el autor de la Biblia es Dios, y el hombre (no-mujer), instrumento de su voluntad, enunciada con rango de autoridad infalible. La autoridad de la fe es despótica y no admite juicios valorativos o juegos interpretativos. Por el contrario, los condena severamente, a pesar de que el desarrollo de las ciencias y los derechos humanos desafían y desmienten los preceptos bíblicos.

A fines del siglo XX se consideró un proyecto legislativo para declarar un "Día de la Biblia", porque el pueblo puertorriqueño "reconoce la importancia de las Escrituras como un modelo de valores y conducta humana." Aunque no prosperó, el fervor religioso siguió acrecentándose y las primitivas doctrinas bíblicas aún fundamentan partes sustanciales de los códigos legales del siglo XXI.

En vistas públicas para revisar el código penal, el Arzobispo de San Juan presentó la posición de la Iglesia Católica y su misión de reivindicar "nuestra identidad" como "pueblo profundamente judeocristiano": "Queremos alertar a nuestra legislatura para que de ningún modo alteren la definición de familia inscrita en la conciencia antropológica de la humanidad desde su origen." Omite el prelado que el supuesto modelo *originario* de familia patriarcal, ordenado con arreglo a la voluntad de Dios, inscrito en la "conciencia antropológica de la humanidad" y que debe regir las leyes civiles, está saturado de incoherencias e inconsistencias morales; de crímenes y locuras. No son conductas civilizadas ni modelos a emular –por ejemplo- las familias formadas con mujeres raptadas y poseídas como botines de guerra. Tampoco el "derecho natural" del padre a disponer sobre el destino *amoroso* de sus hijas, y hacerlas objeto de negocios a conveniencia: "…dadnos vuestras hijas y tomad las nuestras para vosotros." (Génesis 34:9) La moral judeocristiana es vengativa e invoca como derecho natural/divino el asesinato de sus transgresores. La condena por adulterio (infidelidad o fornicación) es de muerte (Levítico 20:10); y si la mujer "ha quedado encinta a causa de las fornicaciones (…) sea quemada." (Génesis 38:24) Igualmente, el acto sexual practicado previo al matrimonio es condenado a muerte: "Mas si resultare ser verdad que no se halló virginidad en la joven (…) la apedrearán los hombres hasta que muera…" (Deuteronomio 22:13-21)

La invocación de la Biblia como referente privilegiado de autoridad moral es un acto temerario e irresponsable. La Biblia es también modelo de conductas perversas y violentas, crueles e inhumanas. Durante siglos –por ejemplo- la cristiandad persiguió, atormentó y ejecutó a mujeres estigmatizadas como brujas, aunque su existencia era imaginaria. Todavía la reducción de la mujer a una función reproductiva se materializa en controles legales sobre sus cuerpos, en la condena como pecado mortal del derecho al aborto y el estigma de la terminación clínica del embarazo como acto criminal. El recién fenecido evangelista Yiye Ávila inculcó estos valores/prejuicios misóginos entre su fanaticada; el gobernador decretó dos días de duelo y el presidente del Senado encomió su trayectoria "evangelizadora". La clase política dominante ignora las implicaciones corrosivas de la credulidad religiosa. La creencia en absurdos sigue siendo matriz de atrocidades…

Siria y el espectro de la guerra[37]

"Mankind must put an end to war
before war puts an end to mankind."
John. F. Kennedy

"But we are the United States of America…
Out of the ashes of world war,
we built an international order
and enforced the rules that gave it meaning."
Barack Obama (2013)

Las contiendas históricas entre las naciones de Medio Oriente por el control hegemónico de la región son confusas para el común de las sociedades occidentales, y las motivaciones que animan sus conflictos internos, así como sus alianzas coyunturales o enfrentamientos con las potencias occidentales, son sumamente complejas y nos presentan serias dificultades para comprenderlas sin lugar a dudas. Cada nación tiene su propia historia, saturada de falseamientos oportunistas por sus clases gobernantes o tergiversadas por sus detractores internos así como manipuladas para favorecer las posiciones e intereses de adversarios extranjeros. Si bien los medios de comunicación e información masiva a escala global han posibilitado la descentralización de los controles estatales sobre la información que circula el mundo, también son fuentes que generan confusión, distorsionan la realidad y la manipulan con fines ideológicos y políticos de dudosa valía para la humanidad. Las justificaciones de la guerra, en cualquiera de sus modalidades, acentúan la pertinencia de la sospecha. Las guerras siguen librándose en los territorios concretos y con medios convencionales, con armas mortales y fuerzas humanas reales. No obstante, una parte sustancial de las guerras se libra en un espacio más abstracto y maleable: el de los medios de información. Los contendientes suben a la escena mediática y dan continuidad a la

---

[37] Este escrito es parte de la ponencia **"Historia y causas del conflicto bélico en Siria"**, presentada en el foro *Mirada a Siria desde Puerto Rico*, en el Departamento de Estado de Puerto Rico, San Juan, miércoles, 4 de septiembre de 2013. Una versión editada aparece bajo el título: **"Mirada ética al delirio guerrerista"**, *El Nuevo Día,* sábado, 7 de septiembre de 2013. La versión extensa: **"Siria y el espectro de la guerra"**, Revista *80 grados*, martes, 10 de septiembre de 2013. (http://www.80grados.net)

guerra y sus causas con poderosas armas ideológicas; discursos y retóricas; videos y fotografías; informes veraces y mentiras.

La guerra sigue siendo el negocio más lucrativo del mundo, y el terrorismo su modalidad convencional en todas sus variantes. La industria armamentista a escala global ha invertido sustancialmente en el desarrollo de conocimientos científicos y tecnologías que viabilizan la efectividad de sus productos y hacen más rentable el negocio de la guerra para sus poseedores y beneficiarios. Las armas de destrucción masiva son accesibles en el mercado tradicional, y su comercio está regulado legalmente por ciertos estados nacionales y legitimado para uso exclusivo de sus fuerzas armadas. Pero la clientela se ha diversificado de manera incontenible, dentro y fuera de las leyes nacionales e internacionales. Es un hecho evidente que en la región del Oriente Medio se ha acrecentado la demanda armamentista y han proliferado los competidores por la tenencia de armas nucleares y químicas de nuevo cuño. Las principales potencias inversionistas, sin embargo, siguen siendo las mismas desde la Segunda Guerra Mundial. Para efectos de preservar la supremacía militar y mantener el control hegemónico sobre todas las naciones del planeta, han convenido imponer estrictas regulaciones sobre sus usuarios y severas penalidades a los violadores de sus términos. El Convenio sobre Prohibición de Armas Químicas y la resolución 1540 del Consejo de Seguridad de la ONU son los referentes jurídicos internacionales que restringen la tenencia y usos de esta modalidad de armas de destrucción masiva.

La amenaza de guerras con armas bio-químicas no se limita a los conflictos bélicos entre países soberanos sino que, además, forman parte del arsenal de algunos gobiernos para contener los brotes de violencia interior que atenten contra la estabilidad y preservación de sus dominios. En principio, estos regímenes no vacilarían en hacer uso de agentes tóxicos para exterminar a los ciudadanos que le opongan resistencia armada. Pero sus efectos no distinguen entre insurrectos y el resto de la población civil. Lo mismo sucede a la inversa. Las fuerzas de oposición armada al interior de los estados nacionales también tienen acceso al mercado de armas bio-químicas; y tampoco vacilarían en hacer uso de ellas sin reparo sobre las víctimas "colaterales".

Las racionalidades guerreristas han fabricado una diferencia artificial entre las armas de destrucción masiva convencionales y las *nuevas* armas químicas, pero es una distinción basada en una doble moral que no afecta sus negocios sino que, por el contario, los hace más lucrativos. Los fines de las armas, para sus usuarios, son invariablemente los mismos: matar...

- El caso de armas químicas en Siria: dilema sobre la credibilidad de la "evidencia"

A principios de 2013, el gobierno sirio denunció en foros internacionales la utilización de armamento químico por las fuerzas insurgentes bajo su jurisdicción nacional. Según alega el régimen de Assad, se trató de "bandas terroristas que buscan derrocar al gobierno constitucional de la República Árabe de Siria", sumida en una guerra "civil" desde 2011. Según varias fuentes de la prensa internacional, Assad expresó ante el Consejo de Seguridad y al Secretario General de la ONU "su seria preocupación por la impunidad con la que algunos estados abastecen de armas químicas a los mercenarios que atacan a la población civil." Previamente ya había advertido su inquietud por el trasiego de armas ilegales y armamentos prohibidos por leyes internacionales en el territorio sirio, y las repercusiones de su acceso a mercenarios extranjeros y afiliados a la red terrorista de Al-Qaeda y otros organismos del extremismo islámico. La exigencia a la comunidad internacional fue ignorada de manera aplastante, y los opositores del régimen de gobierno sirio continuaron recibiendo apoyo financiero, militar, logístico, político y mediático de los gobiernos de la región (Turquía, Qatar, Arabia Saudita e Israel) y de las potencias occidentales (Estados Unidos, Gran Bretaña y Francia, principalmente). La "evidencia" presentada para sustentar la acusación del uso de armas químicas por las fuerzas mercenarias fue similar a la que recientemente usan las potencias extranjeras enemigas para justificar las acusaciones contra el régimen sirio por los mimos cargos: videos circulados en internet.

Basado en el mismo referente jurídico-internacional, el presidente estadounidense acusó al régimen sirio de usar armas químicas contra la población civil. Según alega, los informes de inteligencia/espionaje de los Estados Unidos y sus principales aliados en la región (Israel, Jordania y Arabia Saudí) "evidencian" que el régimen del presidente sirio es responsable del ataque con armas químicas reportado el 21 de agosto en una zona de la capital, en Damasco. Cerca de millar y medio de civiles fueron expuestos a gases letales (gas sarín). No obstante, otras fuentes investigativas e informes de toxicólogos de la ONU han expresado serias reservas sobre la alegada "evidencia" que sustenta la acusación contra el gobierno sirio y justifica la amenaza de bombardeo como represalia. Todavía las investigaciones de la ONU no han sido reveladas y los "estudios" de la *inteligencia* estadounidense son vagos en materia científica e inverosímiles con relación a los cargos acusatorios.

La credibilidad de las acusaciones se debilita aún más ante la negativa del gobierno estadounidense de difundir las supuestas pruebas que vinculan al gobierno de Assad con la masacre del 21 de agosto. Ante este escenario de encubrimiento y sospechas de falseamiento de "pruebas", debemos guardar cautela y suspicacia; cuestionar la credibilidad de las pruebas presentadas (videos circulados en internet) así como la autoridad científica-profesional de sus investigadores. La demanda para que sea revelada toda la información "clasificada" sigue siendo objeto de reiterada negativa por parte del gobierno estadounidense.

Simultáneamente, convergen en los medios informativos versiones disímiles sobre la naturaleza del conflicto en Siria y serias reservas sobre la inminencia del ataque militar estadounidense. Fuentes de crédito apuntan la posibilidad de que los ataques con armas químicas en Damasco fueron realizados por grupos de rebeldes-mercenarios opositores al gobierno de Siria y no por sus funcionarios militares. En numerosos medios ha subido la noticia de que "rebeldes" -entrevistados por periodistas internacionales- se adjudicaron autoría de los ataques químicos y testificaron que las armas químicas fueron provistas por el gobierno de Arabia Saudita, aliado de Estados Unidos. El suceso de Damasco, al parecer, pudo tratarse de un accidente ocasionado por la ignorancia sobre el manejo de armas químicas por parte de "rebeldes" inexpertos. Mientras otras autoridades "indepen-dientes" consideran esta posibilidad, portavoces del Ejército Libre de Siria lo niegan.

Injertada la guerra en el escenario mediático, ambos polos disputan la ficha de la opinión pública internacional; las pruebas provistas por la *inteligencia* estadounidense no solo son insuficientes y parcas sino que, además, han sido puestas en entredicho la credibilidad de sus propias fuentes. La ansiedad se hace patente en las expresiones del secretario de Estado, John Kerry, que rellena las lagunas de información con una retórica inflamatoria y patéticamente demonizadora: "Bashar al-Assad ahora se une a la lista de Adolf Hitler y Saddam Hussein, que usaron armas químicas durante la guerra."

El saldo, hasta el momento, es similar al que precedió la orden de invasión de Irak en 2003, justificada por las pruebas de la *inteligencia* estadounidense sobre arsenales de armamentos de destrucción masiva que se probaron inexistentes. Una guerra que se prolongó por casi diez años sobre una farsa diseñada por estrategas y propagandistas guerreristas; encubierta por la misma demagogia patriótica y la retórica de "seguridad nacional" e interés "humanitario" de los Estados Unidos y sus aliados. La alegada "evidencia" sigue siendo argumentativa y especulativa, y no existe prueba a ciencia cierta de la relación del gobierno sirio con la masacre de Damasco. Inquiriendo como lo haría un estratega político, ¿cuál podría haber sido el objetivo de semejante atrocidad? ¿cuáles pueden haber sido las motivaciones políticas o el cálculo militar que sustenten la productividad táctica de una masacre de ciudadanos civiles? La posibilidad de tratarse de un error por efecto de la ignorancia de algunos insurgentes tiene mayor peso racional que la acusación que pesa contra el gobierno sirio, que bien conoce las repercusiones que tal acto criminal tendría en la opinión pública internacional y las severas penalidades que conlleva, de acuerdo a los tratados jurídicos de la ONU. ¿Qué interés puede tener el gobierno sirio para exponerse al enjuiciamiento de la humanidad y al castigo designado para tal acto criminal? ¿Por qué el presidente de los Estados Unidos actúa unilateralmente, al margen del Consejo de Seguridad de la ONU y sin apoyo de los gobiernos aliados? ¿Por qué la insistencia de Israel en que se ejecute la represalia militar aún sin pruebas suficientes? Y aún si se probara que el gobierno sirio es responsable del cargo criminal adjudicado, ¿acaso se justifica el bombardeo previsto como represalia legítima? ¿Qué se resolvería finalmente? ¿Quién se beneficiaría realmente?

La realidad: objeto de manipulación/guerra mediática

Las razones de fondo así como las consecuencias inmediatas de un ataque militar a Siria son objeto de especulación e imposturas permanentes entre las partes involucradas, y no existe modo alguno de disipar en términos absolutos el clima de incertidumbre generalizada. Ninguna fuente oficial o medio alternativo provee información objetiva e infalible sobre las motivaciones (políticas, militares y económicas) que subyacen la iniciativa guerrerista estadounidense, ni pueden pronosticar a ciencia cierta sus posibles repercusiones. Debe admitirse que no disponemos de otros recursos informativos que los publicados en las redes mediáticas, y que estos, por lo general, son insuficientes, ambiguos y confusos; contradictorios y parcializados.

No podemos menos que convenir que las declaraciones públicas de las máximas autoridades del gobierno federal estadounidense carecen de credibilidad en varios puntos sensibles:

- la justificación unilateral de un ataque militar inminente, anunciado como única respuesta legítima al caso criminal levantado contra el régimen de gobierno sirio;

- la negativa explícita a reconocer cualquier iniciativa diplomática o alternativa política de intermediarios internacionales afines a los objetivos que, en primera instancia, deberían fundamentar la agresión armada como represalia justa y necesaria;

- la naturaleza falaz e ilusoria de los objetivos estratégicos que supuestamente se garantizarían mediante la embestida militar propuesta: a saber, que los bombardeos sobre los blancos determinados serviría de disuasivo efectivo al uso de armas químicas y, a la vez, tendría un efecto intimidatorio en las naciones enemigas o grupos terroristas;

- las imposturas relativas a las motivaciones belicistas, como la aseveración de tratarse de un problema de "seguridad nacional" y de una acción legítima de "protección" a la humanidad en general;

-los engaños relativos a las posibles repercusiones, como provocar una guerra a gran escala.

La experiencia histórica nos fuerza a considerar todas las fuentes informativas de las que dispongamos, ponerlas en duda crítica y cernir bajo sospecha incisiva su credibilidad. Poseemos los conocimientos necesarios para imaginar con seriedad las posibles ramificaciones de un ataque militar contra Siria. De una parte, es previsible el recrudecimiento de las violencias bélicas al interior del país intervenido, agravadas por las condiciones propias de la guerra civil. Las propias milicias "rebeldes" al régimen promueven el ataque en su país, con la ilusión de minimizar su potencia militar y adelantar su causa para derrocarlo. Simultáneamente podrían desencadenarse ataques paralelos de las fuerzas armadas iraníes sobre objetivos militares estadounidenses en la región, o aprovecharse de las condiciones para bombardear directamente a Israel, principal aliado de los Estados Unidos, promotor incondicional del ataque a Siria y adversario mortal en la milenaria contienda por el control militar, político, económico y religioso de la región.

El objetivo principal del ataque a Siria fue anunciado con el fin explícito de castigar y amedrentar a su gobierno por uso de armas químicas, y también intimidar a los gobiernos que ostentan armas nucleares, principalmente a Irán y Corea del Norte. A las potencias vengadoras y guerreristas no les interesa contribuir al desenlace civilizado de la guerra civil en Siria. Saben que la agresión militar no va a tener un efecto "pacificador" sino todo lo contrario. La violencia combatida con violencia genera más violencia y no a la inversa. Los beneficiarios inmediatos son los comerciantes de armas y equipos bélicos, para quienes la guerra es su más lucrativo negocio.

Al mismo tiempo, las poderosas milicias de extremistas islámicos que participan contra el régimen de gobierno secular sirio tendrían mayores probabilidades de concretizar su proyecto de exterminio masivo de "infieles", como ha sucedido con la minoría étnica kurda en la frontera con Turquía. Así, como hasta ahora, después del bombardeo los Estados Unidos y las monarquías árabes continuarían financiando cédulas mercenarias de Al Qaeda para derrocar a al-Assad, pero no para estabilizar políticamente el país o por intereses democratizantes o humanitarios. La experiencia de Irak y de Afganistán demuestra contundentemente que la guerra no resuelve ningún problema sino que lo agrava y lo complica aún más. El terrorismo islámico ya no tiene cabeza, pero no dejan de rodar y volar cabezas por él. La sed de sangre del Estado sionista de Israel sólo echa más leña al fuego. El dominio sobre Irán sigue siendo el principal objetivo estratégico y para adelantarlo les es preciso desmantelar a su principal socio en la región: Siria.

Qué hacer: ética y política ante el discurso guerrerista

Es una responsabilidad ética inexcusable en las sociedades democráticas que la ciudadanía procure informarse debidamente antes de asumir posturas sobre temas sensibles y de graves repercusiones como son los conflictos armados en cualquier parte del mundo. La tarea de discernir sobre la credibilidad, veracidad o falsedad de la información es una tarea difícil en sí misma, por las consideraciones mencionadas y por las dinámicas propias al flujo incontenible de información. La inmensa diversidad de perspectivas nutren de contradicciones y contrasentidos la realidad, pero esta condición no debe desanimarnos. Es preciso posicionarnos con honestidad intelectual e integridad ética, y asumir una actitud radicalmente crítica y reflexiva ante la información publicada en los medios tradicionales, oficiales o alternativos. Pero no para diluirnos en elucubraciones teóricas, distraernos o eludir la responsabilidad de asumir postura sobre los asuntos que nos conciernen directa o indirectamente, como ciudadanos y como seres humanos.

El tema de la guerra es un asunto que nos concierne a todos, en todo momento y sin reservas por las distancias geográficas, las diferencias culturales o nuestra propia ignorancia y desinterés sobre el tema. La ignorancia no es un derecho ni la ingenuidad una virtud. Hoy nos convocan a dar un voto de confianza incondicional para atacar militarmente a Siria, un país lejano y del que desconocemos los trajines más profundos de su existencia. Es nuestro deber pensar por nosotros mismos, informarnos y actuar de acuerdo a nuestras propias convicciones morales y políticas. Sería bochornoso tomar carta en el asunto por presiones ajenas, por comodidad, temor o complicidad sin miramientos sobre las consecuencias previsibles de otra guerra. Así aunque *nuestros* soldados no pongan pie sobre la nación atacada, como ha prometido el primer mandatario estadounidense, comandante en jefe de las fuerzas armadas y premio Nobel de la Paz, Barack Obama.

No nos prestemos a los juegos demagógicos de los engañadores; ni a las presiones de los guerreristas imperiales; ni a la gula occidental por el petróleo; ni a los intereses de la industria armamentista; ni a las artimañas de extremistas islámicos... A todas estas fuerzas inhumanas y deshumanizantes, que privilegian la crueldad, la violencia y la guerra sobre la diplomacia política y la vida humana, digámosle con firmeza y determinación: ¡No en mi nombre! ¡No con mi complicidad! ¡No con mi silencio!

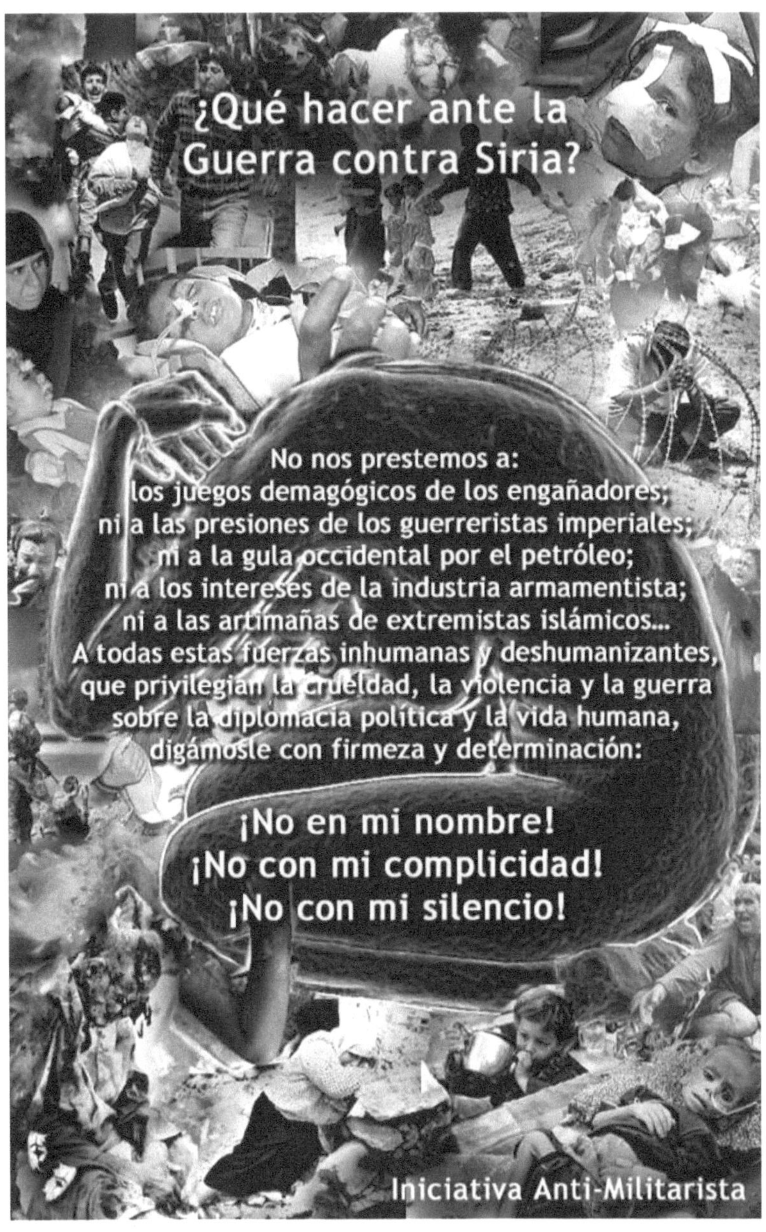

El imaginario prohibicionista y la despenalización de la Marihuana[38]

Hace casi diez años publiqué un libro, *El espectro criminal*[39], en el que abordé desde una perspectiva interdisciplinaria las problemáticas relativas a la ideología prohibicionista y los excesos del derecho penal. Esta obra la inicié mientras completaba estudios doctorales en España, dando continuidad a un proyecto intelectual mucho más abarcador y complejo, iniciado varios años antes.[40] Me animaba el deseo de contribuir a los esfuerzos a nivel local e internacional por desmitificar el fenómeno histórico, político y social de la guerra contra las drogas ilegalizadas y alertar sobre las consecuencias psicosociales de la criminalización de sus usuarios. Quise traer a la atención general otra dimensión del "problema" de las drogas, desde una perspectiva más sensible ante la vida humana, más considerada sobre la compleja naturaleza de la vida social, y acorde con los principios jurídico-políticos de los derechos civiles y humanos; en contraste con los discursos oficiales que opacaban e imposibilitaban acercarnos al tema sin temor a represalias y acosos.

Los objetivos que tracé no han variado en lo absoluto, a saber: confrontar los prejuicios culturales sobre los que se asienta la ideología prohibicionista y animar cambios sustanciales en las mentalidades represivas que la celan, la preservan y la perpetúan. Los requerimientos esenciales de esta ambiciosa empresa siguen siendo los mimos: honestidad intelectual, integridad ética y voluntad política. Las conclusiones a las que llegué hace más de diez años también siguen siendo las mismas. He dictado conferencias en

---

[38] Adaptación de la ponencia presentada a la Comisión de lo Jurídico, Seguridad y Veteranos, del Senado de Puerto Rico, para las vistas públicas sobre el P. del S. 517; lunes, 11 de noviembre de 2013. Publicado en Revista *80 grados*, viernes, 10 de octubre de 2013. (http://www.80grados.net) Una versión acotada bajo el título "Despenalizar la marihuana", en *El Nuevo Día*, sábado, 7 de diciembre de 2013.

[39] Sued, Gazir; *El espectro criminal: reflexiones teóricas, éticas y políticas sobre la imaginería prohibicionista, las alternativas despenalizadoras y el Derecho en el Estado de Ley*; Editorial *La Grieta*, San Juan, 2004.

[40] Sued, Gazir; *Violencias de Ley: reflexiones sobre el imaginario jurídico-penal moderno y el derecho estatal a castigar*, Editorial *La Grieta*, San Juan, 2001.

universidades y publicado numerosos artículos en los principales medios de información del país, reiterando las denuncias al fracasado proyecto prohibicionista y a la mentalidad represiva que lo anima; promoviendo una mirada alternativa, bien informada y de sesgo humanista a favor de la despenalización. Las leyes van a cambiar paulatinamente, en la medida en que sus hacedores, promotores y celadores, se den cuenta de sus errores y tomen conciencia de sus horrores. Aunque los cambios se materialicen a cuenta gotas, tengo fe en que las irracionalidades del prohibicionismo alguna vez serán cosa del pasado, y acaso objeto de burla y de vergüenza colectiva...

Lamentablemente, la condición colonial ha entorpecido el libre flujo de ideas y discusiones en la Isla. Hemos sido testigos de la fuerza intimidatoria que ha ejercido el gobierno federal estadounidense durante los últimos cuarenta años. Hasta hace relativamente poco tiempo parecía inútil tratar de discutir con seriedad y profundidad este asunto, al menos fuera de algunos circuitos académicos y de ciudadanos activistas de los derechos democráticos, que por lo general se limitaban a protestar las ejecutorias clasistas, elitistas y discriminatorias de la política de mano dura, pero sin entrar de lleno al fenómeno histórico que la posibilitaba: la prohibición. La clase política dominante en el país siempre jugó un papel segundón y por décadas predominó una actitud irreflexiva sobre el tema.

Pero el panorama político ha cambiado y hoy se nos presenta un escenario diferente. El gobierno federal ha autorizado a todas las jurisdicciones bajo su dominio a tratar el asunto de la despenalización de la marihuana de manera autónoma, y cada estado o territorio tiene la potestad jurídica de enmendar sus propias leyes y ajustarlas en acorde a su propio entendimiento. Por primera vez en la historia de la prohibición en Puerto Rico el cuerpo legislativo se abre a una discusión honesta sobre el tema, y el gobernador insular, aunque ha expresado reservas, la avala públicamente. Queda en nosotros asumir la responsabilidad "delegada" y procurar cambios sensibles en las leyes insulares, enmendar sus errores y amoldarlas racionalmente a las demandas ciudadanas de justicia social y respeto a los derechos civiles de nuestro tiempo.

El proyecto de ley 517 es pertinente en este contexto, donde ignorancias y supersticiones todavía fundamentan gran parte de nuestros códigos legales. La viabilidad de este proyecto está condicionada a que reconozcamos la poderosa injerencia y complicidad de los sectores beneficiarios de la prohibición, dentro y fuera de la ley.

La oposición más sonada no va a contar con representación formal en vistas públicas o en los medios informativos, y debemos conformarnos con intuirla. Se trata de los grandes intereses económicos de los narcotraficantes, para quienes el negocio resulta lucrativo precisamente por su ilegalidad. Pero otros sectores de gran influencia en la política pública y que sí tienen voz en foros públicos hacen el juego indirectamente al narcotráfico, y se procuran beneficios económicos de la prohibición y la estigmatización criminal de la ciudadanía usuaria. Destaca la gula lucrativa de un poderoso sector de la industria farmacéutica, sus comerciantes y distribuidores, entre los que se distinguen algunos médicos y psiquiatras, que han expresado oposición al proyecto por temor a perder una parte sustancial de su clientela. Otro poderoso sector que opone resistencia a la despenalización es el de los mercaderes de ilusiones de seguridad; proveedores de tecnologías, armamentos y personal para combatir en una guerra en alzada contra un enemigo imaginario, desentendidos de sus víctimas reales. Pero al margen de la mezquindad de los intereses lucrativos que gravitan en torno a la prohibición, la principal fuerza opositora sigue siendo la ignorancia.

La ignorancia produce efectos narcóticos similares a los delirios de la fe religiosa. Cuando ambos registros se combinan y echan raíces profundas en la psiquis humana pueden degenerar en desórdenes mentales con dramáticas consecuencias sociales. La obsesión prohibicionista de la marihuana es ejemplar al respecto, particularmente cuando se proyecta en conductas antisociales, paranoides y neuróticas. En la dimensión cultural, esta relación simbiótica entre la ignorancia y la fe religiosa se traduce en prácticas de violencia estigmatizadora y hostigamiento psicológico. En la dimensión cultural, esta relación simbiótica entre la ignorancia y la fe religiosa se traduce en prácticas de violencia estigmatizadora y hostigamiento psicológico. En la dimensión jurídico-penal se agrava la situación de sus víctimas, despreciándose institucionalmente la singularidad existencial del ciudadano, consumidor o comerciante.

Los fundamentalistas religiosos creen que la despenalización contradice a Dios (1 Corintios 6:19-20[41]) y militan contra los derechos civiles a favor de los despotismos de su fe. La clase política isleña que comulga con sus credos y padece los mismos trastornos psicológicos, distorsiona la realidad e imagina males donde no los hay. Los argumentos de algunos "profesionales" de la salud, políticos y funcionarios de Gobierno que defienden la prohibición, están viciados por creencias religiosas; tergiversan la información que circula el mundo; manipulan datos estadísticos; sacan de proporción el alegado problema y exageran la relativa nocividad de sus efectos. Pero, además de considerar las raíces psicológicas de sus prejuicios e imposturas, vale advertir los intereses lucrativos de los beneficiarios de la prohibición y, asimismo, sospechar posibles vínculos con el crimen organizado, en el bajo mundo como dentro del protectorado de la ley.

Sabemos que la prohibición -y no el consumo de drogas prohibidas- es matriz de numerosos crímenes y violencias relacionadas al mundo de las drogas. Sin embargo, la propaganda prohibicionista es engañosa. Sus promotores saben que la prohibición favorece al narcotráfico y que potencia corrupciones en niveles sensibles de la vida social y los gobiernos que la administran. Además, es pretexto fraudulento para agigantar el aparato represivo del Estado, drenar al erario público y justificar prácticas invasivas de la vida privada y la intimidad. La legislación prohibicionista desconoce -o aparenta desconocer- su propia historia, los principios básicos de la psicología humana y los factores culturales del consumo de drogas. Este desconocimiento aparente, sostenido con experimentaciones fraudulentas o "evidencia científica" falseada, sigue siendo el fundamento prohibicionista y criminalizador de la ciudadanía usuaria.

Breve historia de la prohibición de la marihuana

La prohibición de la marihuana en los Estados Unidos tiene raíces en la mentalidad que dominó la política pública del gobierno

[41] "¿O ignoráis que vuestro cuerpo es templo del Espíritu Santo, (el cual está) en vosotros, el cual tenéis de Dios, y que no sois vuestros? Porque comprados sois por (gran) precio; glorificad, pues, (y traed) a Dios en vuestro cuerpo y en vuestro espíritu, los cuales son de Dios." (1 Corintios 6:19-20)

federal durante la prohibición del alcohol en los años 30. Esta mentalidad no se asentaba en conocimientos fácticos sobre la marihuana sino en creencias falsas e imposturas, inducidas por una moralidad puritana y de sesgo racista y xenofóbico. Para finales de los años 60, un amplio sector de la comunidad médica estadounidense ya había sido embaucado ideológicamente por la propaganda criminalizadora del discurso prohibicionista. En 1967, la *American Medical Association* sometió un informe que vinculaba la incidencia delictiva y el auge de conductas antisociales al uso de marihuana entre las poblaciones más empobrecidas de la nación, principalmente entre negros y puertorriqueños.[42]

Entrada la década de los 70 dominaba la falsa creencia en que la marihuana era una droga adictiva, que deterioraba la personalidad del usuario y que, además, degeneraba progresivamente en severos trastornos psiquiátricos, inducía a conducta criminal y a prácticas sexuales desenfrenadas. Ante este dramático escenario y con el fin de contener sus embates imaginarios se legisló la prohibición tal y como hoy la conocemos. Los efectos de la campaña de "educación" demonizadora de la marihuana se hizo extensiva a Puerto Rico en 1971, con la aprobación de la ley núm.4 (ley de sustancias controladas)

A pesar de la potencia represora e intimidante de la prohibición, durante el último tercio del siglo XX ya se clamaba por tratar el tema con sensatez y se denunciaba la falta de cordura de los promotores de la prohibición y la mano dura. Desde los años 60 se denunciaba que el mayor riesgo que enfrentaba un usuario de marihuana no era ocasionado por la marihuana sino por el sistema legal de la prohibición, que lo estigmatizaba como criminal y/o desajustado emocional; lo perseguía, arrestaba y encarcelaba, sometiendo al penado a crueles daños psicológicos, económicos y sociales. Desde entonces los usuarios de marihuana han sido sometidos a los tormentos psicológicos de la estigmatización criminal y psiquiátrica, a la traumática experiencia carcelaria y sus consecuentes ramificaciones sobre la vida del penado, afectando su reputación, sus relaciones familiares, académicas, laborales, y violentando los principios más elementales de su dignidad como ser humano.

---

[42] Según cita Greenspoon, Lester M.D.; *Marihuana Reconsidered*; Harvard University Press; Massachusetts, 1971; p.327.

Durante las décadas subsiguientes el gobierno federal e insular hicieron caso omiso al hecho de que los efectos psicoactivos de la marihuana varían de persona en persona, y ningún estudio proveía datos fehacientes sobre su alegada nocividad y mucho menos sobre la supuesta peligrosidad social de sus usuarios. Previo a la instauración del régimen prohibicionista existían estudios que contrastaban con el discurso oficial y de moda entre los promotores de la prohibición. Antes de formalizarse la legislación prohibicionista ya se sabía que los efectos de la marihuana, como los de cualquier otra droga psicoactiva, varían de acuerdo a los rasgos de personalidad de cada usuario, a sus características fisiológicas y al mismo tiempo están condicionados por complejos factores sociales. Aunque no era posible generalizar un diagnóstico absoluto sobre los efectos de la marihuana, desde la década de los 70 se ha repetido persistentemente la misma gran farsa ideológica; las agencias de gobierno la han coreado irreflexivamente, e incurrido en costosísimas prácticas represivas para lidiar con un problema criminal imaginario; y la ciudadanía ha financiado sus millonarias campañas propagandísticas, con efectos sociales desensibilizadores y embrutecedores. Al mismo tiempo, muchos profesionales de la salud se han procurado beneficios económicos personales para tratar enfermedades inexistentes. Sus pacientes son referidos por un sistema de justicia que priva de la libertad a los ciudadanos y los sentencia a someterse a programas de "rehabilitación" para tratar una adicción que también es inexistente. El confinamiento carcelario y la imposición de tratamientos psiquiátricos o programas de "rehabilitación" a los usuarios de marihuana son negocios fraudulentos, perjudiciales para su "clientela" e inservibles y gravosos para la sociedad escamotada...

Es de conocimiento general que una misma persona puede fumar marihuana recreativamente y provocar sobre sí diversas sensaciones anímicas y fisiológicas que varían de acuerdo a las condiciones de uso, la dosis, la calidad de la droga, el estado emocional de la persona, sus motivaciones, etc. La campaña prohibicionista, sin embargo, se ha caracterizado por encubrir e ignorar sistemáticamente los factores psicológicos y sociales que inciden de manera diferenciada en cada individuo y que sobredeterminan los efectos psicoactivos del uso de marihuana. La omisión voluntaria de estas variables en el discurso oficial de la prohibición acentúa la sospecha sobre las motivaciones de sus custodios y promotores. De hecho, ningún estudio científico serio -desde la sociología y la psiquiatría a la experimentación psicofarmacológica- puede afirmar de manera categórica que la marihuana afecta de un mismo modo a todos sus consumidores. Sacar de contexto casos aislados e ignorar la complejidad propia de cada existencia singular no sólo contradice los principios éticos y metodológicos de la investigación científica, sino que los suplanta por prejuicios morales o mezquindades personales disfrazadas de ciencia.[43]

A pesar de las reiteradas imposturas que conforman el imaginario prohibicionista y sus campañas publicitarias, no existe registro de casos de violencia asociados directamente al consumo de marihuana. En su lugar, priman las especulaciones viciadas por el discurso prohibicionista, los prejuicios anclados en la ignorancia sobre el tema y los temores irracionales promovidos por su propaganda.

Argumentar que la mayor parte de la población confinada en la Isla ha usado la droga alguna vez no valida la racionalidad prohibicionista. Primeramente, porque la mayor parte de la población usuaria no está ni ha sido confinada, y obviamente excede su valor de ejemplaridad. No existe relación de causalidad entre el uso de la marihuana y la conducta delictiva. El grueso de consumidores de marihuana son personas normales y respetuosas de la ley... aunque evidentemente no de sus excesos, irracionalidades y abusos. Usar testimonios de drogadictos o ex-adictos para refrendar los mitos de la marihuana es una táctica sucia de la propaganda prohibicionista, y exhibe la frivolidad e ignorancia de sus promotores, no la realidad empírica sobre los efectos de la droga.

A la misma conclusión podemos llegar con respecto a la ficción ideológica montada por algunos médicos y psiquiatras que alegan que el uso de marihuana degenera invariablemente en

---

43 No obstante, incluso se ha generalizado a la especie humana los informes de experimentaciones fraudulentas en animales. La obsesión por criminalizar la marihuana tiene por epítome ejemplar la sádica y cruel experimentación invasiva con primates rhesus, como los que se siguen usando en Puerto Rico: para "demostrar" la alegada nocividad fatal de la marihuana, los "científicos" forzaron a los rhesus a inhalar la droga de manera constante hasta intoxicarlos por sobre dosis y matarlos por asfixia. Años más tarde se reveló que fue la falta de oxígeno la causa de muerte cerebral y no alguna propiedad de la marihuana.

desórdenes de personalidad, psicosis o daño cerebral. El conocimiento científico sobre la etiología de estas enfermedades o condiciones médico-psiquiátricas desmiente que la marihuana sea su principal causa o detonante. Aunque existe un extenso registro de pacientes diagnosticados con trastornos psiquiátricos o encausados por conductas criminales que han sido usuarios de marihuana, sus casos no pueden generalizarse mecánicamente a toda la población usuaria. Hacerlo es una impostura intelectual y una falta a la ética profesional que se asemeja, más bien, al cálculo maquiavélico de los estafadores...

El discurso de la prohibición refrenda y reproduce estos falsos entendidos. La repetición perseverante de los mismos argumentos no puede interpretarse como fundamento de su validez, sino como síntoma de una epidemia de ignorancia generalizada.

Marihuana: demolición de un peligro ilusorio

Pese a todo, la despenalización del consumo de marihuana en la Isla será un hecho en un futuro previsible. Ya se ha demostrado que la propaganda prohibicionista está basada en la especulación, ocultación y manipulación del lenguaje científico y de datos experimentales y estadísticos. Ya se ha demostrado que la marihuana se prohibió para mitigar un problema imaginario, y que no existe relación causal entre su consumo y la criminalidad o la locura. Ya se ha demostrado que, aunque se trata de un "delito sin víctima", afecta vidas singulares y propicia una cultura de engaños y prejuicios, maltrato y discrimen injustificado. Ya se ha demostrado que la criminalización de sus usuarios ha dejado un saldo inestimable de daños psico/sociales, y que la prohibición potencia las condiciones de la violencia criminal, incluyendo la corrupción de funcionarios públicos, judiciales y policiales, así como prácticas de fraude y usura entre profesionales de la salud (médicos, psiquiatras, psicólogos y trabajadores sociales, entre otros)

Ya se ha demostrado que la propaganda mediática de la "guerra contra las drogas" está inspirada, ha sido reciclada y continúa imitando la mentalidad demonizadora de los años 30 en los Estados Unidos; ha contribuido al falseamiento sobre los efectos reales de la marihuana; a la estigmatización prejuiciada e irracional de sus usuarios; y ha promovido la ignorancia como principio de la política pública sobre narcóticos en la Isla. Ya se ha demostrado, en fin, que la ley prohibicionista es contraproducente al bienestar social, a la salud mental y a la dignidad de los usuarios, así como a la seguridad ciudadana en general.

Ya han sido desmentidas las retóricas que criminalizan el consumo de marihuana y demonizan a sus usuarios como "peligrosos" a la sociedad. Ya se ha demostrado que no existe registro sobre actos de violencia relacionados a usos recreativos; que ni siquiera se trata de una droga adictiva, y que sus posibles efectos nocivos a la salud no se equiparan a los de las drogas legales y de consumo generalizado.

Sabemos que el uso recreativo de la marihuana no causa trastornos psiquiátricos ni induce a conducta criminal, y aunque puedan existir casos excepcionales, no representan un problema significativo a escala social. Tampoco el uso de drogas es un problema de la sociedad moderna, de la alegada decadencia de valores o de una suerte de perturbada moralidad, como insisten los fundamentalistas religiosos. El uso de drogas, legales e ilegales, es un derecho de cada persona singular, un derecho sobre sí misma y para sí. Este es el fundamento jurídico de la despenalización, y el Estado debe protegerlo y no entrometerse indebidamente...

Recomendaciones preliminares y alternativas

Puesta en su justa perspectiva, a la luz de la experiencia histórica y del inmenso caudal de conocimientos de los que disponemos, la marihuana debe despenalizarse sin más pretextos y dilaciones. No debemos seguir tolerando los daños que ocasiona el modelo prohibicionista al individuo y a la sociedad. En este contexto, aquí y ahora, debemos superar las tentaciones demagógicas de los promotores y beneficiarios de la prohibición. No hacen falta más "estudios", que a la postre terminarán drenando al erario público y repitiendo lo que ya todos sabemos: que la política prohibicionista ha fracasado, no sólo porque ha sido inefectiva su estrategia represivo-punitiva sino, además, porque carece de fundamentos racionales y es contraproducente a la sociedad en conjunto.

No obstante, si al final de estas vistas se derrota el proyecto 517 y se impone la creencia en que es "necesario" invertir recursos en "nuevos estudios", adviértase que entre líneas se está reconociendo la inefectividad del modelo prohibicionista y admitiéndose la posibilidad de estar equivocados; que la ley ha sido perjudicial y que sus fundamentos habían sido falseados desde sus inicios. Lo que no sería admisible sería retener intacto el modelo prohibicionista y su enfoque represivo-punitivo durante el tiempo en que se realicen dichos "estudios". En tal caso, anticipo al cuerpo legislativo varias enmiendas para su consideración:

- Que se establezca un periodo de amnistía general y/o moratoria, de un mínimo de diez años, en que se despenalice el uso de la marihuana y, si se estima pertinente, se establezcan regulaciones legales racionales, similares a las que rigen sobre los usos del alcohol y el tabaco.

- Que se reconozca el poder discrecional a la autoridad médica para prescribir marihuana con fines clínicos, y que su potestad al respecto quede sujeta dentro del marco de regulaciones aplicables a cualquier otra droga o tratamiento de enfermedades o condiciones de salud.

- Ante los evidentes o sospechados esquemas de fraude de los beneficiarios de la prohibición: que se establezca una comisión interdisciplinaria, quizá bajo autoridad del Departamento de Salud, que fiscalice críticamente los diagnósticos médico-psiquiátricos que establecen relación de causalidad entre el uso de la marihuana y los trastornos psicológicos de sus pacientes. Justifico la intervención estatal en el negocio público o privado de la salud mental, principalmente porque muchos casos han sido referidos o forzados a programas de "rehabilitación" por virtud del poder de la ley prohibicionista y la autoridad discrecional de los jueces, y no guardan relación alguna con las propiedades de la droga. Es decir, el juez que dicta sentencia e impone la pena dispuesta por ley, tácitamente diagnostica como enfermo al confinado por posesión de marihuana, y los profesionales de la "rehabilitación" se lucran de ello...

- Que durante la amnistía general o moratoria se desencarcele incondicionalmente a la población confinada o sometida a rehabilitación por sentencia judicial por uso o posesión de marihuana. Desempolvemos el antiguo principio de justicia que reza que es preferible tener cien delincuentes en libertad que un solo hombre o mujer encarcelado injustamente.

- Que se devuelvan las ayudas económicas a los estudiantes afectado por cargos relacionados a la tenencia de marihuana y, en caso de haber sido expulsados, sean matriculados nuevamente y no se deje constancia de cargos por conducta delictiva en su expediente académico, policial, judicial o laboral.

-Indistintamente de las suertes del proyecto en ciernes, urge concertar a nivel nacional una campaña educativa honesta y bien informada, crítica y desmitificadora, que contrarreste la absurda propaganda de la "guerra contra las drogas" y desmantele, desde sus cimientos, la ideología imperante del modelo prohibicionista, sus prejuicios y temores irracionales.

Iniciativa pedagógica por la despenalización

Cónsono a los cambios en las políticas prohibicionistas a nivel internacional y a los movimientos estadounidenses por la despenalización y la legalización de la marihuana, el P. del S. 517 abona a que en Puerto Rico se atienda con madurez política el asunto. Insisto: la clase política debe abstenerse de sacar de proporción los *males* relativos a las drogas ilegales, en gran medida imaginados y/o repetidos sin estudiar o pensar profundamente sobre el tema y sus implicaciones.

Con el fin de contrarrestar la propaganda prohibicionista y paliar sus embates irracionales y embrutecedores, pienso que es pertinente proveer material didáctico, información objetiva y herramientas intelectuales a la ciudadanía, para que pueda asumir una posición responsable y crítica sobre el tema en ciernes. A tales efectos y para contribuir a una formación educativa que fomente la comprensión sensible sobre los efectos psicosociales de la prohibición en Puerto Rico, digitalicé una antología de mis investigaciones, conferencias y publicaciones bajo el título *El espectro criminal*; y las obsequié íntegras a *nuestro* cuerpo legislativo, representantes de la Cámara y del Senado, así como a la alta jerarquía del Gobierno insular, incluyendo al Gobernador, a los secretarios de Estado, de Salud y Educación, al superintendente de la Policía y a los jueces del Tribunal Supremo, entre otros. Pueden leerlo en sus aparatos electrónicos y tienen autorización expresa del autor para imprimirlo y reproducirlo a discreción, compartirlo entre quienes estimen pertinente y socializar los conocimientos que comparto sin traba alguna.

Si vamos a hacer la diferencia, la ignorancia y la desidia intelectual no pueden prevalecer sobre nuestras responsabilidades ciudadanas. Debemos procurar instruirnos y estar bien informados para tomar decisiones sabias y pertinentes, para superar prejuicios, rectificar equivocaciones y no repetir los errores del pasado. La clave para hacerlo: honestidad intelectual, integridad ética, voluntad política y un genuino deseo de saber. La ignorancia no es un derecho.

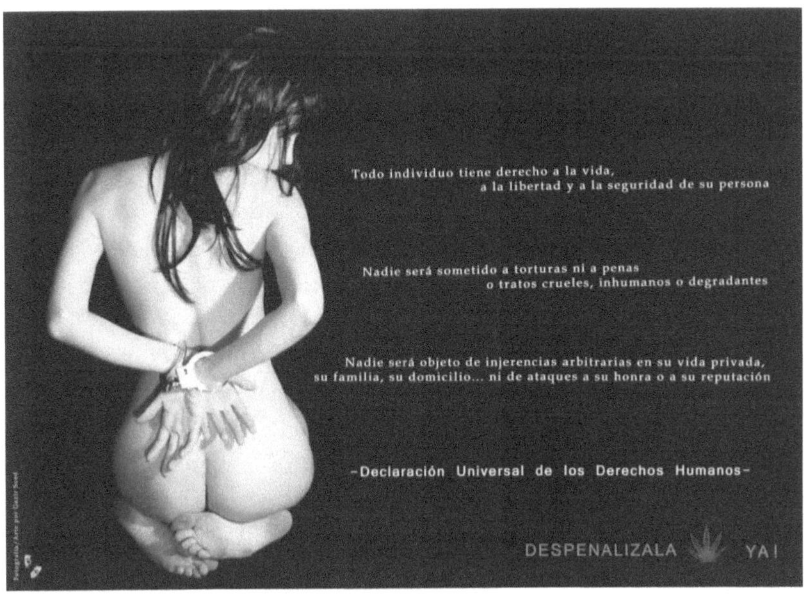

Derecho a voto del confinado[44]

No existe fundamento jurídico racional que legitime la exclusión de la población confinada del derecho al sufragio universal. Sin embargo, priman las imposturas discriminatorias en el orden constitucional de la Ley. Es de origen pasional la negativa a reconocer derecho a voto a los prisioneros del Estado. Los autores de la medida legislativa (P. de la C. 1296) reproducen una ideología penal basada en prejuicios y equívocos que han sido superados radicalmente por los saberes criminológicos; su lenguaje expresa desconocimiento sobre la psicología humana y el desarrollo histórico de los derechos civiles en las sociedades democráticas.

Los legisladores y promotores del proyecto para eliminar el "privilegio" de votar de las personas convictas parecen olvidar que la rehabilitación es un imperativo moral en el imaginario jurídico-penal moderno, al menos desde que el encierro carcelario dejó de ser visto como mera práctica de venganza, y la pena judicial pasó a convertirse formalmente en técnica calculada de reinserción social y, a la vez, en freno institucional a las inclinaciones crueles, sádicas y deshumanizantes propias a la naturaleza de todo poder de castigo y aprisionamiento.

La estigmatización de la población confinada como un todo homogéneo y encarnación colectiva de los males sociales contradice los principios del proyecto "rehabilitador"; invisibiliza la singularidad existencial de cada reo e ignora la especificidad de las causas y objetivos de la condena impuesta por el tribunal. Además, la procedencia de clase marginal y empobrecida de la mayor parte de los reclusos, independientemente del delito, abona al trato clasista y discriminatorio, no a la posibilidad de justicia, seguridad y bienestar social.

Agravar las condiciones de los condenados a aislamiento carcelario y despojarlos de sus derechos y responsabilidades ciudadanas no incide positivamente en su calidad de vida como ser humano. Sustraerlos de su raquítico poder de participación en la vida política es una práctica deshumanizante y de consecuencias des-socializadoras. Al margen de sus respectivas faltas delictivas, el convicto es un ciudadano normal, capacitado intelectualmente para

---

[44] **"Derecho a voto del confinado"**, *El Nuevo Día*, sábado, 2 de noviembre de 2013.

asumir las mismas responsabilidades éticas y políticas que cualquier otro ciudadano. Este es el principio matriz de la hipótesis rehabilitadora y del derecho penal moderno.

Además, impedirles participar del sufragio universal no tiene un efecto disuasivo de la conducta o práctica delictiva; ni refuerza la posibilidad de rehabilitación o reinserción social. Por el contrario, tiene efectos enajenantes de la realidad política y de la "sociedad" a la que se presume falló y adeuda su condena. Por lo demás, el ciudadano convicto no es -por condición de convicto- más vulnerable a la manipulación de la clase política que el resto de los electores; ni la eliminación de sus derechos impide mecánicamente la posibilidad de fraudes y corrupciones electorales...

El Art. II, Secc. 12 de la Constitución del ELA está mal redactado y no responde al espíritu democrático y humanista del Derecho moderno. Tomado al pie de la letra, el Estado de Puerto Rico, tras dictar sentencia judicial condenatoria, puede someter a esclavitud o servidumbre involuntaria a la persona. Esta "interpretación" es tan ridícula y escandalosa como la que le sigue de inmediato, que presupone la suspensión absoluta de los derechos civiles del ciudadano encarcelado, prisionero del Estado...

Más allá de las retóricas que hacen lo indecible por justificarlo, el encierro carcelario es una práctica de crueldad (in)humana y deshumanizante. A toda razón penal le mueve un tenebroso deseo de venganza. Un deseo de condiciones psicológicas complejas, pero inexcusable para una cultura civilizada dejarlo a rienda suelta. Llámese castigo "merecido" o justicia, el encarcelamiento es siempre un terrible suplicio existencial. La rehabilitación, la fachada hipócrita de sus habituados tormentos. ¿Para qué hacerles aún más insufrible la condición de sus penas? ¿Para qué despojarlos de la ilusión consoladora del sufragio "universal", si todavía creen que, en realidad, sirve de algo?

La "educación" religiosa[45]

En un país donde la mayor parte de los funcionarios públicos se confiesa profundamente religiosa y los maestros del sistema de educación del Estado (público y privado) comparten e imparten las mismas credulidades, se hace casi imposible materializar un proyecto de reforma educativa sustancial. En Puerto Rico es legal, moral y un buen negocio adoctrinar a los estudiantes con mentiras, prejuicios y patrañas religiosas, pero no cuestionarlas. Los estudiantes no aprenden a desmentir los disparates inculcados por sus padres, o al menos a enmendar sus ignorancias y credos infantiles, sino que el maestro viene a legitimarlos, reforzarlos y perpetuarlos, directamente o por omisión impuesta o voluntaria. A pesar de ser condicionantes psicológicas de graves problemas sociales, las ficciones mitológicas de la cristiandad (la existencia de un Dios sádico, vengativo y cruel, pero amoroso; la creación del mundo y la vida; espíritus, demonios cornudos y ángeles alados; madres vírgenes y muertos resucitados, etc.) ni siquiera son puestas en cuestionamiento crítico en los currículos académicos del sistema de educación insular. Por el contrario, cuestionar la religión es un tabú y está virtualmente prohibido hacerlo.

Y es que aquí se malinterpreta el derecho constitucional a la libertad de culto y credo. Nuestro sistema de educación se inhibe de someter a juicio crítico y convertir en objeto de análisis y reflexión racional las cuestiones religiosas, y prefiere no tocar el tema -según se alega- para no atentar contra los "derechos civiles" de los religiosos. De más está advertir la farsa y absurdez de este entendido. La libertad de pensamiento y el potencial educativo no pueden tener su límite fijo en la credulidad religiosa ni cohibirse ante las férreas intolerancias anti-intelectuales de los creyentes.

Pienso que en las sociedades democráticas, enseñar a cuestionar y a pensar por uno mismo vale más que adoctrinar de manera autoritaria y dogmática. A mi parecer, el sistema de educación debiera fomentar el pensamiento crítico entre sus principios y valores fundamentales, por encima y contra toda manipulación, amenaza o chantaje de origen o vestigio religioso…

---

[45] **"Amén"**, *El Nuevo Día*, domingo, 20 de octubre de 2013. Título original: **"La *educación* religiosa"**.

Del derecho penal y la (sin)razón carcelaria[46]

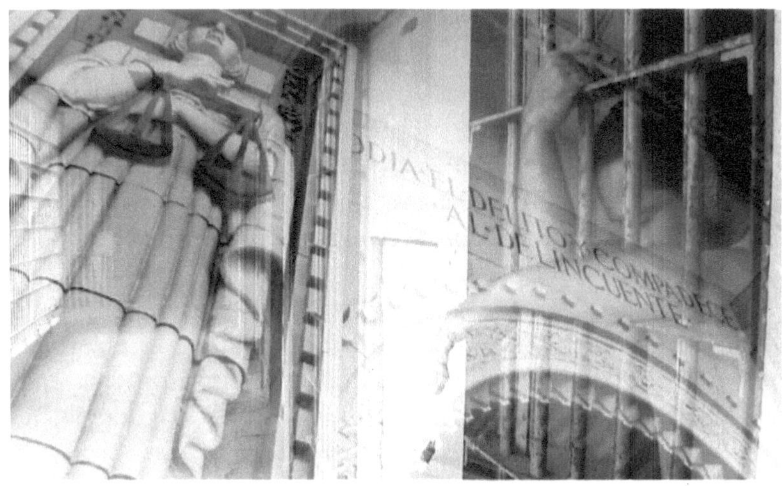

> "Colaborad en una obra provechosa,
> hombres creativos y bien intencionados,
> ayudad a extirpar del mundo la idea del castigo,
> que por todas partes lo invade.
> Es la más peligrosa de las malas hierbas..."
> *F.Nietzsche*

A una sociedad constituida *moralmente* con base en prejuicios y engaños milenarios, y ensimismada psicológicamente por los consuelos existenciales que se procura de ellos, resulta difícil advertirle sus errores y convencerla de la necesidad de enmendarlos radicalmente sin que se ofenda, se moleste o se espante; por más absurdos que sean o a pesar de los daños que ocasionen. El alto porcentaje de opositores al proyecto para despenalizar reguladamente la marihuana, incluso para usos medicinales, lo ejemplifica. La racionalidad penal dominante y la sinrazón carcelaria constituyen ejemplos aún más dramáticos, tanto por su perseverancia histórica como su fuerte arraigo social y cultural. Todavía entrado el siglo XXI se cree de manera generalizada y

---

[46]**"Del Derecho Penal y la (sin)razón carcelaria"**, Revista *80 grados*, viernes, 15 de noviembre de 2013. (http://www.80grados.net)

profundamente obstinada que enjaular a seres humanos es una práctica justa y necesaria para el bienestar social y la seguridad.

El asunto es complejo y las dificultades para abordarlo alternativamente se agravan tanto por los temores generalizados sobre la cuestión de la criminalidad y las inseguridades ciudadanas, como por la propaganda de las instituciones estatales para lidiar con ellas. El contenido de los reportajes diarios en los medios de comunicación también entorpece la entrada de un enfoque crítico y radicalmente alternativo; y la clase política isleña -salvo algunas excepciones individuales- aprovecha esta condición para engañar y manipular a la ciudadanía.

Aunque la ignorancia generalizada sigue siendo la principal condición ideológica de su propia reproducción, no es por falta de información ni de educación formal que se imponen las resistencias a los cambios en las mentalidades punitivas y carcelarias dominantes en *nuestra* cultura. Así como el fenómeno de la prohibición y la guerra contra las drogas ilegalizadas, la cuestión criminal y la política carcelaria representa estabilidad económica y hasta negocios lucrativos a numerosos e influyentes sectores sociales, que incluso se benefician de la incidencia criminal tanto o más que los mismos criminales. Profesionales de la conducta y la salud humana; legisladores, jueces, fiscales y abogados; religiosos, maestros y profesores, políticos comparten la misma ideología que legitima la pena de cárcel y se benefician de los negocios establecidos en torno a ella. Aunque por motivaciones de otro orden, hasta los propios confinados suelen consentir las razones de sus condenas...

Así las cosas, poner bajo cuestionamiento crítico el valor social del encierro carcelario suele ser objeto de indiferencia y apatía, si no de mofa, en casi todos los circuitos *intelectuales* e institucionales de la Isla. Pero la pena de cárcel es más que un problema histórico y cultural, uno de índole política. Es decir, que nos compete a todos. La razón es obvia, pues nadie está exento de sus efectos psico-sociales y, en última instancia, todos participamos de su financiamiento.

El arraigo cultural de las mentalidades punitivas y la consecuente lógica carcelera dominan la escena política en conjunto y no es de extrañar que se trate como un tabú en las esferas más influyentes en la producción de la opinión pública, desde los hogares, las escuelas y las iglesias, hasta las mediáticas, político-partidistas y legislativas. La cárcel es tenida como un bien social o un mal necesario, y es consentida como si se tratase de una cuestión natural e irremediable de toda formación social "civilizada". Pero, ¿qué tal si no lo fuera?

No existen plataformas institucionales de discusión bien informada y comprometida con una transformación radical en los modos como nos pensamos como seres humanos, cómo nos valoramos y cómo nos protegemos de nosotros mimos, no sólo de los asechos criminales sino de nuestras propias pulsiones de crueldad y venganza, *liberadas* bajo las formas del derecho penal. El sistema de educación superior del Estado (público y privado), las escuelas de derecho y los programas universitarios de justicia criminal y criminología tratan superficialmente y de manera muy conservadora el tema de lo criminal; y las supuestas alternativas gubernamentales apenas sirven de desahogo inmediatista. Lejos de abordar críticamente las problemáticas relativas al discurso de lo criminal y las ramificaciones ideológicas del derecho penal, evocan paradigmas arcaicos y parchan la realidad con una sensación de seguridad virtualmente ilusoria e ingenua.

Todavía *nuestro* código penal provee de fuerza de ley para enjaular a personas por delitos abstractos, morales o económicos, incluso por delitos sin víctimas. La población confinada suele ser objeto de graves e injustas estigmatizaciones, y a fin de cuentas, ni se reparan los daños a las víctimas ni existe evidencia científica que demuestre que sirve siquiera para amedrentar al penado o de disuasivo efectivo de ningún delito. Sin embargo, podemos sospechar una cierta satisfacción sádica en el poder de castigar y enjaular a las personas, aunque en realidad no se trate más que de un placer psicológico, el de creer que se hace justicia y sentir que la prisión garantiza la seguridad ciudadana.

En algunos casos judiciales y en la cobertura de la prensa isleña de finales del siglo XIX, todavía bajo el dominio imperial español, se hacía referencia al estribillo "Odia el delito y compadece al delincuente". La entrada de la penitenciaria estatal, conocida como Oso Blanco, construida durante las primeras décadas del siglo XX, tiene incrustado el mismo pensamiento. Aunque refleja la influencia de la *reforma* "humanista" del derecho penal, la pena de confinamiento nunca dejó de ser un suplicio existencial y la cárcel el lugar dispuesto para atormentar a los reos. Fuera del discurso de la Ley y sus paliativos retóricos, el odio al delito no se distingue del odio al delincuente, tanto más cuanto más aferrada la idea de que la pena es el modo idóneo de hacer justicia a la víctima, a la sociedad y al Estado; y que el encarcelamiento del delincuente garantiza algo más que una ilusión de seguridad y protección contra delitos futuros. Pero más aun, la compasión con el reo es un aforismo abstracto del desprecio a la vida de los confinados; una palabra suave para encubrir el sentimiento de venganza y la brutalidad de la pena...

Algunos comentarios recientes, sobre un artículo en que abogo en defensa del derecho al voto de los confinados[47], publicados por lectores en las redes sociales y medios informativos en la web, evidencian la crudeza de los prejuicios contra la población confinada, por el solo hecho de estar confinada; y asimismo, la ignorancia histórica del derecho penal y la función política de sus retóricas. Citaré textualmente algunos ejemplos anónimos: "El estigma se lo ponen ellos mismos... los presos son antisociales que decidieron romper la ley."; "...no deben votar porque han perdido sus derechos básicos ciudadanos."; "Se nota que no ha sido víctima del crimen por el apoyo que le da a las cucarachas de los delincuentes..."

No suelo responder a los comentarios de los lectores, a veces porque no tengo tiempo y lo lamento, o porque en ocasiones simplemente no vale la pena perderlo. Como sociólogo, sin embargo, debo considerarlos y analizarlos como expresiones de las mentalidades dominantes o marginales en nuestra época; y como educador, cultivar la esperanza de que, a pesar de las dificultades y por más frustrante que sea el trabajo, la razón debe imponerse sobre la ignorancia; y prevalecer la sensibilidad humanista sobre la crueldad humana, los prejuicios culturales y las violencias de la Ley...

Breve historia del *derecho* a castigar[48]

A través de gran parte de la literatura occidental moderna relacionada a las temáticas de la Ley, la Justicia y el Derecho, el acto

---

[47] "Derecho a voto del confinado"; *El Nuevo Día,* 2 de noviembre de 2013.

[48] Fragmento acotado y editado del libro de Sued, Gazir; *Violencias de Ley: reflexiones sobre el imaginario jurídico penal moderno y el derecho estatal a castigar*, Editorial *La Grieta*, 2001.

de castigar se ha consagrado como una práctica *natural* de toda sociedad *civilizada*; como parte esencial de la vida en sociedad; condición invariable de toda autoridad de gobierno y del poderío estatal en general. Incontables escritos han pretendido dar cuenta de esta práctica *social* milenaria. Infinidad de escritores se han hecho eco de las racionalidades que la soportan y que la mueven, hasta convertirla en una *verdad* de carácter fundacional para las formaciones sociales modernas. Incluso la han convertido en principio moral de la Civilización Occidental; en derecho inalienable y deber de los estados más diversos y los respectivos gobiernos que los rigen; en valor estratégico-político y garante de las ilusiones de seguridad en la vida cotidiana de la ciudadanía... Bajo las retóricas del "justo merecido" el castigo se ha convertido en recurso *socializador* legítimo e indispensable; en dispositivo matriz de encuadramiento ideológico, control y regulación social. A los rituales de violencia disciplinaria y crueldad institucional que caracterizan la prácticas del derecho penal hasta le han asignado un valor emancipador, integral de las aspiraciones *humanistas* y *democráticas* modernas.

Pero el castigo, por más inofensivo, bien intencionado y sutil que aparente o se pretenda, es siempre un acto de violencia, forzado y a la vez consentido (consciente o inconscientemente) de manera generalizada. Su objetivo explícito: disciplinar o enmendar el alma (la conciencia o la subjetividad) del castigado. Su finalidad psíquica e inconfesable por prudencia o hipocresía: la venganza. La misma racionalidad que hoy justifica el derecho penal en todas sus variaciones ha recorrido casi intacta las historias relacionadas a las justicias de la Ley, pero, contrariamente a los demás siglos que practicaron la violencia con negligencia –parafraseando a Emil Cioran- éste, más exigente, le aporta un deseo de purismo que honra a nuestra crueldad.

La ley, inventada por antiguos legisladores y dada por la patria a los hombres –narraba Platón- obliga a gobernar y a dejarse gobernar según sus reglas, y si alguno se separa le castiga con el fin último de enderezar: es esta –concluye- la función misma de la ley. Según el filósofo griego, a todos debe persuadírseles de que: "...el que castiga con razón (no para saciar su crueldad), castiga, no por las faltas pasadas, porque ya no es posible que lo que ya ha sucedido deje de suceder, sino por las faltas que pueden sobrevenir, para que el culpable no reincida y sirva de ejemplo a los demás su castigo."

Desde la antigüedad hasta el presente, la Ley ordena y prohíbe, y lo hace en nombre de la ciudad entera (de Dios o de la Patria, del Estado, la Nación o el Imperio); y si la persona no queda con-vencida o no siente miedo de sus justicias y desobedece, la maldición de la ley traería consigo la venganza de la Justicia, que es el castigo y el sufrimiento de la pena –decía Platón en *Las leyes* y en sus diálogos-: "...y que los que no se enmienden sean castigados con la muerte o arrojados de la ciudad (...)" Castigar (condenar a muerte, desterrar o confiscar los bienes), es un *bien* cuando se hace justamente y un mal cuando se hace injustamente -hacía decir Platón a Sócrates en *Gorgias*-. De manera que el castigado –añade- cuando se le castiga sufre una acción justa. Así, para castigar a los *malos* es que se le da la fuerza a la ley, coincidiría el jurista romano Cicerón. Salvo algunas excepciones particulares e inconexas, la misma racionalidad se hizo extensiva invariablemente hasta el siglo XVIII. En su obra *Leviatán*, Thomas Hobbes representa los aires *reformistas* del derecho penal en clave "humanista", insistiendo que la ley debía prohibirse a sí misma que al castigar se infligiera pena alguna que no tuviera como designio corregir al ofensor o servir de guía a los demás: "...la finalidad del castigo no es la venganza y la descarga de la ira, sino el propósito de corregir tanto al ofensor como a los demás, estableciendo un ejemplo (...); los castigos más severos deben infligirse por aquellos crímenes que resultan más peligrosos para el común de las gentes..."

Fuera de una que otra modulación retórica, la razón jurídico-penal a finales del siglo XIX no habría variado cualitativamente. Hasta mediados del siglo XX y a pesar de las contradicciones, el discurso legitimador del derecho estatal a castigar conservaría las considera-ciones *humanistas* y se representaría a sí mismo como garante de sus objetivos protectores y reguladores, represivos y domesticadores. La legitimidad y autoridad del poder penal de la Ley, de modo similar a tiempos remotos, seguirían condicionadas por la fuerza superior que las posibilita. Su poderío seguiría manifestándose alternadamente entre la fuerza bruta y la razón sensible; en ocasiones imponiéndose mediante recursos de violencia física y psicológica; en otras, sin siquiera tener que recurrir a la mentira o la manipulación, a la seducción de la palabra o al temor de alguna amenaza abstracta. Puede, en fin y sin reservas, presentarse con sádica e irreverente honestidad: La Ley castiga porque ha sido violada, y su poder penal sirve en primer lugar para saciar su sed de venganza, no para enmendar los yerros morales del condenado ni satisfacer las demandas de justicia retributiva de la sociedad. Tampoco interesa cumplir de manera absoluta sus promesas correctivas.

Al fin y al cabo, si la pena y el miedo que debiera generar amedrentaran o disuadieran efectivamente de la comisión de los delitos, y por sus efectos disminuyera dramáticamente la incidencia delictiva, ¿cuál sería el impacto socio-económico sobre quienes se sustentan de la eterna lucha *contra* el crimen, del derecho penal y el negocio carcelario? Por lo pronto, las mentalidades legislativas dominantes -en la esfera insular como a nivel federal- no sólo continúan preservando leyes penales de antaño sino, además, produciendo *nuevas* leyes que, en última instancia, abonan a reproducir las condiciones de reproducción del sistema penal en conjunto, incluyendo la fabricación de nuevos sujetos criminales, objetos de sus intervenciones y, a la vez, consolidando el renglón de la economía isleña con base centrada en la preservación y ampliación de las instituciones penales...

Racionalización del encarcelamiento

El objetivo disciplinario, regulador y normalizador del Estado de Ley -por más que sus apologetas evadan admitirlo- no puede prescindir de su carácter represivo. Cualquier acto "fuera" de los límites trazados por la Ley seguiría siendo reprendido como ofensa y daño a la moral social y a la seguridad pública. Para ejercer con eficacia su poderío y lograr la efectividad de sus objetivos preventivos/disuasivos el Estado de Ley ha precisado encerrar a sus transgresores. Desde la antigüedad se castigaba para reivindicar la autoridad de la Ley y saciar la sed de venganza de las víctimas (aunque fueran imaginarias); hacer purgar los pecados del infractor y expiar sus almas corrompidas. En la era moderna lo mismo, pero sumado a saldar deudas con la "moral social", cuya voluntad punitiva -se dice- aparece expresa de manera tácita en la Ley del Estado...

Aunque la racionalidad punitiva es, quizás, tan antigua como la violencia misma, las cárceles, tal y como las conocemos no han sido siempre como son hoy. Se han adaptado a *nuevos* requerimientos *sociales*, según exigencias de orden histórico, político y económico. Según relata el criminólogo José M. Rico, el sistema penitenciario fue creado para remplazar, con una finalidad humanitaria, la pena capital, el exilio, la deportación y diversos castigos corporales. Las reformas decimonónicas del discurso carcelario convirtieron a la institución penal en una institución "social", con los objetivos asignados de *proteger* la sociedad, modificar la psiquis de los reos y domesticar sus conductas delictivas; y procurar su reinserción en la "libre comunidad".

La *reforma* penal *humanista* convirtió la cárcel en lugar de regeneración moral del confinado y a la vez hizo de la condena un beneficio de protección de la sociedad. El castigo "justo" o "merecido" al *autor* del delito y su *rehabilitación*; la protección de la sociedad y la *prevención* de la delincuencia, todo a lo que se dispone el Código Penal y la Constitución, es la justificación moderna de la pena de encierro. Qué racionalidad decide cuán humano y respetuosa de su dignidad puede ser considerada la práctica de enjaular a un ser humano como a animal no-humano es una de las paradojas morales irresueltas del discurso penal y constitucional moderno.

Para el año de 1787, la fiebre reformista se había propagado en los Estados Unidos. Relata el historiador Henry Bedau, que durante ese año, se recomendó la construcción de una penitenciaría (House of Reform) para que los criminales pudieran ser sacados de las calles y detenidos hasta que purgaran sus hábitos antisociales. El principio general de la penitenciaría era –según el penalista G. Mueller- que todo recluso necesita paz absoluta y quietud en su celda, sin compañía y sin hablar con nadie. Se esperaba –añade- que "se replegaría a su fuero interno y procuraría que su alma estuviera en paz con su Creador."

La tesis de la disuasión se apoya en el supuesto de que la amenaza de la pena puede tener una fuerza tal sobre el sujeto que le quite la voluntad de infringir las normas penales. El encierro –concluye Mueller-: "...permite al personal penitenciario trabajar con y sobre el infractor para liberarlo de aquellas fuerzas hasta entonces incontrolables que precipitaron su criminalidad, de modo que pueda volver a la sociedad convertido en un hombre más libre que antes, un hombre capaz de escoger el bien y evitar el mal."

Esta mentalidad, con algunas variaciones menores, prevalece de manera dominante y generalizada en las culturas *democráticas* y sus estados de Ley. A la *humanización* de las penas le siguió de cerca un progresivo auge de las políticas carcelarias. Las cárceles proliferaron vertiginosamente y con ellas las poblaciones confinadas…

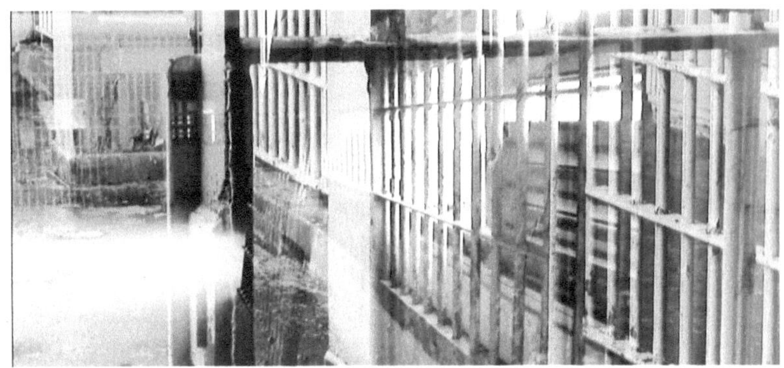

Economía y política carcelaria contemporánea

En el contexto norteamericano, la cifra de convictos para el año de 1985 era de 744,208; en 1995, la población confinada en los Estados Unidos ascendía a 1, 585, 586. En 1996, la plataforma política del Partido Demócrata norteamericano, hacía alarde de haber invertido cerca de $8 billones en fondos para ayudar a los estados a construir nuevas instalaciones carcelarias para que los "ofensores violentos" cumplieran completamente sus sentencias. El efecto inmediato de esta política penal de línea dura, paralelo a la multiplicación de nuevas *ofensas* penables por la ley e imposición de sentencias más severas, fue la progresiva multiplicación de la población confinada. Para 1998, el Departamento de Justicia calculaba que la población confinada ascendería a 1,800,000.

Para 2009, la cifra de prisioneros ascendería a 2, 293, 157. A la fecha, con cerca de un 5% de la población mundial, Estados Unidos ya encarcelaba más del 20% de la población penal del mundo. En adición, cerca de tres millones de personas se encontraban cumpliendo sentencias fuera de la cárcel, en probatoria o en libertad bajo palabra. Para entonces, cerca de un cuarto del total de confinados en el mundo estaban encarcelados en los Estados Unidos. En 2010, aunque la población confinada descendió a 2, 270, 142, ya ocuparía el primer lugar entre las potencias carcelarias del mundo. La cifra actual de confinados ha disminuido relativamente, por consideraciones económicasadministrativas. La población actual es de 2, 239, 751, con un índice de 716 presos por cada 100 mil habitantes.[49] Finalizando el año 2013, Estados Unidos todavía preserva su posición como el país más carcelero del planeta. Su vecino del norte, Canadá, ocupa la posición 135, con un índice de 114; y México, la posición 67, con 144 reos por cada 100 mil habitantes.

En el escenario local la realidad no es cualitativamente diferente. Para el año de 1992, la población confinada en la Isla era 11,238; en 1998, 14, 876. A finales del año 2000, el Departamento de Corrección y Rehabilitación informó la existencia de 14, 780 confinados. Por consideraciones administrativas, como las relacionadas a las multimillonarias multas federales por hacinamiento carcelario[50], la población isleña en cautiverio fue mermando paulatinamente. Para 2007 había registro de 13, 215 confinados. Según el índice mundial de población encarcelada, Puerto Rico ocupa la posición número 30, con 311 presos por cada 100 mil habitantes. La comparación con otros países del mundo es preocupante, si consideramos, por ejemplo, que la posición que ocupa la Isla es relativamente similar a la de los países independizados de la antigua Unión Soviética (Lituania, Ucrania, Eslovenia, Eslovaquia, etc.) El índice de encarcelamientos en Puerto Rico es mayor incluso que países como Inglaterra, Francia, Italia y España. El contraste con los países del norte de Europa, cuando menos, debe avergonzarnos: Suecia ocupa la posición 180, con un índice de 67 confinados por cada 100, 000 habitantes; Holanda y Suiza con 82; Alemania con 80; Dinamarca con 68; Suecia con 67 y Finlandia con 58.

En comparación con países latinoamericanos, considerando que presumimos de superioridad económica y estabilidad política por *nuestra* relación con los Estados Unidos, el panorama no es menos alarmante. Proporcionalmente, Puerto Rico encarcela más personas que cualquier otro país latinoamericano, con excepción de Cuba, que ocupa la quinta posición entre las potencias carcelarias del mundo. Colombia ocupa la posición 52; República Dominicana

---

49 Centro Internacional de Estudios Penitenciarios; (http://www.prisonstudies.org)

50 Para el año 2000 -por ejemplo-, a raíz del caso Morales Feliciano (que desde 1979 denunciaba la situación infrahumana de la población confinada), el gobierno estatal ya enfrentaba multas federales ascendentes a $241.5 millones.

la 54 y Venezuela la 161, con un índice de confinamiento de 91 personas por cada 100 mil habitantes.

El presupuesto anual asignado no ha variado significativamente durante las pasadas administraciones de gobierno, a pesar de la probada obsolescencia de las instituciones penales y la crisis económica generalizada en todo el País. Para el año fiscal 2011-12 el Departamento de Corrección y Rehabilitación (DCR) y las agencias adscritas (AC, AIJ, JLPB, OSAJ, CEAT y PSC) contaron con un presupuesto de $520, 560, 000.[51] Cerca de $515 millones provinieron del fisco insular y más de $350 millones se usaron para cubrir los gastos de nominas de los empleados de las agencias componentes del DCR. Más de $70 millones se destinaron a cubrir contratos de servicios con empresas privadas y cerca de $10 millones para cubrir los costos de psicólogos y otros servicios de salud.

Según informes previos del DCR (2010) el gobierno insular gasta cerca de $80.00 diarios por cada confinado. Aproximadamente $40,000 al año por cada reo, en contraste a la inversión que hace el Estado para cada niño en el sistema de Educación Pública, que no excede los $4,000. La institución carcelaria sigue siendo residual anacrónico de las mentalidades que han dominado la sádica imaginería penal del Estado de Ley. El castigo no funciona. La severidad de las penas nada resuelve. La cárcel de nada sirve.[52] No obstante, el actual secretario del DCR, el ex-juez José R. Negrón, ha hecho expresiones públicas alertando sobre una previsible escases de espacios carcelarios para el año de 2016. Su plan: estrechar los vínculos con el sector privado y construir nuevas cárceles. Su objetivo prioritario: *rehabilitar* a los confinados.

Del mito al fraude rehabilitador

La Constitución insular (Art.VI Secc.19) -vigente desde 1952- establece como política pública del Gobierno de Puerto Rico reglamentar las instituciones penales para que operen efectivamente

---

51 Departamento de Corrección y Rehabilitación; "Memorial explicativo: presupuesto 2011-2012"

52 "Cárcel, ¿para qué?", *El Nuevo Día*, 9 de abril de 2010.

de acuerdo a sus *propósitos* y, ajustadas a los recursos disponibles, provean el "tratamiento" *adecuado* de la población confinada, con el objetivo de viabilizar su *rehabilitación* moral y social. Desde entonces, la cuestión del problema carcelario ha centrado su atención en dilucidar sobre asuntos administrativos sin atender el problema de fondo. El más reciente informe de la Comisión de Derechos Civiles CDC) reproduce los mismos entendidos y, a pesar de que reconoce y cita las críticas más radicales a la práctica y existencia de la institución penal-carcelaria, cede a la presión de las fuerzas políticas y legislativas más conservadoras, reivindicando la ideología carcelaria y legitimando sus funciones a pesar de su inoperancia y obsolescencia institucional. Según el CDC: "El objetivo del sistema carcelario no debe ser penalizar ni la exclusión social, sino por el contrario, debe promover y potenciar el desarrollo de las capacidades de los individuos que cumplen sentencia a través de la *educación* y la *capacitación*, con el fin de fomentar su reincorporación a la comunidad como personas productivas."[53] A tales fines, se hace eco de las regulaciones dispuestas por la ONU y vigentes desde 1955 y se limita a reciclar su filosofía política central: "El fin y justificación de las penas y medidas privativas de la libertad son, en definitiva, *proteger* a la sociedad contra el crimen."

Desde la década de los 50, la función asignada a la práctica de enjaular personas porque han violado las leyes es la "rehabilitación". Es decir, someter a la población confinada a técnicas "terapéuticas" de reajuste psicológico y moldeamiento de personalidad, presumiendo que el problema del delito tiene su origen en la psiquis maltrecha o la moralidad pervertida del convicto. Aceptada la estigmatización institucional, la población confinada debe ser sometida a diversos programas de moldeamiento psicológico y subyugación moral, es decir, a lavado de cerebro. El objetivo -según la propaganda del negocio carcelario- es que el reo, una vez cumplido el tiempo de sentencia, pueda *reinsertarse* en la sociedad, desista de incurrir en actos criminales y ajuste su existencia a los modos de vida permitidos por la Ley. La premisa que sostiene este objetivo es que la *experiencia* carcelaria provee al confinado, a la par con una modulación anímica radical,

[53] Comisión de Derechos Civiles de Puerto Rico; *Análisis del sistema correccional puertorriqueño: Modelos de rehabilitación (De un paradigma punitivo a uno de rehabilitación social)*; 2009.

las destrezas necesarias para conseguir empleo y ganarse la vida trabajando dentro del marco de la legalidad.

El carácter fraudulento del discurso carcelario y su programa "rehabilitador" se devela más que en sus marcadas deficiencias teóricas en la propia evidencia estadística provista por las instituciones penales. El modelo rehabilitador es un eufemismo político para justificar la pena de cárcel por incumplimiento de la Ley. La premisa de que el origen de las prácticas delictivas está arraigado en la condición social de los convictos (pobreza y desempleo), es falsa. La alta tasa de desempleo en la Isla imposibilita el cumplimiento de las promesa rehabilitadora por excelencia. Además, la prevista reintegración del penado a la "libre comunidad" tampoco es posible de manera mecánica, y las razones son obvias. El reo es devuelto al mismo mundo del que fue abstraído, sin alteraciones sustanciales en el entorno social y abandonado, muy posiblemente, a sufrir las mismas condiciones de existencia que precedieron su cautiverio (pobreza, marginación y desempleo, por ejemplo). Con el agravante de que ahora lleva el estigma de ex-presidiario y nuestra cultura es muy dada a desconfiar de las virtudes rehabilitadoras del sistema penal y a discriminar contra su *rehabilitado*. El fracaso del proyecto "rehabilitador" también se evidencia en la alta incidencia de *reincidentes*. Según citan los medios al actual secretario del DCR, más del 53% de los confinados es reincidente...

También es falsa la premisa de que los alegados problemas de conducta tienen sus raíces en la falta de educación formal de los confinados. Según se desprende del perfil actual de la población "correccional" sentenciada en las instituciones del DCR[54], más de la mitad de los reos "encuestados" tiene algún grado de escuela superior (10mo a 12mo), y cerca de un centenar tiene algún grado universitario. Los casos más graves, como los de los sentenciados por delitos contra la vida, un 47.96% (680) había completado el 12mo grado; el 56.69% (123) de los convictos por delitos contra la integridad corporal y el 54.50% (1,925) contra la propiedad tenían aprobado entre el 10mo. y 12mo. grado. Con 12mo. grado se hallaba el 42.05% (1,128) de los confinados con delitos clasificados

54 Departamento de Corrección y Rehabilitación de Puerto Rico;"Perfil de la población total sentenciada al 30 de junio de 2012". El perfil informa solo sobre el 66.33% (6,461) del total de 9,742 sentenciados.

como *otros*. Además, al margen del perfil oficial (incompleto, parco y ambiguo por demás), es sabido que la mayor parte de las actividades *criminales* más dañinas a la sociedad las cometen personas *bien* educadas y con altos grados académicos (como los relativos a la corrupción y los delitos de cuello blanco), incluso dentro y bajo el protectorado de la Ley. Tal es el caso -por ejemplo- de sectores pertenecientes a la clase médica o rangos análogos (psiquiatras, trabajadores sociales, psicólogos) que se las han ingeniado para vivir y lucrarse del negocio de la rehabilitación a sabiendas de su carácter fraudulento.

Paralelo a la anunciada impotencia del sistema de corrección para sufragar los costos de su inmenso aparato burocrático, las nóminas de sus funcionarios y los servicios privados, así como ante la alegada proliferación de la población confinada en el futuro próximo, el proyecto rehabilitador muestra su carácter fraudulento al integrar al modelo correccional a los sectores religiosos. Pero el hecho de que la mayor parte de la población encarcelada sea religiosa (la religión católica predomina con un 51.49% (2,189), le sigue la protestante con el 39.26% (1,669), según informe del DCR), viabiliza otras dimensiones del negocio carcelario y su programa rehabilitador. Mediante el adoctrinamiento de la población confinada en los preceptos de la fe cristiana, por ejemplo, se posibilita más que el arrepentimiento y la conversión espiritual de los reos, su constitución en peones serviles, amansados y adiestrados para ser explotada su fuerza laboral a cambio de remuneraciones económicas de carácter simbólico. No por casualidad, las empresas de ánimo lucrativo (estatales y privadas), incluyendo las religiosas, insisten en que el trabajo para los presos es una experiencia rehabilitadora (curadora y sanadora).[55]

Moraleja

La preservación y anunciada proliferación de sectores sociales que subsisten económicamente en torno a las instituciones penales está condicionada no sólo por la aceptación irreflexiva de sus fundamentos sino, además, por mezquina conveniencia. El delito no tiene origen en el sujeto singular sino en las definiciones estatales de lo criminal. Sabido es que la práctica de la abogacía –por

---

55 "Cárcel, religión y esclavitud"; *El Nuevo Día*, 26 de febrero de 2010.

ejemplo-, además de conferir un cierto "status social" es, sobre todo, un buen negocio. Y es que la delincuencia es una práctica social generalizada que, por demás, se ha convertido en ingreso financiero seguro de un sector poblacional creciente (profesionales de la conducta –psicólogos, criminólogos, trabajadores sociales, sociólogos, etc.-; jueces, fiscales y demás personal judicial y penitenciario; policías, legisladores y funcionarios de gobierno, personas asociadas al inmenso mercado de tecnologías de vigilancia y seguridad, -armas, rejas, candados, perros entrenados y entrenadores, etc.-; o el enorme complejo de los medios de comunicación-mercadeo-publicidad de prejuicios y miedos; periodistas, escritores, profesores universitarios, etc. No porque sean delincuentes, sino precisamente porque si el Estado no siguiera inventando delincuencias ¿de qué viviría toda esta gente? En fin, el crimen es un producto mercadeable, es manipulable como objeto de atención pública, consumidora de soluciones imaginarias como de miedos reales y sus respectivas exageraciones. El negocio de la delincuencia, a saber, resulta, pues, más lucrativo para estos sectores de la sociedad civil en la "libre comunidad" que para los propios delincuentes.

A pesar de todo, quizás no exista un afuera absoluto de los dominios imperiales de la Ley. En tal caso, hágase una ley que imponga severas restricciones a la producción legislativa de penas carcelarias y elimínense del Código Penal sus absurdos e incoherencias y vicios irracionales; declárese inconstitucional el enjaulamiento caprichoso, insensible e insensato de seres humanos. Advertido el carácter fraudulento del negocio *rehabilitador*, condénese como *persona non grata* a sus promotores y beneficiarios; y reconocida la inutilidad social y obsolescencia de las instituciones carcelarias, declárense como estorbo público y clausúrense... ¿Cómo empezar a hacerlo? Ingeniándonosla para -como reza el epígrafe de Nietzsche- extirpar del mundo la idea del castigo y resistir las locuras que la animan...

Ayer[56]

En el contexto del periodismo profesional –decía el escritor y periodista Hunter S. Thompson, en 1973- la verdad absoluta es una mercancía rarísima y muy peligrosa. En su novela *The Rum Diary*, escrita en Puerto Rico (1959) y adaptada para el cine (2011), parodió la sentencia. La película fue filmada aquí, y su trama se desenvuelve durante la misma época en que fue escrita. La historia gira en torno a un joven escritor estadounidense que, animado por sus frustraciones, se muda a la Isla y consigue empleo como reportero de un periódico en San Juan.

Al poco tiempo de andareguear buscando historias que contar, entre borracheras y alucinógenos, tomó conciencia de la pobreza generalizada y de esquemas de corrupción entre empresarios-desarrolladores estadounidenses y sus compinches locales, capitalistas privados y funcionarios de gobierno. Angustiado por la realidad y antojado de escribir sobre el tema, propuso al editor del periódico relatar las cosas sin tapujos, contar la verdad sobre la pobreza y desenmascarar a los explotadores y corruptos. La negativa del editor, cínica y paternal, fue tajante. La pobreza y la corrupción no son temas que interesen a los lectores e inversionistas del periódico –le advirtió- Estaba convencido de que la representación de una imagen negativa de las condiciones de la Isla era mala publicidad y de que eso afectaría el turismo.

Ante la insistencia del ingenuo periodista, el editor le *recuerda* que esa es la "realidad comercial", y que el negocio de la prensa escrita está en proveer a su clientela la ilusión de que la Isla es un paraíso, estable y seguro. Además, a nadie importa un carajo, esa es la verdad –reitera ofreciéndole un palo e ron para calmar sus ansiedades- Relájate y fluye –aconsejó finalmente con entonación paternal y firmeza patronal- porque nada puedes hacer para cambiar las cosas…

El desenlace no voy a contarlo. A mi parecer, no es ni una buena película. Pero tampoco es buena la realidad.

***Cualquier semejanza con tendencias mediáticas del presente es pura casualidad…

[56] "Ayer"; *El Nuevo Día,* domingo, 17 de noviembre de 2013.

¿En serio?[57]

¿Cuál es el objetivo prioritario en su plan anticrimen? -preguntó un reportero en rueda de prensa al "nuevo" superintendente de la Policía, James Tuller- "...asegurar la seguridad de los ciudadanos" -respondió- Y, ¿cuál es su estrategia? -inquirió otro periodista- "...poner a los policías donde está el crimen." -contestó- ¿En serio? -interrumpió entre dientes y con entonación cínica un ciudadano anónimo- Todas las miradas se volcaron de inmediato hacia él, pero no en espera de la respuesta del oficial sino a manera de acoso y entre ceños regañadientes; como quien se molesta u ofende cuando alguien interrumpe una ceremonia cultural cualquiera (misa, boda o entierro; mensaje oficial, homenaje o nombramiento; asamblea legislativa o rueda de prensa) El tipo captó el mensaje y, sonrojado, se disculpó: "Mala mía... sólo pensaba en voz alta..." Pero antes de terminar su disculpa, el ritual periodístico ya había continuado como de costumbre, profesionalmente, sin irreverencias infantiles ni preguntas fuera de lugar.

"Miles de policías a la calle" anunciaría la primera plana del principal rotativo del País. El titular lleva implícito el trillado libreto teatral entre personajes de prensa y figuras de autoridad de Gobierno. Los unos preguntan, como si en verdad quisieran saber. Los otros contestan, como si realmente supieran lo que dicen. Los unos se (con)forman y se hacen voceros de lo que el Otro dice, tal y como lo dice y ya. Es decir, "informan".

Ahora sí, la ciudadanía puede dormir tranquila y disfrutar la vida sin espantos y ansiedades enfermizas: la seguridad general será garantizada, porque lo dijo el jefe de la Policía. Más de 17,000 efectivos policiales velarán por nuestra seguridad. ¡Al fin! Su plan es prometedor y no habría por qué dudar sobre sus virtudes prometidas: la policía va a estar donde está el crimen. No sé si antes de que se cometa, si durante o después, pero lo importante es que va a estar ahí, justamente donde está el crimen, dondequiera que eso sea... ¿En serio?

57 "¿En serio?"; *El Nuevo Día,* domingo, 15 de diciembre de 2013.

Inconstitucional la Ley prohibicionista: Fin a la "guerra contra las drogas"[58]

"The enumeration in the Constitution, of certain rights,
shall not be construed to deny or disparage
others retained by the people."
Amendment IX, U.S Constitution (1791)

"La enumeración de derechos que antecede n
o se entenderá en forma restrictiva
ni supone la exclusión de otros derechos
pertenecientes al pueblo en una democracia,
y no mencionados específicamente."
Art. II, Secc.19, Constitución del E.L.A de PR (1952)

El Estado de Ley puertorriqueño está obligado jurídicamente a ceñir sus prácticas de gobernabilidad y respectivas legislaciones reguladoras y penales dentro de los parámetros ideológicos, principios éticos y derechos políticos constitucionales[59] (explícitos e implícitos), en consonancia con la Declaración Universal de los Derechos Humanos[60] y conforme a los preceptos imperativos del derecho constitucional estadounidense. La finalidad expresa en *nuestro* texto constitucional es "...promover el bienestar general y asegurar para nosotros y nuestra posteridad el goce cabal de los derechos humanos...", a los que "...el orden político está subordinado..." Partiendo de esta premisa, podemos afirmar que

---

[58] Ponencia presentada en el foro público *Crimen y Castigo en Puerto Rico*, auspiciado por el Movimiento Unión Soberanista (MUS), celebrado en el Colegio de Abogados, miércoles 4 de noviembre de 2013. Publicado en Revista *80grados*, viernes, 20 diciembre de 2013. (http://www.80grados.net)

[59] "La dignidad del ser humano es inviolable" (Secc. I); "Se reconoce como derecho fundamental del ser humano el derecho a la vida, a la libertad..." (Secc. 7); "Toda persona tiene derecho a protección de ley contra ataques abusivos a su honra, a su reputación y a su vida privada..." (Secc. 8); Art. II; Carta de Derechos de la Constitución del Estado Libre Asociado de Puerto Rico.

[60] "Todo individuo tiene derecho a la vida, a la libertad y a la seguridad de su persona..."; "Nadie será sometido a torturas ni a penas o tratos crueles, inhumanos o degradantes..."; "Nadie será objeto de injerencias arbitrarias en su vida privada (...) ni de ataques a su honra o a su reputación..."

en las sociedades democráticas ninguna ley puede o debe contradecirlos o vulnerarlos; y que no consentimos que las autoridades de Gobierno (ejecutiva, judicial y legislativa) se excedan en el ejercicio de los poderes delegados. Por eso exigimos transparencia en su administración y condenamos cualquier ejecutoria que desvirtúe su encargo político constitucional.

Sin embargo, advertimos serias contradicciones en *nuestro* ordenamiento jurídico penal. La relativa inefectividad e impotencia de las instituciones penales para concertar sus objetivos disuasivos, ejemplarizantes y correccionales, no son de naturaleza económica o gerencial. Las causales de esta condición residen en las propias leyes que definen sus objetivos y asignan sus funciones. Desde una perspectiva histórica, podemos corroborar que la Asamblea Legislativa se ha excedido en su encargo político constitucional, y la imaginería represora y punitiva que predomina en la cultura jurídica insular se ha impuesto casi de manera irrestricta y paradójica, moldeando una parte sustancial del imperio de la Ley contra principios constitucionales y derechos humanos, algunos expresados literalmente en el texto de la Ley, otros implícitos en el espíritu democrático de nuestro pueblo.

La aceptación irreflexiva y el plagio de legislaciones federales inconsistentes y contradictorias con los principios y derechos humanos agrava la situación. La reproducción acrítica de la política prohibicionista estadounidense, con el alegado objetivo de prevenir, controlar y reducir la incidencia criminal, es ejemplar al respecto. La criminalización de la ciudadanía usuaria de drogas ilegalizadas por el gobierno federal[61] fue copiada al pie de la letra[62], al margen de la realidad cultural y social en la Isla, sin reservas críticas ni análisis sobre sus contenidos e implicaciones. Todavía hoy retiene vigencia y fuerza de ley a pesar de sus anacronismos e incoherencias teóricas y desvirtuada utilidad social. Hasta la fecha y durante décadas, se ha drenando gran parte del erario público para financiar la "guerra contra las drogas", a pesar de que se ha probado

61 "Ley Federal de Sustancias Controladas": Título II del "*Comprehensive Drug Abuse Prevention and Control Act of 1970* ", Pub. Law 91-513, aprobada el 27 de octubre de 1970.

62 Ley de Sustancias Controladas de Puerto Rico (Ley Núm. 4 del 23 de junio de 1971)

reiteradamente que el modelo ha fracasado y que, en última instancia, genera más problemas (económicos y psico-sociales) de los que pretende resolver.

La clave teórica para comprender la problemática en ciernes es la siguiente: la ley hace el delito. La racionalidad penal que la apareja constituye un dilema ético y un problema político permanente y no debemos obviarlo. A todas luces, la legislación prohibicionista es inconstitucional. Sus prácticas represoras y penales constituyen modalidades de intromisión estatal indebida sobre la vida privada e íntima de la ciudadanía; sus fundamentos son incongruentes y contradictorios con los principios éticos/políticos de los derechos constitucionales; y sus prácticas punitivas constituyen invariablemente castigos crueles, aunque se pretenda encubrir su violencia bajo el eufemismo de la seguridad ciudadana y la *rehabilitación* del condenado, aprisionado injustamente, multado o forzado a someterse a programas fraudulentos de modificación de personalidad (psiquiátricos o religiosos).[63]

La racionalidad prohibicionista y punitiva de la "ley de sustancias controladas" tipifica "delitos sin víctimas" y castiga severamente al ciudadano sentenciado, en menosprecio de su singularidad existencial y en desprecio de su derecho inalienable e irreducible: el de disponer *libremente* sobre su propio cuerpo. Es decir, vivir cada cual su propia vida sin coerciones arbitrarias, acosos y asechos irrazonables por parte del Estado. Toda legislación penal que transgreda este principio representa un abuso de autoridad y constituye invariablemente una violación a la dignidad humana. Todo castigo en su nombre es un acto de crueldad.

La salud del ciudadano no puede ser pretexto justificador de intromisiones autoritarias por parte del Estado de Ley, que debe limitarse a orientar, educar y proveer servicios de salud, física y mental, no a imponerlos violentamente contra la voluntad expresa del individuo. Este principio vale para todo lo concerniente al consumo de sustancias narcóticas (legales o ilegales), así como todo cuanto respecta a cualquier otra dimensión relativa al ejercicio de la soberanía de cada cual sobre su propio cuerpo.

En lo que respecta a las drogas narcóticas ilegalizadas, el Estado debe despenalizarlas y limitarse a establecer regulaciones

---

63 Sued, Gazir; "Del Derecho Penal y la (sin)razón carcelaria", Revista *80 grados*, 15 de noviembre de 2013.

normativas sobre sus usos y, en todo caso, garantizar la calidad de los productos de modo similar a como lo hace con las drogas legales; las comercializadas por el imperio de las farmacéuticas y la oligarquía médica; y las producidas y consumidas en el libre mercado, como el café, el tabaco y el alcohol.

Adviértase que la desvinculación de gran parte de la ciudadanía de los preceptos del prohibicionismo pone en entredicho su legitimidad y presumido valor social. No existe un "consenso social" que justifique la criminalización y castigo (cárcel, tratamiento o multa) por lo que consumimos personalmente. El uso de drogas es una práctica social milenaria y pertenece a la condición humana hacerlo. No es responsabilidad del Estado impedirlo por recurso de su fuerza represiva, sino reconocerlo, advertir sus posibles consecuencias y tratar con debida sensibilidad a quienes lo necesiten realmente. Las legislaciones reguladoras de la vida social deben reflejar con nitidez, no los "valores" imaginarios de la sociedad para la que se legisla, sino las aspiraciones realistas de viabilizar condiciones de existencia singular y convivencia social lo más llevaderas posible.

En la actualidad, nuestro ordenamiento jurídico-penal produce efectos antagónicos e irreconciliables con su principal objetivo estratégico-político. Esto es, suponiendo que el encargo esencial del Estado de Ley es viabilizar condiciones de existencia social, singular y colectiva, que redunden en el bienestar y la seguridad de la comunidad puertorriqueña en conjunto, sin menoscabo de las diferencias individuales que le son constitutivas. El derecho de las personas a decidir sobre sus propios cuerpos es consustancial al espíritu del derecho democrático. El concepto mismo de la libertad carecería de sentido si se renuncia a este principio ético-político.

La legislación prohibicionista y criminalizadora que enmarca y orienta la "guerra contra las drogas", no sólo contrasta con las garantías constitucionales y es violatoria de la dignidad humana. Simultáneamente, se ha mostrado inútil para contrarrestar la incidencia criminal a la vez que la posibilita, la refuerza y la perpetúa. Además, los sectores "profesionales" que se prestan a refrendar sus mitos y hacen negocios con base en sus ficciones incurren en prácticas anti-éticas y fraudulentas, aunque legales.

Alternativas jurídicas contra la estratagema prohibicionista

Analizadas las racionalidades y sinrazones históricas que han moldeado el imaginario jurídico penal en Puerto Rico[64], e identificados los desafueros legislativos que han dado forma y contenido a la política prohibicionista en la Isla -en menoscabo de principios éticos y políticos constitucionales-; y advertidas las consecuencias económicas y psicosociales de sus vicios represores y crueldad punitiva, es preciso rectificar las leyes relativas al prohibicionismo y ajustar sus disposiciones en concordancia con *nuestra* compleja realidad cultural, aún contra la voluntad dominante en el cuerpo legislativo y entre la alta jerarquía del Gobierno insular.

Plan A: Derogación de ley prohibicionista y despenalización regulada

Ante este estado de situación, estimo prudente actuar fuera del atolladero político en el que está entrampada la Asamblea Legislativa insular. Pienso que sería oportuno estratégicamente, en la lucha por la despenalización y en defensa de los principios y derechos democráticos, radicar una demanda ante el Tribunal Supremo de Puerto Rico para derogar la legislación prohibicionista (Ley Núm.4 de 1971) y atemperar sensiblemente las regulaciones legales sobre narcóticos a nuestra realidad cultural y necesidades psicosociales como pueblo.

Derogada la ley (suprimido el delito y anuladas sus penas) mediante la autoridad del Tribunal Supremo, el uso de sustancias narcóticas quedaría despenalizado en pleno derecho y con fuerza de ley. Procedería de inmediato orden de cese y desista a cualquier práctica de intervención represiva y estigmatizadora contra la ciudadanía usuaria; y, en el contexto carcelario, la extinción de las penas y la liberación incondicional de los confinados, incluyendo los recluidos (in)voluntariamente en programas de modificación de conducta (rehabilitación moral) dentro o fuera de la cárcel -según dispone el Art. 4. del CP-

[64] Sued, Gazir; *El espectro criminal: reflexiones teóricas, éticas y políticas sobre la imaginería prohibicionista, las alternativas despenalizadoras y el Derecho en el Estado de Ley*; Editorial *La Grieta*, San Juan, 2004.

Plan B: Amnistía general: despenalización regulada

En caso de que el Tribunal Supremo de Puerto Rico se abstenga de acoger la demanda para derogar las leyes prohibicionistas, y prevalezca la racionalidad dominante en la Asamblea Legislativa, resta proponerle la consideración de una medida alternativa que no represente un antagonismo irreconciliable entre ambas autoridades y se oriente hacia fines cónsonos con los derechos civiles y el encargo político de la autoridad constitucional. A tales fines, propondría la implementación de un periodo de amnistía general, de un mínimo de diez años, en que se despenalice el consumo de sustancias narcóticas ilegalizadas y se establezcan medidas de seguridad y regulaciones legales racionales, similares a las que rigen sobre los usos del alcohol, el tabaco y demás drogas legales. Durante este periodo se realizarían estudios científicos pertinentes y, finalmente, se analizarían y evaluarían los efectos económicos y psico-sociales con base en la realidad objetiva y la misión reguladora del Estado de Ley en una sociedad democrática y protegida por las garantías constitucionales.

Plan C: Amnistía General e Indulto

En caso de que el Tribunal Supremo desestime la demanda despenalizadora y sus enmiendas alternativas, resta emplazar al Gobernador a que atienda nuestros reclamos y, en el ejercicio de su autoridad[65], imponga el periodo de amnistía propuesto y ejerza su poder de indulto o "clemencia ejecutiva" a la población sentenciada, encarcelada y/o sometida involuntariamente a programas de "rehabilitación" moral, de base psiquiátrica o religiosa. Asimismo, el Gobernador asumiría la responsabilidad política y legal de salvaguardar los preceptos fundamentales de la Constitución, por encima de la negligencias, yerros y desidias de la Asamblea Legislativa y del Tribunal Supremo de Puerto Rico.

---

[65] La Constitución atribuye al Gobernador el poder de: "Suspender la ejecución de sentencias en casos criminales, conceder indultos, conmutar penas y condonar total o parcialmente multas y confiscaciones por delitos cometidos en violación de las leyes de Puerto Rico." (Art. IV; Secc. 4)

Plan D: Despenalización regulada de la Marihuana

Si bien el proyecto de ley 517 es, en principio, un paso de avanzada en este contexto, su valor histórico para la sociedad puertorriqueña no reside en sus medidas inmediatas y concretas, relativas a la despenalización regulada de la marihuana. Más allá de sus delimitaciones formales, se han abierto a la discusión pública las incoherencias y graves implicaciones de la política prohibicionista en conjunto. El saldo general de las vistas públicas ha sido favorable en este sentido, pero las presiones políticas de poderosos sectores influyentes le han dado un giro impregnado de contradicciones incompatibles con su intención original, y han distorsionado los imperativos pragmáticos del referido proyecto para amoldarlo a los prejuicios e intereses de los beneficiarios de la prohibición, dentro y fuera de la Ley.

Desvirtuado el proyecto 517 al retener las mismas ficciones criminalizadoras que pretendía contrarrestar y enmendar, queda refrendada la ideología prohibicionista. Las disposiciones penales, aunque moduladas, siguen materializándose en la violación de la dignidad humana y derechos constitucionales de la persona, perseguida y acosada, juzgada y condenada al pago de multas injustificadas y bajo constante amenaza de ser sometido a tratamientos "rehabilitadores" (in)voluntarios, por una condición de peligrosidad criminal imaginaria o un problema de salud mental o enfermedad inexistente.

Reconociendo la fragilidad generalizada en la voluntad política de operar cambios sustanciales en las leyes sobre narcóticos ilegalizados en la Isla, así como advirtiendo la poderosa influencia de los sectores beneficiarios de la política prohibicionista, es pertinente radicar una demanda paralela ante el Tribunal Supremo de Puerto Rico y emplazar al Gobernador a que interceda contra la inconstitucionalidad de las leyes penales regentes sobre usuarios y usos alternos de la marihuana en la Isla.

La racionalidad de esta demanda sería idéntica a la radicada contra la política prohibicionista en general, pero ajustada pragmáticamente al objetivo inmediato de suprimir el delito relativo a la tenencia y consumo de marihuana. Las premisas jurídicas, éticas y políticas, serían también las mismas, a saber[66]:

---

66 Sued, Gazir; "El imaginario prohibicionista y la despenalización de la Marihuana"; Ponencia presentada ante la Comisión de lo Jurídico, Seguridad y

-que no existe concordancia entre la legislación existente y la realidad cultural puertorriqueña así como en relación con las aspiraciones sociales de seguridad, bienestar y goce de los derechos humanos;

-que la prohibición de la marihuana y consecuente criminalización de usuarios se materializa en prácticas penales[67] estigmatizadoras, crueles, injustas e injustificables, violatorias de la dignidad humana;

-que se ha probado inútil para combatir el crimen y más inútil aún para contener las condiciones pisco-sociales de las violencias criminales en general; y que en todo caso las preserva, reproduce y agrava;

-que los ciudadanos usuarios no constituyen peligro alguno para sí ni para la sociedad, y las penas que sufren carecen de fundamentos científicos; y están arraigadas en la ignorancia, prejuicios culturales y religiosos, e intereses económicos de los beneficiarios de la prohibición -dentro y fuera de la Ley-

-que la marihuana no es una sustancia adictiva y, salvo algunos casos excepcionales y condiciones particulares, los usuarios de marihuana no son

---

Veteranos, del Senado de Puerto Rico, en las vistas públicas sobre el P. del S. 517; 11 de noviembre de 2013. Publicada en Revista *80 grados*, 10 de octubre de 2013; "Marihuana: un mal imaginario", Revista *80 grados*, 28 de junio de 2013.

[67] Art. 404 Penalidad por posesión: (24 L.P.R.A. sec. 2404) (a) Será ilegal el que cualquier persona, a sabiendas o intencionalmente, posea alguna sustancia controlada, a menos que tal sustancia haya sido obtenida directamente o de conformidad con la receta u orden de un profesional actuando dentro del marco de su práctica profesional, o excepto como se autorice en esta Ley. Toda persona que viole este inciso incurrirá en delito grave y convicta que fuere será castigada con pena de reclusión por un término fijo de tres (3) años.

"adictos", por lo que no pueden juzgarse como tales según define la ley regente desde 1971[68];

-que la legislación existente y el orden de sus penas no protegen a la sociedad, principalmente porque se trata de un mal imaginario, de un "delito sin víctima" y sin relación de causalidad con la incidencia criminal en la Isla. Por el contrario, propicia la delincuencia y la violencia, la corrupción y el fraude en múltiples dimensiones sociales e institucionales, públicas y privadas;

-que, a sabiendas que las propiedades narcóticas de la marihuana no inducen trastornos psicológicos generalizables ni conductas criminales o peligro alguno al sujeto usuario y la sociedad, la pena de "rehabilitación" constituye un eufemismo de una práctica despótica de manipulación y subyugación psicológica, antagónica a los principios éticos y dere-chos civiles en las sociedades democráticas;

-que la ley atenta contra la singularidad existencial del ciudadano y restringe de manera abusiva e ilegítima la libertad y el derecho de la persona a disponer de su propio cuerpo, salud y bienestar físico y mental...

- En este contexto, la criminalización de la ciudadanía consumidora de marihuana, estimada en 535,000 personas (según informe de AMSCA), constituye una práctica de menosprecio a la vida, al bienestar y la seguridad de estos seres humanos.

2. Paralelo a las gestiones propuestas con relación al carácter inconstitucional de la política prohibicionista, solicítese al Secretario

---

[68] "Adicto" significa todo individuo que habitualmente use cualquier droga narcótica de forma tal que ponga en peligro la moral, salud, seguridad o bienestar público o que está tan habituado al uso de las drogas narcóticas, que ha perdido el autocontrol con relación a su adicción. (Art. 102, op.cit.)

de Salud que, en el ejercicio de su autoridad legal[69], elimine la marihuana de entre las clasificaciones de la ley de sustancias controladas porque no reúne los requisitos para retener su inclusión -según dispuestos en la misma-.[70]

3. Consonó con las tendencias despenalizadoras internacionales, y en armonía con los principios constitucionales y conocimientos científicos actuales, el Estado de Ley puertorriqueño debe reconocer el poder discrecional a la autoridad médica para prescribir marihuana con fines clínicos, y que su potestad al respecto quede sujeta dentro del marco de regulaciones aplicables a cualquier otra droga o tratamiento de enfermedades o condiciones de salud. En tal caso, el Secretario de Salud insular cuenta con el hecho de que su uso medicinal es aceptado y legal en un creciente número de jurisdicciones estatales en los Estados Unidos.

Conclusión

Es preciso repensar críticamente nuestro ordenamiento jurídico penal en conjunto, revisar las legislaciones que antagonizan con los preceptos constitucionales relativos a los derechos humanos, en consonancia y en función de sus objetivos centrales (la seguridad, el bienestar y el goce de los derechos humanos y libertades civiles). La autorización del Gobierno federal a tratar el asunto de la despenalización regulada de la marihuana de manera autónoma no se limita a la instancia de la Asamblea Legislativa. La potestad jurídica para enmendar nuestras leyes y ajustarlas a nuestra realidad cultural, económica y social, también recae en el Tribunal

---

[69] Art. 201 Autoridad y normas para clasificar sustancias. (24 L.P.R.A. sec. 2201); Ley Núm. 4 de 1971.

[70] La ley de sustancias controladas sitúa la marihuana bajo Clasificación I.: (A) La droga u otra sustancia tiene un alto potencial de abuso. (B) La droga u otra sustancia no tiene uso medicinal aceptado en los Estados Unidos. (C) Ausencia de condiciones aceptadas de seguridad para su uso bajo supervisión médica. El Secretario de Salud debe excluir la marihuana del registro de sustancias prohibidas porque: 1. no representa potencial de abuso real que pueda generalizarse indiscriminadamente a todos sus usuarios; 2. y el conocimiento científico actual sobre sus efectos narcóticos evidencia que no existe riesgo para la salud pública, ni riesgo de crear dependencia psíquica o fisiológica que, salvo excepciones singulares, dañen la salud de la persona usuaria.

Supremo, que tiene el poder y la autoridad legal para garantizar su concordancia con las garantías constitucionales, enmendar sus contradicciones y suprimir delitos incongruentes con los derechos civiles y humanos. También el Gobernador de Puerto Rico tiene la responsabilidad y el poder legal de hacerlo, en caso de que el cuerpo legislativo y la alta rama judicial se desentiendan de sus obligaciones constitucionales.

La criminalización de los usuarios de marihuana, trátese de consumidores, productores o comerciantes, es uno de esos errores y excesos legislativos que debemos enmendar radicalmente. La despenalización regulada es el primer paso para enmendar los yerros legislativos que amenazan con agravarse en el porvenir. La despenalización, en este sentido, no solo representa los valores constitucionales sino que, visto desde una perspectiva criminológica, contribuyen a paliar las violencias callejeras provocadas por la prohibición, así como las corrupciones y fraudes que gravitan en su entorno.

Pero más allá de la marihuana, comprendamos que la "guerra contra las drogas" ilegalizadas hace más daño a la sociedad que su comercio y consumo. La evidencia histórica nos ha dado la razón y contamos con argumentos jurídicos, éticos y políticos sólidos para ponerle fin en definitiva. La novena enmienda de la Constitución estadounidense y su versión puertorriqueña (Art. II, Secc.19), no son enigmáticas ni carentes de sentido y pertinencia actual. Por el contrario, son pilares éticos y políticos fundamentales para fortalecer y amplificar el horizonte de los derechos humanos y principios democráticos en nuestra sociedad. De nuestra parte queda hacerlos valer…

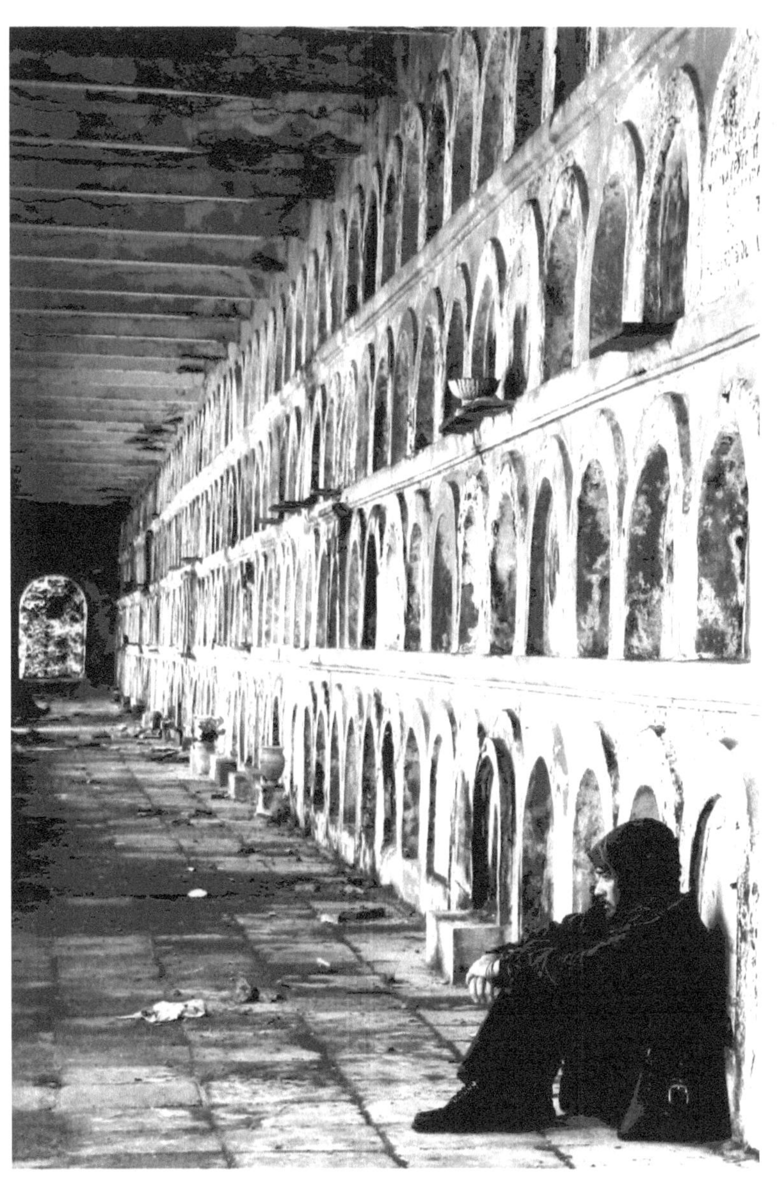

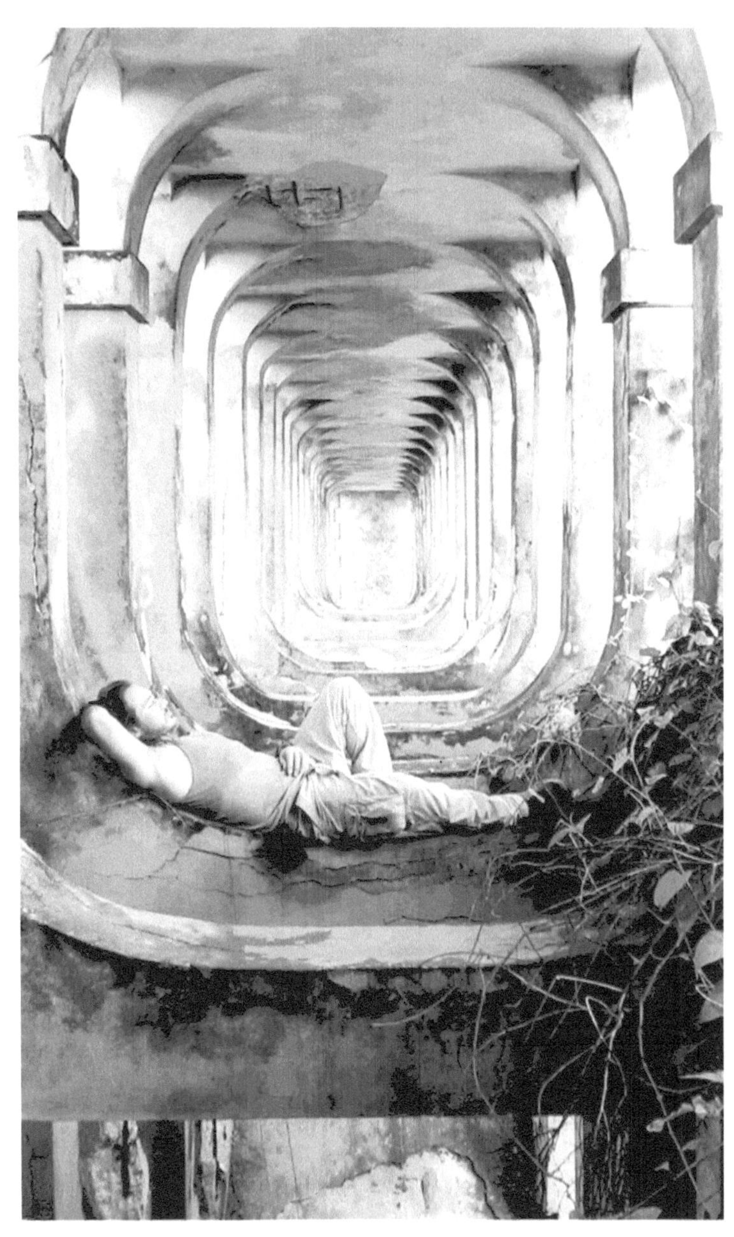

2014

Sexo, Salud y Religión[1]

La decisión de la jueza del Tribunal Supremo de los Estados Unidos, Sonia Sotomayor, de bloquear la cláusula de la ley de Reforma de Salud que dispone integrar métodos anticonceptivos entre las garantías de cobertura médica, responde a presiones irracionales de órdenes religiosas fundamentalistas y no a la racionalidad jurídica-constitucional bajo la que se cobija el derecho a la credulidad religiosa en las sociedades democráticas. De una parte, cabe sospechar cierta ineptitud por parte de la jueza en lo que respecta a su capacidad de "interpretar" el derecho constitucional a la libertad de credo. De otra, manifiesta incompetencia intelectual para articular una postura jurídica, ética y política, cónsona con los principios democráticos y los derechos humanos que promueve la Reforma de Salud en general y la disposición relativa a métodos anticonceptivos en particular. La jueza parece ignorar que esta cláusula responde a los derechos reproductivos de las mujeres; estimula el control racional de la natalidad y la planificación familiar; y atiende la prevención de enfermedades de transmisión sexual, entre otros problemas sociales.

Aunque la "demanda" es generalizada entre grupos religiosos fundamentalistas en Estados Unidos, con ecos en la Isla, trátese de sectas católicas, protestantes y demás, está basada en supersticiones que no deben obstruir el ejercicio de la justicia social y el derecho universal a la salud de la ciudadanía, por más "ofensiva" que pudiera perecerles. Es de conocimiento general que la mayor parte de las sectas de la cristiandad y sus jerarcas no guardan reparo ante los índices de mortandad infantil, desnutrición y carencia de recursos médicos en las regiones más empobrecidas del planeta, toda vez que condenan como pecado mortal a cualquier mujer que tome potestad sobre su propio cuerpo, que goce de su sexualidad fuera del matrimonio y al margen de sus consagrados prejuicios, y que decida por sí misma traer o no una nueva vida al mundo. Tampoco les importan las enfermedades sexuales y prefieren fustigar a quienes las sufran antes que prevenirlas efectivamente, toda vez que se oponen a la educación sexual en las

---

[1] "Sexo, Salud y Religión"; Revista *80 grados*, viernes, 10 de enero de 2014 (http://www.80grados.net)

escuelas y al uso de anticonceptivos, porque creen que es pecaminoso, atenta contra principios bíblicos y ofende a Dios.

La impostura de la jueza Sotomayor legitima la misoginia de los patriarcas religiosos contra los derechos de la mujer, "validando" la paradójica demanda de una orden de monjas, que han contraído nupcias con un ser imaginario, desprecian la naturaleza sexual de sus propios cuerpos y condenan moralmente a quienes, aun entre los creyentes, aprendieron a placerse con sus cuerpos, pasional y racionalmente.

La sinrazón religiosa que hoy pone trabas a la ley "cree" que los métodos anticonceptivos, como la "píldora del día después", inducen a prácticas abortivas y que cualquier forma de terminación artificial del embarazo constituye un acto criminal que debe ser prohibido con fuerza de ley y la mujer castigada severamente. Creen que los métodos anticonceptivos incitan a sostener relaciones sexuales sin fines reproductivos y eso contraviene el plan de Dios, quien habría provisto de órganos sexuales al ser humano solo para procrearse y no para gozarse. Creo que el placer sexual está permitido a parejas casadas, pero solo como cuestión secundaria, porque tampoco los casados pueden controlar artificialmente la posibilidad de embarazo, y aun si les fuese indeseado la decisión de engendrar y parir es de Dios en primera y última instancia, no de la mujer. La mujer –siempre pecadora- resigne su existencia a la maldición originaria: "…con dolor parirás a tus hijos y tu deseo te arrastrara a tu marido, que te dominará"

Mirando el asunto con seriedad, ¿acaso la Reforma de Salud pone en jaque el derecho constitucional a la "libertad" religiosa? No, claro que no. Solo a las tiranías inhumanas de la fe y los despotismos deshumanizantes del creyente…

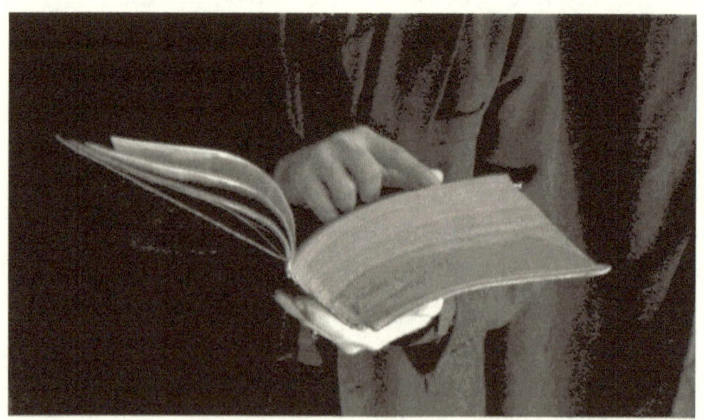

Palabras[2]

Las palabras son narcóticos de consumo generalizado en las sociedades (pos)modernas. Sus efectos alucinógenos gozan de una demanda popular sin parangón. Su potencia adictiva afecta la psiquis humana a escala global y en todas sus dimensiones. Tan así, que ni siquiera podría pensarse lo humano sin ellas. Incluso el silencio le es sintomático. Hasta el deseo y el odio, el amor, el dolor y el olvido, están hechos de palabras. Sin privilegio de excepción ni un afuera de sus dominios, todos estamos a merced de sus gracias y mañas; las más de las veces sin conciencia de sus encantamientos y maleficios. Casi todo cuanto somos, o creemos ser, está hecho de palabras; y así lo que queremos, lo que creemos y sentimos.

A nadie extraña el inmenso poder que ejercen sobre nuestras vidas. Hay palabras que curan y palabras que enferman, e incluso una misma puede curar y enfermar a la vez. Como la palabra Dios, que incita compasión y misericordia a la vez que desata las más crueles pasiones (in)humanas. Lo mismo las palabras Justicia y Libertad. Hasta las palabras anémicas de sentido ejercen una poderosa influencia narcótica sobre nuestras ilusiones de felicidad y moldean despóticamente nuestros estados anímicos.

Las palabras son drogas psicoactivas, estimulantes y depresivas. La vida social nos induce a depender de ellas irremediablemente. A veces nos procuran placeres y consuelos; o nos ocupan la existencia en (sin)razones; nos adormecen las ganas; nos emboban; nos embrutecen. Así las más profundas como las de moda; las que prohíben o las prohibidas.

Al final, la Verdad, palabra que de querer decirlo todo termina diciendo nada. La Realidad está hecha de palabras; y en ella la historia como la poesía; el saber, el engaño y la mentira. En nuestra temprana infancia aprendimos primero a escucharlas y a decirlas. En la escuela nos enseñaron a leerlas y escribirlas. Si podemos leer lo recién leído, "agradezcámoslo" a los maestros.

En un mundo hecho de palabras -con ellas, contra ellas o a pesar de ellas- lo que resta es "negociar" sus sentidos.

---

2 "Palabras"; *El Nuevo Día*, domingo, 19 de enero de 2014 (http://www.elnuevodia.com)

Pedófilos de Dios[3]

Por más que los ideólogos de la cristiandad se afanen en "interpretar" la palabra de Dios, descifrar los misterios de sus silencios y omisiones, ambigüedades y contradicciones, y fijar significado trascendental a sus intenciones, lo cierto es que no existe referencia en las "sagradas escrituras" que condene la pedofilia, en cualquiera de sus manifestaciones. Pero el problema de fondo no es teológico sino político. La Iglesia católica y demás sucursales de la fe cristiana se creen inmunes al ordenamiento constitucional de los estados de Derecho, y se reservan para sí la potestad de rendir cuentas sobre sus negocios, cualesquiera que estos sean. Tras el estribillo "el reino de Dios no es de este mundo" encubren violaciones a las leyes civiles y se creen exentas de sus autoridades fiscalizadoras. Creídas superiores al ciudadano común, porque se creen intermediarias elegidas y privilegiadas de Dios, celan una política gerencial de secretividad absoluta, subordinada a un poder transnacional privado, de gran influencia sobre la vida política y social.

La incidencia de eclesiásticos pedófilos es un problema más complejo que lo expuesto al juicio público en los medios. La prohibición de la pedofilia o pederastia es un arreglo jurídico o "pacto social" moderno, que la tipifica como delito en los códigos penales y castiga severamente con fuerza de ley; aún cuando el objeto "protegido" ("menores" de edad) de las tentaciones sexuales de sujetos "mayores" varíe arbitrariamente en cada país y época. No obstante, la Iglesia tampoco está obligada a respetar los convenios sociales que resguardan las leyes civiles, si así lo determina la autoridad del Vaticano o demás "intérpretes" de la voluntad divina en los primitivos textos bíblicos.

La raíz del problema no está en los sujetos acusados de perversión, juzgados como criminales o diagnosticados como enfermos mentales. La Iglesia es un negocio privado y debe estar sujeta inexcusablemente a las leyes civiles y justicia seglar del Estado, porque sus dominios sí son de este mundo; y, aunque su Dios es imaginario, sus prácticas cotidianas afectan a personas reales, menores de edad y adultas...

---

[3] "Pedófilos"; *El Nuevo Día,* domingo, 16 de febrero de 2014 (http://www.elnuevodia.com)

Más acá de Venezuela[4]:
De la utopía socialista al fanatismo anti-intelectual

Es en el contexto de la polarización estéril en que los principales medios (in)formativos (impresos y digitales) han encuadrado el asunto de Venezuela y en el contexto de la saturación de fanatismos irreflexivos en las redes sociales, que cobran particular pertinencia los temas que abordaré en este escrito. Considerando su relevancia coyuntural, redacté un breve extracto que fue publicado en la versión digital del periódico *Claridad* y la versión impresa del periódico *El Nuevo Día* a mediados del mes de marzo. El artículo, que reproduciré íntegramente como preámbulo, fue objeto de reconocimiento asertivo por sus propios méritos, pero también de tergiversaciones y ataques que, sin embargo, confirman la relevancia de subir al escenario de la discusión política en la Isla los planteamientos críticos (teóricos, éticos y políticos) que esbozo en este trabajo.

No intereso articular defensa alguna sobre las acusaciones contra mi persona, y solo espero que el contenido de lo que expondré a continuación, más allá de las alusiones directas al caso de Venezuela, sirva de incentivo para pensar críticamente sobre aspectos sensibles de lo que constituye lo democrático y lo revolucionario en el imaginario político latinoamericano en estos tiempos; así como los términos en que, desde "la izquierda puertorriqueña", tramitamos las solidaridades y problematizamos la realidad que las anima, o dejamos de hacerlo…

Preámbulo

El respeto a la soberanía e independencia de las naciones no exime al resto de la humanidad que reside en las afueras de sus fronteras de asumir posturas críticas sobre sus asuntos "internos". A todas cuentas, vivimos todos en un mismo planeta, y las fronteras

---

[4] **"Más acá de Venezuela: De la utopía socialista al fanatismo anti-intelectual"**, Revista 80grados, 24 de abril de 2014 (http://www.80grados.net) Versión acotada en: "**Venezuela**"; *Claridad*, miércoles, 12 de marzo de 2014 (http://www.claridadpuertorico.com) y en *El Nuevo Día*, domingo, 16 de marzo de 2014 (http://www.elnuevodia.com)

nacionales son artificios históricos que no pueden valer más que la gente que lo habita. Los escenarios de guerra interior, como cualquier otro orden de conflictos que degenere en brutalidad policial o militar y demás géneros de violencias, también civiles, debe ser objeto de enjuiciamiento incisivo por parte del mundo circundante; y la razón y la búsqueda de la verdad deben prevalecer sobre las pasiones irracionales, sean de derecha o sean de izquierda.

Los medios (in)formativos tienen la responsabilidad inexcusable de tomar partido a favor de la verdad de los hechos; pero los hechos no cesan de desbordarse de sentidos y sinsentidos; y la verdad reaparece incesantemente en fuga, escurridiza e inaprensible. Entre tanto, las violencias del gobierno siguen en escalada al son de las violencias de sus opositores, alimentándose mutuamente de odios y frustraciones, de cinismos y engaños, de mezquindades y rencores. Si la oposición es aplacada por intimidación y fuerza bruta, pierde la sociedad entera. Si la oposición al final se impusiera mediante golpe de Estado, también perdería Venezuela.

Reconozcamos que existen dimensiones de complejidad que hacen virtualmente imposible discernir con entera certeza las causas más profundas del conflicto. Pero sabemos que los choques de intereses vician el entendimiento entre las partes, y el incremento de las tensiones cotidianas imposibilita gestionar las diferencias de maneras "civilizadas"; es decir, sin brutalidades.

Por el momento, no creo que los puertorriqueños aportemos a ninguna causa justa para el porvenir de esa nación hermana si cedemos a los credos, chantajes y demás propaganda de panfleto del "chavismo" o de sus adversarios. Acusar al imperialismo yanqui de los disturbios es tan absurdo como acusar al gobierno cubano de conspirar para controlar ideológicamente a los venezolanos.

La solidaridad sin condiciones es puro fanatismo, venga de donde venga; y la idolatría a las figuras de gobierno es tan perniciosa como la adulación al liderato opositor. No hay una verdad revolucionaria que se oponga de manera absoluta ante la mentira reaccionaria.

Pienso que no es alternativa legítima y justa un socialismo despótico como tampoco la vuelta a la tiranía capitalista. No sabemos cuál será la resolución final, pero sí que importa más cómo se las ingenien y actúen para llegar a ella.

Mientras el hacha va y viene... impóngase la vida humana sobre todas las diferencias.

De la utopía socialista y la aporía nacionalista

Las revoluciones democráticas del siglo XXI, sus manifestaciones políticas y respectivos proyectos de justicia social, tienen –o deberían tener- a los derechos humanos como matrices de sus acciones inmediatas y prospectivas. Los proyectos en que se materialicen tienen el encargo fundamental de preservarlos, fortalecerlos y amplificarlos. Dentro de estas coordenadas ideológicas, la progresiva democratización de los Estados de Ley y sus constituciones jurídicas no deben reducir mecánicamente las cuestiones humanas a determinismos de naturaleza económica. Los cambios estructurales que se promuevan en nombre de la "justicia social" deben adecuarse sensiblemente a una dimensión de complejidades humanas que trasciende cualquier análisis economicista.

La experiencia histórica ha demostrado que un proyecto socio-político socialista que no lo reconozca no puede presentarse como alternativa radical frente al modelo capitalista dominante. Las reflexiones teóricas y experiencias políticas que antecedieron y le siguieron a la caída del bloque soviético y al "fin" de la guerra fría dieron luz sobre estas cuestiones. Un análisis histórico, reflexivo y crítico, nos previene de las consecuencias de ceder a las ilusiones míticas de la utopía socialista y a la ingenuidad de su propaganda de panfleto anticapitalista.

Si bien los principios políticos e ideales abstractos de libertad, justicia e igualdad, conforman aún el horizonte de las luchas reivindicativas de la humanidad, se requiere de sostenidos esfuerzos intelectuales y de una profunda integridad ética para comprender los modos como, en su nombre, también pueden volcarse y degenerar en lo contrario a lo que aspiran.

Demás está decir que la lectura de Marx es teóricamente insuficiente para comprender la eficacia de los modos de dominación e injusticias que actualmente sostienen la hegemonía ideológica del capitalismo a escala global. Aún así, debe estudiársele con el mismo espíritu crítico que él lo hizo sobre su objeto de estudio durante el siglo XIX. No obstante, persiste aún una tendencia entre los movimientos socialistas latinoamericanos a desvirtuar el carácter reflexivo que constituye la piedra angular de la obra del filósofo alemán.

Agrava la situación en todo el continente las influyentes corrientes de anti-intelectualismo que oxigenan pasiones irracionales, animan ilusiones irrealizables e incluso promueven deseos de apariencia revolucionaria pero que son, en el fondo, reaccionarios e indeseables.

La imaginería nacionalista contribuye paradójicamente a esta realidad, suplantando la necesidad de realizar profundos esfuerzos intelectuales con la complacencia inmediatista de dogmas patrióticos. De una parte, el discurso nacionalista se levanta contra la injerencia de intereses imperialistas extranjeros y, de otra, se impone como autoridad infalible y absoluta del poder reinante. Sea bajo un régimen de gobierno militar o civil, de izquierda o de derecha, en nombre de la Patria se han realizado innegables reivindicaciones humanistas, pero también se han cometido innumerables atrocidades contra los seres humanos. En un contexto en el que predomina el anti-intelectualismo nacionalista, las ciencias de lo político y de la vida social quedan desacreditadas frente a romanticismos populistas e invectivas patrioteras. La credulidad religiosa es, tal vez, condición primera de esta modalidad de anti-intelectualismo.

Del nacionalismo católico/evangélico y la (im)posibilidad revolucionaria

Paralelo a la fuerza adormecedora que ejerce sobre la razón crítica la demagogia populista y la retórica patriotera del discurso nacionalista, y la poderosa influencia embrutecedora del anti-intelectualismo que lo mueve y que lo sostiene, otra fuerza agravante y de consecuencias nocivas para los derechos democráticos opera dentro del imaginario político dominante en las izquierdas latinoamericanas, indiferenciadamente de sus contrapartes de derecha. La separación formal de Iglesia y Estado en los textos constitucionales se hace virtualmente inexistente por defecto de las clases gobernantes que comulgan y exhiben abiertamente sus creencias religiosas y las usan para justificar sus actos, así como para desprestigiar a sus adversarios.

Lo más terrible y vergonzoso de esta realidad es que, si bien se opera un falseamiento y encubrimiento sistemático de la realidad histórica, la clase política dominante manipula el lenguaje y simbología religiosa para suplantar con premisas falsas y primitivas supersticiones la actitud reflexiva y crítica, científica y filosófica, ética y política que urge en todo momento. Tal sucede en el contexto "revolucionario" de Venezuela. Es política del gobierno bolivariano ignorar el papel protagónico que jugó la Iglesia católica romana en la historia de la conquista y colonización europea de las Américas; ignorar las atrocidades genocidas que patrocinó abiertamente, incluyendo la empresa esclavista, la subordinación de las mujeres al ideario patriarcal judeo-cristiano y la violencia asesina contra homosexuales, por referir solo algunos ejemplos. La Biblia sigue siendo un recetario de valores antagónicos a los derechos humanos, y el gobierno de Venezuela, en idénticos términos a como lo hacen sus opositores políticos, manipula sus contenidos para movilizar/manipular a las masas.

Recordemos que, desde finales del siglo XV, la evangelización cristiana constituyó un eufemismo del imperialismo europeo, y la conversión forzada al catolicismo un poderoso recurso de colonización ideológica, de control social y dominación política. No obstante, el nacionalismo latinoamericano fue católico desde sus estadios iniciales. Desde las sediciones e insurgencias coyunturales hasta las guerras de independencia, el grueso de los movimientos independentistas estuvo dirigido, predominantemente, por élites políticas y militares católicas. Desde entonces, la subsistencia del negocio de la Iglesia católica en la región ha estado sujeta a su capacidad institucional de amoldarse a los cambios de mando en las administraciones de gobierno, indistintamente de sus respectivas orientaciones ideológicas y fronteras nacionales. El concepto de "patria" nunca le ha sido extraño, y se ha ajustado a conveniencia en su devenir histórico, antes con la madre patria española, luego con las patrias emergentes, convertidas en estados nacionales independientes pero sin dejar de ser oficialmente católicos.

La complicidad de la Iglesia católica romana con las dictaduras militares y las oligarquías latinoamericanas es harto conocida y se puede rastrear sin mayores dificultades. Al margen de ciertas elucubraciones teológicas y modulaciones retóricas de algunos políticos de la izquierda nacionalista católica o evangélica, el saldo de las credulidades religiosas de la cristiandad latinoamericana confirma la efectividad del inmenso poder colonizador de la institución eclesiástica, aún en el siglo XXI. La Iglesia católica es una corporación transnacional. Su hegemonía en el mercado regional de la fe y su predominio en el comercio de primitivas supersticiones y moralidades anacrónicas, le requiere de flexibilidad gerencial en materia de alianzas políticas. El oportunismo de la alta jerarquía eclesiástica es solo comparable al oportunismo de las clases políticas que comparten y se apropian a conveniencia del discurso religioso para manipular a la ciudadanía, ya para retener los mezquinos intereses del capitalismo, ya para justificar las contradicciones, ambivalencias e insuficiencias del proyecto socialista.

El actual gobierno bolivariano de Venezuela es ejemplar al respecto. El presidente Nicolás Maduro relató a los medios (in)formativos que, a inicios de la campaña electoral y mientras oraba solitariamente en una pequeña capilla católica, adornada con un Cristo y una foto grande de Chávez, entró un "pajarito chiquitico" que dio tres vueltas alrededor de su cabeza, se postró en una viga de madera y silbó: "...si tú silbas yo silbo, y silbé..." El pajarito "silbó un ratico, me dio una vuelta y se fue... y yo sentí el espíritu de él." El primer mandatario venezolano no vaciló en detallar su experiencia "espiritual" y añadió enseguida que sintió al fenecido gobernante "...como dándonos una bendición, diciéndonos 'hoy arranca la batalla, vayan a la victoria, tienen nuestras bendiciones...'"

Posteriormente, en rueda de prensa donde anunciaba con júbilo la selección del nuevo papa de la Iglesia católica romana, por su origen latinoamericano, dijo con seriedad y convicción: "...nosotros sabemos que nuestro comandante ascendió hasta esas alturas, y está frente a frente a Cristo. Alguna cosa influyó para que se convoque a un papa suramericano..." En la última entrevista concedida a CNN internacional, a inicios del mes de marzo, el presidente Maduro alegó que la anécdota de la aparición del espíritu de Chávez por mediación del pajarito ha sido "desfigurada": "¿Para qué? Pa' presentarme a mí como loco..." No negó la autenticidad de su experiencia espiritual y la justificó invocando el respeto a la "espiritualidad" de cada uno, que –según cree- es la base para "entenderse y conectarse con Dios." Reiterando el carácter católico de sus convicciones religiosas, aseveró que el estado de situación actual, desde que inició la "revolución bolivariana" hace quince años, es un milagro de Dios: "Dios existe. ...y el mundo maravilloso de nuestro Dios, de nuestro Cristo (pausa) ...ten la seguridad que nos acompaña con sus bendiciones… de distintas maneras nos acompaña. Si no, no hubiéramos llegado a donde estamos hoy parados… Lo que ha sucedido… es un verdadero milagro, y el milagro continuará…"

Dentro de la imaginería religiosa, los milagros son sucesos carentes de sentido racional e inexplicables mediante lógica científica. Por tratarse de hechos atribuidos a la intervención divina, pueden prescindir de todo intento explicativo, despreciando cualquier análisis serio y profundo como ejercicio insustancial de la razón, como esfuerzo intelectual superficial y vano. El recurrente anti-intelectualismo que caracteriza la propaganda ideológica del discurso "bolivariano" moderno tiene raíces religiosas fundamentadas en las primitivas doctrinas de la Iglesia católica romana. Esta realidad no se materializa de manera exclusiva en la dimensión de una credulidad religiosa inconsecuente para la vida política en general o en la aparente inocencia de las prácticas de la espiritualidad de cada sujeto singular. Más adelante trataré este tema con referencia al ámbito constitucional.

Quiero acentuar antes que existe una diferencia abismal entre la persona que dice hablar con Dios y cree que este lo escucha y que incluso atenderá sus súplicas, y la persona que cree que Dios le ha hablado directa o indirectamente, ya sea porque escuchó su voz, se le apareció en sueños o por medio de un emisario, sea en la forma de un ángel, de una virgen o de un pájaro. Al primer tipo de persona corresponde una subjetividad religiosa o espiritual a la que no se le suele diagnosticar trastorno psicopatológico alguno, principalmente porque sus amigos imaginarios son relativamente inofensivos para la sociedad e incluso cumplen una función emocionalmente estabilizadora o anímicamente consoladora. Por el contrario, en la persona que cree que Dios le ha hablado, sí es común sospechar indicios de algún trastorno de personalidad y, dependiendo de la severidad de los síntomas y del particular cuadro clínico, clasificarla dentro del amplio registro de la enfermedad mental o la locura. Pero no me interesa abordar aquí los dominios ideológicos de la psiquiatría o los intereses económicos de la industria farmacéutica en la promoción de etiquetas psicopatológicas. A los latinoamericanos revolucionarios no nos puede ser indiferente la marcada religiosidad del primer mandatario venezolano, principalmente porque constituye un obstáculo intelectual de primer orden a los proyectos emancipadores y reivindicativos de los derechos humanos en esta parte del mundo.

La preocupación tiene raíces históricas, y no debemos ignorar los efectos psico-sociales de un poder político, económico y militar que invoca a Dios como garante legitimador de sus dominios, y remite a la Biblia como fuente de inspiración de sus actos y proyectos futuros.

Ningún proyecto político revolucionario puede asentarse en alteraciones perceptuales de la realidad o estimular trastornos en la conciencia de la misma (alucinaciones, delirios, paranoias, etc.) La religión estimula estos comportamientos y suelen degenerar en actitudes hostiles contra quienes no comulgan con los mimos credos, así como justificar la petrificación de entendidos irracionales, creencias absurdas y leyes injustas. Cuando un jefe de Estado, comandante de las fuerzas armadas de su país y respaldado mayoritariamente por el electorado, cree que el Dios imaginario, violento y cruel, de la Biblia, es realmente un aliado suyo, y lo que pasa en su entorno está directamente vinculado a un proyecto divino, nada bueno augura el porvenir.

Un proyecto político socialista revolucionario es antagónico e irreconciliable con el nacionalismo católico/evangélico, y contraproducente al ideario democrático/emancipador de nuestra América. Sépase: Dios no existe y las revoluciones no son milagros.

Estado de Ley: Constitución y derechos democráticos

La idealización lisonjera del estado actual del derecho constitucional en Venezuela, como en cualquier otro estado nacional del mundo, es una irresponsabilidad política e intelectual. Las cartas de derechos "formales" siguen siendo insuficientes y los derechos humanos permanecen sujetos al poderío despótico de la Ley. Las virtudes humanistas consagradas en el texto constitucional bajo el signo de los derechos democráticos no pueden usarse para justificar sus insuficiencias, faltas y contradicciones. Por ejemplo, la Constitución venezolana consagra como un derecho político consustancial con la vida democrática el de la manifestación pacífica, y los ciudadanos tienen derecho a manifestarse, pacíficamente y sin armas, sin otros requisitos que los que establezca la ley. (Artículo 68) Chávez, con referencia a la Constitución, incluso se mofó públicamente de la idea de pedir permiso para ejercer el derecho a la protesta. Sin embargo, Maduro ha restaurado la potestad absoluta del Estado para coartar este derecho democrático condicionándolo a obtener permiso previo de la autoridad de gobierno: "...para marchar en este país se necesita un permiso, de acuerdo a la ley...".

Podemos comprender las reservas preventivas del gobierno como reacción defensiva ante las manifestaciones violentas de algunos ciudadanos, y que se tomen las medidas de seguridad pertinentes para regular y controlar los excesos, como es natural en cualquier país. Pero el temor gubernamental no justifica la suspensión o el condicionamiento arbitrario del derecho a protestar, sobre todo cuando se hace contra el propio gobierno. Este es un principio democrático, ético y político, fundamental, aun cuando el poder del Gobierno, en estado de guerra (que no es el caso), declare un régimen de excepción o estado de sitio, suspenda las garantías constitucionales y faculte a las fuerzas armadas o autoridad militar a regir sobre la sociedad civil.

Hay otros aspectos sensibles que ponen en entredicho el carácter democrático del texto constitucional venezolano. Todavía el espíritu absolutista de la Ley sigue contradiciendo explícitamente principios políticos democráticos que son esenciales. Por ejemplo, la Constitución reconoce que toda persona tiene derecho a la libertad de conciencia y a manifestarla, salvo que su práctica (...) constituya delito. (Artículo 61) Inmediatamente acentúa su contradicción: "La objeción de conciencia no puede invocarse para eludir el cumplimiento de la ley...". Pero la objeción de conciencia es un mecanismo de acción política legítimo e inalienable de todo ciudadano ante lo que juiciosamente considere injusto. Si el ciudadano es criminalizado por desobedecer una ley que atenta contra su conciencia, y es obligado a obedecer la ley solo porque lo impone la ley, ¿de qué le vale tener conciencia?

Asimismo, dado el carácter religioso del nacionalismo venezolano, persisten legislaciones constitucionales que discriminan arbitrariamente contra amplios segmentos de la población. Anulando el espíritu revolucionario del proyecto humanista del socialismo, reproduce los primitivos vicios moralistas del catolicismo romano, protegiendo de manera exclusiva y privilegiada el matrimonio entre un hombre y una mujer (Artículo 77), en desprecio tácito a los derechos humanos y civiles de la comunidad no-heterosexual.

Sobre la base de los mismos credos religiosos, los derechos reproductivos de las mujeres siguen coartados por la voluntad patriarcal del cristianismo predominante en el discurso y la práctica de la Ley. A pesar de saberse a ciencia cierta los riesgos a la salud y la vida de las mujeres, la opción del aborto sigue siendo ilegal, y la pena puede extenderse hasta dos años de cárcel para la mujer y hasta tres años al médico que le asista.

Y así, consecuentemente, podemos pasar balance crítico sobre otras numerosas áreas del derecho constitucional; detectar las insuficiencias y contradicciones del discurso de "ley y orden"; e identificar los obstáculos ideológicos que contravienen esos ideales democratizantes del humanismo revolucionario del que el imaginario socialista se presenta como portaestandarte.

Moraleja

Ciertos sectores que comulgan dentro de la imaginería política de "la izquierda" latinoamericana en general, y de la puertorriqueña en particular, permanecen entrampados en arcaicos esquemas mentales que imposibilitan comprender cuestiones teóricas y filosóficas más complejas que las habituadas a ocupar centralidad fija en el orden idealizado y petrificado de sus retóricas. Tanto el estancamiento intelectual como el anti-intelectualismo son efectos de una suerte de dogmatismo ideológico, que no solo entorpece las posibilidades de concretizar los cambios anhelados, sino que, además, arriesga a que de operarse las transformaciones estructurales deseadas, poco o nada cambie en lo esencial.

Los ideales abstractos que animan la utopía socialista deben tener su materialidad más precisa en la vida humana y no fuera de ella. Las alternativas a un capitalismo deshumanizante no pueden recrear los mismos patrones de conducta, entendidos y creencias irracionales que lo sustentan. El anti-intelectualismo en la dimensión de lo político tiene raíces profundas en las credulidades religiosas, y el saldo es siempre una trivialización de los problemas reales, y tiene por efecto producir "soluciones" que degeneran en superficialidades, si no en contradicciones.

El nacionalismo no es una virtud en sí mismo, y a la larga termina embruteciendo del mismo modo que cualquier otro fanatismo religioso. El nacionalismo católico no solo contradice el ideario revolucionario del proyecto socialista sino que, además, lo imposibilita. La separación constitucional de Iglesia y Estado no se limita a la forma institucional de la Iglesia sino que obliga al Estado a abstenerse de cualquier alusión o referencia al discurso religioso, en cualquiera de sus manifestaciones. En un Estado Democrático de Derecho, ni Dios ni la Biblia pueden invocarse como fuente de legitimidad de la autoridad política o como justificante de sus acciones. La Patria y Dios han sido los pilares ideológicos de todos los gobiernos de derecha, y si la izquierda los imita, ¿en dónde reside la diferencia sustancial? Si la respuesta remite exclusivamente a cuestiones económicas, ¿en qué consiste lo revolucionario del programa socialista?

Asimismo, es preciso advertir que la virtud de una sociedad democrática no reside en la obediencia ciega a la Ley, ni su valor trascendental lo constituye el despotismo de una mayoría electoral. El derecho de existencia de las minorías políticas y el respeto a las disidencias son partes integrales del ideario democrático, y cualquier intento de sojuzgar las diferencias para encuadrarlas en un molde ideológico único es un atentado contra el derecho humano a la singularidad existencial y la libertad.

El socialismo democrático no puede ser un estado rígido al que pueda llegarse de una vez y asentarse en definitiva. Es un proyecto ético-político-social en construcción permanente, inacabable por la naturaleza humana de sus constructores y detractores. No existe un modo único de hacer las cosas, que valga igual para todos y en todo momento. Lo que de revolucionario pueda tener cualquier intento por construir un mundo mejor, allá como en cualquier parte del mundo, no será determinado por las fuerzas de fanatismos ideológicos (religiosos o políticos) y sus propagandistas anti-intelectuales. Lo será, si acaso, por las fuerzas de luchadores pensantes, amantes y por ello a la vez críticos radicales de la humanidad y sus ilusiones de justicia y libertad…

Democracia[5]

En ocasiones, por tristezas que nos reservamos para nuestros adentros, nos deprimimos y nos bloqueamos; y las musas que animan nuestras escrituras, creídas cómplices leales pero también abrumadas, nos desertan. Pero lo prometido es deuda y aquí entrego mi columna. Espero que al menos provoque pensar en lo escrito, porque si agrada o perturba, no es que me dé igual, pero, como dice el cantor, la verdad no tiene remedio…

Tengo mil temas que quisiera subir a este escenario de letras impresas, pero preferí desempolvar una idea que traté hace casi veinte años, cuando todavía era estudiante y las derrotas no eran más que desafíos a la esperanza, quizás ingenua, de creer que con las palabras precisas, con sinceridad y absoluta honestidad, podíamos cambiar el mundo y hacerlo un poquito mejor. Fueron tiempos en que mi palabra comprometida y yo nos hicimos una misma persona. Desde entonces hemos sido objeto de miradas afines y solidarias, de reservas y críticas, y también de insultos y amenazas, calumnias y difamaciones.

A propósito de mi última columna en la sección *Buscapié*, en la que traté desde una postura ética el estado de situación en Venezuela, un sector del nacionalismo insular, retrógrado intelectualmente y políticamente reaccionario, puso el grito en el cielo. Fui acusado de haber sido "reclutado" por el periódico *El Nuevo Día* para contribuir a falsear "la realidad" y sabotear la "democracia bolivariana", en compinche con los dueños de los medios (in)formativos que conspiran a nivel global contra el proyecto socialista a favor del imperialismo yanqui. Además de esta acusación frívola y paranoide, efecto del fanatismo anti-intelectual que la anima, también fui acusado de faltarle el respeto a la "izquierda puertorriqueña", que, según alegan, cree y comulga incondicionalmente con los dogmas de panfleto "revolucionario" y la propaganda ideológica de ese gobierno latinoamericano. Me avergonzaría de "ella" si así fuera…

La idea que empecé a moldear cuando era estudiante y precisé en mi primer libro, *Utopía Democrática* (1998) era esta: De la democracia, sin duda, se puede decir cualquier cosa...

---

5 "Democracia"; *El Nuevo Día*, domingo, 20 de abril de 2014 (http://www.elnuevodia.com)

Seudónimos[6]

Sentenciaba Martí que quien oculta o no se atreve a decir lo que piensa no es una persona honrada. Sin embargo, en esta época en que las condiciones y espacios de expresión se han hecho virtualmente incontenibles, cada vez más personas se atreven a decir lo que piensan, mas no por ello puede generalizarse que sean honradas.

Es una paradoja propia de las democracias: el "derecho a ser honrado", es decir, a pensar y hablar sin hipocresía, está protegido implícitamente en las constituciones modernas, a la par con la "libertad de expresión" de casi cualquier tipo de farsante. En todas las dimensiones de la vida pública y privada, singular y colectiva, se cultivan hipocresías que antagonizan irremediablemente con la precaria virtud de la honradez.

Mediante el seudónimo, por ejemplo, la persona oculta adrede su nombre propio y lo sustituye por un referente de identidad falso. Pero esta práctica en sí misma no es enjuiciable moralmente, y sería injusto e injustificable decir: quien no tenga valor para dar la cara por sus palabras, que se calle.

El uso de seudónimos cumple funciones psicológicas y políticas precisas en cada escenario histórico en que se usan. A sus usuarios, en estos tiempos, les provee espacios de desahogo o les hace sentirse seguros para opinar lo que les venga en gana sin repercusiones. Pero tampoco sería correcto decir: quien se esconde tras un seudónimo es un cobarde.

Estas voces sin rostro saturan los medios de comunicación en las redes sociales, y aunque a veces contribuyen al intercambio enriquecedor de ideas y pareceres, también aprovechan su falsa identidad para insultar e infamar, hostigar o intimidar a personas que sí se arriesgan a dar la cara por lo que dicen y escriben.

No se trata de censurar o de querer prohibir el uso de seudónimos, porque a pesar de todo son expresiones del espíritu democrático y la libertad humana. Sólo advirtamos que también lo son de hipócritas y cobardes, embusteros, idiotas y cizañeros…

---

[6] "Seudónimos"; *El Nuevo Día*, sábado, 03 de mayo de 2014.

(A)teología de la liberación[7]:
la credulidad religiosa y la "izquierda" puertorriqueña

"Un día yo pregunté, abuelo ¿dónde está Dios?
Abuelo me miró triste, y nada me respondió..."
Atahualpa Yupanki

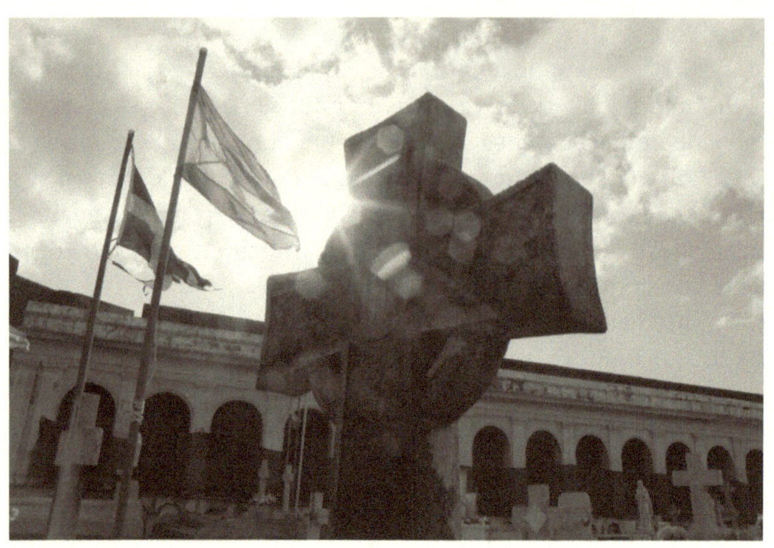

Entrampamientos de la "teología de la liberación"

La integración del discurso religioso de la cristiandad en el imaginario político de la izquierda latinoamericana en general y de la puertorriqueña en particular ha jugado un papel protagónico entre las causales históricas de su prolongada y agravada condición de crisis. Aunque los teólogos políticos de "izquierda" o teólogos "liberacionistas" suelen ser estimados como intelectuales progresistas, solidarios con las causas justas y bien intencionados, a la larga han desvirtuado el ideario revolucionario moderno de emancipación humana y trivializado el concepto de justicia social que le es consustancial. Este sector todavía forma parte de las elites intelectuales de izquierda y ejerce su influencia ideológica sobre los

---

7 "(A)teología de la liberación"; Revista *80grados*; 6 de junio de 2014 (http://www.80grados.net)

modos como se piensa y actúa lo político en nuestros tiempos. No obstante, lamentan con marcada nostalgia la progresiva desaparición de sus referentes ideológicos/religiosos en el discurso político contemporáneo; y todavía aún no han caído en cuenta de sus contradicciones e incoherencias como tampoco de los efectos nocivos de la credulidad religiosa para los proyectos políticos de objetivos emancipadores y de justicia social.

Dentro de este cuadro de época es preciso comprender las condiciones de aparición histórica del discurso de la "teología de la liberación", y abordar su impacto de manera reflexiva y radicalmente crítica, aún a riesgo de herir ciertas sensibilidades o de parecerle a algunos ofensiva la honestidad inquisitiva de la crítica. Ya he tratado temáticas relacionadas en otras publicaciones[8] señalando, por ejemplo, el carácter problemático y los efectos perniciosos de la credulidad religiosa en el imaginario político del nacionalismo católico en el contexto puertorriqueño[9] y latinoamericano[10]; en las políticas de gobierno y en los ámbitos jurídicos y legislativos; así como los efectos perniciosos a la vida social, singular y colectiva, del fundamentalismo religioso y sus discursos y prácticas antagónicas e irreconciliables con los principios, derechos y libertades democráticas, tanto en el escenario insular como en el ámbito internacional.

No intereso desestimar las aportaciones puntuales de los teólogos "liberacionistas" dentro de sus respectivos contextos. La corrupción institucional de la Iglesia católica romana y de sus sucursales caribeñas y latinoamericanas ha sido foco de atención de severas críticas por parte de este sector religioso, sobre todo por sus vínculos y alianzas con gobiernos despóticos, con oligarquías nacionales y regímenes militares. Pero no es esta dimensión la que nos concierne, pues a todas cuentas la fiscalización más severa de estas instancias proviene de sectores intelectuales seglares y militantes ateos, para los que el gran negocio de la credulidad religiosa y sus dispositivos de subyugación ideológica son negocios

---

[8] Ver Sued, Gazir; *(Im)posturas: antología de escritos periodísticos e investigativos… (2003-2013)*; editorial *La Grieta*, San Juan, 2014.

[9] "El Altar de la Patria y el nacionalismo católico puertorriqueño", Revista *80 grados*, 19 de julio de 2013. http://www.80grados.net

[10] "Más acá de Venezuela: de la utopía socialista al fanatismo anti-intelectual"; Revista 80 grados, 18 de abril de 2014. http://www.80grados.net/mas-aca-de-venezuela/

fraudulentos y corruptos por su propia naturaleza religiosa, autoritaria y absolutista.

Las aparentes virtudes de la teología de la liberación residen, mas bien, en su crítica a las prácticas deshumanizantes del capitalismo, a sus particulares políticas de explotación y dominación imperialista en la era (pos)colonial de las Américas. En este sentido, sin embargo, el valor singular de la teología de la liberación no se debe a su bagaje religioso sino a la adopción formal del marxismo y sus respectivas acepciones coyunturales y afinaciones teóricas. La *radicalidad* del discurso político de la teología de la liberación no se debe, pues, al carácter religioso de sus promotores intelectuales sino a su particular formación política en el marco de los proyectos socialistas de fines de los años 60 y 70 del siglo pasado.

El carácter religioso de la *crítica* manejada desde la perspectiva de la teología de la liberación desvirtuó desde sus inicios la potencia emancipadora de la crítica misma, impregnando de supersticiones e imposturas, equívocos y engaños, la imaginería política de la época. Todavía hoy sufrimos sus consecuencias, y las elites intelectuales de la izquierda latinoamericana e isleña deben advertirlas y superarlas, si acaso queremos viabilizar un proyecto político radicalmente emancipador, revolucionario y esperanzador.

La ética humanista que engloba y mueve el discurso socialista no es de naturaleza cristiana sino que, por el contrario, emerge en contraste y en abierta pugna con la cristiandad católica y protestante. Atribuir las virtudes morales y emancipadoras del proyecto socialista a la influencia del cristianismo es una impostura que debe erradicarse en definitiva. Se basa en el falseamiento calculado de la historia del imperialismo cristiano y en la ocultación fraudulenta, descontextualización y manipulación ideológica de los contenidos en las "sagradas escrituras".

Es preciso desembarazarnos de las ignorancias y supersticiones que invariablemente se cultivan mediante la credulidad religiosa, y desmentir la aparente autoridad moral de sus fundamentos. La manipulación a conveniencia de la figura mítico-literaria de Jesús es una táctica de subyugación ideológica que no debe pasar inadvertida. Se han aprovechado de las inconsistencias morales, las contradicciones, omisiones y ambigüedades de los textos *sagrados*, para imponer su autoridad interpretativa por encima de las autoridades eclesiásticas tradicionales. No obstante, los teólogos "liberacionistas" reivindican al mismo Dios vengativo y cruel que entronizan los fundamentalistas religiosos desde épocas primitivas. Sacan de contexto algunos fragmentos de la Biblia, omiten lo que no les conviene citar y moldean sus figuras protagónicas en función de un discurso puritano, de apariencia revolucionaria pero de esencia igualmente conservadora, tradicionalista y supersticiosa.

De la adulación de los profetas bíblicos, al margen de sus perfiles psicopatológicos (psicóticos, esquizofrénicos, paranoides, etc.) conservan la vocación mesiánica, y reclaman poseer la razón infalible para descifrar en definitiva el *verdadero* mensaje de Jesús y el plan de Dios para este mundo. Invisibilizadas las cruentas historias que entrelazan la historia de la cristiandad con las primitivas leyendas del judaísmo, inventan a un Dios "libertador" de los oprimidos del mundo. Su retórica no representa una ruptura epistemológica con el imaginario judeocristiano dominante sino que, por el contrario, lo refrenda en términos absolutistas, de igual modo a como históricamente han hecho los jerarcas eclesiásticos y los más diversos déspotas cristianos, católicos y protestantes.

La referencia a la leyenda mitológica de Moisés, por ejemplo, evidencia el carácter fraudulento de la propuesta "liberacionista" en conjunto. La caricaturización de esta figura literaria va aparejada del carácter infantil e infantilizante del discurso teológico judeocristiano. Ya el psicoanálisis dio cuenta sobre los mecanismos psicológicos que posibilitan la credulidad religiosa, pero son sus efectos psicosociales que afectan gravemente la vida política los que deben (pre)ocuparnos.

El Dios imaginado por la teología de la liberación pertenece a una demagogia de panfleto izquierdista y su génesis no se diferencia cualitativamente de las retoricas dominantes, aunque se posicionen del lado de los empobrecidos y miserables del mundo, de los excluidos y marginados, de los explotados y oprimidos. La alta jerarquía eclesiástica, desde sus estadios iniciales, siempre ha reclamado *ser* para los pobres. Sus negocios dependen de ellos, porque son su principal clientela. La *compasión* con los empobrecidos sigue siendo la clave publicitaria de la empresa eclesiástica y de sus variantes en competencia. Pero el concepto de un Dios "libertador" es absurdo, carece de fundamentos racionales y las pruebas más contundentes provienen de los propios textos *sagrados* compilados en la Biblia, no solo en su literalidad expresa sino, además, en la materialidad histórica de sus interpretaciones y usos prácticos.

Además, ambas categorías, "Libertad" y "Dios", son mutuamente excluyentes.

Es un rasgo distintivo de hipocresía y engaño ignorar sistemáticamente el carácter sanguinario y violento del Dios judeocristiano y las atrocidades perpetradas y legitimadas históricamente por sus creídos representantes terrenales. Las cruentas guerras de conquista imperial y genocidio; la exaltación de la esclavitud como voluntad divina y el mandamiento de sumisión incondicional al amo como elegido y privilegiado de Dios; el prohibicionismo y sus prácticas represivas[11]; el encierro carcelario[12] y la pena de muerte[13]; el desprecio misógino[14] y el dominio del hombre sobre la mujer y sus hijos[15]; el discrimen homofóbico[16] y la represión irracional de la sexualidad humana; la resistencia a la educación sexual en las escuelas[17] y a las políticas de salud pública que reivindican los derechos reproductivos de las mujeres[18]; la

---

11 "Marihuana: un mal imaginario", Revista *80 grados*, 28 de junio de 2013. http://www.80grados.net.

12 "Del Derecho Penal y la (sin)razón carcelaria", Revista *80 grados*, 15 de noviembre de 2013. http://www.80grados.net; "Cárcel, religión y esclavitud"; *El Nuevo Día*, viernes, 26 de febrero de 2010.

13 "Religión y pena de muerte", *El Nuevo Día*, 01 de febrero de 2010. (http://www.elnuevodia.com)

14 "Misoginia y Religión"; *El Nuevo Día*, sábado, 10 de agosto de 2013. (http://www.elnuevodia.com) y en "Mujeres de Dios"; Revista *80 grados*, 8 de marzo de 2013.http://www.80grados.net.

15 "La Sagrada Familia", Revista *80 grados*, 7 de junio de 2013. (http://www.80grados.net)

16 "Homofobia: ciencia, derecho y religión"; Revista *80 grados*, 19 de abril de 2013. (http://www.80grados.net)

17 "Amén", *El Nuevo Día*, 20 de octubre de 2013. Título original: "La 'educación' religiosa". "Religión, Educación y Derecho" en *El Nuevo Día*, 14 de agosto de 2009. (http://www.elnuevodia.com)

18 "Sexo, Salud y Religión"; Revista *80 grados*, 10 de enero de 2014. (http://www.80grados.net)

xenofobia[19]; la violencia guerrerista[20]; así como el asesinato de cientos de miles de personas por el solo hecho de no comulgar con los credos compartidos entre el judaísmo y la cristiandad[21], son *errores* o *tergiversaciones* humanas de la *verdadera* voluntad de Dios, según los teólogos "liberacionistas".

El encubrimiento sistemático de la sanguinaria historia bíblica, a la par con la manipulación política de sus contenidos "sagrados", devela el carácter fraudulento de la teología de la liberación, a pesar de las simpatías que pudiéramos compartir con sus lineamientos críticos del sistema capitalista y con sus empatías con los oprimidos bajo sus dominios. Pero, nuevamente, no es inventando a un "Dios libertador" en contraste a un "Dios opresor" que se potencia la emancipación humana y se viabilizan proyectos de justicia social alternativa. Debemos desembarazarnos de las ataduras psicológicas que fuerzan al ser humano a depender de falsas ilusiones y demás supersticiones religiosas. La acción política revolucionaria debe estar integrada por una ética alternativa atea, que rompa de raíz con el temor al castigo de seres imaginarios e idealizados infantilmente; y que sea la esperanza revolucionaria y el amor a la humanidad lo que anime la vida política y sus luchas cotidianas, no las promesas de gracia y gloria de un más allá inexistente.

La clase intelectual de la izquierda revolucionaria en tiempos posmodernos no debe consentir que las alianzas tácticas con los sectores religiosos impongan condiciones que degeneren el carácter emancipador de sus proyectos políticos. La justicia social no es solo la equidad económica sino, además, la emancipación de la ignorancia y de las supersticiones esclavizadoras de la psiquis humana. La disposición anímica a la credulidad religiosa siempre ha sido una condición ideológica clave para aglomerar multitudes, movilizar ejércitos y aplastar la singularidad existencial de los seres humanos, sus derechos y sus libertades. Pero si creemos que otro mundo es posible, aferrémonos a la esperanza atea y erradiquemos

---

19 "Haití, Dios y el Diablo"; *El Nuevo Día*, jueves, 21 de enero de 2010. (http://www.elnuevodia.com)

20 "Siria y el espectro de la guerra", Revista *80 grados*, 10 de septiembre de 2013. (http://www.80grados.net)

21 "(In)tolerancia religiosa"; Revista *80 grados*, 21 de septiembre de 2012. (http://www.80grados.net)

las tiranías de la fe religiosa, vengan de donde vengan, sea de la izquierda o de la derecha.

La Biblia y la imposibilidad de una hermenéutica teológica liberadora

Por más sofisticados que pudieran parecer los malabares retóricos que ingenian los teólogos liberacionistas, la Biblia sigue siendo una fuente insalvable de engaños y fraudes por su naturaleza religiosa. Su contenido expreso, metafórico y literal, se presume inspirado o directamente dictado por Dios. Pero Dios no existe más allá de la imaginación literaria de sus creadores y de las ilusiones que se han hecho sobre la base de creer que en verdad existe y que les ha encargado realizar su voluntad en la tierra. La Biblia contiene el plan de Dios para la humanidad, y durante siglos la Iglesia católica ha asumido la tarea de convertirlo en hechos concretos. Desde sus orígenes, la Iglesia católica se convirtió en una lucrativa corporación transnacional, y se hizo llamar a sí misma iglesia "universal", porque su proyecto político a largo plazo era erradicar las competencias e imponer su monopolio de supersticiones a escala global.

Hoy, a pesar del progresivo decaimiento del negocio eclesiástico, su principal clientela es Latinoamérica y los movimientos políticos de izquierda y derecha todavía pugnan ilusamente por ganarse los favores del Dios de la Biblia. Los teólogos liberacionistas reclaman poseer una hermenéutica teológica diferente a la dominante entre los sectores conservadores del catolicismo y del protestantismo. Sin embargo, en el fondo del asunto, todos terminan creyendo las mismas supersticiones y promoviendo las mismas moralidades arcaicas que, valga la redundancia, antagonizan con los principios emancipadores del inconcluso proyecto político de la modernidad. A fin de cuentas, se trata de una mentira desmentida con otra mentira.

Los valores trascendentales de la Biblia promueven valores de intolerancia, desprecio y hostilidad contra la inmensa diversidad de creencias religiosas que coexisten en el planeta y, además, contra la complejidad existencial que constituye lo humano en todas sus dimensiones. El despotismo moral es su fórmula por excelencia y no importan las mutaciones de época, para el creyente fiel el texto "sagrado" no tiene historia, el tiempo está detenido en él y la palabra/ley de Dios nunca trastoca sus sentidos para amoldarse al aquí y al ahora, sino que expresa su férrea voluntad como valedera para todos los tiempos. A todos los efectos y aunque para los teólogos liberacionistas la Biblia debe "interpretarse" en acorde al devenir cambiante de los tiempos, el Antiguo y el Nuevo Testamento constituyen una unidad indiferenciable e inmutables sus sentidos para la ortodoxia cristiana. La figura mítico-literaria del Jesús imaginado por los evangelistas lo confirma: "Porque en verdad os digo que hasta que pasen el cielo y la tierra, no se perderá ni la letra más pequeña ni una tilde de la Ley hasta que toda se cumpla." (Mateo 5:18) La Ley referida es la manifiesta en los libros del Antiguo Testamento y todo cuanto aparece expuesto ahí es refrendado por el hijo de Dios, que no viene a cuestionar o a contradecir sino a reafirmar y hacer valer la voluntad absolutista de su Padre: "Pero en cuanto a esos enemigos míos que no me querían por rey, tráiganlos acá y mátenlos delante de mí." (Lucas 19:27)

Más allá de las marcadas contradicciones que puedan sustraerse con base a "interpretaciones" coyunturales o divagaciones teológicas, las palabras del Dios de Moisés (la Ley) han sido siempre beligerantes y sanguinarias, sádicas, vengativas y crueles. La historia objetiva de la cristiandad católica y protestante lo evidencia. La figura mítica/literaria de Jesús no confronta los caprichos de poder de su dios/padre sino que los exalta en todas sus dimensiones: "No crean que he venido a traer paz a la tierra. No vine a traer paz sino espada..." (Mateo 10:34)

Los seres humanos que no comulguen al pie de la letra con las primitivas doctrinas del Pentateuco (la Ley), reafirmadas de manera explícita y tácita en el Nuevo Testamento, son condenados a sufrir eternamente la sádica venganza de Dios: "...y los arrojarán en el horno de fuego; allí será el llanto y el crujir de dientes." (Mateo 13:50) La venganza como principio de la justicia todavía domina en el imaginario jurídico/social moderno, y prevalece aún como matriz de un gran número de políticas públicas y legislaciones civiles y penales. La conversión de los pecados bíblicos en delitos seglares, todavía integrados en los códigos civiles y penales modernos, es causal directa de las trabas anímicas y casi infranqueables racionalmente para el desarrollo progresista de los derechos humanos y las libertades civiles.

La credulidad religiosa: dilema ético / problema político

Desde una perspectiva ética, la credulidad religiosa en el marco de la acción política es, al menos, doblemente problemática. De una parte, habría que cuestionarse la credibilidad de los políticos que usan a sus anchas las referencias bíblicas y con toda frialdad de cálculo las moldean en función de sus propios intereses, aún a sabiendas de que son abstracciones carentes de sentido o disparates irracionales. Tomando en consideración de que se trata de personas inteligentes, habría que poner en duda si realmente creen lo que dicen. En tal caso, el cuestionamiento se centraría en la integridad ética del intelectual o político que, creyente o no, discursea con imágenes y referentes religiosos sin reservas, solo para concertar sus objetivos programáticos aún engañando a sus huestes, que las presume creyentes y crédulas, es decir, objetos maleables y moldeables ideológicamente.

Las tradiciones discursivas de "derecha" se han caracterizado históricamente por integrar elementos religiosos en sus retóricas y por apelar en sus demagogias a la fe ciega de sus partidarios. Reconocen una generalizada predisposición anímica a la credulidad religiosa y procuran orientarla hacia sus objetivos estratégicos. Saben que, además de tratarse de un rasgo distintivo de conductas fanáticas, la credulidad religiosa viabiliza psicológicamente la disposición a creer por fe en el discurso del político y su partido; neutraliza las posibles dudas; minimiza la necesidad de disponer de evidencias verosímiles; e invisibiliza las contradicciones, incoherencias o absurdos de sus promesas. En los contextos guerra, por ejemplo, se ve con claridad esta práctica. La invocación de Dios es integrada a la propaganda política para justificar virtualmente cualquier cosa. La realidad detrás de la guerra pasa a ocupar un plano terciario y su efecto es la polarización caricaturesca del conflicto. Trátese de guerras contra otras naciones o de guerras libradas en el interior de los estados nacionales, como "la guerra contra las drogas", son representadas como guerras santas y la ciudadanía emplazada moralmente a asumir posición con Dios o con el Diablo.

La integración del discurso religioso en el imaginario político de "izquierda", como sucede en el caso de la teología de la liberación, representa una copia de las tácticas de subyugación ideológica de la "derecha" y cumple los mismos fines inmediatos.

De un lado, polariza mecánicamente la realidad a la vez que invisibiliza sus complejidades o las trivializa maniqueamente. Es decir, reduciendo las luchas políticas a un conflicto entre dos opuestos absolutos: el Bien y el Mal. De otro, plagia las artimañas retóricas de su adversario o enemigo con el fin de manipular las masas a su favor.

En este sentido, las "interpretaciones" bíblicas de la "izquierda" no se diferencian cualitativamente de las "interpretaciones" bíblicas de la "derecha". Ambos extremos entorpecen los proyectos de emancipación humana y de justicia social, porque en esencia ambos construyen sus posturas con base en supersticiones, ignorancias y engaños. Todo adoctrinamiento religioso es antagónico al ideal de una educación liberadora, aunque insistan en negar la distinción.

No importa si el político cree genuinamente en la existencia de Dios o no. La creencia no es evidencia, y es una impostura usarla como si lo fuera. Y así ha sido reiteradamente en el escenario insular. Por ejemplo, el alto liderato del independentismo puertorriqueño, aún en contextos históricos marcadamente diferentes, desde Albizu Campos a Rubén Berríos, ha sacado textos bíblicos de sus contextos literarios e históricos para usarlos como analogías de la condición colonial isleña. En sus retóricas, por ejemplo, armaron una relación de semejanza entre el pueblo israelí esclavizado por el imperio egipcio y el pueblo puertorriqueño subyugado por el imperio estadounidense. La procurada efectividad política del uso de referentes bíblicos puede tener un valor determinado en su particular coyuntura y en acorde a los fines programados. Sin embargo, el fin no justifica los medios.

Pienso que debe presentarnos un problema ético de primer orden usar el poder del podio y la palabra elocuente y seductora de las épicas religiosas para hacer creer a los ilusos partidarios que las luchas por la liberación nacional guardan algún vínculo con la voluntad de Dios, del Dios imaginario de Abraham y Moisés, de ese Dios brutalmente inmisericorde, despiadado con sus enemigos y tan dado a placerse o desentenderse de los sufrimientos y miserias de los pueblos bajo su cuido. La nobleza de intensiones tampoco justifica el engaño: Dios no existe y cualquier promesa o alusión a su poder de intercesión en asuntos humanos es una farsa maquinada para crear falsas ilusiones y falsas expectativas y no debe consentirse.

Además, no solo la realidad colonial puertorriqueña no es tan dramática como la israelí de aquella época sino que *nuestro* yugo colonial es consentido por la inmensa mayoría de los cristianos isleños y visto incluso como bendición divina. A todas cuentas, el imperio *invasor* también es cristiano y no ha vacilado nunca en usar referentes bíblicos para justificar el orden de sus dominios en cualquiera de sus extensiones. La teología de la liberación, en este contexto, encarna el refrán popular: desviste un santo para vestir a otro.

Post Data: diagnóstico y tratamiento de la psicopatología religiosa

Los teólogos y líderes religiosos padecen de una condición psicopatológica peligrosa para la vida política en *nuestras* sociedades. Se materializa en la modalidad de un paternalismo enfermizo y paranoide, porque *creen* que la ciudadanía es como un niño que nunca *madura* y que deben moldearlo permanentemente, vigilar y conducir rectamente y con exclusividad por sus caminos maniqueos, y reprender con severidad cuando se desvían y desobedecen. Hoy no pueden imponerse por la fuerza bruta, pero chantajean moralmente y hostigan psicológicamente a sus anchas. Su arrogancia es también sintomática de su enfermedad mental. Se *creen* a sí mismos pastores porque *creen* que la gente es animal de rebaño. Su pedantería también es sintomática de sus locuras. *Creen* que tienen una relación íntima y personal con un poderoso ser imaginario al que llaman Dios; *creen* que saben lo que Él quiere para todos; y *creen* que son sus profetas o intérpretes autorizados. Quien quiera que cuestione la autoridad del teólogo o del líder religioso es despreciado y ridiculizado, porque *creen* que su autoridad es infalible; porque *creen* que son los elegidos del Dios que han inventado. Pero Dios no existe fuera de su imaginación, aunque no se den por enterados...

Mirando el asunto desde una perspectiva histórica, hoy se puede hablar de la modernidad como evolución cultural porque se han superado las mentalidades que predominan en los textos bíblicos. Desde una perspectiva política, el proyecto de emancipación humana y el progresivo desarrollo de los derechos humanos están directamente relacionados con la ruptura radical de los credos y moralidades que imperan en los libros sagrados. No obstante, existen poderosos y complejos mecanismos psicológicos que moldean y fuerzan la psiquis humana a depender de las ilusiones de seguridad y consuelo que se procuran de ciertos pasajes bíblicos, por lo general sacados de contexto o "interpretados" a conveniencia.

La disposición anímica a la credulidad religiosa no pertenece a la naturaleza humana sino que es el efecto de prácticas de adoctrinamiento que se imponen desde temprana edad y se refuerzan consistentemente en el seno familiar, las iglesias y las escuelas. En *nuestras* sociedades, en vez de enseñar a l@s niñ@s a dudar y armarles de herramientas intelectuales para que aprendan a procurarse el conocimiento y la verdad, se les inculcan creencias absurdas y valores irracionales que a la larga van a condicionar y a sobredeterminar los modos como se van a relacionar con las cosas de la vida durante la adultez. Los fanatismos políticos que tanto perjudican el desenvolvimiento saludable de la vida política en general tienen profundas raíces en la psiquis moldeada desde la infancia para ajustarse a los requerimientos anímicos de la credulidad religiosa. Educar para la libertad es enseñar a cada cual pensar por sí mismo, a cuestionar y a buscar la verdad; y el adoctrinamiento religioso, aunque lleve el signo de "liberador", es una práctica que lo imposibilita. Enseñar a creer por fe no es educar sino embrutecer…

No existe una fórmula mágica o un tratamiento único para curar el mal de la credulidad religiosa, pero es preciso problematizarla críticamente por sus graves efectos psicosociales y políticos. La existencia de colegios privados y universidades religiosas no es una expresión de la tolerancia religiosa sino de las virtudes de las sociedades democráticas y las desidias ideológicas que convienen a los mercados capitalistas modernos. Pero la enseñanza doctrinaria de la religión es antagónica a los valores y principios emancipadores del sistema de educación en las sociedades democráticas y en sus estados constitucionales de derecho no tienen cabida en las escuelas públicas y sus centros de educación superior o universitaria. Tampoco ninguna institución o agencia de gobierno puede profesar oficialmente las preferencias religiosas de sus administradores, funcionarios y empleados. La separación constitucional de la Iglesia (Religión) y el Estado (Gobierno) confiesa entre líneas que algo no está bien con las cuestiones religiosas y que de algún modo podrían perjudicar la administración de la cosa pública. De lo contrario, ¿para qué existiría esa separación con fuerza de ley? Los teólogos "liberacionistas", sin embargo, no lo comprenden y en su utopía socialista imaginan la integración de la religión que profesan en los currículos académicos del Estado, aunque no se atrevan a decirlo abiertamente…

La credulidad religiosa no es un problema exclusivamente psicológico sino uno político-social y como tal debe abordarse y enfrentarse. Pienso que el mejor antídoto para contrarrestar los males psico-sociales influenciados por la Biblia es leerla. Quien aún después de leerla todavía crea en ella, en su literalidad al pie de la letra o en que se trata de mensajes subliminales que Dios ha puesto en juego para que los interpreten y los hagan valer, pues, será. Cada loco con su tema. Pero valga reiterarlo: quien se atreva a leer con honestidad intelectual la Biblia, sin rendir su capacidad racional por temor a sus amenazas constantes, chantajes morales y hostigamientos psicológicos, comprenderá al fin que Dios no existe, que es una invención mítica y literaria, plagiada de la imaginería religiosa de culturas primitivas, supersticiosas e ignorantes. A fin de cuentas, ningún proyecto político de emancipación humana puede concretizarse si no rompe radicalmente con las ataduras psicológicas de la credulidad religiosa y los despotismos ideológicos de la fe.

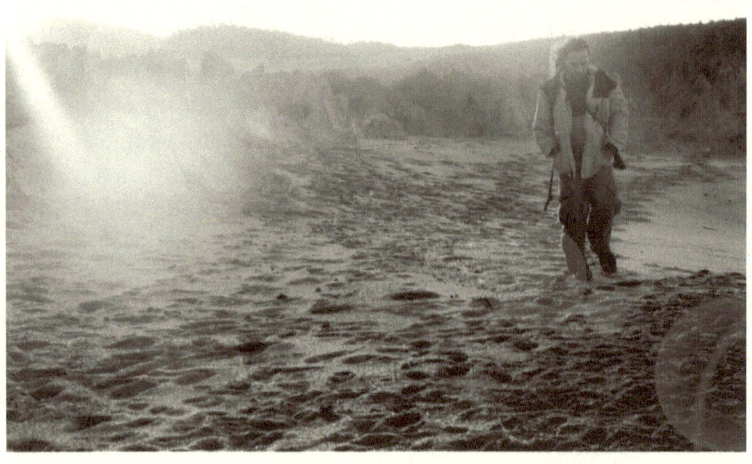

La Biblia[22]

El mejor antídoto para despojarnos de las malas influencias de la Biblia es leerla. Leyéndola con mirada sensible ante la vida humana y con la razón desprendida de los influjos perversos o piadosos de sus engreídos intérpretes, creídos intermediarios de Dios, podemos advertir que se trata de un primitivo recetario de valores de intolerancia, desprecio y hostilidad, no sólo contra la inmensa diversidad de creencias religiosas que coexisten en el planeta sino, además, contra la complejidad existencial que constituye lo humano en todas sus dimensiones.

Para el creyente fiel este texto "sagrado" no tiene historia, el tiempo está detenido en él y la palabra/ley de Dios nunca altera sus sentidos para amoldarse al aquí y al ahora, sino que expresa su férrea voluntad como valedera para todos los tiempos.

La Biblia constituye una unidad indiferenciable e inmutable para la cristiandad. La figura mítica-literaria de Jesús lo confirma: "Porque en verdad os digo que hasta que pasen el cielo y la tierra, no se perderá ni la letra más pequeña ni una tilde de la Ley hasta que toda se cumpla." (Mateo 5:18) Jesús no viene a cuestionar o a contradecir la Ley (Antiguo Testamento) sino a reafirmar los caprichos de poder de su Padre: "Pero en cuanto a esos enemigos míos que no me querían por rey, tráiganlos acá y mátenlos delante de mí." (Lucas 19:27)

La Ley de Dios ha sido siempre guerrerista y sanguinaria, sádica, vengativa y cruel. La historia de la cristiandad católica y protestante lo evidencia. Los seres humanos que no comulguen con sus doctrinas son condenados a sufrir eternamente la venganza de Dios: "...y los arrojarán en el horno de fuego; allí será el llanto y el crujir de dientes." (Mateo 13:50)

Quien se atreva a leer con honestidad intelectual la Biblia, sin rendir su capacidad racional por temor a sus amenazas constantes, chantajes morales y hostigamientos psicológicos, comprenderá al fin que Dios no existe, que es una invención mítica y literaria, plagiada de la imaginería religiosa de culturas primitivas, supersticiosas e ignorantes...

---

22 "La Biblia"; *El Nuevo Día*, domingo, 18 de mayo de 2014.

Widepipol[23]

La Constitución de los Estados Unidos delimita el poder de Gobierno en todas sus dimensiones. La existencia de la Constitución insular, que en lo esencial es una copia casi literal de ésta, está condicionada a no contradecirla en modo alguno, y sus escasas variaciones están sujetas inexcusablemente a sus principios y finalidades. Aunque la subordinación jurídica está relacionada a *nuestra* condición colonial, esta realidad es característica de manera generalizada en todos los territorios bajo el dominio constitucional estadounidense, estados o posesiones.

En este contexto es posible negociar interpretaciones del texto constitucional y ajustar las legislaciones a las particularidades regionales, en conformidad a demandas ciudadanas de cada estado o posesión. Así sucede, por ejemplo, con las leyes relativas a la legalidad o ilegalidad de la marihuana, de matrimonios homosexuales o de aplicabilidad de la pena de muerte.

La misma suerte aplica a los códigos penales y al ejercicio del derecho penal en conjunto. Así, por ejemplo, ambas constituciones prohíben la imposición de "castigos crueles" a sus prisioneros. Sin embargo, en la práctica cotidiana del poder/derecho penal se violan estos principios de manera sostenida y la crueldad le es abiertamente constitutiva.

Tal es el caso de Oscar López, quien permanece encarcelado injustificadamente, cumpliendo una sentencia desproporcionada que excede los 30 años. El presidente tiene el poder constitucional de suspender sentencias y conceder indultos. Como sus antecesores, goza de la potestad legal para ordenar excarcelarlo de un plumazo, pero su desidia e indiferencia han prolongado esta práctica de la crueldad durante sus seis años de incumbencia.

El gobernador de Puerto Rico tiene la responsabilidad política de hacer valer los derechos constitucionales, locales y federales; y debería presionar sin timidez al presidente Obama y hacerle entender, con seriedad y firmeza de carácter, que el encierro de Oscar López es un acto de crueldad en abierta violación a los principios constitucionales que ambos jefes de Estado han jurado defender. "Nosotros el pueblo..." lo demandamos.

---

23 "Widepipol"; *El Nuevo Día,* domingo, 15 de junio de 2014.

Locuras[24]

Mirando extrañada su bola del mundo -al que pretendía curar con curitas donde las guerras y hambrunas le dolían- la ingeniosa Mafalda se preguntaba si acaso Dios habría patentizado la idea de un manicomio redondo…

Desde antaño la imaginería literaria reivindica la locura como potencia humanizadora a la vez que la condena como fuerza inhumana y deshumanizante. En la poesía (lírica, teatral o narrativa) la locura suele representarse como virtud libertaria y fuerza justiciera, y la cordura se hace aparecer como su contraparte represora y carcelera. Pero la vida no es poesía, y aunque hay locuras que liberan también hay locuras que encadenan y maltratan; que duelen, dañan y matan. No me refiero a las imaginadas por la psiquiatría y tan estimadas por los mercaderes de sus curas, desde la gula de farmacéuticas capitalistas hasta la tragonería de "profesionales" de la conducta humana. Otros géneros de locuras nocivas gozan de pleno derecho de existencia y ciudadanía entre la vida social *normal*. Muchas están disfrazadas de cordura y pasan inadvertidas como Cultura, Moral o Religión, e incluso como Ciencia. Las más peligrosas, sin embargo, son las que están protegidas por la razón de Estado en sus leyes e instituciones.

Hay locuras globalizadas pero inofensivas, como el hecho de que la gente pasara su verano frente al televisor viendo el mundial de futbol o gastando lo que no tiene en cosas que no necesita. Hay locuras también generalizadas que, si no idiotizan, atontan la conciencia. La indolencia es una de ellas. Manifestada en las redes sociales, el grueso de estados anímicos (expectativas, alegrías, frustraciones y enfados) expresados este verano fue sobre juegos de futbol mientras Israel bombardeaba brutalmente a Palestina; y mientras miles de niños centroamericanos eran despreciados como ilegales e indeseables por la nación más rica y poderosa del planeta…

En este manicomio redondo que llamamos mundo hay locuras que no se curan, otras que no vale la pena curar y otras que sus curas enloquecen para mal…

---

24 "Locuras"; *El Nuevo Día,* domingo, 20 de julio de 2014 (http://www.elnuevodia.com)

Hacia una ética del espionaje[25]

Las prácticas relativas al espionaje no han mermado ni un ápice entre los circuitos del poder de gobierno, a pesar de los escándalos mediáticos, las impugnaciones jurídicas y condenas políticas por sus implicaciones sobre los derechos civiles. En la actual condición de época, también clasificada como "era de la información", la supresión del espionaje es virtualmente imposible y, a la vez, paradójicamente indeseable.

En parte, el desarrollo irrefrenable de las tecnologías que lo viabilizan -y hacen cada vez más efectivos sus mecanismos- refuerza y sofistica la compleja industria de vigilancia y control estatal sobre la ciudadanía. Simultáneamente, el mercado global de información representa un negocio lucrativo para las corporaciones privadas que requieren información previa para "conocer" el perfil psicosocial de su clientela; ya para complacer sus demandas; ya para manipular sus intereses, crearle necesidades de consumo y hacerle desear lo que sea que vendan -incluso ilusiones de seguridad, privacidad y anonimato-.

El espionaje es un imperativo práctico para el mantenimiento del *statu quo*, para la conservación del modo de producción capitalista y la reproducción del modelo de sociedad que lo sostiene. En este escenario, los gobiernos no poseen el monopolio sobre sus prácticas. Más allá de sus representaciones habituales, las prácticas del espionaje son híbridas y están desperdigadas entre infinidad de relaciones sociales cotidianas, en cualquier ámbito donde existan secretos y sospechas; prohibiciones, dudas y voluntad de saber.

Cualquiera, en cualquier momento y sin excepciones, puede ser objeto de espionaje y espía a la vez; desde enemigos y competidores hasta miembros de una misma familia; entre parejas y amistades; en la escuela y el trabajo; la iglesia, sindicatos y partidos políticos...

Así las cosas, la labor investigativa del periodista se asemeja a la del detective policial o privado, y comparte el objetivo primario de las agencias de espionaje gubernamental o corporativo: recopilar información. Desde esta perspectiva, se ejerce legítimamente

---

[25] "Hacia una ética del espionaje"; *El Nuevo Día*, jueves, 31 de julio de 2014 (http://www.elnuevodia.com)

cuando el acceso a información precisa y confiable está restringido o prohibido, o cuando la información oficial se sospecha falseada, insuficiente o contradictoria. El investigador se hace "espía" cuando procura obtener información al margen de regulaciones institucionales, delimitaciones legales e incluso reservas morales.

Y es que en nuestras sociedades, saturadas de corrupciones y fraudes, una investigación objetiva no puede tener sus límites fijos en la legalidad, en la confianza ingenua o en una incauta presunción de inocencia. Quién controla el acceso a la información, para qué lo restringe, por qué lo prohíbe, son interrogantes indispensables en las sociedades democráticas y sus estados de derecho.

Pero funcionarios de gobierno y corporativos privados controlan la información de acceso público, y no vacilan en ocultar, manipular y moldearla en función de sus propios intereses. Además, las autoridades legales son muchas veces sus propios fiscales y jueces, quedando inmunes e impunes sus crímenes.

Así sucede, por ejemplo, con eclesiásticos pedófilos, encubiertos por la Iglesia; o con experimentaciones "secretas" de la industria biomédica, farmacéutica y militar, que ocultan la crueldad con animales y mienten sobre sus beneficios para la Humanidad. Asimismo, las universidades se convierten en fachadas de negocios fraudulentos; partidas de la clase gobernante pactan con mafias corporativas inescrupulosas, privilegian entes de la alta sociedad o consienten chantajes del bajo mundo.

Al amparo de los derechos civiles se levantan inmensos muros de hipocresías, y tras el derecho a la "privacidad" se esconden farsantes y timadores, depredadores y acosadores, corruptos y ladrones. Y la ley, a veces, opera para protegerlos. Para el periodismo investigativo, pues, el espionaje constituye una herramienta de trabajo a la vez que una demanda profesional.

Dentro de esta gran paradoja de época se precisa una ética del espionaje comprometida a desvelar esas informaciones "secretas" protegidas con fuerza de ley pero contrapuestas al bienestar general y la seguridad de la ciudadanía...

Plebiscito[26]

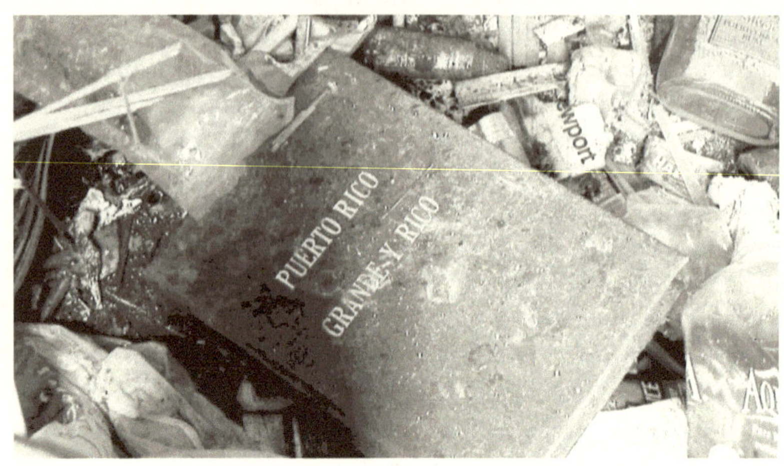

La ignorancia generalizada sobre las complejidades de la psiquis humana, sus modulaciones históricas y las dinámicas relativamente caóticas que condicionan la vida social y política se manifiesta con nitidez en las ilusas e ilusorias promesas de "cambio" que circundan el plebiscito.

Mentes privilegiadas con rangos de autoridad y espacios en tribunas públicas conspiran para hacernos creer que las cosas son como dicen ser y no de otra manera. De entre las élites políticas suben al escenario mediático para inculcarnos falsas ilusiones, y aunque en apariencia se presentan como adversarios, todos nos hacen grandes promesas de un mejor porvenir a cambio de apoyarles ciegamente, de no cuestionar radicalmente sus palabras y de aceptar irreflexivamente sus juramentos.

Más acá de la superficialidad de sus diferencias, recicladas o refinadas retóricas y demagogias, confabulan para engañarnos.

Pero no quiero acusarles de premeditada maldad y alevosía, pues es posible que también los engañadores crean genuinamente sus engaños.

---

26 "Plebiscito"; *El Nuevo Día*, domingo, 24 de agosto de 2014 (http://www.elnuevodia.com)

Así las cosas, importa menos desmentirlos en lo personal de sus creencias, que discernir sobre la veracidad de sus ideas y deseabilidad de sus deseos; lo que tienen de falsedad y lo que, para bien o para mal, les imposibilita realizarse.

No son el imperialismo yanqui, ni la condición colonial, ni la mezquindad del capitalismo, ni la corrupción de los gobiernos las fuentes originarias de los malestares que más nos aquejan individualmente y como pueblo. Esas grandes abstracciones tampoco son máscaras modernas o encarnaciones de los pecados capitales que atormentan a Dios.

Los malestares sociales son efectos de conjunto enraizados en la psiquis humana: la soberbia y la envidia; el egoísmo y la hipocresía; la avaricia y la vanidad; la pereza intelectual, el culto a la ignorancia y la credulidad; la sed de venganza, el rencor y la crueldad; el conformismo y la cobardía...

Sus hábitats primarios y fortalezas siguen siendo los valores, hábitos y tradiciones culturales; creencias y moralidades dominantes; sistemas de educación, instituciones y leyes.

Nadie se engañe ni se deje engañar: otro plebiscito nada cambiará.

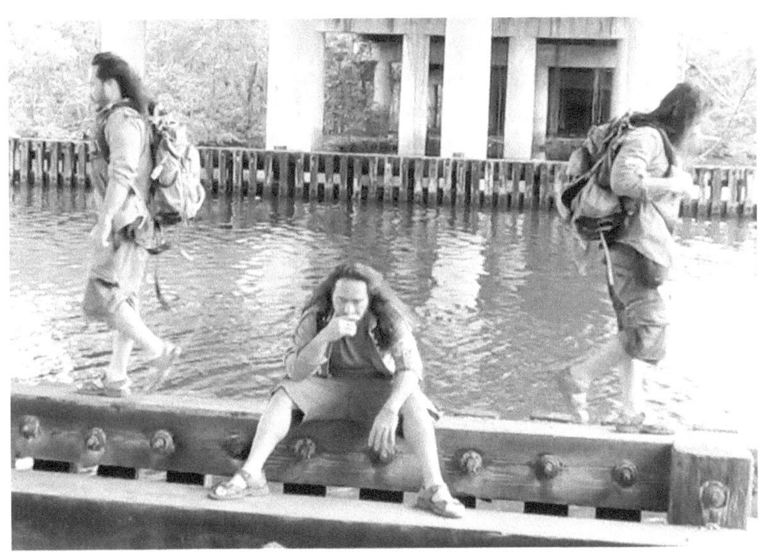

Moralejas[27]

Algo en la conciencia moral de los creyentes del judaísmo, del islamismo y la cristiandad debiera perturbar sus espiritualidades, cada vez que leen en los libros sagrados las atrocidades que sus santos profetas y devotos de su fe cometían en nombre de su Dios. Pero la inmensa mayoría entre creyentes no lee como Dios manda: o se toma la libertad de "interpretar" a gusto y gana lo que le plazca, o alguna autoridad elige a conveniencia lo leído en misas o cultos.

Si fuesen honestos admitirían que numerosas moralidades primitivas son locuras criminales hoy día, que algunas apenan y otras dan risa. Pero las violencias históricas de origen religioso, aunque aplacadas a mordiscos de razón, todavía se confunden con valores morales, y en algunas sociedades hasta se refuerzan por leyes estatales.

En la *nuestra*, crédula pero insolente ante las miradas más ortodoxas, esas violencias subsisten entre sus leyes y, aunque tímidamente atenuadas, se reciclan irreflexivamente como valores culturales o moralidades sociales. Así pasa con las obsesiones punitivas y vengativas; y con las intolerancias, prejuicios y discrímenes que se "enseñan" en iglesias y hogares, colegios y universidades privadas.

Los mercaderes de la fe creen tener el encargo social y divino de "educar" moralmente a su clientela. Sospecho que se trata de una farsa y, en esencia, de negocios fraudulentos.

Me pregunto, cuál es la moraleja del rey Saúl, que condicionó la mano de su hija a David a cambio de cien prepucios filisteos, con intensión de vengarse de sus enemigos y, de paso, deshacerse de su prometido yerno. David lo complació y mató a doscientos y no sólo a cien, y le entregó las pieles que cubrían sus glandes y se casó.

Y cuál es la moraleja del profeta Eliseo, que maldijo en el nombre de Dios a unos cuarenta niños que se mofaban de su calvicie, y en el acto, dos osos los despedazaron.

Y cuál es la moraleja de…

---

[27] "Moralejas"; *El Nuevo Día*, domingo, 21 de septiembre de 2014 (http://www.elnuevodia.com)

Credulidad[28]

No deja de impresionarme con cuanta facilidad y soltura la gente cree cualquier cosa, por más estúpida, ridícula o absurda que sea. Esta peculiaridad es distintiva y exclusiva de la especie humana. Al parecer, casi todo está relacionado con la credulidad, indistintamente de procedencias de clase, género y raza. Tampoco discrimina entre embrutecidos y educados.

No me impresiona esa vieja verdad que reza que allí donde haya engañadores siempre habrá gente dispuesta a dejarse engañar. Es evidente y para ilustrarlo basta prender la tele o abrir un periódico; escuchar a políticos o comerciantes; a publicistas o religiosos. Lo difícil es mirarse uno mismo al espejo y reconocer en su propia imagen al engañado, al iluso; al crédulo.

Que la gente se deje engañar me impresiona menos que quiera que la engañen. No importan los avances históricos de la inteligencia humana, su psiquis se resiste a evolucionar. La gente es crédula, algunos lo saben pero casi todos ignoran por qué.

Desde la antigüedad, imperios y gobiernos refinaron las artes de manipular credulidades. Esa misma disposición anímica, para bien y mal, es fuerza matriz de las culturas modernas. La gula capitalista de nuestra era se asienta en las credulidades ciudadanas, y así las guerras y así las demás cosas de la vida…

En la infancia *aprendimos* a creer. La familia y la escuela nos programaron para regocijarnos en lo creído y no cuestionarlo. Llegamos a viejos y todavía creemos en fantasmas, en el destino, en la mala suerte y el más allá, como creemos que si tocamos un sapo nos saldrán verrugas.

En la condición genética de la credulidad también está inscrita la estupidez humana.

Pensando que lo que somos y hacemos está condicionado por lo que creemos, recordé un pasaje del Nuevo Testamento donde Jesús decía: "…a mis enemigos, que no querían tenerme por rey, traedlos acá, y degolladlos delante de mí." Ejércitos de crédulos así lo hicieron…

Que la credulidad y la estupidez tengan raíces biológicas no impresiona, asusta.

---

28 "Credulidad"; *El Nuevo Día*, domingo, 19 de octubre de 2014 (http://www.elnuevodia.com)

Caín[29]

Algo de lo peor de la especie humana, su terrible pulsión de crueldad, se refleja con nitidez en sus códigos penales, a veces menos por los actos que condenan que por los castigos que imponen sus sentencias. La crueldad -manifiesta en el goce de hacer daño y en el poder de dolerle al prójimo- es distintiva de las leyes penales, así como de la psiquis sádica de sus inventores, ejecutores y celadores.

Nos han hecho creer que el poder de castigar es consustancial a la existencia social, que las leyes penales son justas y necesarias, y que lo bueno sería deseo en vano sin una fuerza superior que se impusiera sobre lo malo, lo injusto e inmoral, el crimen y el pecado. ¡Mienten!

El código penal es una farsa y un vil encubrimiento de la crueldad que anima las penas, de miedos enfermizos y rencores.

Quizás deberíamos considerar vergonzosa la existencia de leyes penales, porque representan el estrepitoso fracaso de la sociedad y del Estado, de la familia y la religión, de los valores morales y del sistema de educación. Lo cierto es que nunca han cumplido sus objetivos, sobre todo porque muchos de los males que pretenden erradicar son imaginarios, y la justicia humana debiera confiarlos al juicio vengador de Dios. Pero al parecer la sed de venganza -encarnación espiritual de la crueldad- domina sobre la fe y no pueden resistirse a las tentaciones del poder/placer de dañar y doler a quien saben o creen que ha dañado y dolido.

Creen que los castigos son ejemplarizantes, que su severidad disuade los actos delictivos. Se equivocan. Desde Caín, la humanidad ni se ha intimidado ni ha mejorado en lo absoluto por miedo o mediante castigos. Pero todavía enjaulamos a seres humanos, los despojamos de sus derechos civiles y los sometemos a los tormentos del aburrimiento. A la venganza llamamos justicia y al sufrimiento forzado rehabilitación.

Y todavía caen como chinches a quienes proponen alivianar los vicios de la crueldad codificada.

---

[29] "Caín"; *El Nuevo Día*, domingo, 23 de noviembre de 2014 (http://www.elnuevodia.com)

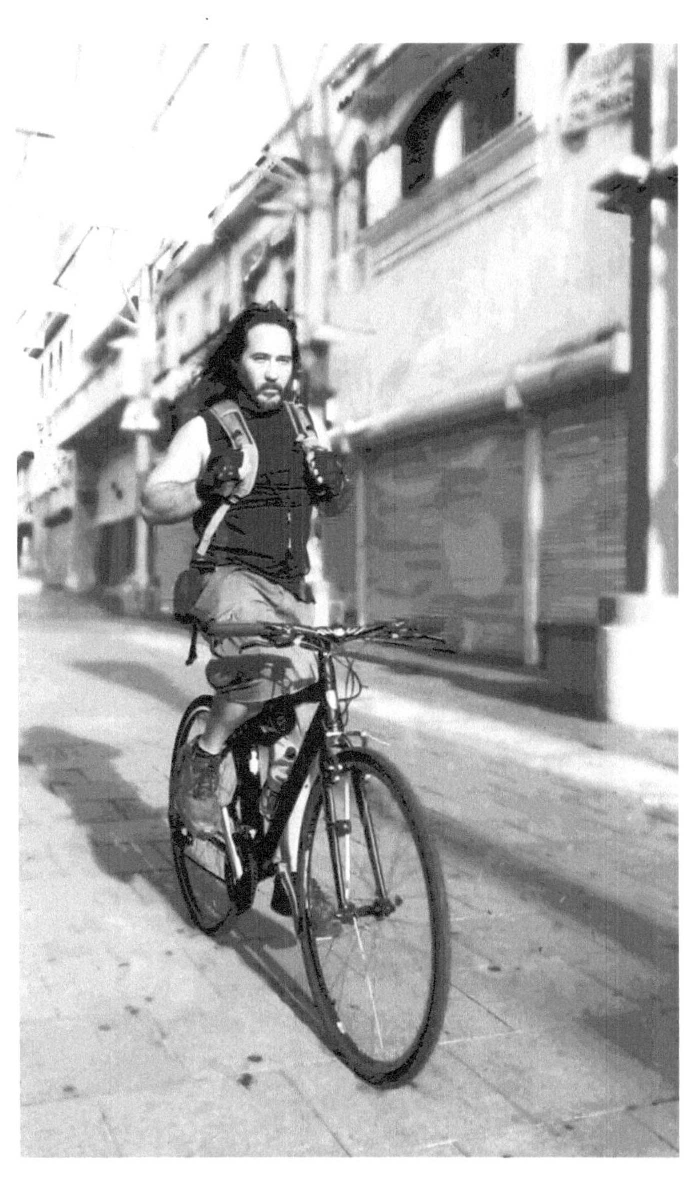

2015

Imperio[30]

Nadie puede acusar al emperador de hipócrita o embustero. En el instante en que citó a Martí se comprometió a no serlo: "la libertad es el derecho de todo hombre a ser honesto." Aún así, con tal de no ser juzgados y estigmatizados de ilusos e ingenuos, podríamos invocar el espíritu de la sospecha; tratar de descifrar los engaños ocultos entre líneas; detectar las artimañas retóricas, las tácticas de manipulación mediática y, al fin, desmenuzar las intenciones mezquinas que escapan del entendimiento de los crédulos, de fanáticos e ignorantes. Pero esta vez no hizo falta. Barack Obama se comprometió a ser honesto, a decir la verdad y así lo hizo.

En su mensaje al mundo anunció cambios en las relaciones entre los gobiernos de Cuba y Estados Unidos, y reafirmó sin vaguedad ni rodeos la voluntad imperialista que animó sus posturas. El principal objetivo seguiría siendo el mismo, pero perseguido con métodos diferentes: derrocar el régimen de gobierno cubano y hacer colapsar el modelo económico, político y social socialista. El cambio en estrategia es cónsono con la racionalidad imperialista (pos)moderna: la colonización ideológica es más productiva que la fuerza bruta, y los mejores embajadores de los valores e intereses estadounidenses no son sus soldados sino sus ciudadanos.

El emperador hizo suya la consigna revolucionaria y de resonancia global: "otro mundo es posible"; y emplazó a la humanidad a luchar por un mundo "como debería ser" y a no conformarse con el mundo "como es".

Pero, como en todas las guerras ideológicas, el saldo final es imprevisible y, a la larga, lo que en verdad importa son las relaciones humanas. Ahí radican las esperanzas de cambio, para bien o mal. A mi entender, no me parece mal negocio seducir a los cubanos a que se animen a probar un buen *hamburguer* gringo. Tampoco me parece mala idea dejarnos seducir por los cubanos para hacer de la Salud un derecho universal. No porque "todos somos americanos" sino porque todos somos humanos…

---

30 "Imperio"; *El Nuevo Día*, domingo, 18 de enero de 2015 (http://www.elnuevodia.com)

Malus[31]

A veces me pregunto, ¿qué interés podría haber tenido Dios en prohibir comer el fruto de un manzano silvestre? Si no fuera porque insisten que se trata de una historia verídica quizás no cuestionaría su literalidad y hasta me tomaría la libertad de interpretarla como una ingeniosa representación simbólica del despotismo de la Ley, a la que se debe obediencia absoluta por la simple y llana razón de ser Ley, por más inútil o absurda que sea. De ser este el caso, entonces nada tendría de extraño que a la desobediencia de Eva le siguiera un castigo, porque la Ley dice que si haces lo que prohíbe te va a castigar, aunque lo prohibido también sea inútil o absurdo.

Así las cosas, pudiera inferir que la intensión de Dios era educar a los padres de la humanidad sobre el valor supremo de la propiedad privada. En tal caso tampoco extrañaría la severidad de la pena porque, a fin de cuentas, Eva era una ladrona, Adán su cómplice y Dios no sabía de rehabilitación.

También podría ocurrírseme que no se trata del origen divino de la propiedad privada sino del egoísmo; pero enseguida me viene a la mente una insolencia: Dios representa la afrenta de quienes tienen todo y de más y no les da la gana compartir.

Pero quizá no deba exagerar las cosas: una manzana es una manzana (especie del género *Malus*) y lo importante es creer que Dios castiga con buenas intensiones y, claro, con amor. Imagino que ese fue el mensaje del alcalde y policías de Santa Isabel cuando bloquearon las carreteras invitando (i)legalmente a orar: las multas son lo de menos si tienes verdadera fe.

Dejo dos ideas, insolencias o alertas, entrelazadas para reflexionar: 1. Estos mensajeros de Dios -representantes de la Ley- cargan armas de fuego en sus baquetas. 2. Para los terroristas religiosos la diferencia entre las palabras y las balas es lo de menos si se tiene verdadera fe…

---

[31] "Malus"; *El Nuevo Día*, domingo, 15 de febrero de 2015 (http://www.elnuevodia.com)

Educación General[32]:
paradojas irresolubles y (re)soluciones (in)deseables

I. Contexto histórico de la "crisis"

Hacia mediados del siglo XX todos los estados "democráticos" occidentales ya habían enmarcado dentro del imaginario jurídico constitucional el "derecho a la educación" e incluso puesto a gravitar en torno al significante "educación" la condición de sus existencias, de sus principios y finalidades. En términos formales, los objetivos políticos que desde entonces lo significan, asignan pertinencia y valor social, no han sufrido trastoques radicales, independientemente de la diversidad de jurisdicciones nacionales, administraciones de gobierno y variantes pedagógicas. Progresivamente, los sistemas de educación estatal (públicos y privados) han absorbido casi de manera absoluta a sus poblaciones, minimizando los registros de analfabetismo y reivindicado el valor fundamental de la *educación* para el desarrollo general (económico, político y cultural) de las sociedades democráticas. Entrado el siglo XXI, puede afirmarse que la mayor parte de las ciudadanías de los estados *democráticos* ha sido integrada efectivamente dentro del sistema de educación formal, y ha obtenido algún grado académico también formal. Las dificultades materiales por integrar la totalidad de la población merman progresivamente y la incidencia de deserciones escolares no opaca su proyecto matriz de integración absoluta o universal. Sin embargo, un rasgo distintivo de la actual condición de época es que, a pesar de que la mayor parte de las ciudadanías están *educadas* formalmente por los sistemas de educación estatal, públicos o privados, su objetivo fundamental dista de haberse realizado consecuentemente. Ningún sistema de educación ha viabilizado el "pleno desarrollo de la personalidad humana"; ni la educación formal ha sido completamente efectiva en su encargo de *fortalecer* "el respeto a los derechos humanos" y las "libertades fundamentales".

---

[32] Ponencia presentada en el foro *Miradas al curso Introducción a las Ciencias Sociales*; Seminario de Educación General del DCISO, Universidad de Puerto Rico, Recinto de Río Piedras, Facultad de Estudios Generales, Departamento de Ciencias Sociales; Salón 306 JBR; viernes, 27 de febrero de 2015.

Mirando el asunto con honestidad intelectual y asumiendo una postura crítica, podríamos inferir que, de hecho, ha acontecido lo contrario: El sistema de educación estatal (público y privado) se ha convertido en una traba virtualmente infranqueable para el desenvolvimiento efectivo de los *principios* sobre los que se asienta y jura que debe su existencia. Más acá de la propagandas de los gobiernos y las demagogias políticas tradicionales, la *socialización* del "derecho a la educación" en las sociedades *democráticas* ha entorpecido la consecución de *sus* objetivos políticos constitucionales, pero no por defecto de su estructura institucional, de sus principios reguladores o currículos académicos sino, precisamente, por su alto nivel de efectividad. La educación formal en nuestros tiempos, si bien alfabetiza masivamente a la sociedad, también la embrutece…

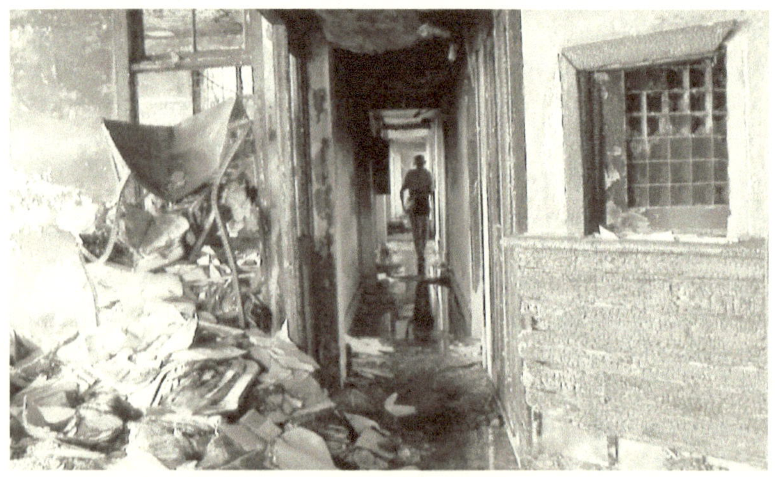

II. Fórmula elitista y clasista

El sistema de educación estatal (pública y privada – escolar y universitaria) está entrampada en una paradoja, característica de todas de las sociedades capitalistas modernas, aunque no se limita a ellas. El caso de Puerto Rico es ejemplar: lo peor de *nuestra* sociedad lo posibilitan personas que han sido educadas formalmente, que cuentan con grados académicos superiores, incluyendo títulos universitarios. Los problemas y malestares sociales más dramáticos no tienen sus raíces más profundas en la falta de educación formal. Tampoco lo ocasionan los desertores escolares, procedentes generalmente de barrios marginales y sectores empobrecidos.[33] Esta racionalidad (políticamente elitista y clasista, y epistemológicamente incongruente con la realidad) no solo dificulta la posibilidad de comprender las complejidades relativas a la actual condición de época y los estrechos vínculos entre el sistema de educación y los malestares sociales, sino que, incluso, distorsiona e invisibiliza sus causas. Las mentes que conspiran para corromper los ideales democráticos en nuestra sociedad; las que se involucran en esquemas de corrupción y fraude, de explotación y degeneración de la condición humana; y las que entorpecen el desarrollo de las potencialidades singulares y de valor para la justicia social, provienen predominantemente de *nuestras* escuelas y universidades, no de los barrios marginales, empobrecidos y discriminados, y tampoco de los desertores escolares. El uso de escuelas y universidades como plataformas de reclutamiento militar y de adoctrinamiento para la militancia religiosa y partidista agrava el estado de situación. Asimismo, la exaltación del valor de la competencia y la promoción irreflexiva de la ideología consumerista profundizan las condiciones de gravedad de casi todo cuanto se engloba dentro del signo de "crisis" en estos tiempos...

De entre estas prácticas de condicionamiento psicológico y de manipulación ideológica provienen los estudiantes admitidos a los centros de educación superior. Las administraciones universitarias, al margen de sus retóricas publicitarias e incluso de sus disposiciones legales, las legitiman y refuerzan. Los *educadores* universitarios –salvo algunas excepciones- viabilizan su eficiencia.

El sistema de educación en las sociedades capitalistas no sólo reproduce las condiciones de su propia crisis de legitimidad sino que, simultáneamente, produce a sus propios defraudadores, los instruye intelectualmente y los condiciona ideológica y psicológicamente para tener a bien hacerlo e ignorar o desentenderse de sus consecuencias sociales. Las lógicas de la competencia y la degradación del valor del ser humano a su poder económico/adquisitivo satisfacen las demandas de una sociedad

---

33 Por ejemplo, aunque las estadísticas oficiales de la policía e instituciones relacionadas al aparato de seguridad/represión del Estado vinculan de manera causal y mecánica la incidencia criminal y el nivel de escolaridad en la Isla, la realidad es mucho más compleja.

consumerista y las gulas del mercado, pero no potencian las condiciones para la justicia social ni cultivan las sensibilidades ciudadanas que debieran construirla y celarla. Los sistemas de educación en las sociedades capitalistas antagonizan con los ideales y valores de justicia social, de equidad y solidaridad, que debieran prevalecer en las sociedades democráticas y progresistas con respecto a los derechos civiles y libertades humanas. Pienso que esta realidad debe ser reconocida por quien quiera involucrarse en la tarea de reformar cualitativamente el sistema de educación en la Isla, empezando por las reformas curriculares y contenidos de sus particulares ofrecimientos académicos.[34]

III. Pistas para rastrear el devenir histórico de la *educación*

Desarraigada la injerencia eclesiástica sobre el poder administrativo de los gobiernos modernos en el siglo XIX[35], y secularizada formalmente la *educación* en los estados de Ley del siglo

---

[34] De lo contrario, habría que poner en entredicho cualquier proyecto de "reforma" o "cambio", ya por sospecha de ingenuidad política, ignorancia histórica o complicidad con un *nuevo* esquema de fraude ideológico, oportunismo político o calculada conveniencia personal...

[35] En todas las naciones y estados de Ley (monárquicos, democráticos u oligárquicos) las élites religiosas ejercían el dominio sobre los contenidos de la educación estatal, y con ella su injerencia moralizadora sobre todas las dimensiones de la vida social, política y cultural. Sus consecuencias más dramáticas pueden rastrearse al menos desde el asesinato judicial de Sócrates hasta las ejecuciones de Tomás Moro (decapitado) y Giordano Bruno (quemado en la hoguera), y en la inmensa lista de obras prohibidas con fuerza de Ley y sus tenencias castigadas como crímenes de herejía por la Iglesia católica hasta finales del siglo XIX. Entre los principales autores "cristianos" que trataron temas relativos a la *reforma* del Derecho Penal entre el siglo XVI y XIX figuran prohibidos por la Iglesia católica romana: • Erasmo de Rotterdam (1500) • Hugo Grotio (1626) • René Descartes (1633) • Thomas Hobbes (1649) • Blaise Pascal (1657) • Michel de Montaigne (1676) • John Locke (1734) • Charles de Secondat de Montesquieu (1762) • Jean-Jacques Rousseau (1762) • Cesare Beccaria (1766) • Voltaire (1789) • Jeremie Bentham (1819) • Juan Antonio Llorente (1822) • Immanuel Kant (1827) • Víctor Hugo (1834) • John Stuart Mill (1856) • Enrico Ferri (1895) (*Index Librorvm Prohibitorvm* (1564-1948) (Digitalizado en http://www.cvm.qc.ca) Las obras de filósofos políticos ateos, como Shopenhauer, Nietzsche, Marx y Freud, no figuran en el índice de libros prohibidos.

XX[36], su ancestral encargo político se preservó de manera intacta dentro del poder centralizador del Estado. La "educación" siguió siendo el principal dispositivo estatal de sujeción ideológica, de encuadramiento moral y moldeamiento disciplinario de la ciudadanía.[37] Los contenidos curriculares del sistema estatal de educación (pública y privada), más allá de la diversidad de corrientes de pensamiento y correlativas contiendas teóricas y epistemológicas (conservadoras o liberales), estuvieron engranados en conformidad a la función preservativa y reproductora de sus respectivos regímenes constitucionales. Consolidar la identidad nacional, la Patria y el Estado, la Cultura, el bienestar y la felicidad de los súbditos-ciudadanos -como en la antigüedad- siguió siendo el objetivo de todos los sistemas de *educación* de la modernidad.[38]

---

36 Aún después de la revolución liberal francesa y de la instauración de los estados (pos)coloniales en las Américas, la rígida moral de la cristiandad siguió moldeando la psiquis de las élites intelectuales y ejerciendo el control hegemónico sobre las universidades europeas y americanas, la formación de profesores y la censura sobre las producciones intelectuales, académicas y culturales en general. Incluso en los estados secularizados de la modernidad temprana predominaba en los currículos académicos la rígida moral de la cristiandad imperial europea, reproducida en sus prácticas y contenidos metafísicos o teológicos, clasistas, elitistas y misóginos.

37 En la antigüedad –según comentan algunos clásicos griegos- las prácticas de la filosofía eran modalidades de entretenimiento exclusivo de hombres de la clase privilegiada y dominante entre las élites de gobierno, con tiempo de ocio para divagar intelectualmente sin compromisos laborales o necesidades vitales que los distrajeran o importunasen. Los modos de conocimiento institucionalizados con fines políticos pragmáticos, por lo general, se limitaban a la disciplina militar y encuadramiento moral-religioso, a la formación de funcionarios civiles del Estado y al adiestramiento en oficios asalariados, determinados y regulados por sus leyes y conforme a los requerimientos constitucionales. Los primitivos rigores disciplinarios incluían severos castigos corporales, y aún así –confiesa Agustín de Hipona- los estudiantes a veces preferían soportar el dolor de las penas a estudiar, simplemente porque las materias impuestas les eran extremadamente agobiantes y las tareas obligadas aburridísimas.

38 En el contexto local, la educación pública, gratuita y obligatoria, era un encargo estatal iniciado bajo el régimen colonial español, consolidado posteriormente como parte del proyecto de colonización ideológica, "civilización" o "americanización" de los puertorriqueños a partir de la ocupación militar estadounidense a inicios del siglo XX.

La integración del discurso *democrático* como eje del sistema de educación estatal -a escala virtualmente planetaria- está estrechamente relacionado a la racionalidad predominante entre los estrategas e ideólogos del capitalismo. En la actual condición de época (pos)moderna todas las producciones intelectuales y culturales son rentables al capital; la diversidad ideológica, política, religiosa, étnica, racial, sexual, vende. La educación (liberal o vocacional, general, interdisciplinaria y transdisciplinaria) es un gran negocio en el siglo XXI…

IV. La educación: ¿un derecho o un privilegio?

El auge y proliferación de escuelas y universidades privadas en Puerto Ricio evidencia la avidez lucrativa y rentabilidad comercial del gran negocio de la *educación* formal (general o especializada). A los propietarios, inversores y beneficiarios de los medios educativos privados no interesa la formación intelectual de su clientela para fines trascendentales a escala social. Reproducen los modelos curriculares de las escuelas y universidades públicas, donde los requerimientos académicos son obligatorios aunque no se tenga idea siquiera de su razón de ser y su valor práctico para la sociedad o para el sujeto forzado (seducido o engañado) a cumplirlos. Los créditos académicos se han convertido en objetos de consumo en el mercado de saberes y títulos formales; y los grados escolares y universitarios en productos con un precio determinado por la competencia entre instituciones, sin valor sustancial fuera de los circuitos comerciales privados y sus intereses lucrativos.

Las ayudas económicas del Gobierno garantizan la solvencia de las instituciones privadas, y los estudiantes se consideran fuente de ingreso y clientela antes que ciudadanía en el ejercicio de un derecho.[39] Visto desde la óptica de los principios

[39] La mezquindad empresarial se ha apropiado del discurso del "derecho a la educación", manipula su retórica como estrategia publicitaria e imita sin miramiento ético la falsa ilusión de que existe una relación de reciprocidad entre la inversión de capital en la *educación* y la garantía de empleo remunerativo y consecuente posibilidad de posicionarse entre la clase privilegiada.

políticos democráticos, la educación privada es un negocio legal y, a la vez, un fraude consentido por la ciudadanía.[40]

Pero los estados capitalistas sufren de impotencia estructural para absorber dentro de su fuerza laboral a todos sus "educados".[41] El grueso de la clase "educada" del país se forma para competir en el mercado laboral como peones amaestrados, mano de obra disciplinada y relativamente barata, pero para satisfacer la demanda de empresarios privados u ocupar posiciones burocráticas como funcionarios de agencias e instituciones estatales (incluyendo las universidades), sin valor indiscutible o de dudosos méritos sociales.

V. Deconstrucción de la categoría "educación"

La "educación" es una categoría política de singular valía en los estados de Ley. Las variantes históricas de sus significados están condicionadas por las contiendas políticas e ideológicas libradas por apropiársela, significarla y delimitar sus posibles sentidos, pertinencia y valor de uso.[42] La práctica de *educar*, dentro del sistema estatal (público y privado), está directamente relacionada al

---

[40] Los prestamistas bancarios no cumplen la función social de facilitar el acceso a la educación, porque no los mueve un sentido de solidaridad sino la avaricia propia de ladrones y comerciantes usureros. Las instituciones financieras se lucran de la ingenuidad e ignorancia generalizada de la masiva clientela estudiantil, "prestan" cuantiosas sumas de dinero para sufragar los costos de estudio, y prefieren que sean lo más elevado posible para beneficio de sus mezquindades. Al final de la jornada, el sistema se desentiende de los problemas que acarrea el endeudamiento, y se limita a prestar servicios legales para garantizar el cobro de las deudas y no el empleo de los deudores...

[41] Aunque de manera ingenua o hipócrita prometen empleo seguro como incentivo para que no deserten, una parte sustancial de los reclutas del sistema de educación están destinados a sufrir las condiciones del desempleo o a subsistir de los raquíticos programas de asistencia/dependencia económica del Estado.

[42] Superados los entrampamientos retóricos y las ilusiones de coherencia ideológica infalible –consagradas entre infinidad de farsas academicistas- las aporías que nacen del estudio crítico de la historia de "la educación" se revelan, no como problemas de significado y sentido (epistemológicos o teóricos) sino como relaciones de poder. Así lo advirtieron antes -cada cual a su manera y a veces entre líneas- Herodoto, Platón, Plutarco, Erasmo de Rotterdam, Friedrich Nietzsche, Sigmund Freud y Michelle Foucault entre otros.

significado dominante e impreso categóricamente en el discurso de la Ley, que *define* qué es la educación; cuáles son sus funciones y cuáles sus objetivos; a quién sirve y para qué. Educar, pues, es en un acto político que no admite neutralidad ni reconoce exterioridad privilegiada o libertad absoluta para (re)significarse fuera de la jurisdicción demarcada por el poderío estatal y el orden de la Ley.

Un particular modelo de ser humano -sujeto y modelado psicológicamente y con fines ideológico-políticos predeterminados e impuestos desde la infancia- es el objeto central de sus dominios, encargos y aspiraciones. Desde la antigua civilización imperial griega, la *educación* (socialización/domesticación) temprana de la ciudadanía en "desarrollo" (animales políticos) ha jugado un papel central en la vida política de los estados. Desde entonces, sus principales ideólogos la reconocen como condición esencial para el sostenimiento del orden constitucional imperante, para regular sus ajustes puntuales (reformas) y como recurso cardinal para el control y gobernabilidad efectiva de los súbditos/ciudadanos adultos.

De modo similar en todas las civilizaciones occidentales modernas -independientemente de sus particulares modos de producción, de sus regímenes de gobierno (religioso, militar o civil), de sus peculiaridades regionales o culturales y de las circunstancias variables de cada época- todos los estados de Ley han estimado la productividad estratégica de la *educación* y administrado conscientemente sus prácticas pedagógicas, pero menos por su valor para la libertad humana que como mecanismo para sojuzgarla.[43]

Desde mediados del siglo XX, por razón de principios y cálculos políticos, económicos y morales, las civilizaciones *democráticas* han compelido al Estado de Ley la responsabilidad ineludible de garantizar la *educación* pública de manera generalizada, sin discrimen por "diferencias" sociales (género, raza, condición física, etc.) y privilegios de clase. Así lo dispone la Constitución insular desde 1952 (Secc.5), copiada de la Declaración Universal de

---

[43] Cuando hablamos del sistema de *educación* del Estado (público y privado) nos referimos al orden de las tecnologías de sujeción ideológica (domesticación y encuadramiento) que lo constituyen y al que formal y forzosamente son sometidas todas las personas que habitan sus dominios. La educación opera como refuerzo psicológico para efectivar el control general sobre la población, sujeta invariablemente a la autoridad y supremacía del Estado de Ley en que vive y convive. Las sociedades modernas, todas autodenominadas *democráticas*, no son la excepción...

los Derechos Humanos (Art. 26) de 1948; y así la ley y reglamento que rige la UPR desde 1966. Más acá de la estructura organizativa del sistema de educación estatal, de las variantes en los paradigmas pedagógicos y de las materias particulares y formales que se *enseñan* en las escuelas y universidades, el principio político del "derecho a la educación" apunta sus esfuerzos conjuntos hacia el moldeamiento del sujeto-humano dentro de unos *valores* definidos y con una función ideológica determinada. Su objetivo estratégico es –según su retórica formal y propaganda- "el pleno desarrollo de la personalidad humana". A pesar de las dificultades para darle forma concreta a este "principio" (dada su relativa ambigüedad conceptual y las contiendas entre múltiples poderes significantes) éstas deben resolverse en el marco ideológico/jurídico/legal de los derechos políticos constitucionales y a partir de la moral imperialista, absolutista y centralizadora, de los derechos humanos (universales). Sumido en un laberinto de pugnas y contradicciones, el principio del "derecho a la educación" es objeto constante de significaciones y sentidos dentro de su relación intrínseca con su función preservativa y reproductora del modelo constitucional que lo invoca y reivindica, de sus valores dominantes y a pesar de sus ambigüedades epistémicas e insuficiencias teóricas, ambivalencias morales e incongruencias políticas.

De manera simultánea, este principio/derecho opera como eje matriz de dinámicas reformistas, ajustes estructurales, adecuaciones coyunturales y modulaciones retóricas. Así las cosas, por lo general, cuando se habla de "crisis educativa" y de "reforma" del sistema de educación o de sus partes, se habla de una *crisis* de los entendidos y prácticas de sujeción ideológica del sujeto-humano al orden constitucional imperante, a su modo de producción-reproducción y las condiciones psico-sociales que lo posibilitan. La mentalidad corporativa predominante en las sociedades capitalistas le ha asignado como encargo político a las universidades la misión de encuadrar y disciplinar a su *clientela* dentro de su programa ideológico, precisamente degradando el significante "estudiante" a la condición de "cliente", y degenerando la experiencia educativa a una mera transacción comercial; la educación superior no es un derecho (civil/humano) y su valía responde a las lógicas de la competencia en el mercado; y las profesiones se han convertido en negocios destinados al lucro personal e inmediato, independientemente de su valor de utilidad real o pertinencia social. Dentro de esta racionalidad, la función pedagógica debe adecuarse a las demandas del mercado, y la libertad de cátedra ajustarse al encargo de domesticar trabajadores, patronos y burócratas, todos consumidores; en lugar de fortalecer el ideario emancipador del proyecto político democrático y radicalizar el carácter humanista de la ciudadanía…

VI. (Re)educándonos como educadores

Desentenderse de las implicaciones psico-sociales de la práctica de "educar" no sólo nutre la condición de crisis generalizada del sistema de educación insular sino que, además, agrava sus efectos más nocivos para la vida social, individual y colectiva. Consciente o no, el *educador* ocupa una posición determinada en esta crisis sistémica, y se inserta –a sabiendas o sin saberlo- entre sus perennes enredos y nudos ideológicos; los más, para estirarlos y atiesarlos; los menos, para dilucidarlos y desenmarañarlos. No debe extrañar que gran parte de lo peor de nuestra sociedad isleña tenga raíces profundas en el sistema de educación y no meramente en las deficiencias estructurales o institucionales, económicas/administrativas o curriculares. Dicho de otro modo, no es a la ausencia de *educación* formal que debemos reprochar los males que nos aquejan como pueblo[44] sino, en gran medida, a la existencia efectiva del sistema de educación y la eficacia práctica de la mayor parte de los *educadores*; ya por ingenuidad o ignorancia, complicidad o desidia…

El Sistema de Educación es una compleja y poderosa maquinaria estatal de programación ideológica; una gran fábrica de formación disciplinaria y, a la vez, una institución de control y reproducción del imaginario social (económico, político, moral y cultural) dominante. Su función política primordial no es la de producir y formar seres pensantes y conscientes, reflexivos y sensibles ante los males e injusticias de nuestros tiempos. Tampoco interesa proveer las herramientas intelectuales para comprender o al

---

[44] A saber, las corrupciones y fraudes institucionales, públicos y privados; las violencias criminales; la pobreza, el desempleo y la explotación laboral; la intolerancia religiosa; el discrimen político; el racismo y la xenofobia; la misoginia y la homofobia; los excesos y absurdos legislativos y penales; la destrucción del medio ambiente; entre tantos otros.

menos tratar de comprender las complejidades constitutivas de la realidad social, sus condiciones de estancamiento y posibilidades de superación y alternativas de *progreso*.[45] Menos aún interesa animar a los sujetos/objetos de su *educación* formal a "cambiar el mundo" sino a acoplarse a él, cada cual para lo que le convenga y cada quien como pueda...

Un proyecto alternativo de *reforma* educativa debe construirse a partir de una ética de honradez política y pedagógica -si acaso se puede disociar entre ambos conceptos-. Antes de trazar metas inalcanzables y entramparse entre retóricas pomposas, idealizaciones ingenuas e ignorancias políticas, debe pasar balance crítico sobre la función histórica de la educación y de los educadores, reciclada y reproducida mecánicamente hasta nuestros días. Algunas preguntas clave, acorde al requerimiento de honestidad intelectual, serían: ¿Qué es la educación? ¿Para qué educamos? ¿Qué hacemos realmente cuando creemos que educamos?

VII. La educación como práctica social revolucionaria, liberadora y esperanzadora

Pienso que cualquier *reforma* del sistema de educación, de sus currículos o de cursos particulares debe empezar, sostenerse y perpetuarse en el salón de clases, allí donde la experiencia cotidiana juega un papel determinante en los modos como habrá de relacionarse el estudiante con lo aprendido o desaprendido. Más que una reforma en la estructura institucional, de reivindicaciones salariales o de retoques retóricos a los manoseados libretos curriculares y sus prontuarios, hace falta poner en juego una dinámica pedagógica revolucionaria, liberadora y esperanzadora, que contraste radicalmente con las prácticas pedagógicas autoritarias e irreflexivas dominantes. No creo que exista un modelo universal a seguir sino que cada profesor, dentro de su escenario inmediato y particular, debe ingeniárselas para poner en práctica modos alternativos de *educación* y atreverse a romper los moldes preestablecidos. Asimismo, renunciar al empecinamiento sistémico de medir con una misma vara a todos los estudiantes y tratar de

[45] La integración de la perspectiva ecológica, por ejemplo, sería medular al respecto.

encajarlos en moldes de expectativas prefabricadas y de objetivos disciplinarios uniformadores.

Quizás, por ejemplo, el sistema de evaluación/calificación por notas debe erradicarse.[46] Incluso el concepto mismo de "evaluación" debe cuestionarse radicalmente, si acaso la idea de una relación de "diálogo" intelectual entre profesor y estudiante es genuinamente deseable.[47] A fin de cuentas, desde la óptica de los derechos humanos, el sistema de educación uniformadora ha fracasado y no vale la pena seguir reproduciéndolo. Tampoco abona a las condiciones anímicas e intelectuales para superar la relativa disfuncionalidad del sistema en conjunto, es decir, del Estado y las relaciones ciudadanas que lo constituyen.[48] Si realmente existe una voluntad política para convertir la educación en fuerza motriz para resolver problemas y aliviar malestares sociales (de los que la educación misma, así como la credulidad religiosa y la lealtad partidista le son constitutivos), es preciso diseñar un programa de pedagogía liberadora que incentive una suerte de insolencia

---

[46] En primer lugar, porque esta práctica acarrea una renuncia tácita a la responsabilidad principal del educador. En lugar de concentrar esfuerzos pedagógicos en lograr los objetivos del curso, el maestro o profesor fuerza la competencia indiferenciada por el dominio inmediato sobre cierta materia, programada para ser cubierta en un tiempo definido y de manera arbitraria. Los que no "aprendieron" en ese preciso momento, casi invariablemente, no aprenderán posteriormente, aunque a la larga "pasen" el curso. El tema de la materia se da por "cubierto", la formalidad mecánica de la nota suplanta la calidad del conocimiento y encubre sistemáticamente las deficiencias evidentes y acumulativas de los "fracasados". Esta lógica vale para cualquier materia, y es una de las condiciones clave para comprender el por qué del elevado número de estudiantes graduados de escuelas superiores y de universitarios que no domina ni siquiera su propio idioma, por no decir los conceptos básicos de las artes *liberales*, las matemáticas y las ciencias.

[47] No puede existir una genuina relación de diálogo donde una de las partes conserva un rango de autoridad absoluta y la otra es considerada por ésta, invariablemente, su subordinada.

[48] No se trata de culpar al maestro o profesor por la elevada incidencia de mediocres funcionales, deficientes conformes y "fracasados" por esfuerzo propio, o de ignorar las complejidades particulares de cada caso, pero el sistema le provee una salida cómoda, demasiado cómoda como para no ser objeto de sospecha entre las causales de la crisis en ciernes. Nuevamente, hoy hay menos analfabetas que nunca, y sin embargo, son los ciudadanos "educados" los principales responsables de las crisis sociales e institucionales en el país...

revolucionaria y rebeldía intelectual esperanzadora, en lugar de reciclar el modelo regente de educación/domesticación mediocrizante; autómata y tecnócrata; desensibilizadora, deshumanizante y embrutecedora.

La práctica de *educar* debe convertirse en un arte mayor entre las dinámicas cotidianas de la vida política y social, y su horizonte debe ser un modelo de sociedad y de ser humano capaz de asimilar e interiorizar, proteger y conservar los hábitos y valores de justicia social, empatía y solidaridad por encima de los valores de la competencia y el individualismo, el culto a la autoridad y la exaltación de la docilidad servil, de la obediencia por la obediencia y de la dependencia emocional (como la que se reproduce en la relación de subordinación del estudiante a la autoridad del profesor).[49] Un programa de educación alternativa debe estimular la singularidad existencial en armonía con los derechos democráticos; y la actitud crítica y desafiante debe prevalecer frente a la sumisión y reverencia a los dogmatismos e intolerancias religiosas y políticas, legales, culturales y, por supuesto, académicas.

Deben estimularse las potencialidades creativas de educadores y estudiantes en el ejercicio de cuestionar y capacitarse para el análisis crítico en lugar de derrochar tiempo y energía en memorizar datos para vaciarlos en *pruebas* o exámenes por una nota. La calidad del saber debe imponerse como valor superior a la cantidad de material "aprendido". Y no se trata de crear un sistema pedagógico minimalista o superficial sino, por el contrario, de diversificar los objetos de estudio, enriquecer sus contenidos y vincularlos en un sentido dinámico del rigor intelectual, de valor existencial y utilidad práctica para la vida singular y colectiva, en el presente y por un porvenir más habitable…

---

[49] Horizontalizar las relaciones (de poder) entre profesores y estudiantes no quiere decir "bajarnos" a su nivel (según el discurso de autoridad) sino "elevarnos" juntos por encima de nosotros mismos, de nuestras ilusiones de autoridad y de superioridad intelectual.

IVA[50]

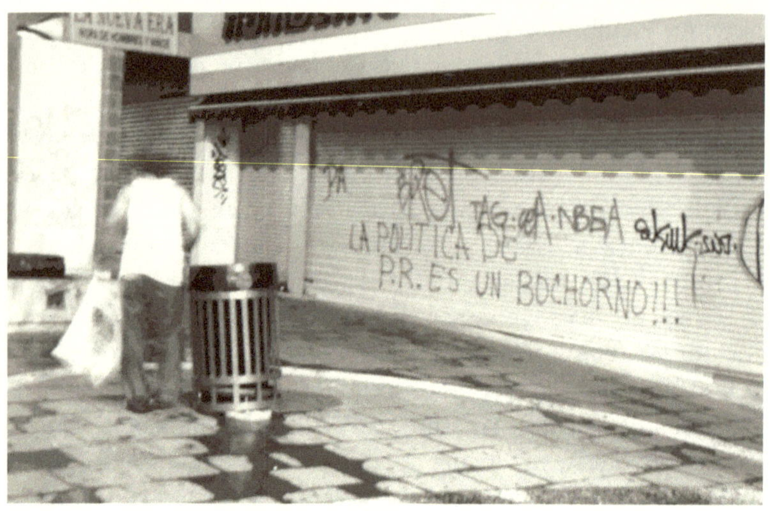

No sé si la gente sabe, pero sé que cree saber. Así aparenta cuando despotrica con tanta seguridad contra el IVA, como si se tratara de un mal en sí mismo y sus promotores fueran algo así como encarnaciones de Satanás. Pero la realidad no es tan simple como quisiera la gente, y sospecho que algo de eso que cree saber lo sabe mal.

Nada extraña que la principal oposición política al gobierno de turno se desviva por demonizar su imagen, con razón o sin ella. Cuando responde al vicio reaccionario de la competencia electorera es fácil descifrar. Lo que me preocupa es que tanta gente decente, inteligente y bien intencionada caiga en sus trampas y se deje engañar con tanta facilidad.

Yo sé que todo esto se presta para desahogos personales, por eso de la "crisis económica", pero cuando veo a las personas convertidas en masa rendir sus intelectos a la propaganda politiquera y, luego de protestar, irse a gastar lo que tanto celan en caprichos, en lujos y vanidades, veo que tras tanta gritería se cuela otro tanto de ingenuidad, ignorancia e hipocresía.

---

50 "IVA"; *El Nuevo Día*, domingo, 15 de marzo de 2015 (http://www.elnuevodia.com)

No veo a una clase trabajadora amenazada sino a una sociedad consumerista que berrincha porque teme que encarezcan sus antojos. No veo lacerarse las condiciones de existencia del pueblo trabajador, y sí a un pueblo embelesado por el placer que se procura de la botaratería.

En nuestra democracia confunden el derecho a una mejor calidad de vida con el derecho a comprar porquerías; demasiadas "necesidades" las crean y atosigan publicistas comerciales; y los deseos inducidos los creemos necesidades vitales.

Las cosas que de verdad importan (salud, educación, justicia, alimentos, cultura, etc.) las han convertido en negocios lucrativos de intereses privados, y su pillaje cotidiano lo consentimos y sufrimos sin grandes reproches.

El gobierno no decide el precio de las cosas sino los comerciantes y su gula capitalista. Nosotros no pagamos el valor de lo que compramos, sino el precio por el que nos lo venden. Sea lo que sea, siempre ganan por más que perdamos…

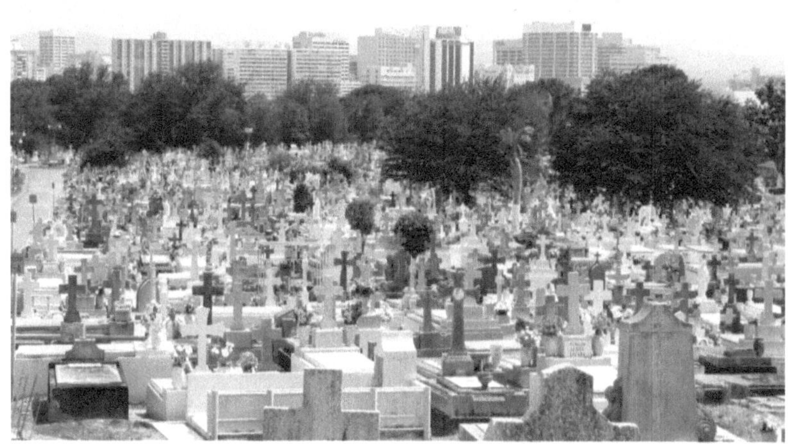

Hipocresías[51]

Decía Hanna Arendt que la hipocresía es el vicio de los vicios; la vinculaba con la podredumbre moral y la calificaba como la modalidad más radical de la corrupción humana; como un acto esencialmente criminal. Para quienes defendemos los derechos humanos, las expresiones públicas de jerarcas eclesiásticos y políticos religiosos en repudio a la perspectiva de género en las escuelas y al derecho de matrimonio de homosexuales son manifestaciones de hipocresía; y también el discrimen sistemático con los más empobrecidos, los deambulantes, estigmatizados como peligrosos e indeseables…

Hace unos días leí una "noticia" sobre un tipo que, en medio de una misa, se acercó al altar y abofeteó al cura. De la cobertura no supe gran cosa de aquél hombre y sus motivaciones, pero sí del (pre)juicio de los feligreses entrevistados, para quienes, espantados e indignados, se trataba de un loco. El sujeto fue arrestado y culpado por cargos de agresión. El juez le impuso una fianza que no pudo pagar y fue enjaulado en prisión, no sé si por criminal, si por pobre o por loco.

Del reportaje supe que la iglesia era frecuentada por personas empobrecidas y sin hogar (deambulantes) que molestaban a los parroquianos pidiéndoles limosnas, y que, en ocasiones, entraban e interrumpían el sermón a gritos, ya porque eran drogadictos o porque estaban locos. Supe, además, que la gerencia del templo pensaba contratar seguridad privada para mantenerlos fuera, por eso de garantizar la tranquilidad de su clientela y sus relaciones con Dios.

Como no supe mucho más, imaginé que el sujeto agresor podía ser un cristiano cualquiera, de esos desposeídos, míseros y hambrientos; y que el sermón interrumpido rezaba: "Por eso os digo, no os preocupéis por vuestra vida, qué comeréis o qué beberéis; ni por vuestro cuerpo, qué vestiréis. Mas buscad primeramente el Reino de Dios y su justicia, y todas estas cosas os serán añadidas."

La bofetada al cura la imaginé como grito de angustia por las sacralizadas hipocresías.

---

[51] "Hipocresías"; *El Nuevo Día*, domingo, 19 de abril de 2015 (http://www.elnuevodia.com)

Venganza[52]

Aunque la experiencia histórica ha demostrado la falsedad e hipocresía de sus apologías, la primitiva y estúpida manía de enjaular seres humanos sigue creyéndose justa y necesaria para "proteger" a la sociedad contra el crimen. Enmarañado en una rancia condición de psicosis social e ignorancia generalizada, el encierro carcelario sigue creyéndose un "justo merecido"; pero la pena impuesta por fuerza de Ley suprime la justicia prometida; y en lo creído "justo" del castigo se revela un acto embrutecedor, brutal y bruto, de venganza.

Aún la gente mejor intencionada se conforma con remedios ideológicos inventados para lidiar con sus cargos de conciencia y escapar imaginariamente de esta realidad. Casi nadie admite que se castiga para satisfacer sentimientos de venganza, y casi todos evaden las presiones de sus inconsistencias morales creyendo que sólo se castiga para "rehabilitar" moralmente al condenado. Pero, más allá de sus efectos consoladores -con excepción de quienes se procuran satisfacción psicológica y dinero por hacer sufrir a otros- nadie honesto puede negar que el castigo de cárcel es, en lo esencial, un acto de venganza, cruel y deshumanizante por sí mismo.

Los obstáculos a los programas de educación son agravantes de las condiciones de existencia en las cárceles. En la cárcel de mujeres –por ejemplo- inició hace un año un proyecto de la UPR para ofrecer cursos universitarios a prisioneras en "máxima seguridad". De diecisiete estudiantes, ayer quedaban apenas cinco.

La severidad represiva en la cárcel de mujeres es injusta e injustificable. Ahí la educación no es un derecho sino un "privilegio" que la administración concede o quita a gusto y gana. La anacrónica constitución carcelaria destruye el propósito "rehabilitador" y sabotea sistemáticamente las iniciativas educativas; su lógica punitiva suplanta la educación por tormentos de aburrimiento; y la arcaica práctica del castigo "disciplinario" sólo satisface la psiquis vengativa y sádica de la autoridad carcelera.

Ayer, después de mi clase sobre "derechos humanos" en la cárcel de mujeres, recordé al Chavo del Ocho que decía: "la venganza nunca es buena, mata el alma y la envenena."

---

52 "Venganza"; *El Nuevo Día*, domingo, 24 de mayo de 2015 (http://www.elnuevodia.com)

Salud[53]

No se trata de una conspiración comunista el ideario de un sistema de salud universal, aunque le sea un espantajo a los buitres capitalistas, que con fuerza de Ley y al amparo de un enfermizo sentido de la democracia se han apropiado del conocimiento y de las tecnologías, devorando la esperanza de hacer accesible un sistema de salud, de las más alta calidad posible, para toda la raza humana.

Se trata, más bien, de poner en juego un cierto sentido común que, por causas que tienen que ver, en parte con el egoísmo de la oligarquía médica, en parte con la afrenta de las industrias farmacéuticas y del lucrativo negocio de las "aseguradoras" privadas, no es tan común como quisiéramos que fuera.

Si es verdad que la Constitución de Puerto Rico representa la "voluntad del pueblo" y que ninguna legislación puede contravenir sus principios y mandamientos, la salud es un derecho valedero para todos, no un privilegio de quienes puedan pagar por ella. Si esto es así, el principio de "igualdad" ante la Ley presupone que los beneficios del saber científico sobre todas las dimensiones de la salud humana deben ser extensivos a todos, de manera indiscriminada e incondicionalmente.

A la Universidad de Puerto Rico –sostenida en gran medida por las contribuciones del pueblo trabajador- se le ha delegado la responsabilidad de preparar a la clase médica del país. A ésta se suman profesionales de la salud graduados de universidades privadas, que -aunque abusiva e injustamente caras- aumentan el caudal de recursos médicos en la Isla. Puerto Rico cuenta con la potencia intelectual y profesional para sustentar un sistema de salud universal. Aquí existen los recursos humanos, los conocimientos científicos, las tecnologías e infraestructuras, para contrarrestar y superar cualquier obstáculo.

Aunque se declare en quiebra el gobierno y en bancarrota el país, es impostergable repensar las prioridades. Si es preciso reinventarnos como pueblo, que la salud no sea negociable.

53"Salud"; *El Nuevo Día*, sábado, 20 de junio de 2015 (http://www.elnuevodia.com)

Aquí[54]

¿Yo? Aquí. Gracias por preguntar, pero no quiero abrumarte con mis cosas. Cuéntame de ti, estás perdido. Cuéntame, ¿cómo estás…? -insistía un viejo amigo del que no tenía noticias hacía tiempo-. Aunque nunca lo admitiría, yo sabía que se había ido sin planes de regresar, como tantos otros amigos. No sé si por un repentino brote de nostalgia o por puro azar quiso saber de mi. De algún modo nos extrañábamos, como es natural, es decir, de manera fugaz y azarosamente; pero no lo suficiente como para hacer nada más. Amadas y malditas las reservas de la memoria, una canción sin sentido y alguna que otra fotografía engavetada, parecen bastar a veces para suplantar el cuerpo físico de las personas. El hastío también hace olvidar como hace recordar, y antes de contestarle recordé que por hastío los que se habían ido no iban a regresar. Y así, tras vacilar un instante, le respondí sin querer repitiendo su misma respuesta: ¿Yo? Aquí.

Su reacción también fue un breve silencio, pero demasiado majadero por tratarse de un amigo, que por serme querido sentí que merecía una respuesta menos parca e impersonal. Así que, con la soltura propia de la amistad que trasciende distancias y tiempos, hice de la conversación un monólogo de mis hastíos, aunque a pesar del tono posesivo mi "aquí" no era solo mío.

Le conté no sé cuántas cosas, como que a veces amontonaba los periódicos y los leía sin mirar la fecha, y que me parecía que todos se repetían como si fuera siempre el mismo día; y así los problemas y las quejas, las mentiras, los chismes y las peleas. Hasta los muertos parecen el mismo muerto, y los asesinos un mismo asesino; los pillos siguen siendo los mismos pillos, y la estupidez generalizada, como siempre, la condición invariable de todo lo que más abruma y hastía.

Al rato me interrumpí para respirar y mi amigo, sin dejar de estar aquí, ya no estaba…

---

[54] "Aquí"; *El Nuevo Día*, domingo, 19 de julio de 2015 (http://www.elnuevodia.com)

Sequía[55]

Al principio algunos días de racionamiento intermitente sonaba razonable, por eso de la sequía y los candentes soles de verano. Incluso lo que vino luego, el plan de restringir el agua a tres días por semana, por eso de que no podemos hacer nada con la naturaleza. Si no llueve, pues, ¿qué se le va a hacer?, resignarnos e ingeniárnoslas para fluir como mejor podamos… hasta que vuelva a llover. Entre lo que el agua va y viene, tomar conciencia, armarse de paciencia y ahorrar es responsabilidad de cada cual. Esa es la recomendación del Gobierno, y por eso de la crisis fiscal nos parece razonable y cónsona con su política de austeridad general.

Así las cosas, hemos podido bregar con darnos baños de gato, reciclar plásticos para fregar y bajar los inodoros, rehusar ropa que no apeste demasiado, y hasta aguantar los hedores perfumados de nuestros semejantes. Además, mientras vendan agua embotellada en supermercados la sequía hasta nos parece llevadera. Pero ayer se anunció racionamiento de dos días de agua a la semana, y ya como que su razón se hace irracional. El gran plan nacional para contrarrestar los embates de la sequía es esperar a que llueva. Y, ¿qué si no lloviera?

Si fuera supersticioso imaginaría la sequía como la mano vengadora de la madre naturaleza, por cada árbol talado inescrupulosamente; un justo merecido por las exageradas comodidades urbanas. Si fuera religioso invocaría un junte de todos los crédulos en plegaria a Dios, confesándole que cambiamos de opinión, que ya no queremos que siga desviando tormentas y si hace llover nos portaremos bien.

Pero, basta de bromas. Habitamos un país rodeado de agua, en un planeta que es tres cuartas partes agua, y parece absurdo quejarnos por falta de agua. Las reservas acuíferas insulares son artificiales y el agua de los embalses no es más potable que el agua de mar. Ya es tiempo de considerar seriamente alternativas de tratamiento desalinizador, ajustar cuentas y poner en marcha un plan de abastecimiento sensato y provechoso para el porvenir…

---

[55] "La sequía"; *El Nuevo Día*, domingo, 16 de agosto de 2015 (http://www.elnuevodia.com)

Educar[56]

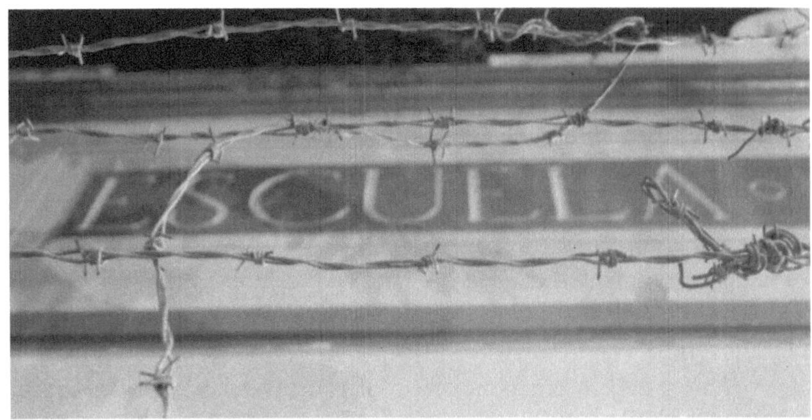

Llueve otra vez. Anuncian inundaciones y suspenden clases y labores. El servicio de agua sigue interrumpido, igual que el de internet. Con todo lo sofisticado y caro de las tecnologías, las nubes impiden que llegue señal de los satélites. Seguramente habrá tapones en todas partes, y los centros comerciales estarán abarrotados. Quizá allí encuentre señal, y pueda enviar este escrito a tiempo…

A propósito del proyecto de "reforma" educativa, pienso que antes de trazar metas inalcanzables y entramparse entre retóricas pomposas, idealizaciones ingenuas e ignorancias políticas, debemos repensar la función histórica de la educación y del educador: ¿Qué es la educación? ¿Para qué educamos? ¿Qué hacemos realmente cuando creemos que educamos?

Una reforma genuina debe empezar en el salón de clases, allí donde la experiencia cotidiana juega un papel determinante en cómo habrá de relacionarse el estudiante con lo aprendido o desaprendido. Más que reformas institucionales, reivindicaciones salariales o retoques retóricos a libretos curriculares, hace falta poner en juego dinámicas pedagógicas que contrasten radicalmente con las mecánicas *pedagógicas* atávicas, autoritarias e irreflexivas.

---

[56] "Educar"; *El Nuevo Día*, lunes, 31 de agosto de 2015 (http://www.elnuevodia.com)

Si realmente existe voluntad de convertir la educación en fuerza motriz para resolver problemas que nos son comunes y aliviar malestares sociales, es preciso animar una suerte de rebeldía intelectual comprometida y esperanzadora, y romper los moldes de educación/programación/domesticación mediocrizante; autómata y tecnócrata; desensibilizadora y deshumanizante.

El horizonte debe ser un ideal de sociedad y de ser humano capaz de asimilar y proteger valores de justicia social, empatía y solidaridad por encima de los "valores" de competencia, consumerismo e individualismo, culto a la autoridad, dependencia emocional y docilidad servil. Una educación alternativa debe armonizar la singularidad existencial con los derechos humanos; y la actitud crítica y desafiante prevalecer frente a la sumisión y reverencia a los dogmatismos e intolerancias religiosas y políticas, legales, culturales y, por supuesto, académicas.

La mentalidad mercantilista dominante entorpece cualquier iniciativa de cambio sustancial, y las inclinaciones privatizadoras agravan la situación. Qué ironía, que los remedios de moda sean parte del problema y los promuevan personas bien "educadas", pero bajo una mala educación.

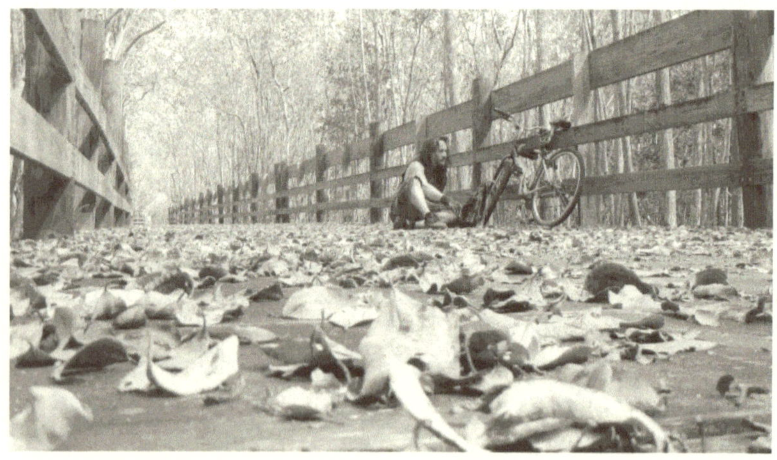

Realengo[57]

No sé si alguna vez podrá decirse que al fin se ha cartografiado el último laberinto de la psiquis humana, o siquiera que al menos se tienen mapas de sus callejones sin salida, de sus atolladeros y sus trampas. Yo he consultado a los más renombrados delineantes de la mente humana, a los más profundos pensadores de todos los tiempos y también a los de más elevados pensamientos, y casi todos han creído comprenderla y hasta haber encontrado rutas seguras para escapar de sus entrampamientos, pero se han equivocado.

Todavía casi todo lo que tiene que ver con las cosas de la vida se piensa como se pensaba antes, y con "antes" quiero decir cuando no se pensaba y la violencia ocupaba el sitial de la razón, cuando la superstición se creía inteligencia divina y la fuerza bruta reinaba el imperio de la ignorancia. La raza humana evolucionó e inventó la palabra, y con ella (re)construyó los laberintos mentales que desde siempre han entrampado su existencia. Y así, a la estupidez repetida sobre sí misma le llamó sabiduría; a la primitiva crueldad de sus leyes, justicia; y al poder despótico de su soberbia, libertad.

Encadenada a sus delirios de grandeza, la humanidad creyó ser dueña y señora de sí misma, del devenir de la historia y de toda la existencia en el planeta. Pero su altanería, su tiranía sobre la vida y la muerte, así como su atávica estupidez, no nacen de su propia naturaleza.

De la represión violenta de la curiosidad en la niñez nacen prejuicios y temores enfermizos que degeneran en malestares anímicos durante la edad adulta. Así como un niño "aprende" a burrunazos a sentir aversión a insectos y reptiles, aprende a odiar a sus semejantes por el color de la piel o sus orígenes nacionales.

Las voces de alarma y desprecio a los animales "realengos" son efectos de males imaginarios y, más allá de la apariencia de razón y ciencia, sintomáticas de trastornos mentales: dicen amarlos, pero como no tienen dueño, por amor deben matarlos…

---

[57] "Realengo"; *El Nuevo Día*, domingo, 20 de septiembre de 2015 (http://www.elnuevodia.com)

Biopolítica[58]

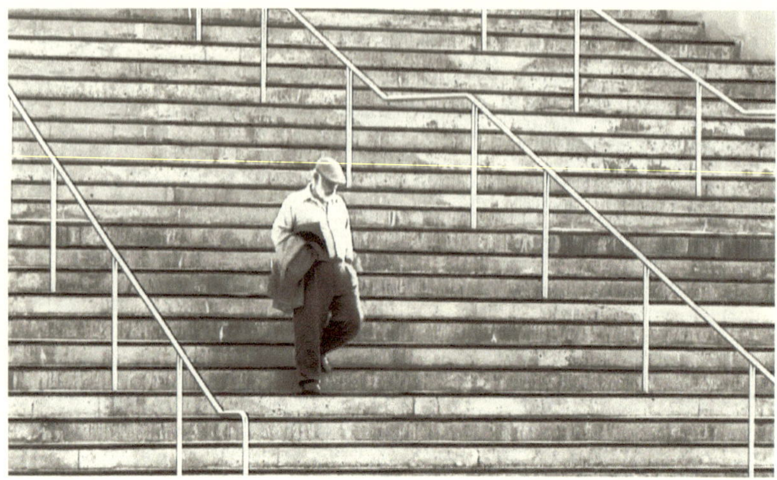

A veces el ingenio retórico nos deserta, sobre todo cuando sentimos esa terrible impotencia ante la pregunta ¿qué hacer con lo sabido? Me la hizo una estudiante cuando discutíamos sobre el poder despótico de las farmacéuticas y la indolencia de la clase gobernante. La respuesta no admite juego de palabras, porque lo que está en juego es la vida, y la vida no es juego aunque la vivamos jugando…

Las condiciones de existencia en todas las dimensiones de la vida social, singular y colectiva, están determinadas por las relaciones entre las fuerzas políticas que las moldean, las transforman o las fijan. Es decir, cuando hablamos de la vida humana nos referimos a todo cuanto le atribuye valor o se lo quita. En las sociedades democráticas modernas o estados de Derecho, la vida del ser humano es matriz de sus constituciones y leyes, y no puede existir legislación alguna que antagonice con este principio moral convertido en derecho político, valedero para todos en todo momento.

Cuando los gobiernos ignoran o traicionan este principio, es preciso impugnarlos, presionarlos o cambiarlos. Tal es la situación actual de la insólita política de resignación gubernamental ante la

---

58 "Biopolítica"; *El Nuevo Día*, domingo, 18 de octubre de 2015 (http://www.elnuevodia.com)

brutal mezquindad de la industria farmacéutica, y de su cobarde rendición ante los chantajes de sus más codiciosos explotadores. Hoy nos es imposible articular un proyecto viable y sostenible de salud universal porque las mafias corporativas de la industria farmacéutica controlan todas las ramas de la producción de medicamentos y sus precios, para lucro privado y no para beneficio de la gente que los necesita.

Convengamos que la salud es derecho vital y no un privilegio a merced de "bullies" capitalistas. Pero sería letra muerta si no lo hacemos valer y protegemos con uñas y dientes. Esta inmensa responsabilidad política no es exclusiva del Gobierno, sino de toda la ciudadanía. Cualquier partido político que guarde silencio, sea juzgado por complicidad y condenado a desaparecer para siempre. Que la competencia electoral sea entre proyectos concretos para reivindicar el derecho universal a la salud, y no intereses de oligarcas abusadores…

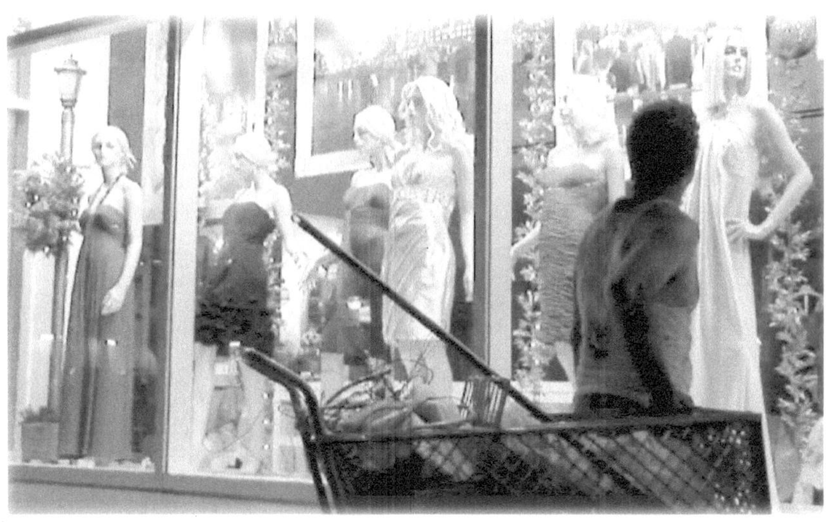

Status[59]

No sé para qué cultivan aquí con tanto celo las obsesivas aversiones, hostilidades y miedos enfermizos entre las "alternativas" de *status*, si a fin de cuentas la última palabra la sigue teniendo el cuerpo despótico del Congreso Federal y no la expresión electoral de los puertorriqueños. La realidad colonial de la Isla no ha cambiado sustancialmente en más de cien años. El ELA es una farsa en quiebra, la independencia todavía espanta y la estadidad, aunque indeseable para quienes mandan, sigue siendo una quimera en el reino insular del siempre todavía...

La Constitución de 1952 juró lealtad a la Constitución Federal y consagró la relación de subordinación política a su poderío imperial. Desde entonces se presume como hecho inequívoco el consentimiento general a su dominación. Pero este arreglo nunca fue una opción política del poder soberano del pueblo, sino una reafirmación de la soberanía estadounidense. Su presumida legitimidad tampoco nació del espíritu humanista y democrático del gobierno federal, sino de la violencia política del "derecho de guerra", que desde 1898 garantiza a la potencia vencedora la autoridad exclusiva de administrar el destino de los territorios conquistados. El gobierno civil, la ciudadanía y los poderes autonómicos nacieron de sus lógicas gerenciales...

La colonia moderna se hizo "democrática", pero no porque representara la voluntad popular sino porque su estructura constitucional perpetúa las condiciones de dominación colonial en todas sus dimensiones.

En este escenario de época, la estadidad es tan ingenua e ilusoria como la independencia. La crisis fiscal de la Isla, sus dramáticos niveles de corrupción generalizada y consecuentes problemas sociales, impugnan la legitimidad del ELA y dan estocada mortal a la quimera estadista.

Para los grandes intereses capitalistas que dominan el Congreso, la Isla es un negocio incierto, todavía lucrativo pero en acelerada quiebra. Antes de anexarnos o "liberarnos", quizás les resulte más costo-efectivo vendernos para paliar la exorbitante

---

[59] "Status"; *El Nuevo Día*, lunes, 23 de noviembre de 2015 (http://www.elnuevodia.com)

deuda con China, como cuando a conveniencia compraban territorios americanos a imperios europeos.

Entre peleítas mongas, la clase política y la "sociedad civil" insular siguen mendigando atenciones y ayudas, derechos y justicias.

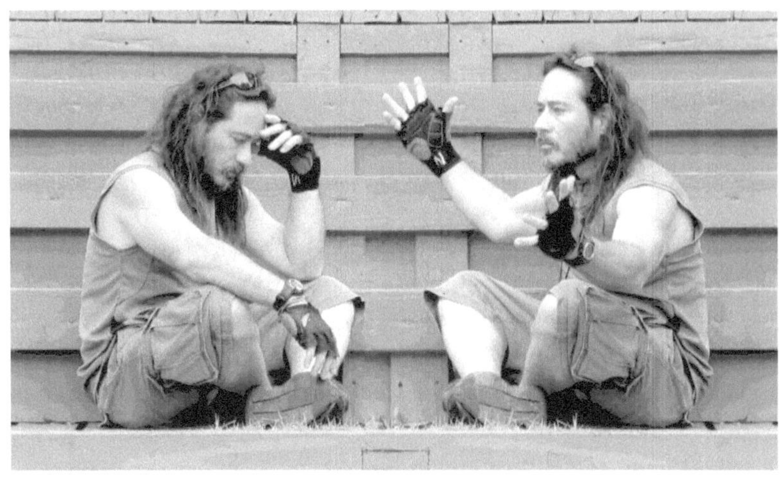

Atavismos[60]

Nada, absolutamente nada, va a cambiar si seguimos haciendo lo mismo, si seguimos creyendo en las mismas cosas sin más. No son posibles las respuestas acertadas si las preguntas son equivocadas, aunque las animen las mejores intenciones del mundo. A veces es la certidumbre en lo creído la fuerza que imposibilita cambiar las cosas, quizás porque a veces a la creencia en poseer lo cierto le antecede la muerte de la imaginación. Así funciona la mente del burócrata, del fanático y del autómata, que moldea a imagen y semejanza del pasado el ahora como el porvenir. Sin imaginación creativa y creadora el intelecto humano se convierte en pieza de repuesto de una poderosa maquinaria de moldes y réplicas, que algunos le llaman cultura y tradición, otros razón y ley, otros moral y religión.

Estancamiento intelectual, atavismo cultural, fanatismo religioso y conservadurismo político, todo cuanto resiste las ideas de cambios sustanciales está enraizado en la falta de imaginación. Por eso a veces hasta las palabras más bellas no hacen más que maquillar de hermosura artificial las fealdades de la realidad, y así sus falsedades, y así su maldad. Muere la imaginación y con ella las esperanzas de justicia e ilusiones de libertad…

A veces la gente me parece más genuina consigo misma en las fiestas de disfraces que cuando se abrazan en misa, o cuando se prometen resoluciones de año nuevo o fidelidad eterna en el altar. A veces sospecho que sólo los borrachos y los locos dicen siempre la verdad. También la verdad es una máscara de la mentira en el festival electoral, y sé que al otro día todos se devuelven a sus rutinas, credos y credulidades; a sus acostumbradas vanidades, egoísmos y envidias, prejuicios y temores, mentiras, rencores e hipocresías.

De credos ancestrales se justifica todavía enjaular seres humanos y tener a bien hacer sufrir a los condenados. Venganza maquillada de justicia. Sadismo disfrazado de rehabilitación. Las prisioneras ni siquiera pueden abrazar a sus seres queridos cuando las visitan. La "seguridad" es la máscara de la crueldad…

---

60 "Atavismos"; *El Nuevo Día*, sábado, 26 de diciembre de 2015 (http://www.elnuevodia.com)

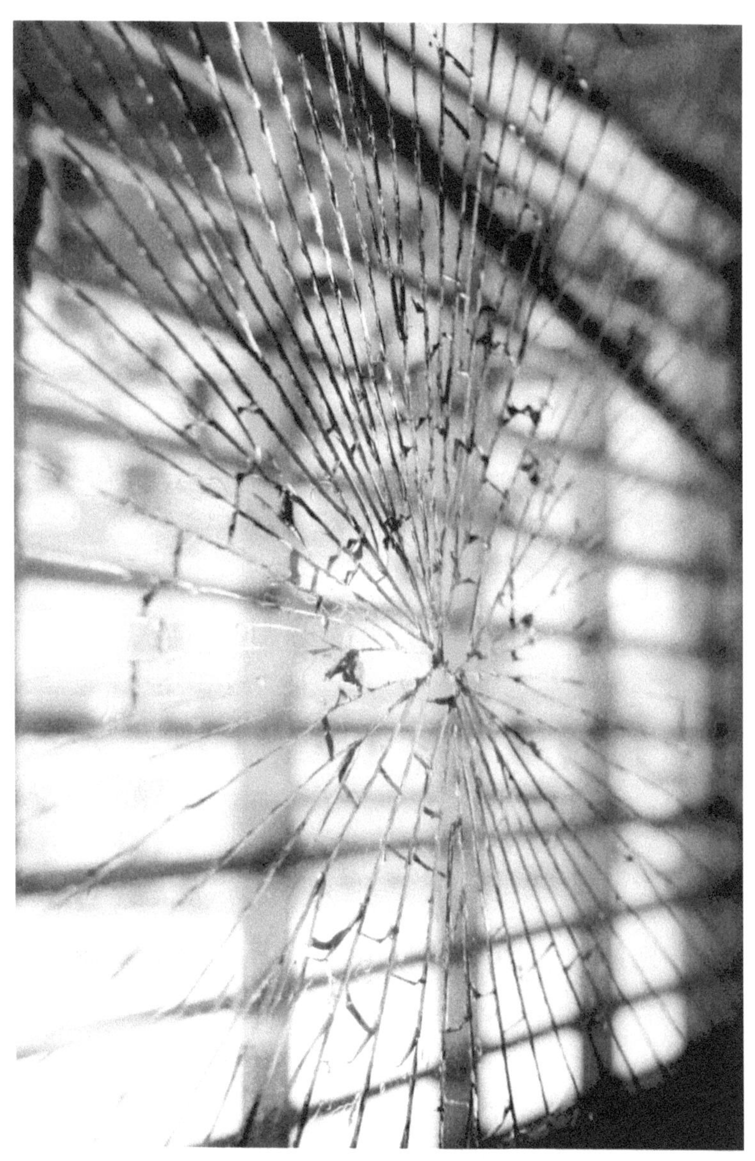

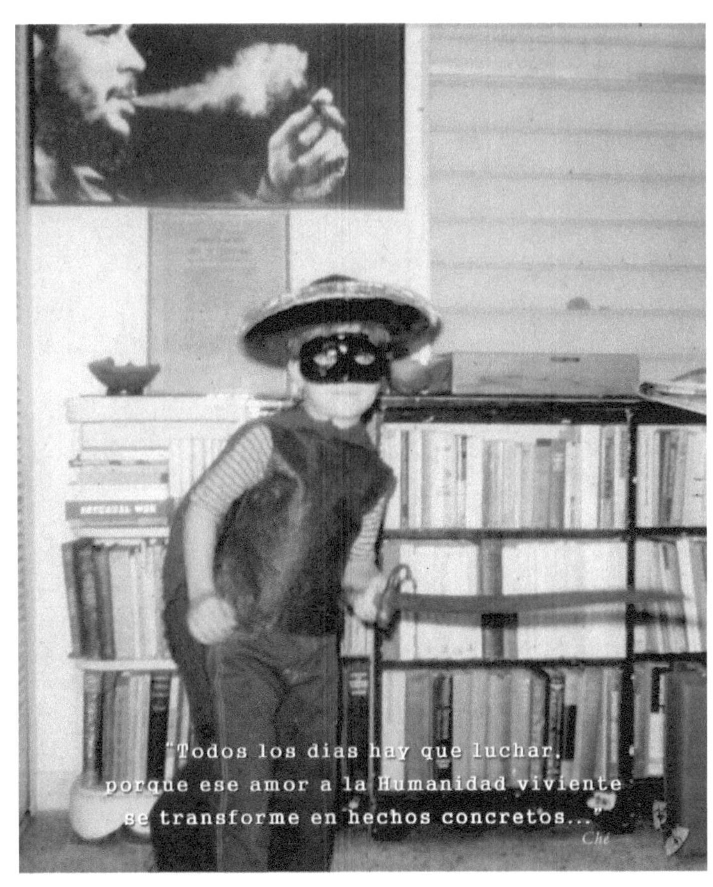
"Todos los dias hay que luchar,
porque ese amor a la Humanidad viviente
se transforme en hechos concretos..."
Ché

www.ingramcontent.com/pod-product-compliance
Lightning Source LLC
LaVergne TN
LVHW050913080826
845145LV00001B/71